《北京大学数学教学系列丛书》编委会

名誉主编：姜伯驹
主　　编：张继平
副 主 编：李　忠
编　　委：(按姓氏笔画为序)
　　　　　王长平　刘张炬　陈大岳　何书元
　　　　　张平文　郑志明
编委会秘书：方新贵
责 任 编 辑：刘　勇

内 容 简 介

本书讲述寿险精算学的基本模型和方法。书中较系统地介绍了保险中产品的定价及准备金的提取等方面的随机模型,并针对相关模型的性质及模型之间的关系作了深入的讨论。同时在此基础上给出了不同险种的保费及准备金的计算方法。本书力求理论与实务相结合,是寿险精算学的基础,可作为寿险精算学的入门教材。

本书由四部分(共13章)组成。第一、二部分是本书的基础理论部分;第三、四部分讨论实务问题。其中,第一部分(共三章)介绍生存模型,利用随机方法讨论个体寿命的不确定性;第二部分(共四章)引入精算现值的概念刻画了保险人现金流的不确定性;第三部分(共二章)介绍保险产品定价理论——净保费及费用负荷保费;第四部分(共四章)介绍净准备金。书中列出许多例题用以帮助读者理解本书的内容,且每一章都配备了习题,并对其中的计算题、证明题给出了提示或解答;对多项选择题给出了答案。本书的先修课程为初等概率论及利息理论,书末附录一给出了利息理论基础知识与概率论基本公式,供读者参考。

本书可以作为高等院校应用数学、金融、保险等专业的金融数学方向和精算学方向的教材及教学参考用书,也可供精算人员及保险从业人员参考及阅读。本书的内容涵盖了北美精算协会(SOA)精算师考试中的第三门课程的寿险部分,可以作为参加各种精算师考试的参考用书。**有需要相关课件的同志可与北京大学出版社联系**。**通讯地址为:北京市海淀区成府路205号(100871),电子邮件为:panlina_nana@163.com**。

作 者 简 介

杨静平　北京大学数学科学学院金融数学系教授,博士生导师。研究方向为精算学、风险管理、金融中的随机模型。1993年开始从事精算方向的教学与科研工作,并承担金融数学系的"寿险精算"、"非寿险精算"等课程的课程建设及教学任务。

北京大学数学教学系列丛书

寿险精算基础

杨静平　编著

北京大学出版社
·北京·

图书在版编目(CIP)数据

寿险精算基础/杨静平编著.—北京:北京大学出版社,2002.10
(北京大学数学教学系列丛书)
ISBN 978-7-301-05371-3

Ⅰ.寿… Ⅱ.杨… Ⅲ.人寿保险-精算学-高等学校-教材
Ⅳ.F840.62

中国版本图书馆 CIP 数据核字(2002)第 036466 号

书　　　名：寿险精算基础
著作责任者：杨静平　编著
责 任 编 辑：刘　勇
标 准 书 号：ISBN 978-7-301-05371-3/O・0525
出 版 发 行：北京大学出版社
地　　　址：北京市海淀区成府路 205 号　100871
网　　　址：http://www.pup.cn
电　　　话：邮购部 62752015　发行部 62750672　理科部 62752021
　　　　　　出版部 62754962
电 子 邮 箱：zpup@pup.pku.edu.cn
印　　刷　者：河北滦县鑫华书刊印刷厂
经　销　者：新华书店
　　　　　　890×1240　A5 开本　12.25 印张　335 千字
　　　　　　2002 年 10 月第 1 版　2024 年 2 月第 10 次印刷
印　　　数：27101—28600 册
定　　　价：30.00 元

未经许可,不得以任何方式复制或抄袭本书之部分或全部内容。
版权所有,侵权必究
举报电话:010-62752024　电子邮箱:fd@pup.pku.edu.cn

序　言

  自1995年以来,在姜伯驹院士的主持下,北京大学数学科学学院根据国际数学发展的要求和北京大学数学教育的实际,创造性地贯彻教育部"加强基础,淡化专业,因材施教,分流培养"的办学方针,全面发挥我院学科门类齐全和师资力量雄厚的综合优势,在培养模式的转变、教学计划的修订、教学内容与方法的革新,以及教材建设等方面进行了全方位、大力度的改革,取得了显著的成效。2001年,北京大学数学科学学院的这项改革成果荣获全国教学成果特等奖,在国内外产生很大反响。

  在本科教育改革方面,我们按照加强基础、淡化专业的要求,对教学各主要环节进行了调整,使数学科学学院的全体学生在数学分析、高等代数、几何学、计算机等主干基础课程上,接受学时充分、强度足够的严格训练;在对学生分流培养阶段,我们在课程内容上坚决贯彻"少而精"的原则,大力压缩后续课程中多年逐步形成的过窄、过深和过繁的教学内容,为新的培养方向、实践性教学环节,以及为培养学生的创新能力所进行的基础科研训练争取到了必要的学时和空间。这样既使学生打下宽广、坚实的基础,又充分照顾到每个人的不同特长、爱好和发展取向。与上述改革相适应,积极而慎重地进行教学计划的修订,适当压缩常微、复变、偏微、实变、微分几何、抽象代数、泛函分析等后续课程的周学时。并增加了数学模型和计算机的相关课程,使学生有更大的选课余地。

  在研究生教育中,在注重专题课程的同时,我们制定了30多门研究生普选基础课程(其中数学系18门),重点拓宽学生的专业基础和加强学生对数学整体发展及最新进展的了解。

  教材建设是教学成果的一个重要体现。与修订的教学计划相配合,我们进行了有组织的教材建设。计划自1999年起用8年的时间修订、编写和出版40余种教材。这就是将陆续呈现在大家面前的《北京大学数学教学系列丛书》。这套丛书凝聚了我们近十年在人才培养方面的思考,记录了我们教学实践的足迹,体现了我们教学改革的成果,反映了我们对新世纪人才培养的理念,代表了我们新时期的数学教学水平。

经过20世纪的空前发展,数学的基本理论更加深入和完善,而计算机技术的发展使得数学的应用更加直接和广泛,而且活跃于生产第一线,促进着技术和经济的发展,所有这些都正在改变着人们对数学的传统认识。同时也促使数学研究的方式发生巨大变化。作为整个科学技术基础的数学,正突破传统的范围而向人类一切知识领域渗透。作为一种文化,数学科学已成为推动人类文明进化、知识创新的重要因素,将更深刻地改变着客观现实的面貌和人们对世界的认识。数学素质已成为今天培养高层次创新人才的重要基础。数学的理论和应用的巨大发展必然引起数学教育的深刻变革。我们现在的改革还是初步的。教学改革无禁区,但要十分稳重和积极;人才培养无止境,既要遵循基本规律,更要不断创新。我们现在推出这套丛书,目的是向大家学习。让我们大家携起手来,为提高中国数学教育水平和建设世界一流数学强国而共同努力。

张 继 平

2002年5月18日

于北京大学蓝旗营

前　言

一、精算学(Actuarial Sciences)介绍

精算学是通过对未来不确定性事件的分析,研究不确定性对未来可能造成的财务影响的学科。精算学中的不确定性,包括人的寿命的不确定性或患病的不确定性、车辆因发生事故而造成的损失程度的不确定性,以及房屋建筑由于火灾造成的损失的不确定性等。诸如此类的事件,可能发生,也可能不发生。精算学是依据数学(主要是概率统计)、金融学和计算机技术等,对这些不确定性进行数量分析与预测,从而为实际的运作提供科学的依据。

传统的精算学,主要讨论保险中的不确定性。下面我们对于实际的保险分类做一初步的介绍。

通常将保险分为人寿保险(一些书中又称其为人身保险,这里使用的是一种广义的说法)和非人寿保险。人寿保险是以人的寿命、身体或健康为保险标的的保险。按照保障的范围来划分,人寿保险可分为生存保险、死亡保险、生死合险、人身意外伤害保险和健康保险。

生存保险,是指被保险人生存至保险期满,由保险人按保险合同的规定给付保险金的险种,若在保险期内被保险人死亡,则保险人不承担保险责任。

死亡保险是提供死亡保障的险种,若被保险人在保险期限内死亡则保险人支付保险金,否则保险人不予支付。

生死合险,是指被保险人无论在保险期限内死亡还是生存至保险期满,保险人都负责给付保险金的保险。生死合险同时提供生存保障和死亡保障,其中一个主要的类别是年金保险,如养老保险。

人身意外伤害保险,是指被保险人在保险期限内因意外的、外来的突发事故,使其身体遭受伤害而残废或死亡时,由保险人负责给付保险金的保险。

健康保险,是指被保险人在保险期限内因疾病等所致残疾或死亡时,由保险人负责给付保险金的保险。

非人寿保险(简称非寿险)包括汽车保险、屋主保险、运输保险、责任保险、信用保险、保证保险等。其中,汽车保险和屋主保险是非寿险中业务量较大的险种。汽车保险是指对由汽车事故带来的损失(车主、第三者的身体伤害及财产的损失等)进行部分或全部保障的保险险种。屋主保险(homeowners insurance)是一种复合的保险,这种保险承保多种风险事故(如火灾、暴风雨、偷窃等)造成的损失。

相对于保险的分类,传统的精算学又分为寿险精算学和非寿险精算学。寿险精算学主要是以人寿保险中的不确定事件为对象,建立数理模型,综合考虑被保险人的寿命因素及保险人的投资收益状况,从而为实际的寿险操作提供理论的依据。其中,关于生存保险、死亡保险、生死合险的精算理论与关于人身意外伤害保险、健康保险的精算理论有较大的差别。前者的保险事故为个体的死亡或生存期满,可以直接基于被保险人的生存规律和保险人的投资状况等来讨论。而人身意外伤害保险考虑的是意外事故是否发生,这些意外事故包括如飞机失事、火车碰撞等,人身意外伤害保险的精算理论接近于非寿险精算的范畴。健康保险不仅要考虑被保险人残疾的程度,还需要考虑医疗费用的支出等,与前两者也有较大的区别。

一般的,非寿险在保险标的、保险期限、保险事故方面与人寿保险有很大的不同。非寿险精算学,通过对不确定性发生的可能性,以及可能造成的损失额度的预测与分析,从而为实际的保险运作提供依据。由于非寿险的保险标的之间损失的可能性及损失的额度差异较大,所以需要针对不同的保险标的分别来讨论。在这种意义上来说,寿险精算学较非寿险精算学方法更规范,理论更成熟。

寿险精算学和非寿险精算学又有很大的联系,都是以数学、金融学、计算机技术为基础。相比而言,在寿险精算学中考虑投资收益的因素较非寿险重要。非寿险中,数理统计理论发挥着重要的作用。

现在,精算学的范围不仅仅局限于保险领域内,精算学与金融学的交叉渗透是精算学发展的一个特点。一些精算理论通常被用于解决金融学中的一些问题,如债券的违约、贷款人的提前还贷等。

精算学的起源,可以追溯到1530年。当时,伦敦有一个对淋巴腺鼠疫流行状况进行早期预报的系统。该系统每周一次给出所统计的死亡人数数据。当死亡人数上升时,表明鼠疫开始流行,富人们就会从城镇迁移到乡下躲避。1693年,英国著名的天文学家 E. Halley 编制了第一个较完整的生命表,并提出了一些精算的理念。因此,一些精算学者认为,精算学始于1693年。现今,精算学已经成为实用领域和研究领域所共同探讨的一门学科。

二、本书的内容

本书主要介绍寿险精算学的基本理论,我们主要针对死亡保险、生存保险、两全保险来进行。建立刻画这些险种的保险人给付与收入现金流的不确定性的数理模型,利用初等概率论、利息理论等工具,对模型的性质及模型之间的关系进行深入的讨论,最后给出不同险种的保费及准备金的理论及其在实务中的计算方法。本书的先修课程为初等概率论及利息理论。书末附录一给出了利息理论基础知识与概率论基本公式,供读者学习时参考。

本书第一部分介绍单生命生存模型、多生命生存模型和多元衰减模型,这一部分是通过概率分布来刻画个体寿命的不确定性。在此基础上,第二部分围绕死亡保险、生存年金、多生命模型和多元衰减模型,建立随机给付模型,并对模型的性质及给付现金流的精算现值来进行讨论。第三部分建立保险人的签单损失量模型,重点对用于保险人给付保险金的净保费来进行讨论,对考虑费用的费用负荷保费只做初步介绍。第四部分对有效的保单建立保险人未来损失量模型,讨论净准备金理论,并给出实务中净准备金的计算方法。本书的一些章节给出了精算的实例。

本书力求较准确地介绍寿险精算学的基础性知识,包括模型的建立、基本的概念及理论的推导,同时通过许多例题帮助读者理解本书的内容,并且每章都配备了习题。本书初步地介绍了精算理论在实际中的应用,如:精算实务中净保费和净准备金的计算方法。本书力求理论与实务相结合,是寿险精算学的基础。

本书可以作为高等院校应用数学、金融、保险专业精算方向的教材及教学参考用书。本书的内容涵盖了北美精算协会(SOA)精算师考试的第三门课程的寿险部分,可以作为参加精算师考试的参考用书。

感谢国家自然科学基金重点项目"保险信息处理与精算数学理论和方法"(19831020)的资助。

杨 静 平

2002 年 3 月 30 日

于北京大学畅春园

补 充 说 明

本书在第二次印刷中新增了对原书习题中非选择题的解答,以供读者参考。并对初版中的若干不确切处重新做了修正。山东工商学院的罗文联老师和我的硕士研究生曾辉、王珊、江艳协助我完成了课后部分习题的解答,在此表示感谢。同时再次感谢编辑刘勇先生对本书所做的努力。

欢迎诸同仁及读者不吝指正。

杨 静 平

2004 年 6 月 1 日

于北京大学理科楼

目 录

序言 ·· (1)
前言 ·· (3)

第一部分 生存模型和多元衰减模型

第一章 单生命生存模型 ························ (3)
§1.1 引言 ·· (3)
§1.2 生存分布 ··· (3)
§1.3 x 岁个体的生存分布 ··································· (7)
§1.4 随机生存群和确定生存群 ································ (13)
§1.5 生命表 ··· (21)
§1.6 分数年龄上的分布假设 ···································· (25)
§1.7 选择生命表与终极生命表 ································ (29)
§1.8 精算实务中的应用 ·· (30)
习题一 ·· (35)

第二章 多生命生存模型 ································ (40)
§2.1 引言 ·· (40)
§2.2 精算表示法 ·· (41)
§2.3 多生命模型与单生命模型的关系 ······················· (43)
§2.4 联合生存状态 ··· (45)
§2.5 最后生存者状态 ·· (48)
§2.6 与死亡次序相关的概率 ···································· (49)
§2.7 单生命个体的假设 ·· (51)
§2.8 Frank 耦合 ·· (54)
§2.9 共同扰动模型 ··· (56)
§2.10 实例分析 ·· (58)

习题二 ··· (61)

第三章 多元衰减模型 ································· (65)

§3.1 引言 ··· (65)

§3.2 模型的假设及基本的公式 ································· (66)

§3.3 相关的一元衰减模型 ·· (71)

§3.4 分数年龄上的分布假设 ····································· (74)

§3.5 多元衰减群 ·· (78)

§3.6 多元衰减表 ·· (82)

§3.7 多元衰减模型与联合生存状态 ························· (85)

§3.8 二元衰减模型——死亡与退保 ······················· (90)

习题三 ··· (95)

第二部分 精算现值理论

第四章 死亡保险的精算现值 ······················· (103)

§4.1 引言 ··· (103)

§4.2 生存保险 ··· (104)

§4.3 定期死亡保险 ·· (106)

§4.4 终身死亡保险 ·· (112)

§4.5 生死合险 ··· (115)

§4.6 延期死亡保险 ·· (120)

§4.7 每年划分为 m 个区间的情况 ························· (122)

§4.8 变额人寿保险 ·· (123)

§4.9 一个重要的定理 ·· (128)

§4.10 在实务中的应用 ·· (129)

习题四 ··· (134)

第五章 生存年金的精算现值 ······················· (138)

§5.1 引言 ··· (138)

§5.2 生存保险的进一步讨论 ····································· (139)

§5.3 连续生存年金 ·· (141)

§5.4 期初生存年金 ·· (148)

§5.5 期末生存年金 ·················· (153)
§5.6 每年分 m 次给付的年金 ·················· (156)
§5.7 年金模型在金融中的应用 ·················· (162)
§5.8 精算实务中精算现值的计算方法 ·················· (166)
习题五 ·················· (170)

第六章 多生命模型的精算现值 ·················· (176)

§6.1 引言 ·················· (176)
§6.2 精算表示法 ·················· (177)
§6.3 精算现值之间的相互关系 ·················· (180)
§6.4 继承年金 ·················· (184)
§6.5 一些特殊的假设 ·················· (186)
习题六 ·················· (190)

第七章 多元衰减模型的精算现值 ·················· (193)

§7.1 引言 ·················· (193)
§7.2 基本模型 ·················· (193)
§7.3 养老金模型 ·················· (194)
§7.4 保费缴纳模型 ·················· (201)
习题七 ·················· (203)

第三部分 净保费与费用负荷保费

第八章 净保费理论 ·················· (207)

§8.1 引言 ·················· (207)
§8.2 平衡准则的概率基础 ·················· (207)
§8.3 趸缴净保费 ·················· (208)
§8.4 完全连续险种 ·················· (209)
§8.5 完全离散险种 ·················· (214)
§8.6 半连续险种 ·················· (218)
§8.7 每年缴费 m 次的险种 ·················· (219)
§8.8 多生命模型 ·················· (221)
§8.9 多元衰减模型 ·················· (222)

§8.10　精算实务中净保费的计算方法……………………（223）
　　习题八………………………………………………………（228）
第九章　费用负荷保费………………………………………（234）
　　§9.1　引言…………………………………………………（234）
　　§9.2　保险费用……………………………………………（234）
　　§9.3　费用负荷保费………………………………………（236）
　　§9.4　包含退保的情况……………………………………（237）
　　习题九………………………………………………………（238）

第四部分　净准备金理论

第十章　完全离散险种的净准备金…………………………（241）
　　§10.1　引言………………………………………………（241）
　　§10.2　未来损失量模型…………………………………（241）
　　§10.3　净准备金的定义…………………………………（246）
　　§10.4　保单年度的资金变化……………………………（254）
　　§10.5　未来损失量的方差………………………………（257）
　　§10.6　分数年龄的净准备金……………………………（260）
　　习题十………………………………………………………（264）
第十一章　一些完全离散险种的净准备金…………………（266）
　　§11.1　引言………………………………………………（266）
　　§11.2　未来损失量及净准备金…………………………（266）
　　§11.3　生死合险的净准备金……………………………（268）
　　§11.4　终身寿险的净准备金……………………………（270）
　　§11.5　递推公式…………………………………………（273）
　　§11.6　净准备金的计算方法及现金流分析……………（274）
　　习题十一……………………………………………………（279）
第十二章　完全连续险种的净准备金………………………（281）
　　§12.1　引言………………………………………………（281）
　　§12.2　基本模型…………………………………………（281）
　　§12.3　终身寿险的净准备金……………………………（284）

§12.4 一个例子 ………………………………………… (285)
习题十二 …………………………………………………… (288)

第十三章 半连续险种、每年缴纳数次保费的险种及年金的净准备金 ………………………………… (289)
§13.1 引言 …………………………………………… (289)
§13.2 半连续险种的净准备金 ………………………… (289)
§13.3 每年缴纳数次保费的险种的净准备金 ………… (290)
§13.4 生存年金的净准备金 …………………………… (293)
习题十三 …………………………………………………… (294)

附录一 利息理论基础知识与概率论基本公式 ……… (296)
§1 利息理论基础知识 ………………………………… (296)
§2 概率论基本公式 …………………………………… (301)

附录二 生命表 ……………………………………………… (303)
附表 2.1 中国人寿保险业经验生命表(1990~1993)(男) …… (303)
附表 2.2 中国人寿保险业经验生命表(1990~1993)(女) …… (307)
附表 2.3 中国人寿保险业经验生命表(1990~1993)
(混合表) ………………………………………… (311)
附表 2.4 中国人寿保险业经验生命表(1990~1993)
养老金业务男表(1990~1993) ………………… (315)
附表 2.5 中国人寿保险业经验生命表(1990~1993)
养老金业务女表(1990~1993) ………………… (319)
附表 2.6 中国人寿保险业经验生命表(1990~1993)
养老金业务混合表(1990~1993) ……………… (323)

附录三 多元衰减表 ……………………………………… (327)

习题答案、解答与提示 …………………………………… (329)
名词索引 …………………………………………………… (356)
符号索引 …………………………………………………… (358)
参考书目 …………………………………………………… (367)
后记 ………………………………………………………… (369)

第一部分 生存模型和多元衰减模型

人寿保险是以被保险人的生存或死亡为给付条件的,通常保险人所关注的是被保险人寿命的不确定性.本部分便是通过生存模型:单生命生存模型和多生命生存模型,并利用随机的观点来研究这种不确定性.其中,单生命生存模型讨论的是单个个体未来的生存状况,多生命生存模型讨论的是由多个个体组合成的一个群体的生存规律,这两种生存模型均只考虑死亡因素对个体寿命的影响,模型中的个体的终止是由单个死亡因素引起的.

而本部分中所介绍的多元衰减模型,同单生命模型、多生命模型的不同之处在于多元衰减模型中会考虑到单个个体受多种因素影响的情况.这一模型在精算实务中有广泛的应用.如:在费率厘定过程中,需要分别考虑被保险人死亡因素及退保的因素.企业在设计养老金方案时,需要根据参加者退出计划的原因来确定其应该享有的退休金额度.上述问题都可以通过多元衰减模型来处理.

本部分是本书的基础部分,由三章组成.第一章介绍单生命生存模型,第二章介绍多生命生存模型,第三章介绍多元衰减模型.

第一章中所介绍的单生命模型,考虑了单生命个体的两种状态:生存状态和死亡状态.这一章是以概率论为工具,讨论了个体从生存状态到死亡状态的转换规律.其中一个重要的内容是生命表的结构和对不同类别生命表的介绍.这一章中所涉及到的理论知识在保险产品定价及准备金提取中得到广泛的应用.

在保险实务中,有些保单的给付涉及多个被保险人.因此,第二章针对由多个单生命个体组合成的群体进行了讨论,并对其中两种应用较广泛的模型:联合生存状态和最后生存者状态进行了较深入的讨论.同时,这一章还介绍了与多个个体的死亡次序相关的概率的计算.

第一章中已讨论了单生命个体的生存和死亡两种状态.但在保

险实务中,需要考虑个体的多种状态,如"健康"状态、"伤残"状态、"死亡"状态等.第三章的多元衰减模型,便是在第一章的基础上,讨论了多种状态存在的单生命模型.这一章的内容是研究有关养老金问题的精算理论基础.

本部分主要偏重于介绍寿险精算学中的基本生存模型,并为以后介绍保险定价及准备金提取等实务方面的内容做好铺垫工作.如果读者只对单生命模型感兴趣,则可以在学完第一章后跳过第二章和第三章的内容,直接进入第二部分的第四章.

第一章 单生命生存模型

§1.1 引　言

　　本章引入了生存分布和死亡力等概念来刻画单个个体的寿命分布,并介绍生命表.

　　§1.2给出生存分布和死亡力等定义. §1.3讨论 x 岁个体的生存分布,同时介绍一些精算表示法. §1.4分别利用随机的观点和确定的观点来讨论生存群的死亡人数. §1.5介绍生命表及表中变量的含义. §1.6给出在分数年龄上的三种生存分布的假设. §1.7介绍两种特殊的生命表:选择生命表和终极生命表. §1.8是精算实例分析.

§1.2　生存分布

　　一个刚出生的个体,其寿命用 X 来表示. 由于个体寿命的不确定性, X 为一随机变量. 本书除特别说明,恒假定 X 的分布函数连续,且分布函数的密度存在. 由于人的寿命有限,所以严格说来 X 是有界随机变量. 为便于读者练习,本书的一些例题与习题涉及到寿命 X 为无界的情况.

　　记 F_X 为 X 的分布函数,密度记为 f_X. 除特别说明,均假设 $f_X(t)(t>0)$ 为连续函数. 另外,记 $K(0)$ 为此新生儿的生存的整年数,即 X 的整数部分, $S(0)$ 为 X 的小数部分,则有
$$X = K(0) + S(0).$$

下面引入生存分布的概念. 称
$$s(t) = P(X > t), \quad t \in [0, \infty) \qquad (1.2.1)$$

为寿命 X 的**生存分布**(或**生存函数**),它表示个体活过 t 岁的概率.

　　由(1.2.1)式知分布函数 $F_X(t)$ 和生存函数 $s(t)$ 有下面的关系:

$$s(t) = P(X > t) = 1 - P(X \leqslant t) = 1 - F_X(t).$$

寿命 X 的死亡力 $\mu(t)$ 定义为

$$\mu(t) = \frac{f_X(t)}{1 - F_X(t)}, \quad t \in (0, \infty). \tag{1.2.2}$$

注意,当 $F_X(t) = 1$ 时,我们定义 $\mu(t) = \infty$,并且定义 $0 \times \infty = 0$.

当 f_X 为连续函数时,有

$$\lim_{\Delta t \to 0+} \frac{P(t < X \leqslant t + \Delta t \mid X > t)}{\Delta t} = \lim_{\Delta t \to 0+} \frac{P(t < X \leqslant t + \Delta t)}{P(X > t) \Delta t}$$

$$= \lim_{\Delta t \to 0+} \frac{\int_t^{t+\Delta t} f_X(s) \mathrm{d}s}{(1 - F_X(t)) \Delta t} = \frac{f_X(t)}{1 - F_X(t)} = \mu(t).$$

因此 $\mu(t)$ 可理解为一个活到 t 岁的个体恰在此年龄死亡的可能性.

(1.2.2)式可变为

$$f_X(t) = \mu(t) \times s(t), \tag{1.2.3}$$

即 X 在 t 点的密度函数值,等于 t 点的生存分布和死亡力的乘积.

前面定义的 $s(t), \mu(t)$ 和 $f_X(t)$ 有下面的关系.

结论 1.2.1 生存函数 $s(t)$ 和密度函数 $f_X(t)$ 可由死亡力 $\mu(t)$ 来表示:

$$s(t) = \mathrm{e}^{-\int_0^t \mu(s) \mathrm{d}s}, \quad f_X(t) = \mu(t) \mathrm{e}^{-\int_0^t \mu(s) \mathrm{d}s}.$$

证明 由(1.2.2)式可得

$$\mu(t) = \frac{-s'(t)}{s(t)},$$

整理得

$$(\ln s(t))' = -\mu(t).$$

所以存在常数 C,满足

$$\ln s(t) = -\int_0^t \mu(s) \mathrm{d}s + C.$$

取 $t = 0$,由 $s(0) = 1$,可得 $C = 0$. 从而

$$s(t) = \mathrm{e}^{-\int_0^t \mu(s) \mathrm{d}s}.$$

将上式代入(1.2.3)式,得

$$f_X(t) = \mu(t) \mathrm{e}^{-\int_0^t \mu(s) \mathrm{d}s}.$$

结论证毕.

例 1.2.1 设密度函数
$$f_X(t) = \frac{1}{w}, \quad 0 < t < w.$$
计算生存分布 $s(t)$ 和死亡力 $\mu(t)$.

解 对 $0 < t < w$,有
$$F_X(t) = \int_0^t \frac{1}{w} dt = \frac{t}{w} \quad \text{及} \quad s(t) = 1 - F_X(t) = \frac{w-t}{w}.$$
根据死亡力的定义,对 $0 < t < w$,
$$\mu(t) = \frac{f_X(t)}{1 - F_X(t)} = \frac{1}{w-t}.$$

注 由结论 1.2.1 及死亡力的定义知,死亡力与生存分布之间存在一一对应关系. 故由例 1.2.1 可知,当死亡力为 $\mu(t) = \frac{1}{w-t}$, $0 < t < w$ 时,寿命 X 服从 $[0, w]$ 上的均匀分布.

例 1.2.2 设生存分布
$$s(t) = e^{-\lambda t}, \quad t \geq 0,$$
其中 $\lambda > 0$ 为参数. 求死亡力 $\mu(t)$.

解 根据死亡力 $\mu(t)$ 的定义,有
$$\mu(t) = \frac{-s'(t)}{s(t)} = \frac{\lambda e^{-\lambda t}}{e^{-\lambda t}} = \lambda.$$

注 例 1.2.2 说明寿命 X 服从指数分布时,其死亡力为常数.

下面引入两个概念来刻画个体的期望生存时间.

寿命的期望 $\mathring{e}_0$ 与生存整年数的期望 e_0,分别定义如下:
$$\mathring{e}_0 = E(X), \quad e_0 = E(K(0)).$$
$\mathring{e}_0$ 是新生儿寿命的期望,e_0 是新生儿的生存整年数的期望. 由定义立即得
$$e_0 < \mathring{e}_0 < e_0 + 1.$$

结论 1.2.2 (1) $\mathring{e}_0$ 和 e_0 与生存函数 $s(t)$ 有如下的关系:
$$\mathring{e}_0 = \int_0^\infty s(t) dt, \quad e_0 = \sum_{n \geq 1} s(n); \qquad (1.2.4)$$

(2) X 和 $K(0)$ 的二阶矩满足下面的公式:

$$E(X^2) = \int_0^\infty 2ts(t)dt, \quad E(K(0)^2) = \sum_{n\geqslant 1}(2n-1)s(n).$$
(1.2.5)

证明 (1) 由于 $E(X)<\infty$, 利用附录1中的定理1, 可得
$$\mathring{e}_0 = E(X) = \int_0^\infty P(X>t)dt = \int_0^\infty s(t)dt.$$
由于 X 为连续随机变量, 所以有 $P(X=n)=0, n=0,1,\cdots$. 因此
$$e_0 = \int_0^\infty P(K(0)>t)dt = \sum_{n=1}^\infty \int_{n-1}^n P(K(0)>t)dt$$
$$= \sum_{n=1}^\infty \int_{n-1}^n P(K(0)>n-1)dt = \sum_{n=1}^\infty P(X\geqslant n)$$
$$= \sum_{n=1}^\infty P(X>n) + \sum_{n=1}^\infty P(X=n) = \sum_{n=1}^\infty s(n).$$
(1.2.4)中的第二式成立.

(2) 利用附录一中的定理1,
$$E(X^2) = \int_0^\infty 2tP(X>t)dt = \int_0^\infty 2ts(t)dt.$$
同样, 有
$$E(K(0)^2) = \int_0^\infty 2tP(K(0)>t)dt = \sum_{n=1}^\infty \int_{n-1}^n 2tP(K(0)>t)dt$$
$$= \sum_{n=1}^\infty \int_{n-1}^n 2tP(X\geqslant n)dt = \sum_{n=1}^\infty \int_{n-1}^n 2tP(X>n)dt$$
$$= \sum_{n=1}^\infty s(n)(n^2 - (n-1)^2) = \sum_{n=1}^\infty (2n-1)s(n).$$
结论证毕.

例1.2.3 在例1.2.1的假设下计算 $\mathring{e}_0$ 和 $E(X^2)$.

解 利用结论1.2.2, 有
$$\mathring{e}_0 = \int_0^\infty s(t)dt = \int_0^w \frac{w-t}{w}dt = 0.5w,$$
及
$$E(X^2) = \int_0^\infty 2ts(t)dt = \int_0^w 2t\frac{w-t}{w}dt = \frac{1}{3}w^2.$$

下面介绍几种常见的死亡力函数.

(1) de Moivre(1729)死亡力:对 $w>0$,
$$\mu(t) = \frac{1}{w-t}, \quad 0 \leqslant t < w.$$

由例 1.2.1 知,在 de Moivre 死亡力下寿命 X 服从 $[0,w]$ 上的均匀分布;

(2) Gompertz(1825)死亡力:对参数 $B>0, C \geqslant 1$,
$$\mu(t) = BC^t, \quad t \geqslant 0.$$

当 $C=1$ 时,死亡力为常数;

(3) Makeham(1860) 死亡力:对参数 $B>0, A \geqslant -B, C>1$,
$$\mu(t) = A + BC^t, \quad t \geqslant 0.$$

当 $A=0$ 时,Makeham 死亡力即为 Gompertz 死亡力;

(4) Weibull(1939)死亡力:对参数 $k>0, n>0$,
$$\mu(t) = kt^n, \quad t \geqslant 0.$$

当 $n=1$ 时,Weibull 死亡力是 t 的线性函数.

各种死亡力与对应生存函数的关系见表 1.1.

表 1.1 死亡力与生存函数

提出者	$\mu(x)$	$s(x)$	参数的要求
de Moivre (1729)	$(w-x)^{-1}$	$1-\frac{x}{w}, 0<x<w$	$w>0$
Gompertz (1825)	BC^x	$\exp[-m(C^x-1)], x \geqslant 0$	$B>0, C \geqslant 1$
Makeham (1860)	$A+BC^x$	$\exp[-Ax-m(C^x-1)], x \geqslant 0$	$B>0, A \geqslant -B, C>1$
Weibull (1939)	kx^n	$\exp(-ux^{n+1}), x \geqslant 0$	$k>0, n>0$

注:表中 $m = \frac{B}{\log(C)}, u = \frac{k}{n+1}$.

随着计算机技术的发展,人们可以借助计算机来处理表达式更为复杂的死亡力,目前在实务中已较少使用上述死亡力函数.但由于这些死亡力函数的表达式比较简单,在这些假定下易于得到某些对实际有指导意义的理论结果,所以有时仍在这些假设下讨论问题.

§1.3 x 岁个体的生存分布

一新生儿生存至 x 岁,记此时的个体为 (x).这里假设 x 为整

数.个体(x)的未来生存时间为一随机变量,记为$T(x)$,
$$T(x) = X - x.$$
又记$T(x)$的整数部分为$K(x)$,小数部分为$S(x)$,则
$$T(x) = K(x) + S(x). \qquad (1.3.1)$$
有时省略$T(x)$和$K(x)$中的x,简单的记为T和K. $T(x)$的分布函数、生存函数和密度函数分别记为$F_{T(x)}(t), s_{T(x)}(t)$和$f_{T(x)}(t)$.

1.3.1 基本的计算公式

假设个体的年龄为x岁,并假设该个体的其他信息均未告知.则有下面的关系成立:
$$\begin{aligned} F_{T(x)}(t) &= P(X - x \leqslant t | X > x) = \frac{P(X \leqslant x+t, X > x)}{P(X > x)} \\ &= \frac{P(X > x) - P(X > x+t)}{P(X > x)} = 1 - \frac{s(x+t)}{s(x)}. \end{aligned}$$
$$(1.3.2)$$

当已知个体的其他信息时,如伤残年龄、投保年龄等,上式将不再成立,这种情况在后面的章节会遇到.

$T(x)$的死亡力$\mu_x(t)$定义为
$$\mu_x(t) = \frac{f_{T(x)}(t)}{1 - F_{T(x)}(t)}.$$

现在的问题是:新生个体的生存分布与x岁时个体的生存分布之间有什么样的关系?换句话说,若已知新生个体的死亡力$\mu(t)$、分布函数$F_X(t)$和密度函数$f_X(t)$,如何得到x岁时个体的死亡力$\mu_x(t)$、分布函数$F_{T(x)}(t)$和密度函数$f_{T(x)}(t)$?

我们有下面的结论.

结论 1.3.1 随机变量$T(x)$的密度函数
$$f_{T(x)}(t) = \frac{f_X(x+t)}{s(x)}, \quad t \geqslant 0; \qquad (1.3.3)$$
生存分布
$$s_{T(x)}(t) = e^{-\int_0^t \mu(x+s)ds}; \qquad (1.3.4)$$

新生个体与x岁时个体的死亡力之间有下面的关系

$$\mu_x(t) = \mu(x+t). \qquad (1.3.5)$$

证明 对(1.3.2)式中的 t 求导,得

$$f_{T(x)}(t) = \frac{-s'(x+t)}{s(x)} = \frac{f_X(x+t)}{s(x)},$$

(1.3.3)成立.

利用(1.3.3)式、(1.3.2)式及 $\mu_x(t)$ 的定义,有

$$\mu_x(t) = \frac{f_{T(x)}(t)}{1-F_{T(x)}(t)} = \frac{f_X(x+t)/s(x)}{s(x+t)/s(x)} = \mu(x+t),$$

(1.3.5)成立.

利用结论 1.2.1 的证明方法,可得(1.3.4)式成立. 结论证毕.

例 1.3.1 在例 1.2.1 的条件下,求 $F_{T(x)}(t), f_{T(x)}(t)$,其中 $t \geqslant 0$.

解 对 $0 < t < w-x$,有

$$F_{T(x)}(t) = 1 - \frac{s(x+t)}{s(x)} = \frac{t}{w-x}$$

及

$$f_{T(x)}(t) = \frac{\mathrm{d}}{\mathrm{d}t}\left(\frac{t}{w-x}\right) = \frac{1}{w-x}.$$

例 1.3.2 在例 1.2.2 的条件下,求分布函数 $F_{T(x)}(t)$ 和密度函数 $f_{T(x)}(t)$,其中 $t \geqslant 0$.

解 对 $t \geqslant 0$,分布函数

$$F_{T(x)}(t) = 1 - \frac{s(x+t)}{s(x)} = 1 - \mathrm{e}^{-\lambda t},$$

密度函数

$$f_{T(x)}(t) = \frac{\mathrm{d}}{\mathrm{d}t}(1-\mathrm{e}^{-\lambda t}) = \lambda \mathrm{e}^{-\lambda t}.$$

当 x 岁的个体又生存了 t 年时,年龄为 $x+t$ 岁. 那么这一个体与其他年龄为 $x+t$ 岁的个体的生存分布之间关系又如何呢? 下一定理可回答这个问题.

定理 1.3.2 假设除了个体的年龄及个体是否死亡为已知,个体的其他信息均未告知. x 岁的个体生存了 t 年后,其再继续生存时间的分布和 $x+t$ 岁个体的未来生存时间的分布相同,即

$$P(T(x) > s+t \mid T(x) > t) = P(T(x+t) > s), \quad s \in [0,\infty).$$

证明 对 $s \in [0,\infty)$,有

$$P(T(x) > s+t \mid T(x) > t)$$
$$= P(X-x > s+t \mid X-x > t)$$
$$= P(X-x-t > s \mid X > t+x) = P(T(x+t) > s).$$

定理证毕.

在后面的一些章节中会经常使用到这个定理.

1.3.2 一些精算表示法

国际精算协会采用一些符号来表示概率. 具体有

$_tp_x$:(x)活过年龄$x+t$岁的概率,即(x)至少再活t年的概率;

$_tq_x$:(x)在未来t年内死亡的概率;

$_{u|t}q_x$:(x)在年龄段$(x+u, x+u+t]$死亡的概率,即(x)活过$x+u$岁,并在接下来的t年内死亡的概率.

$t=1$时,采用如下的简化表示法:
$$p_x = {}_1p_x, \quad q_x = {}_1q_x, \quad {}_{u|}q_x = {}_{u|1}q_x.$$

从上面表示法的定义可以看出:$_tp_x = s_{T(x)}(t)$,$_tq_x = F_{T(x)}(t)$.

结论 1.3.3 (1) 生存概率
$$_tp_x = \frac{s(x+t)}{s(x)};$$

(2) 对$t>0, u>0$,生存概率与死亡概率有如下的关系:
$$_tq_x = 1 - {}_tp_x, \quad {}_{u|t}q_x = {}_up_x \, {}_tq_{x+u}, \quad {}_{u|t}q_x = {}_up_x - {}_{u+t}p_x;$$

(3) 对$0 < h < t$,有
$$_tp_x = {}_hp_x \, {}_{t-h}p_{x+h};$$

(4) $f_{T(x)}(t) = {}_tp_x \cdot \mu(x+t)$, $\dfrac{\mathrm{d}}{\mathrm{d}t}({}_tp_x) = -{}_tp_x \, \mu(x+t)$.

证明 (1) (1.3.4)式即为
$$_tp_x = \mathrm{e}^{-\int_0^t \mu(x+s)\mathrm{d}s} = \mathrm{e}^{-\int_x^{x+t} \mu(s)\mathrm{d}s}. \tag{1.3.6}$$

再由结论1.2.1中$s(t)$的表示式,知
$$_tp_x = \frac{s(x+t)}{s(x)}.$$

(2) 利用$_tq_x$的定义,有
$$_tq_x = P(T(x) \leqslant t) = 1 - P(T(x) > t) = 1 - {}_tp_x.$$

利用定理 1.3.2,有

$$_{u|t}q_x = P(T(x) \leqslant t+u, T(x) > u)$$
$$= P(T(x) > u) P(T(x) \leqslant t+u | T(x) > u)$$
$$= P(T(x) > u) P(T(x+u) \leqslant t) = {}_u p_x \cdot {}_t q_{x+u}.$$

又
$$_{u|t}q_x = P(T(x) \leqslant t+u, T(x) > u)$$
$$= P(T(x) > u) - P(T(x) > t+u)$$
$$= {}_u p_x - {}_{t+u} p_x.$$

(3) 对 $0 < h < t$,
$$_t p_x = P(T(x) > t)$$
$$= P(T(x) > h) P(T(x) > t | T(x) > h)$$
$$= {}_h p_x \cdot {}_{t-h} p_{x+h}.$$

(4) 对(1.3.4)式中的 t 求导,整理得

$$f_{T(x)}(t) = \mathrm{e}^{-\int_0^t \mu(x+s)\mathrm{d}s} \mu(x+t),$$

再利用(1.3.6),

$$f_{T(x)}(t) = {}_t p_x \times \mu(x+t).$$

对(1.3.6)式中的 t 求导,得到

$$\frac{\mathrm{d}}{\mathrm{d}t}({}_t p_x) = -{}_t p_x \mu(x+t).$$

结论证毕.

例 1.3.3 已知生存函数 $s(x) = \left(1 - \dfrac{x}{100}\right)^{1/2}, 0 \leqslant x \leqslant 100$. 计算 ${}_{17}p_{19}$, ${}_{15}q_{36}$ 和 ${}_{15|13}q_{36}$.

解 利用给出的生存分布 $s(x)$ 可计算得

$$_{17}p_{19} = \frac{s(36)}{s(19)} = \frac{8}{9},$$

$$_{15}q_{36} = 1 - {}_{15}p_{36} = 1 - \frac{s(51)}{s(36)} = 1 - \frac{7}{8} = \frac{1}{8}$$

及

$$_{15|13}q_{36} = {}_{15}p_{36} \cdot {}_{13}q_{51} = (1 - {}_{15}q_{36})\left(1 - \frac{s(64)}{s(51)}\right) = \frac{1}{8}.$$

记 $\mathring{e}_x = E(T(x))$ 及 $e_x = E(K(x))$. $\mathring{e}_x$ 表示 (x) 的未来生存时间的期望, e_x 表示 (x) 的未来生存整年数的期望.

结论 1.3.4 (1) 未来生存时间 $T(x)$ 的期望 $\mathring{e}_x$ 与未来生存整年数 $K(x)$ 的期望 e_x 可通过下面的公式来计算：

$$\mathring{e}_x = \int_0^\infty {}_tp_x \mathrm{d}t, \quad e_x = \sum_{n\geqslant 1} {}_np_x;$$

(2) $T(x)$ 与 $K(x)$ 的二阶矩满足

$$E(T(x)^2) = \int_0^\infty 2t\, {}_tp_x\mathrm{d}t, \quad E(K(x)^2) = \sum_{n\geqslant 1}(2n-1){}_np_x.$$

证明 与结论 1.2.2 的证明类似，略去.

例 1.3.4 证明下面的等式：

$$\frac{\mathrm{d}}{\mathrm{d}x}({}_tp_x) = {}_tp_x(\mu(x) - \mu(x+t)), \quad e_x = p_x e_{x+1} + p_x.$$

证明 (1.3.4) 式即为

$${}_tp_x = \mathrm{e}^{-\int_x^{x+t}\mu(s)\mathrm{d}s},$$

两边对 x 求导，

$$\frac{\mathrm{d}}{\mathrm{d}x}({}_tp_x) = \mathrm{e}^{-\int_x^{x+t}\mu(s)\mathrm{d}s} \times \frac{\mathrm{d}}{\mathrm{d}x}\left(-\int_x^{x+t}\mu(s)\mathrm{d}s\right)$$

$$= {}_tp_x(\mu(x) - \mu(x+t)),$$

得第一式成立.

下面证第二式. 将

$${}_hp_x = p_x \times {}_{h-1}p_{x+1}, \quad h \geqslant 1$$

代入下式中，

$$e_x = \sum_{h=1}^\infty {}_hp_x = \sum_{h=1}^\infty p_x \times {}_{h-1}p_{x+1}$$

$$= p_x\sum_{h=1}^\infty {}_hp_{x+1} + p_x = p_x e_{x+1} + p_x.$$

证毕.

例 1.3.4 的第二式 $e_x = p_x e_{x+1} + p_x$ 可解释如下：x 岁个体的未来生存整年数的期望 e_x 等于个体 (x) 在年龄区间 $[x, x+1)$ 和在年龄区间 $[x+1, \infty)$ 的生存整年数的期望的和. 可对上面的两个年龄区间分别讨论：

(1) 在年龄区间 $[x, x+1)$ 的生存整年数的期望. 个体 (x) 生存至

$x+1$ 岁时生存整年数为 1 年,否则为 0. 个体 (x) 生存至年龄 $x+1$ 岁的概率为 p_x. 因此,在此区间个体 (x) 的生存整年数的期望为 p_x;

(2) 在年龄区间 $[x+1,\infty)$ 生存整年数的期望. 当个体 (x) 活过 $x+1$ 岁时生存整年数的期望为 e_{x+1},否则为 0. 个体 (x) 活过 $x+1$ 岁的概率为 p_x,因此个体 (x) 在年龄区间 $[x+1,\infty)$ 生存整年数的期望为 $p_x e_{x+1}$.

由此可见, $p_x + p_x e_{x+1}$ 便为个体 (x) 未来生存整年数的期望 e_x,即

$$p_x e_{x+1} + p_x = e_x.$$

§1.4 随机生存群和确定生存群

假设一封闭的生存群体,由 l_0 个新生儿组成,群体无迁出与迁入,无生育. 影响群体数目变化的惟一因素是死亡因素,并假设个体间的死亡互不相关. 对该群体的未来人数变化的讨论,可以基于随机的观点或确定的观点. 所谓随机的观点,是假设群体中的每个个体的死亡依据一定的概率分布. 而确定的观点,是假定群体每年依一固定的比例死亡. 本节分别基于这两种观点来讨论群体生存人数的变化.

1.4.1 随机生存群

设 l_0 个个体的寿命分别为 $X_1, \cdots, X_{l_0}$. 假设上述每个个体的寿命服从共同的生存分布 $s(t)$. 这里采用了概率分布来刻画群体未来的生存规律,是以随机的观点看待生存群的人数变化.

设该群体活到 x 岁的期望人数为 l_x. 实际活到 x 岁的人数记为 $\mathscr{L}(x)$,则

$$\mathscr{L}(x) = \sum_{i=1}^{l_0} I_{\{X_i \geqslant x\}},$$

其中 $I_{\{X_i \geqslant x\}} = \begin{cases} 1, & X_i \geqslant x, \\ 0, & X_i < x. \end{cases}$ 对上式两边取期望,得到

$$l_x = E(\mathscr{L}(x)) = \sum_{i=1}^{l_0} E(I_{\{X_i \geqslant x\}}) = l_0 E(I_{\{X_1 \geqslant x\}}) = l_0 P(X_1 \geqslant x)$$

$$= l_0 P(X_1 > x) = l_0 s(x). \tag{1.4.1}$$

上式利用了 $P(X_1 \geqslant x) = P(X_1 > x)$(由于 X_1 为连续随机变量).

记

$$_t d_x = l_x - l_{x+t}, \quad t > 0, \tag{1.4.2}$$

$$_t \mathscr{D}_x = \sum_{i=1}^{l_0} I_{\{x \leqslant X_i < x+t\}},$$

则有

$$_t d_x = E\left(\sum_{i=1}^{l_0} I_{\{X_i \geqslant x\}} - \sum_{i=1}^{l_0} I_{\{X_i \geqslant x+t\}}\right)$$

$$= E\left(\sum_{i=1}^{l_0} I_{\{x \leqslant X_i < x+t\}}\right) = E(_t \mathscr{D}_x).$$

因此,$_t d_x$ 为群体在年龄段 $[x, x+t]$ 死亡人数的期望,简记 $d_x = {}_1 d_x$.

结论 1.4.1 存在下面的关系:

(1) $_t p_x = \dfrac{l_{x+t}}{l_x}, \quad _t q_x = \dfrac{_t d_x}{l_x};$

(2) $\dfrac{\mathrm{d} l_x}{\mathrm{d} x} = -l_x \mu(x), \quad l_{x+t} = l_x \mathrm{e}^{-\int_x^{x+t} \mu(s) \mathrm{d} s},$

$$_n d_x = \int_x^{x+n} l_y \mu(y) \mathrm{d} y.$$

证明 (1) 在 (1.4.1) 中以 $x+t$ 代替 x,得到

$$l_{x+t} = l_0 s(x+t).$$

将上式及

$$l_x = l_0 s(x)$$

代入下式

$$_t p_x = \frac{s(x+t)}{s(x)} = \frac{l_{x+t}/l_0}{l_x/l_0} = \frac{l_{x+t}}{l_x}.$$

再利用上式的结果及式 (1.4.2),有

$$_t q_x = 1 - {}_t p_x = 1 - \frac{l_{x+t}}{l_x} = \frac{l_x - l_{x+t}}{l_x} = \frac{_t d_x}{l_x}.$$

(2) 对 (1.4.1) 式中的 x 求导,得到

$$\frac{\mathrm{d}}{\mathrm{d} x} l_x = \frac{\mathrm{d}}{\mathrm{d} x}(l_0 s(x)) = -l_0 f_X(x)$$

$$= -l_x \times f_X(x)/s(x) = -l_x \mu(x).$$

由于 $\dfrac{l_{x+t}}{l_x} = {}_t p_x = e^{-\int_x^{x+t} \mu(s)ds}$，所以有

$$l_{x+t} = l_x e^{-\int_x^{x+t} \mu(s)ds}.$$

又有

$${}_n d_x = l_x - l_{x+n} = -\int_x^{x+n} \frac{d}{dy}(l_y) dy = \int_x^{x+n} l_y \mu(y) dy.$$

证毕.

结论 1.4.1 的每个等式都有其含义. 式 $\dfrac{dl_x}{dx} = -l_x \mu(x)$ 说明在 x 岁死亡的"人数"等于此年龄活着的人数 l_x 乘以此时的死亡力 $\mu(x)$. 因此,可得到在年龄段 $[x, x+n)$ 死亡个体的数目为 $\int_x^{x+n} l_y \mu(y) dy$, 即

$$\int_x^{x+n} l_y \mu(y) dy = {}_n d_x$$

成立.

例 1.4.1 已知 $l_x = 1000(w^2 - x^2), 0 \leqslant x \leqslant w$. 计算 $\mathring{e}_0$.

解 利用结论 1.2.2 中 $\mathring{e}_0$ 的计算公式,有

$$\mathring{e}_0 = \int_0^\infty {}_s p_0 ds = \int_0^w \frac{l_s}{l_0} ds = \int_0^w \frac{w^2 - s^2}{w^2} ds = \frac{2w}{3}.$$

例 1.4.2 证明并解释

$$\int_0^t s l_{x+s} \mu(x+s) ds + t l_{x+t} = \int_0^t l_{x+s} ds.$$

证明 利用结论 1.4.1 中的 $\dfrac{dl_x}{dx} = -l_x \mu(x)$, 得到

$$\int_0^t s l_{x+s} \mu(x+s) ds + t l_{x+t} = -\int_0^t s dl_{x+s} + t l_{x+t}$$

$$= -s l_{x+s} \Big|_0^t + \int_0^t l_{x+s} ds + t l_{x+t} = \int_0^t l_{x+s} ds.$$

此等式可解释为：在 $x+s$ 岁死亡的"人数"为 $l_{x+s}\mu(x+s)$, 因此在年龄段 $[x, x+t)$ 死亡的个体, 其总生存时间的期望为 $\int_0^t s l_{x+s} \mu(x+s) ds$. 而活过 $x+t$ 岁的 l_{x+t} 个个体, 在年龄段 $[x, x+t)$ 的总生存时间为 $t l_{x+t}$. 两部分之和

$$\int_0^t s l_{x+s} \mu(x+s) \mathrm{d}s + t l_{x+t},$$

即为 l_0 个个体在年龄段 $[x, x+t]$ 预计的总生存时间的和,它等于 l_{x+s} 对 s 在区间 $[0, t)$ 上的积分.

1.4.2 确定生存群

对于 l_0 个新生个体,假设第一年死亡比例为 q_0,则第一年内死亡的人数为 $d_0 = l_0 q_0$. 活过第一年的人数为

$$l_1 = l_0 - l_0 q_0 = l_0(1 - q_0).$$

假设第二年内死亡的人数比例为 q_1,则第二年死亡人数为

$$d_1 = l_1 q_1.$$

活过第二年,即活过 2 岁的人数为

$$l_2 = l_1 - l_1 q_1 = l_1(1 - q_1) = l_0(1 - q_0)(1 - q_1).$$

依此类推,设活到 $x-1$ 岁的人数为 l_{x-1},在年龄段 $[x-1, x)$ 死亡人数的比例为 q_{x-1},所以在接下来的一年里死亡的人数为 $d_{x-1} = l_{x-1} q_{x-1}$,活过 x 岁的人数为

$$l_x = l_{x-1} - d_{x-1} = l_{x-1} \times (1 - q_{x-1})$$
$$= l_0(1 - q_0)(1 - q_1) \cdots (1 - q_{x-1})$$
$$= l_0(1 - {}_x q_0).$$

其中,${}_x q_0$ 表示在年龄段 $[0, x)$ 死亡人数占总人数的比例,

$${}_x q_0 = 1 - \prod_{j=0}^{x-1}(1 - q_j). \qquad (1.4.3)$$

更进一步,可以考虑在分数年龄(非整数年龄)上的生存人数. 给定死亡力函数 $\mu(t)$,定义在年龄 t 的生存人数 l_t 满足下面的等式:

$$\frac{\mathrm{d} l_t}{\mathrm{d} t} = -l_t \mu(t). \qquad (1.4.4)$$

按照 (1.4.3) 式和 (1.4.4) 式确定的模型,未来死亡与生存人数都是确定的,所以称其为确定生存群.

确定生存群的人数变化与具有确定投资收益的现金流的资金变化有一些共同的特点,见下表 1.2.

表 1.2 确定生存群与资金流

确定生存群	资金流
年龄 x 岁时的生存人数 l_x	t 时刻的资金总额 $A(t)$
在年龄段 $[x, x+1)$ 的死亡概率 q_x $q_x = \dfrac{l_x - l_{x+1}}{l_x}$	第 t 年的年利率 i_t(t 为整数) $i_t = \dfrac{A(t+1) - A(t)}{A(t)}$
死亡力 $\mu(x)$ $\mu(x) = \dfrac{-\mathrm{d}(\ln(l_x))}{\mathrm{d}x}$	利息力 δ_t $\delta_t = \dfrac{\mathrm{d}(\ln(A(t)))}{\mathrm{d}t}$

例 1.4.3 现有资金 1000 元,每年年收益率为 4%.现有一群体共 1000 人,年龄都为 0 岁,每年死亡人数的比例为 4%.比较 30 年内群体的人数变化与基金额的变化.

解 基金初始时的资金总额为 $A(0) = 1000$ 元.第一年末利息收入为
$$I_0 = 1000 \times 0.04 = 40 \text{ 元}.$$
第二年初总的资金为
$$A(1) = A(0) + I_0 = 1040 \text{ 元}.$$
依此类推,n(为整数)时刻的资金 $A(n)$,在此年末的利息为
$$I_n = A(n) \times 0.04,$$
故 $n+1$ 时刻的资金总额为
$$A(n+1) = A(n) + I_n.$$
对于生存群,$l_0 = 1000$ 人,第一年内死亡人数
$$d_0 = 1000 \times 0.04 = 40 \text{ 人}.$$
因此,第二年初仍生存的人数为
$$l_1 = l_0 - d_0 = 960 \text{ 人}.$$
依此,第 n 年死亡的人数为
$$d_n = l_n \times 0.04.$$
在第 $n+1$ 年初的生存人数为
$$l_{n+1} = l_n - d_n.$$
利用上述方法,使用 Excel 计算的结果见表 1.3.通过计算结果可以看出,在第 30 年末资金总额为 3243.4 元,生存的人数约 294 人.

表 1.3 例 1.4.3 的计算结果

时间(n) (1)	年初资金总额 $A(n)$ (2)	当年利息 I_n (3)	年初生存人数 l_n (4)	当年死亡人数 d_n (5)
0	1000.000	40.000	1000	40
1	1040.000	41.600	960.000	38.400
2	1081.600	43.264	921.600	36.864
3	1124.864	44.995	884.736	35.389
4	1169.859	46.794	849.347	33.974
5	1216.653	48.666	815.373	32.615
6	1265.319	50.613	782.758	31.310
7	1315.932	52.637	751.447	30.058
8	1368.569	54.743	721.390	28.856
9	1423.312	56.932	692.534	27.701
10	1480.244	59.210	664.833	26.593
11	1539.454	61.578	638.239	25.530
12	1601.032	64.041	612.710	24.508
13	1665.074	66.603	588.201	23.528
14	1731.676	69.267	564.673	22.587
15	1800.944	72.038	542.086	21.683
16	1872.981	74.919	520.403	20.816
17	1947.900	77.916	499.587	19.983
18	2025.817	81.033	479.603	19.184
19	2106.849	84.274	460.419	18.417
20	2191.123	87.645	442.002	17.680
21	2278.768	91.151	424.322	16.973
22	2369.919	94.797	407.349	16.294
23	2464.716	98.589	391.055	15.642
24	2563.304	102.532	375.413	15.017
25	2665.836	106.633	360.397	14.416
26	2772.470	110.899	345.981	13.839
27	2883.369	115.335	332.142	13.286
28	2998.703	119.948	318.856	12.754
29	3118.651	124.746	306.102	12.244
30	3243.398	—	293.858	—

表中结果的小数部分只给出了三位数字,由于在表示法上采取了四舍五入,所以直接利用表中的数值来递推计算得到的结果会与表格中给出的最后结果有些出入. 如采用表中的数据,

$$A(29) = 3118.651, \quad I_{29} = 124.746,$$

计算得到

$$A(30) = 124.746 + 3118.651 = 3243.397,$$

与表中给出的结果 3243.398 相差 0.001.

1.4.3 例子

确定生存群是以一固定的死亡比例为基础,这种模型虽易于掌握,但固定死亡比例的假定使对模型的进一步讨论产生了一定困难. 而随机生存群是基于个体生存分布的假设,应用这种观点可以更合理的解释一些现象,及有利于对模型进行更深入的探讨. 下面通过一个例子介绍如何利用随机的观点来考虑问题.

例 1.4.4 一随机生存群,由两个子群体组成. 这两个子群体分别为:

(1) 1600 个新生儿;(2) 10 岁的 540 个个体.

群体个体服从下列的生存分布:

x	l_x
0	40;
10	39;
70	26.

令 Y_1, Y_2 分别表示两个子群体活过 70 岁的个体总数. 试求 c,使得

$$P(Y_1 + Y_2 > c) = 0.05.$$

解 令 $T_1(0), T_2(0), \cdots, T_{1600}(0)$ 表示 1600 个新生儿的未来生存时间,$T_1(10), T_2(10), \cdots, T_{540}(10)$ 表示 540 个 10 岁个体的未来生存时间. 则

$$Y_1 = \sum_{i=1}^{1600} I_{\{T_i(0)>70\}}, \quad Y_2 = \sum_{i=1}^{540} I_{\{T_i(10)>60\}}.$$

可计算两者的期望,

$$E(Y_1) = 1600 \,_{70}p_0 = 1600 \times \frac{26}{40} = 1040,$$

$$E(Y_2) = 540 \,_{60}p_{10} = 540 \times \frac{26}{39} = 360,$$

方差为

$$\text{var}(Y_1) = 1600 \,\text{var}(I_{\{T_1(0)\}>70})$$
$$= 1600 \,_{70}p_0(1 - \,_{70}p_0)$$
$$= 1600 \times \frac{26}{40}\left(1 - \frac{26}{40}\right) = 364,$$
$$\text{var}(Y_2) = 540 \,\text{var}(I_{\{T_1(10)\}>60})$$
$$= 540 \,_{60}p_{10}(1 - \,_{60}p_{10})$$
$$= 540 \times \frac{26}{39}\left(1 - \frac{26}{39}\right) = 120.$$

利用正态分布近似 Y_1+Y_2 的分布，得

$$P(Y_1 + Y_2 > c) = P\left(\frac{Y_1 + Y_2 - EY_1 - EY_2}{\sqrt{\text{var}(Y_1) + \text{var}(Y_2)}}\right.$$
$$\left. > \frac{c - EY_1 - EY_2}{\sqrt{\text{var}(Y_1) + \text{var}(Y_2)}}\right)$$
$$\approx 1 - \Phi\left(\frac{c - EY_1 - EY_2}{\sqrt{\text{var}(Y_1) + \text{var}(Y_2)}}\right)$$
$$= 1 - \Phi\left(\frac{c - 1400}{22}\right) \approx 0.05,$$

其中，Φ 为标准正态分布函数．查正态分布表，知 $\Phi(1.645)=0.95$，所以

$$c \approx 1.645 \times 22 + 1400 = 1436.2.$$

可以由期望的生存人数来计算个体的未来生存整年数的期望 e_x，公式为

$$e_x = \sum_{n=1}^{\infty} {}_np_x = \sum_{n=1}^{\infty} \frac{l_{x+n}}{l_x} = \frac{\sum_{n=1}^{\infty} l_{x+n}}{l_x}.$$

可以利用下面的近似公式来计算 $\mathring{e}_x$，

$$\mathring{e}_x \approx e_x + 0.5.$$

§1.6 将给出上式等号成立的条件．

§1.5 生 命 表

在人寿保险中,保费的厘定、准备金的提取等,都需要考虑被保险人的死亡概率. 在精算实务中被保险人死亡概率由生命表给出,它刻画了个体未来的生存规律. 生命表在寿险精算发展的历史上占有相当重要的地位,某些学者认为精算学起源于 1693 年,因为在那一年 Edmund Halley 发表了第一张比较完善的生命表,并提出了许多现代的精算理念.

1.5.1 一些函数

在前面几节介绍了 q_x, l_x, d_x 等,下面介绍另外一些在生命表的构造及人口理论中常使用的变量.

中心死亡率 $_nm_x$ 定义为

$$_nm_x = \frac{_nq_x}{\int_0^n {}_tp_x \mathrm{d}t}.$$

简记 $m_x = {}_1m_x$.

又定义

$$a(x) = \frac{\int_0^1 t \cdot {}_tp_x \mu_x(t)\mathrm{d}t}{q_x}.$$

令

$$_tL_x = \int_0^t l_{x+s}\mathrm{d}s, \quad T_x = \int_0^\infty l_{x+s}\mathrm{d}s, \quad Y_x = \int_0^\infty T_{x+s}\mathrm{d}s.$$

简记 $L_x = {}_1L_x$.

结论 1.5.1 $_nm_x$ 和 $a(x)$ 满足

$$a(x) = E(T(x)|T(x)<1), \quad _nm_x = \frac{_nd_x}{_nL_x}.$$

证明 根据 $a(x)$ 的定义,有

$$a(x) = \frac{\int_0^1 t \cdot {}_tp_x \mu_x(t)\mathrm{d}t}{q_x} = \frac{E(T(x)I_{\{T(x)<1\}})}{P(T(x)<1)}$$

$$= E(T(x)|T(x) < 1).$$

将结论 1.4.1 的结果代入中心死亡率 $_nm_x$ 的表达式中,得到

$$_nm_x = \frac{_nq_x}{\int_0^n {}_tp_x \mathrm{d}t} = \frac{_nd_x/l_x}{\int_0^n l_{x+t}/l_x \mathrm{d}t} = \frac{_nd_x}{_nL_x}.$$

结论 1.5.2 下面的等式成立:

$$_nm_x \times {}_nL_x = l_x - l_{x+n},$$

$$_tL_x = l_x E(T(x) \wedge t), \quad T_x = l_x \mathring{e}_x,$$

其中 $\quad T(x) \wedge t = \min\{T(x), t\}.$

证明 由结论 1.5.1 的第二式可推得

$$_nm_x \times {}_nL_x = {}_nd_x = l_x - l_{x+n}.$$

又

$$E(T(x) \wedge t)l_x = l_x E\{T(x)\} I_{\{T(x)<t\}} + tl_x E I_{\{T(x) \geqslant t\}}$$

$$= l_x \int_0^t s \, {}_sp_x \mu(x+s) \mathrm{d}s + tl_x \, {}_tp_x$$

$$= \int_0^t s l_{x+s} \mu(x+s) \mathrm{d}s + tl_{x+t}$$

$$= -\int_0^t s \mathrm{d}l_{x+s} + tl_{x+t}$$

$$= -\left. sl_{x+s} \right|_0^t + tl_{x+t} + \int_0^t l_{x+s} \mathrm{d}s$$

$$= \int_0^t l_{x+s} \mathrm{d}s = {}_tL_x.$$

上式中令 $t \to \infty$ 便得结论中最后的等式.

注 由结论 1.5.1 和结论 1.5.2 可以看出:$a(x)$ 表示在年龄段 $[x, x+1)$ 死亡的个体在此年龄段内的生存时间的期望,$_tL_x$ 表示生存群中的所有个体在年龄段 $[x, x+t]$ 总生存时间的期望,T_x 表示活到 x 岁的 l_x 个个体的未来总生存时间的期望.

例 1.5.1 证明

$$L_x = a(x) l_x + (1 - a(x)) l_{x+1}. \tag{1.5.1}$$

特别地,若 $a(x) = \dfrac{1}{2}$,则

$$L_x = \frac{l_x + l_{x+1}}{2}.$$

证明 利用结论 1.4.1,得到

$$a(x) = \frac{\int_0^1 s \, {}_s p_x \mu_x(s) \mathrm{d}s}{q_x} = \frac{\int_0^1 s \frac{l_{x+s}}{l_x} \mu_x(s) \mathrm{d}s}{\frac{d_x}{l_x}} = \frac{\int_0^1 s l_{x+s} \mu_x(s) \mathrm{d}s}{d_x}$$

$$= \frac{-\int_0^1 s \mathrm{d}(l_{x+s})}{d_x} = \frac{-l_{x+1} + \int_0^1 l_{x+s} \mathrm{d}s}{l_x - l_{x+1}},$$

将上式代入下式,

$$a(x)l_x + (1-a(x))l_{x+1} = a(x)(l_x - l_{x+1}) + l_{x+1}$$

$$= \int_0^1 l_{x+s} \mathrm{d}s = L_x.$$

当 $a(x) = \frac{1}{2}$ 时,由(1.5.1)可得

$$L_x = \frac{l_x + l_{x+1}}{2}.$$

结论证毕.

将式(1.5.1)整理为

$$L_x = d_x a(x) + l_{x+1},$$

其中 $d_x a(x)$ 是在年龄段 $[x, x+1)$ 死亡的个体在年龄段 $[x, x+1)$ 的总的生存时间的期望,l_{x+1} 是活过 $x+1$ 岁的个体在年龄段 $[x, x+1)$ 总生存时间的期望. 上面等式说明二者之和 $d_x a(x) + l_{x+1}$ 等于 L_x.

结论 1.5.3 下面关系式成立:

$$E(T(x)^2) = \frac{2Y_x}{l_x}.$$

证明 利用结论 1.3.4,有

$$E(T(x)^2) = \int_0^\infty 2t \, {}_t p_x \mathrm{d}t = \int_0^\infty 2t \frac{l_{x+t}}{l_x} \mathrm{d}t = -\frac{\int_0^\infty 2t \mathrm{d}\left(\int_{x+t}^\infty l_s \mathrm{d}s\right)}{l_x}$$

$$= -\frac{\int_0^\infty 2t \mathrm{d}(T_{x+t})}{l_x} = \frac{-2t T_{x+t} \Big|_0^\infty + \int_0^\infty 2T_{x+t} \mathrm{d}t}{l_x} = \frac{2Y_x}{l_x}.$$

1.5.2 生命表简介

生命表是根据观察到的死亡记录所构造的在每一年龄死亡和生存概率的列表,它给出某一整数年龄的一群个体在未来死亡与生存人数的变化情况.

生命表按性别划分可分为男性生命表、女性生命表和不分性别的综合生命表;按是否吸烟来划分可分为针对吸烟群体的生命表和针对不吸烟群体的生命表;生命表又可分为以国民为对象的国民生命表和以保险公司的被保险人为对象的经验生命表.

生命表的指数 l_0,是指生命表对应的群体在 0 岁时的个体总人数. 生命表中包括 $q_x, l_x, d_x, L_x, T_x, \mathring{e}_x$ 等项,其中 x 为整数.

附录二给出我国编制的 1990~1993 生命表. 这些生命表可分为适用于寿险产品的生命表(附表 2.1~2.3)以及适用于年金产品的生命表(附表 2.4~2.6). 适用于寿险产品的生命表,有男性生命表(附表 2.1,简写为 CL93M)、女性生命表(附表 2.2,简写为 CL93F)与混合表(附表 2.3,简写为 CL93). 为读者查找方便,本书附录二给出了这些生命表. 本书中主要以 CL93M,CL93F,CL93 为例来进行实例分析.

如 CL93M,生命表指数为 $l_0 = 1000000$. 第三列 l_x 表示的是 l_0 个个体活过 x 岁的人数,其中 x 为整数. 通过表中给出的数据可以看出,1 岁时预计有 996963 个个体生存,其间死亡了 2150 人. 到了 105 岁,只有 228 个个体生存,而这些个体在接下来的一年内死亡,即所有个体在 106 岁前死亡.

由 CL93M 可以看出,男性的期望寿命为 $\mathring{e}_0 = 73.4$ 岁.

例 1.5.2 根据 CL93M,求个体(20)

(1) 生存至 100 岁的概率;

(2) 在 70 岁之前死亡的概率;

(3) 在 90 岁至 100 岁之间死亡的概率.

解 利用生命表中的数据,有

(1) $_{80}p_{20} = \dfrac{l_{100}}{l_{20}} = \dfrac{3911}{981140} = 0.003986.$

(2) $_{50}q_{20} = 1 - {_{50}p_{20}} = 1 - \dfrac{687074}{981140} = 0.29972.$

(3) $_{70|10}q_{20} = \dfrac{l_{90}-l_{100}}{l_{20}} = \dfrac{99580-3911}{981140} = 0.097508.$

§1.6 分数年龄上的分布假设

生命表并不能完整的给出个体未来的生存分布,它只给出了每个整数年龄段的死亡概率,而对于非整数年龄,即对于分数年龄上的生存分布则无法通过生命表得到(有些生命表在儿童年龄段有一些数据). 也就是说,对个体(x)的未来生存时间$T(x)$,

$$T(x) = K(x) + S(x),$$

由生命表可得到$K(x)$的分布,但无法得到$S(x)$的分布.

下面在分数年龄上通过对生存函数做一定的假设解决这个问题.

1.6.1 UDD 假设

对整数年龄x, $0 < t < 1$,定义生存函数$s(x+t)$满足

$$s(x+t) = (1-t) \times s(x) + t \times s(x+1), \quad (1.6.1)$$

即$s(x+t)$为$s(x)$和$s(x+1)$的线性组合. 此时,称生存分布$s(t)$在年龄段$[x, x+1]$满足**线性插值假设**. 式(1.6.1)对$t=0, t=1$也成立.

在精算中,线性插值假设经常被称为**死亡均匀分布假设**. 死亡均匀分布简记为 UDD.

结论 1.6.1 设在年龄段$[x, x+1]$ UDD 假设成立. 则对$t \in (0, 1)$,有

(1) 期望生存人数和期望死亡人数满足

$$l_{x+t} = (1-t) \times l_x + t \times l_{x+1}, \quad {}_t d_x = t d_x;$$

(2) ${}_t q_x = t q_x$, $f_{T(x)}(t) = q_x$, $\mu_x(t) = \dfrac{q_x}{1 - t \times q_x}.$

证明 (1) 将

$$s(x+t) = \dfrac{l_{x+t}}{l_0}, \quad s(x) = \dfrac{l_x}{l_0}, \quad s(x+1) = \dfrac{l_{x+1}}{l_0}$$

代入(1.6.1)中,整理得

$$l_{x+t} = (1-t) l_x + t l_{x+1}.$$

利用上式可得
$$_td_x = l_x - l_{x+t} = t(l_x - l_{x+1}) = td_x.$$

(2) 利用前面得到的结果 $_td_x = td_x$,有
$$_tq_x = \frac{_td_x}{l_x} = \frac{td_x}{l_x} = tq_x.$$

两边对 t 求导,
$$f_{T(x)}(t) = \frac{\mathrm{d}(_tq_x)}{\mathrm{d}t} = q_x.$$

再根据死亡力的定义,得到
$$\mu_x(t) = \frac{f_{T(x)}(t)}{_tp_x} = \frac{q_x}{1-tq_x}.$$

结论证毕.

注 结论 1.6.1 中关于 l_{x+t}, $_td_x$, $_tq_x$ 的结果,对 $t=0,1$ 仍成立.

本书经常提到在每一年龄年死亡均匀分布假设成立(或 UDD 假设成立),指的是对任意整数年龄 y,在年龄段 $[y, y+1]$ 上 UDD 假设均成立.

结论 1.6.2 已知在每一年龄年 UDD 假设成立,则 $K(x)$ 与 $S(x)$ 相互独立,且 $S(x)$ 服从 $[0,1]$ 上的均匀分布.

证明 对任意非负整数 k 及 $t \in [0,1)$,利用结论 1.6.1,有
$$P(K(x)=k, S(x) \leqslant t) = P(k \leqslant T(x) \leqslant k+t) = {}_{k|t}q_x$$
$$= {}_tq_{x+k}\, {}_kp_x = t\, q_{x+k}\, {}_kp_x = t\, {}_{k|}q_x. \qquad (1.6.2)$$

对 $k=0,1,2,\cdots$,求和,再利用
$$P(K(x)=k) = {}_{k|}q_x,$$

得到
$$P(S(x) \leqslant t) = t\sum_{k=0}^{\infty} {}_{k|}q_x = t\sum_{k=0}^{\infty} P(K(x)=k)$$
$$= tP(K(x) < \infty) = t,$$

即 $S(x)$ 服从 $[0,1]$ 上的均匀分布.再由 (1.6.2) 式,知 $K(x)$ 与 $S(x)$ 独立.结论证毕.

注意 在每一年龄年 UDD 假设成立时,我们可以得到分数生存时间 $S(x)$ 服从 $[0,1]$ 上的均匀分布,且生存整年数 $K(x)$ 与分数生

存时间 $S(x)$ 独立.

例 1.6.1 证明：在每一年龄年 UDD 假设成立时，有
$$\mathring{e}_x = e_x + \frac{1}{2}, \quad \mathrm{var}(T) = \mathrm{var}(K) + \frac{1}{12}.$$

证明 根据结论 1.6.2 的结果，$K(x)$ 与 $S(x)$ 独立，且 $S(x)$ 服从 $[0,1]$ 上的均匀分布. 因此有
$$\mathring{e}_x = E(K(x) + S(x)) = E(K(x)) + E(S(x)) = e_x + 1/2,$$
及
$$\begin{aligned}\mathrm{var}(T(x)) &= \mathrm{var}(K(x) + S(x)) \\ &= \mathrm{var}(K(x)) + \mathrm{var}(S(x)) \\ &= \mathrm{var}(K(x)) + 1/12.\end{aligned}$$

例 1.6.2 已知在年龄段 $[x, x+1)$ UDD 假设成立，证明：
$$m_x = \frac{q_x}{1 - q_x/2}.$$

证明 将 ${}_sq_x = sq_x$ 代入下式，
$$m_x = \frac{q_x}{\int_0^1 {}_sp_x \mathrm{d}s} = \frac{q_x}{\int_0^1 (1 - {}_sq_x)\mathrm{d}s} = \frac{q_x}{\int_0^1 (1 - sq_x)\mathrm{d}s} = \frac{q_x}{1 - q_x/2}.$$

例 1.6.3 已知 $m_x = 0.400$，且在年龄段 $[x, x+1)$ UDD 假设成立. 计算 q_x.

解 利用例 1.6.2 得到的等式，有
$$0.400 = \frac{q_x}{1 - q_x/2},$$
解得 $q_x = 0.333$.

1.6.2 常数死亡力假设及 Balducci 假设

若生存函数在年龄段 $[x, x+1)$ 满足
$$\ln s(x+t) = (1-t) \times \ln s(x) + t \times \ln s(x+1), \quad t \in [0, 1)$$
则称生存函数在年龄段 $[x, x+1)$ 满足**常数死亡力假设**，常数死亡力假设的名称是基于上式成立时，在年龄段 $[x, x+1)$ 上可以得到死亡力 $\mu(x+t)$ $(0 < t < 1)$ 为常数. 见结论 1.6.3.

称生存函数在年龄段 $[x, x+1)$ 满足 **Balducci 假设**，是指

$$\frac{1}{s(x+t)} = \frac{1-t}{s(x)} + \frac{t}{s(x+1)}, \quad t \in [0,1].$$

下面列出在常数死亡力假设及 Balducci 假设下得到的一些结果,结论的证明略.

结论 1.6.3 设在年龄段 $[x, x+1)$ 常数死亡力假设成立,则对 $t \in (0,1)$,有

(1) 期望生存人数满足
$$\ln l_{x+t} = (1-t) \times \ln l_x + t \times \ln l_{x+1};$$

(2) 死亡力为常数,即
$$\mu(x+t) = -\log(1-q_x) = \mu;$$

(3) $l_{x+t} = l_x e^{-\mu t}$, ${}_tq_x = 1 - p_x^t$, $f_{T(x)}(t) = -p_x^t \ln p_x$.

结论 1.6.4 设在年龄段 $[x, x+1)$ Balducci 假设成立,则对 $t \in (0,1)$,有

(1) $\dfrac{1}{l_{x+t}} = \dfrac{1-t}{l_x} + \dfrac{t}{l_{x+1}}$;

(2) $\mu(x+t) = \dfrac{q_x}{1-(1-t)q_x}$, ${}_tq_x = \dfrac{tq_x}{1-(1-t)q_x}$,

$f_{T(x)}(t) = \dfrac{q_x p_x}{(1-(1-t)q_x)^2}$.

下表列出了在三种假设下得到的一些结论,其中 $0 < t < 1$, $0 \leqslant y \leqslant 1, y+t \leqslant 1$.

表 1.4 分数年龄的假设

函数	分数年龄的假设		
	UDD	常数死亡力	Balducci
${}_tq_x$	tq_x	$1-p_x^t$	$\dfrac{tq_x}{1-(1-t)q_x}$
$\mu(x+t)$	$\dfrac{q_x}{1-tq_x}$	$-\log(p_x)$	$\dfrac{q_x}{1-(1-t)q_x}$
${}_yq_{x+t}$	$\dfrac{yq_x}{1-tq_x}$	$1-p_x^y$	$\dfrac{yq_x}{1-(1-y-t)q_x}$
${}_tp_x$	$1-tq_x$	p_x^t	$\dfrac{p_x}{1-(1-t)q_x}$
$f_{T(x)}(t)$	q_x	$-p_x^t \log(p_x)$	$\dfrac{p_x q_x}{[1-(1-t)q_x]^2}$

注 由表 1.4 可以看出,随着年龄的增大,在 UDD 假设下死亡力上升,在 Balducci 假设下死亡力下降,在常数死亡力假设下死亡力为常数. 由于在 UDD 假设下不仅可以得到 $S(x)$ 服从 $[0,1]$ 上的均匀分布,同时又有 $K(x)$ 与 $S(x)$ 独立,所以现实中常使用这一假设来讨论分数年龄的问题.

§1.7 选择生命表与终极生命表

在保险中,已通过核保的被保险人群体比未经过核保的群体具有较低的死亡率. 另外,投保年龄对被保险人群体的死亡概率也有影响. 可以预期刚刚投保的 1000 名 35 岁的被保险人在 10 年内总的死亡人数,比那些现在年龄为 35 岁但已投保 2 年的 1000 名个体在未来 10 年内的死亡人数少. 保险人在计算死亡概率时,被保险人的投保年龄和已投保的期限都是重要的指标. 据此,可将生命表分为选择生命表、终极生命表,简称为选择表、终极表. 这是与核保有关的分类.

由前面的论述可知,对于选择生命表,死亡概率不仅与投保年龄有关,还与投保时间有关. 下面的表 1.5,给出一个选择生命表的例子. 其中,$q_{[30]+i}$ 表示活到 $30+i$ 岁的选择年龄为 30 岁的个体在下一年内死亡的概率.

表 1.5 选择表和终极表

选择年龄	选择时间段(年)						
	1	2	→	10	11	12	13
30	$q_{[30]}$	$q_{[30]+1}$	→	$q_{[30]+9}$	$q_{[30]+10}=q_{40}$	$q_{[30]+11}=q_{41}$	$q_{[30]+12}=q_{42}$
31	$q_{[31]}$	$q_{[31]+1}$	→	$q_{[31]+9}$	$q_{[31]+10}=q_{41}$	$q_{[31]+11}=q_{42}$	$q_{[31]+12}=q_{43}$
32	$q_{[32]}$	$q_{[32]+1}$	→	$q_{[32]+9}$	$q_{[32]+10}=q_{42}$	$q_{[32]+11}=q_{43}$	$q_{[32]+12}=q_{44}$
33	$q_{[33]}$	$q_{[33]+1}$	→	$q_{[33]+9}$	$q_{[33]+10}=q_{43}$	$q_{[33]+11}=q_{44}$	$q_{[33]+12}=q_{45}$
34	$q_{[34]}$	$q_{[34]+1}$	→	$q_{[34]+9}$	$q_{[34]+10}=q_{44}$	$q_{[34]+11}=q_{45}$	$q_{[34]+12}=q_{46}$
35	$q_{[35]}$	$q_{[35]+1}$	→	$q_{[35]+9}$	$q_{[35]+10}=q_{45}$	$q_{[35]+11}=q_{46}$	$q_{[35]+12}=q_{47}$

注:表中选择期为 10 年.

对于选择表中的死亡概率 $q_{[x]+r}$,随着选择年限的指标 r 的增加,选择的作用逐渐消失. 当超过一定年限,如 r_0 年时,可以近似认

为选择的影响已经消失,即对 $j \geqslant 0$,假设有

$$q_{[x-j]+r_0+j} = q_{[x]+r_0}$$

成立. 此时称 r_0 为**选择期**,将 $q_{[x]+r_0}$ 简写为 q_{x+r_0},并称这一列为终极表. 在表 1.5 中 $r_0=10$ 年.

表 1.6 给出一个选择期为两年的选择生命表.

表 1.6 选择生命表

$[x]$	$1000q_{[x]}$	$1000q_{[x]+1}$	$1000q_{x+2}$	$l_{[x]}$	$l_{[x]+1}$	l_{x+2}	$x+2$
30	0.222	0.330	0.422	9906.7380	9904.5387	9901.2702	32
31	0.234	0.352	0.459	9902.8941	9900.5769	9897.0919	33
32	0.250	0.377	0.500	9896.7547	9896.2800	9892.5491	34
33	0.269	0.407	0.545	9894.2903	9891.6287	9887.6028	35
34	0.291	0.441	0.596	9889.4519	9886.5741	9882.2141	36

注: 表中 $l_{[x]+r}$, $r=0,1,2$ 表示选择年龄为 x 岁个体,在年龄 $x+r$ 岁仍生存的人数.

例 1.7.1 利用表 1.6 计算 $_2p_{[30]}$, $_2p_{[30]+1}$.

解 利用表 1.6 中的数据,得到

$$_2p_{[30]} = \frac{l_{[30]+2}}{l_{[30]}} = \frac{l_{32}}{l_{[30]}} = \frac{9901.2702}{9906.7380} = 0.999448,$$

及

$$_2p_{[30]+1} = \frac{l_{[30]+3}}{l_{[30]+1}} = \frac{l_{33}}{l_{[30]+1}} = \frac{9897.0919}{9904.5387} = 0.999248.$$

§1.8 精算实务中的应用

保险人在被保险人投保前需对其进行核保,并将其分入某一风险等级,然后按风险等级来确定其应缴的保费. 通常风险等级是按照基本死亡概率 q_x 的 100%, 150%, 175%, 200%, 250%, 300% 等几个级别来划分的. 其中,处于基本死亡概率级别的个体称为**标准体**.

下面通过一个例子分析这一风险分级对生存概率的影响. 假设生命表中给出的是标准体的死亡概率.

例 1.8.1 根据 CL93M,从 20 岁开始,按标准体死亡概率的 200% 来计算,求新的生存概率 $_np'_{20}$, $n=1,2,\cdots$.

解 表 1.7 给出了此例的计算结果. 其中, $l'_{20}=1000.00, l_{20}=$

1000.00, l'_x, p'_x 表示计算采用的死亡概率为 $200\%q_x$, $x=20,21$, $\cdots$. 通过结果可以看出新的风险等级的生存概率与标准体的生存概率的差异,如 $_{20}p_{20} - _{20}p'_{20} = 0.022292$.

表 1.7 例 1.8.1 的计算结果

x	q_x	l_x	$200\%q_x$	l'_x	p'_x	n	$_np_{20}$	$_np'_{20}$	$_np_{20} - _np'_{20}$
(1)	(2)	(3)	(4)	(5)	(6)	(7)	(8)	(9)	(10)
20	0.001049	1000.00	0.002098	1000.00	0.997902	0	1.000000	1.000000	0.000000
21	0.001048	998.95	0.002096	997.90	0.997904	1	0.998951	0.997902	0.001049
22	0.001030	997.90	0.002060	995.81	0.997940	2	0.997904	0.995810	0.002094
23	0.001003	996.88	0.002006	993.76	0.997994	3	0.996876	0.993759	0.003117
24	0.000972	995.88	0.001944	991.77	0.998056	4	0.995876	0.991766	0.004111
25	0.000945	994.91	0.001890	989.84	0.998110	5	0.994908	0.989838	0.005071
26	0.000925	993.97	0.001850	987.97	0.998150	6	0.993968	0.987967	0.006001
27	0.000915	993.05	0.001830	986.14	0.998170	7	0.993049	0.986139	0.006910
28	0.000918	992.14	0.001836	984.33	0.998164	8	0.992140	0.984334	0.007806
29	0.000933	991.23	0.001866	982.53	0.998134	9	0.991229	0.982527	0.008702
30	0.000963	990.30	0.001926	980.69	0.998074	10	0.990305	0.980694	0.009611
31	0.001007	989.35	0.002014	978.80	0.997986	11	0.989351	0.978805	0.010546
32	0.001064	988.35	0.002128	976.83	0.997872	12	0.988355	0.976834	0.011521
33	0.001136	987.30	0.002272	974.75	0.997728	13	0.987303	0.974755	0.012548
34	0.001222	986.18	0.002444	972.54	0.997556	14	0.986181	0.972540	0.013641
35	0.001321	984.98	0.002642	970.16	0.997358	15	0.984976	0.970163	0.014813
36	0.001436	983.68	0.002872	967.60	0.997128	16	0.983675	0.967600	0.016075
37	0.001565	982.26	0.003130	964.82	0.996870	17	0.982263	0.964821	0.017441
38	0.001710	980.73	0.003420	961.80	0.996580	18	0.980725	0.961801	0.018924
39	0.001872	979.05	0.003744	958.51	0.996256	19	0.979048	0.958512	0.020536
40	0.002051	977.22	0.004102	954.92	0.995898	20	0.977216	0.954923	0.022292
41	0.002250	975.21	0.004500	951.01	0.995500	21	0.975211	0.951006	0.024205
42	0.002470	973.02	0.004940	946.73	0.995060	22	0.973017	0.946727	0.026290
43	0.002713	970.61	0.005426	942.05	0.994574	23	0.970614	0.942050	0.028564
44	0.002981	967.98	0.005962	936.94	0.994038	24	0.967980	0.936938	0.031042
45	0.003276	965.09	0.006552	931.35	0.993448	25	0.965095	0.931352	0.033743
46	0.003601	961.93	0.007202	925.25	0.992798	26	0.961933	0.925250	0.036683
47	0.003958	958.47	0.007916	918.59	0.992084	27	0.958469	0.918586	0.039883
48	0.004352	954.68	0.008704	911.31	0.991296	28	0.954676	0.911315	0.043361
49	0.004784	950.52	0.009568	903.38	0.990432	29	0.950521	0.903383	0.047138
50	0.005260	945.97	0.010520	894.74	0.989480	30	0.945974	0.894739	0.051234

例 1.8.2 在计算过程中,将 CL93M 中的 q_{20} 误算为 0.002. 试分析此错误对后面计算 l_x 的影响. 假设 $l_{20}=1000$.

解 计算结果见表 1.8. 其中,

$$q'_{20} = 0.002; \quad q'_x = q_x, \quad x = 21, 22, \cdots.$$

20 岁的个体总数为 1000 人，$l'_{20}=1000.00, l_{20}=1000.00$. l'_x, p'_x 中的上标"'"表示计算采用的死亡概率为 $q'_x, x=20,21,\cdots$.

通过比较表 1.7 和表 1.8，可以得出在本题的假设下对生存概率的影响较在例 1.8.1 的假设下来的小.

表 1.8 例 1.8.2 的计算结果

x (1)	q_x (2)	l_x (3)	q'_x (4)	l'_x (5)	p'_x (6)	n (9)	$_np_{20}$ (8)	$_np'_{20}$ (9)	$_np_{20}-{_np'_{20}}$ (10)
20	0.001049	1000.00	0.002	1000.00	0.998	0	1.000000	1.000000	0.000000
21	0.001048	998.95	0.001048	998.00	0.998952	1	0.998951	0.998000	0.000951
22	0.001030	997.90	0.001030	996.95	0.998970	2	0.997904	0.996954	0.000950
23	0.001003	996.88	0.001003	995.93	0.998997	3	0.996876	0.995927	0.000949
24	0.000972	995.88	0.000972	994.93	0.999028	4	0.995876	0.994928	0.000948
25	0.000945	994.91	0.000945	993.96	0.999055	5	0.994908	0.993961	0.000947
26	0.000925	993.97	0.000925	993.02	0.999075	6	0.993968	0.993022	0.000946
27	0.000915	993.05	0.000915	992.10	0.999085	7	0.993049	0.992103	0.000945
28	0.000918	992.14	0.000918	991.20	0.999082	8	0.992140	0.991196	0.000945
29	0.000933	991.23	0.000933	990.29	0.999067	9	0.991229	0.990286	0.000944
30	0.000963	990.30	0.000963	989.36	0.999037	10	0.990305	0.989362	0.000943
31	0.001007	989.35	0.001007	988.41	0.998993	11	0.989351	0.988409	0.000942
32	0.001064	988.35	0.001064	987.41	0.998936	12	0.988355	0.987414	0.000941
33	0.001136	987.30	0.001136	986.36	0.998864	13	0.987303	0.986363	0.000940
34	0.001222	986.18	0.001222	985.24	0.998778	14	0.986181	0.985243	0.000939
35	0.001321	984.98	0.001321	984.04	0.998679	15	0.984976	0.984039	0.000938
36	0.001436	983.68	0.001436	982.74	0.998564	16	0.983675	0.982739	0.000936
37	0.001565	982.26	0.001565	981.33	0.998435	17	0.982263	0.981327	0.000935
38	0.001710	980.73	0.001710	979.79	0.998290	18	0.980725	0.979792	0.000934
39	0.001872	979.05	0.001872	978.12	0.998128	19	0.979048	0.978116	0.000932
40	0.002051	977.22	0.002051	976.29	0.997949	20	0.977216	0.976285	0.000930
41	0.002250	975.21	0.002250	974.28	0.997750	21	0.975211	0.974283	0.000928
42	0.002470	973.02	0.002470	972.09	0.997530	22	0.973017	0.972091	0.000926
43	0.002713	970.61	0.002713	969.69	0.997287	23	0.970614	0.969690	0.000924
44	0.002981	967.98	0.002981	967.06	0.997019	24	0.967980	0.967059	0.000922
45	0.003276	965.09	0.003276	964.18	0.996724	25	0.965095	0.964176	0.000919
46	0.003601	961.93	0.003601	961.02	0.996399	26	0.961933	0.961017	0.000916
47	0.003958	958.47	0.003958	957.56	0.996042	27	0.958469	0.957557	0.000912
48	0.004352	954.68	0.004352	953.77	0.995648	28	0.954676	0.953767	0.000909
49	0.004784	950.52	0.004784	949.62	0.995216	29	0.950521	0.949616	0.000905
50	0.005260	945.97	0.005260	945.07	0.994740	30	0.945974	0.945073	0.000901

例 1.8.3 一笔资金，年利率为 4%，用于 20 岁的 1000 名个体的给付. 在每年年初，每个生存的个体可以得到 1 元，给付至 50 岁止（包括 50 岁）. 计算现在所需要的资金额. 假设生存群的人数的变化

符合 CL93M.

解 计算结果见表 1.9,需要的资金额为 18028.73 元,平均每个个体 18.02873 元.

表 1.9 例 1.8.3 的计算结果

x (1)	q_x (2)	l_x (3)	n (4)	v^n (5)	$l_x v^n$ (6)
20	0.001049	1000.00	0	1	1000
21	0.001048	998.95	1	0.961538	960.53
22	0.001030	997.90	2	0.924556	922.62
23	0.001003	996.88	3	0.888996	886.22
24	0.000972	995.88	4	0.854804	851.28
25	0.000945	994.91	5	0.821927	817.74
26	0.000925	993.97	6	0.790315	785.55
27	0.000915	993.05	7	0.759918	754.64
28	0.000918	992.14	8	0.730690	724.95
29	0.000933	991.23	9	0.702587	696.42
30	0.000963	990.30	10	0.675564	669.01
31	0.001007	989.35	11	0.649581	642.66
32	0.001064	988.35	12	0.624597	617.32
33	0.001136	987.30	13	0.600574	592.95
34	0.001222	986.18	14	0.577475	569.50
35	0.001321	984.98	15	0.555265	546.92
36	0.001436	983.68	16	0.533908	525.19
37	0.001565	982.26	17	0.513373	504.27
38	0.001710	980.73	18	0.493628	484.11
39	0.001872	979.05	19	0.474642	464.70
40	0.002051	977.22	20	0.456387	445.99
41	0.002250	975.21	21	0.438834	427.96
42	0.002470	973.02	22	0.421955	410.57
43	0.002713	970.61	23	0.405726	393.80
44	0.002981	967.98	24	0.390121	377.63
45	0.003276	965.09	25	0.375117	362.02
46	0.003601	961.93	26	0.360689	346.96
47	0.003958	958.47	27	0.346817	332.41
48	0.004352	954.68	28	0.333477	318.36
49	0.004784	950.52	29	0.320651	304.79
50	0.005260	945.97	30	0.308319	291.66
总计					18028.73

例 1.8.4 一笔存款,年利率为 4%,用于 20 岁的 1000 名个体的给付. 在 30 年内每个死亡个体在死亡的年度末可得到 1 元. 计算现在需要的资金额. 假设生存群未来人数的变化符合 CL93M.

解 计算结果见表 1.10. 需要的资金总额为 26.1435 元. 在 30 年内,死亡的个体总数为

$$1000 - l_{49} + d_{49} = 1000 - 950.52 + 4.55 = 54.03.$$

表 1.10 例 1.8.4 的计算结果

| x | q_x | l_x | d_x | n | v^n | $d_x v^n$ |
(1)	(2)	(3)	(4)	(5)	(6)	(7)
20	0.001049	1000.00	1.05	1	0.961538	1.008654
21	0.001048	998.95	1.05	2	0.924556	0.967918
22	0.001030	997.90	1.03	3	0.888996	0.913747
23	0.001003	996.88	1.00	4	0.854804	0.854690
24	0.000972	995.88	0.97	5	0.821927	0.795619
25	0.000945	994.91	0.94	6	0.790315	0.743045
26	0.000925	993.97	0.92	7	0.759918	0.698684
27	0.000915	993.05	0.91	8	0.730690	0.663934
28	0.000918	992.14	0.91	9	0.702587	0.639905
29	0.000933	991.23	0.92	10	0.675564	0.624773
30	0.000963	990.30	0.95	11	0.649581	0.619481
31	0.001007	989.35	1.00	12	0.624597	0.622271
32	0.001064	988.35	1.05	13	0.600574	0.631569
33	0.001136	987.30	1.12	14	0.577475	0.647682
34	0.001222	986.18	1.21	15	0.555265	0.669157
35	0.001321	984.98	1.30	16	0.533908	0.694697
36	0.001436	983.68	1.41	17	0.513373	0.725169
37	0.001565	982.26	1.54	18	0.493628	0.758825
38	0.001710	980.73	1.68	19	0.474642	0.795995
39	0.001872	979.05	1.83	20	0.456387	0.836456
40	0.002051	977.22	2.00	21	0.438834	0.879541
41	0.002250	975.21	2.19	22	0.421955	0.925865
42	0.002470	973.02	2.40	23	0.405726	0.975103
43	0.002713	970.61	2.63	24	0.390121	1.027297
44	0.002981	967.98	2.89	25	0.375117	1.082418

(续表)

x (1)	q_x (2)	l_x (3)	d_x (4)	n (5)	v^n (6)	$d_x v^n$ (7)
45	0.003276	965.09	3.16	26	0.360689	1.140373
46	0.003601	961.93	3.46	27	0.346817	1.201345
47	0.003958	958.47	3.79	28	0.333477	1.265087
48	0.004352	954.68	4.15	29	0.320651	1.332226
49	0.004784	950.52	4.55	30	0.308319	1.402015
总计						26.143544

本例为使得计算结果准确以利于说明问题,在计算过程中对于如生存人数等没有取整.同时由于表中只列出了小数部分的前几位,使得如果按照给出的数值计算,可能会和最终的计算结果有一些出入.在例 1.4.3 中已提到这一点.希望读者注意.

在使用生命表时需要考虑对死亡概率的估计偏差.生命表中的死亡概率是根据统计数据来估计的,在使用时需要根据未来的投保群体的变化来对其修正.

习 题 一

1. 讨论 $a+bc^x (x>0)$ 在 a,b,c 满足什么条件时,可作为死亡力函数?并写出相应的生存函数和密度函数.

2. 验证函数 $s(x)=e^{-2x^4}$, $x \geqslant 0$ 可作为生存函数,并给出对应的 $\mu(x), f(x)$ 与 $F(x)$.

3. 设 $\mu(x)=\dfrac{5}{x+1}$, $x>0$,求 e_0, $\mathring{e}_0$, $\mathrm{var}(K(0))$.

4. 给出表 1.1 的各种关系的证明.

5. 设随机变量 $T(x)$ 的密度函数为 $f(t)=\lambda e^{-\lambda t}, t \geqslant 0$,常数 $\lambda>0$.求 $\mathring{e}_x, T(x)$ 的分布函数、中位数和众数.

6. 在题 3 的假设下,计算 $e_{10}, \mathring{e}_{10}$ 和 $\mathrm{var}(K(10))$.

7. 已知当 $20<x<25$ 时 $\mu(x)=0.01$.计算 $_{2|2}q_{20}$ 和 $_5p_{20}$.

8. 设 $\mu(x+t)=t^2, t>0$,求 $f_{T(x)}(t)$.

9. 证明: $\dfrac{d}{dx}\mathring{e}_x = \mathring{e}_x \mu(x) - 1$.

10. 设 $s(x) = \dfrac{\sqrt{100-x}}{12}, 0 < x < 100$. 计算 $_{17}p_{19}$, $_{15}q_{36}$ 和 $\mu(36)$.

11. 设 $s(x) = 1 - \dfrac{x}{12}, 0 \leqslant x < 12$. l_0 个个体相互独立. 证明

$$(_3\mathscr{D}_0, _3\mathscr{D}_3, _3\mathscr{D}_6, _3\mathscr{D}_9)$$

服从多项分布, 并计算:

(1) 每个随机变量的期望值;

(2) 每个随机变量的方差;

(3) 每两个随机变量的相关系数.

12. 设 l_{x+t} 在区间 $0 < t < 1$ 内严格递减, 证明

(1) 如 l_{x+t} 为 t 的凸函数, 则 $q_x \leqslant \mu(x)$;

(2) 如 l_{x+t} 为 t 的凹函数, 则 $q_x \geqslant \mu(x)$.

13. 对 CL93M, 求 $_{15}p_{35}$, $_{35}q_{65}$.

14. 在常数死亡力假设下, 证明

$$a(x) = \dfrac{(1 - e^{-\mu})/\mu - e^{-\mu}}{1 - e^{-\mu}}, \quad a(x) \approx \dfrac{1}{2} - \dfrac{q_x}{12}.$$

15. 在 Balducci 假设下, 证明

$$a(x) = -\dfrac{p_x}{q_x^2}(q_x + \log p_x), \quad a(x) \approx \dfrac{1}{2} - \dfrac{q_x}{6}.$$

16. (1) 在年龄段 $[x, x+1]$ UDD 假设成立的条件下, 证明

$$q_x = \dfrac{m_x}{1 + m_x/2};$$

(2) 在常数死亡力的假设下计算 m_x, 结果用 q_x 表示;

(3) 在 Balducci 假设下计算 m_x, 结果用 q_x 表示;

(4) 设 $l_x = 100 - x, 0 \leqslant x \leqslant 100$, 根据定义计算 $_{10}m_{50}$.

17. 设一个 50 岁的个体在 50 至 51 岁间面临未考虑到的意外风险. 正常情况下在 50 至 51 岁间死亡概率为 0.006. 此意外风险可表示为在原来死亡力的基础上附加一个在年初值为 0.03 并均匀递减到年末值为 0 的死亡力. 计算该个体活到 51 岁的概率.

18. 证明: $a(x)d_x = L_x - l_{x+1}, T_x = \sum\limits_{k=0}^{\infty} L_{x+k}$.

19. 利用 CL93F 中的 l_x 列，计算 $e_x, \mathring{e}_x, x=0,1,\cdots$. 并与表中的结果比较. 已知在每一年龄年 UDD 假设成立.

20. 利用 CL93 中的 l_x 列，计算 $L_x, T_x, x=0,1,\cdots$. 已知在每一年龄年 UDD 假设成立.

21. 在例 1.8.3 中，如果存款的利率为 3%，试比较与利率为 4% 的结果的差异.

22. 在例 1.8.4 中，如果存款的利率为 3%，试比较与利率为 4% 的结果的差异.

对题 23~35, 在每题给出的 5 个选项中，只有一项是正确的，把所选项前的字母填在题后括号内：

23. 已知 $1000 \times {}_{1/4}q_x = 2$. 在 Balducci, UDD 和常数死亡力三种假设下对 ${}_{1/4}q_{x+3/4}$ 排序，正确的排序是（　　）.

(A) Balducci<常数死亡力<UDD；

(B) 常数死亡力<Balducci<UDD；

(C) UDD<常数死亡力<Balducci；

(D) UDD<Balducci<常数死亡力；

(E) Balducci<UDD<常数死亡力.

24. 给定 $q_{60}=0.020, q_{61}=0.022$, 在每一年龄年 UDD 假设成立，计算 $\mathring{e}_{60:\overline{1.5}|} \stackrel{\text{def}}{=\!=} \int_0^{1.5} {}_t p_{60} \mathrm{d}t$. 正确的结果是（　　）.

(A) 1.447；　　　(B) 1.457；　　　(C) 1.467；

(D) 1.477；　　　(E) 1.487.

25. 给定

$$l_x = \sqrt{100-x}, \quad 0 \leqslant x \leqslant 100, \quad \mathring{e}_{36:\overline{28}|} = 24.67,$$

计算 $\int_0^{28} t \cdot {}_t p_{36} \mu_{36}(t) \mathrm{d}t$. 正确的结果是（　　）.

(A) 3.67；　　　(B) 5.00；　　　(C) 11.33；

(D) 19.67；　　　(E) 24.67.

26. 给定 ${}_{0.5}p_x \mu_x(0.5)=12/49$. 在年龄段 $[x, x+1]$ Balducci 假设成立，$q_x < p_x$. 计算 q_x. 正确的结果是（　　）.

(A) 0.25；　　　(B) 0.30；　　　(C) 0.35；

(D) 0.40;   (E) 0.45.

27. 下面哪些函数可以作为死亡力函数？( ).

I. Bc^x, $B>0$, $0<c<1$, $x>0$;

II. $B(x+1)^{(-0.5)}$, $B>0$, $x>0$;

III. $k(x+1)^n$, $k>0$, $n>0$, $x\geqslant 0$.

(A) 只有 I 和 II；　　　　(B) 只有 I 和 III；

(C) 只有 II 和 III；　　　 (D) I, II 和 III；

(E) (A),(B),(C),(D)都不正确.

28. 给定生存函数 $s(t)=1-\dfrac{x}{100}$, $0\leqslant x\leqslant 100$, 则 $\mu(25)$ 等于( ).

(A) 0.010;　　(B) 0.013;　　(C) 0.018;

(D) 0.025;　　(E) 0.040.

29. 给定 $_kp_{60}=(1+c)^{-k}$ 对所有正整数 $k\geqslant 0$ 成立, $c>0$. 计算 $\text{var}(K(60))$. 正确的结果是( ).

(A) $\dfrac{(1+c)^2}{c^2}$;　　(B) $\dfrac{(1+c)}{c^2}$;　　(C) $\dfrac{1}{c^2}$;

(D) $\dfrac{1+c}{c}$;　　(E) $\dfrac{1}{(1+c)c^2}$.

30. 假设死亡力服从 de Moivre 假设. 对 $0<x<w$, 下面哪些等于 $\mu(x)$? ( ).

I. $\dfrac{m_x}{1+0.5m_x}$;　　II. $_{n|}q_x$;　　III. $\dfrac{1}{2\mathring{e}_x}$.

(A) 只有 I 和 II；　　　　(B) 只有 I 和 III；

(C) 只有 II 和 III；　　　 (D) I, II 和 III；

(E) (A),(B),(C),(D)都不正确.

31. 对 $0<t<1$, 基于 UDD 假设的死亡力记为 $\mu_x^A(t)$, 基于 Balducci 假设的死亡力记为 $\mu_x^B(t)$. 对 $0.50\leqslant t<1$, 下面正确的结果是( ).

I. $\mu_x^A(t)=\dfrac{td_x}{l_x-td_x}$;　　II. $\mu_x^B(t)=\dfrac{d_x}{l_x-(1-t)d_x}$;

III. $\mu_x^A(t)\leqslant \mu_x^B(t)$.

(A) 只有 I 和 II；　　　　(B) 只有 I 和 III；

(C) 只有 II 和 III；　　　(D) I，II 和 III；

(E) (A),(B),(C),(D) 都不正确.

32. 已知生存分布为 $s(x)=\dfrac{1}{1+x}$，确定 (y) 的未来生存时间的中位数. 正确的结果是(　　).

(A) $y+1$；　　　(B) y；　　　(C) 1；

(D) $\dfrac{1}{y}$；　　　(E) $\dfrac{1}{y+1}$.

33. 给定

$_{1|}q_{x+1}=0.095$，　$_{2|}q_{x+1}=0.171$，　$q_{x+3}=0.200$，

计算 $q_{x+1}+q_{x+2}$. 正确的结果是(　　).

(A) 0.15；　　　(B) 0.20；　　　(C) 0.25；

(D) 0.27；　　　(E) 0.30.

34. 设

$$K = {}_{1/3}q_x(\text{Balducci}),\quad L = {}_{1/3|2/3}q_x(\text{UDD}).$$

给定 $l_x=9, l_{x+1}=6$，计算 $K+L$. 正确的结果是(　　).

(A) $\dfrac{19}{63}$；　　　(B) $\dfrac{1}{3}$；　　　(C) $\dfrac{23}{63}$；

(D) $\dfrac{11}{28}$；　　　(E) $\dfrac{23}{56}$.

35. 死亡力遵从 de Moivre 法则，$\mathring{e}_{16}=42$，计算 $\text{var}(T(16))$. 正确的结果是(　　).

(A) 595；　　　(B) 588；　　　(C) 505；

(D) 472；　　　(E) 300.

第二章 多生命生存模型

§2.1 引　言

在第一章介绍了由单个个体组成的单生命生存模型,本章介绍由多个个体组成的多生命生存模型.这一模型在保险中有广泛的应用.在保险实务中,一些保单涉及多个被保险人,保险金的给付取决于多个个体的生存状况.如一种死亡保险,约定夫妻中一方去世后保险人对另一方给付保险金,这种险种保险金给付的发生与夫妻双方的寿命都相关.本章的多生命模型即可用来处理诸如此类的保险实务中的问题.

本章针对由两个个体组成的多生命生存模型来进行讨论.

个体(x)和个体(y)的未来生存时间分别记为$T(x)$和$T(y)$.下面我们来定义联合生存状态和最后生存者状态.

联合生存状态是指这样一种状态:当群体中的每个个体都存活时该状态存在,当第一个死亡的个体死亡时该状态终止.最后生存者状态是指:群体中只要有个体生存该状态就存在,而当群体中最后一个个体死亡时该状态终止.为了表述方便,当联合生存状态或最后生存者状态存在时,我们认为该状态生存,否则认为该状态已死亡.

个体(x)和(y)组成的联合生存状态记为(xy),则(xy)的未来生存时间$T(xy)$可表示为

$$T(xy) = \min\{T(x), T(y)\},$$

$T(xy)$表示的是最早死亡个体的未来生存时间.

(x)和(y)组成的最后生存者状态记为$(\overline{xy})$,未来生存时间$T(\overline{xy})$为

$$T(\overline{xy}) = \max\{T(x), T(y)\},$$

$T(\overline{xy})$表示最后死亡个体的未来生存时间.

本书使用下面的表示法:

$$I_{\{T(x)>t\}} = \begin{cases} 1, & T(x) > t, \\ 0, & T(x) \leqslant t, \end{cases}$$

其他的如 $I_{\{T(x,y)>t\}}$ 表示法与 $I_{\{T(x)>t\}}$ 类似.

本章讨论了联合生存状态 (xy) 和最后生存者状态 $(\overline{xy})$ 的生存分布,同时还讨论与个体 (x) 和个体 (y) 的死亡次序相关的概率计算. §2.2 介绍多生命模型的一些表示法. §2.3 讨论多生命模型与单生命模型的关系. §2.4 介绍个体独立时的联合生存状态的性质. §2.5 讨论个体独立时的最后生存者状态的性质. §2.6 讨论与个体死亡次序相关的概率计算. §2.7 在单生命个体的假设下讨论多生命模型中的群体的性质. §2.8 介绍一种构造二元联合分布函数的方法:Frank 耦合方法. §2.9 介绍一种多生命模型:共同扰动模型. §2.10 是精算实例分析.除特别说明,恒假设 $(x),(y)$ 独立.

§2.2 精算表示法

多生命模型与单生命模型在表示法上有些差异,下面分两部分来介绍.

2.2.1 个体的表示法

个体 (x) 和个体 (y) 的未来生存时间 $T(x)$ 和 $T(y)$ 的分布函数分别记为 $F_{T(x)}$ 和 $F_{T(y)}$,死亡力分别记为 $\mu_x(t)$ 和 $\mu_y(t)$.注意两个个体可能服从不同的生存分布,也可能服从同一生存分布.如,(x) 为一个家庭中的妻子,(y) 为丈夫.如果考虑性别的影响,则二者的死亡概率需分别根据女性生命表和男性生命表来计算.但如果不考虑性别的差异,则可使用同一生命表来计算.

注意死亡力 $\mu_x(t),\mu_y(t)$ 的定义:

$$\mu_x(t) = \frac{f_{T(x)}(t)}{1 - F_{T(x)}(t)},$$

$$\mu_y(t) = \frac{f_{T(y)}(t)}{1 - F_{T(y)}(t)}.$$

在本章,$_tp_x$ 和 $_tq_x$ 表示个体 (x) 的生存概率和死亡概率,$_tp_y$ 和

$_tq_y$ 表示个体(y)的生存概率和死亡概率.

2.2.2 多生命模型的表示法

记$(T(x),T(y))$的联合分布函数为$F_{T(x)T(y)}$,即
$$F_{T(x)T(y)}(s,t) = P(T(x) \leqslant s, T(y) \leqslant t),$$
$(T(x),T(y))$的密度函数记为$f_{T(x)T(y)}$. 联合生存函数$s_{T(x)T(y)}$定义为
$$s_{T(x)T(y)}(s,t) = P(T(x) > s, T(y) > t), \quad s \geqslant 0, \quad t \geqslant 0.$$
分布函数$F_{T(x)T(y)}(s,t)$与生存函数$s_{T(x)T(y)}(s,t)$满足下面的关系:
$$\begin{aligned} F_{T(x)T(y)}(s,t) &= P(T(x) \leqslant s, T(y) \leqslant t) \\ &= 1 - P(T(x) > s) - P(T(y) > t) \\ &\quad + P(T(x) > s, T(y) > t) \\ &= 1 - s_{T(x)}(s) - s_{T(y)}(t) + s_{T(x)T(y)}(s,t). \end{aligned}$$
先对上式中的s求导,然后再对t求导,可得
$$f_{T(x)T(y)}(s,t) = \frac{\partial^2}{\partial s \partial t}\{F_{T(x)T(y)}(s,t)\} = \frac{\partial^2}{\partial s \partial t}\{s_{T(x)T(y)}(s,t)\}.$$
国际精算界采用一些符号表示法,具体如下:

$_tp_{xy}$:(xy)在未来时刻t时仍生存的概率;

$_tq_{xy}$:(xy)在未来时间t内死亡的概率;

$_tp_{\overline{xy}}$:$(\overline{xy})$在未来时刻t仍生存的概率;

$_tq_{\overline{xy}}$:$(\overline{xy})$在未来时间t内死亡的概率.

并采用下面的简化表示:
$$p_{xy} = {_1p_{xy}}, \quad q_{xy} = {_1q_{xy}}, \quad p_{\overline{xy}} = {_1p_{\overline{xy}}}, \quad q_{\overline{xy}} = {_1q_{\overline{xy}}}.$$

对由如个体$(x+k)$和个体$(y+k)$组成的多生命模型,在表示法中常使用":"将两个个体的年龄$x+k$和$y+k$分开. 如:联合生存状态的未来生存时间表示为$T(x+k:y+k)$,最后生存者状态表示为$\overline{(x+k:y+k)}$,联合生存状态的生存概率表示为$_tp_{x+k:y+k}$等.

对于多生命模型,有些表示法与单生命模型的表示法类似. 如(xy)的死亡力表示为$\mu_{xy}(t)$,$(\overline{xy})$的死亡力表示为$\mu_{\overline{xy}}(t)$.

与第一章处理方法相同,可以得到下面的结论.

结论 2.2.1 联合生存状态(xy)和最后生存者状态$(\overline{xy})$的未来生存时间的期望可通过下面的公式来计算：

$$\mathring{e}_{xy} = \int_0^\infty {}_tp_{xy}\mathrm{d}t; \quad \mathring{e}_{\overline{xy}} = \int_0^\infty {}_tp_{\overline{xy}}\mathrm{d}t;$$

$$e_{xy} = \sum_{n=1}^\infty {}_np_{xy}; \quad e_{\overline{xy}} = \sum_{n=1}^\infty {}_np_{\overline{xy}}.$$

例 2.2.1 已知$T(x)$服从参数为$a>0$的指数分布,$T(y)$服从参数为$b>0$的指数分布.$T(x)$和$T(y)$相互独立.计算$\mathring{e}_x, \mathring{e}_y$及$\mathring{e}_{xy}$.

解 由题设条件,有

$$\mathring{e}_x = \int_0^\infty \mathrm{e}^{-at}\mathrm{d}t = \frac{1}{a}, \quad \mathring{e}_y = \int_0^\infty \mathrm{e}^{-bt}\mathrm{d}t = \frac{1}{b}.$$

利用$T(x)$和$T(y)$相互独立,得

$$P(T(xy)>t) = P(T(x)>t, T(y)>t) = \mathrm{e}^{-(a+b)t},$$

即$T(xy)$服从参数为$a+b$的指数分布,所以

$$\mathring{e}_{xy} = \frac{1}{a+b}.$$

§2.3 多生命模型与单生命模型的关系

联合生存状态(xy)以及最后生存者状态$(\overline{xy})$,都与$(x),(y)$中任一个体的生存状况相关.$T(x)$或等于$T(xy)$,或等于$T(\overline{xy})$.$T(y)$亦然.因此,基于集合的观点,有

$$\{T(x), T(y)\} = \{T(xy), T(\overline{xy})\}$$

成立.这样,如果关于$(T(xy), T(\overline{xy}))$的函数具有对称性,则可转化为$T(x)$和$T(y)$的函数.

具体来说,对于满足$g(x,y)=g(y,x), x\geq 0, y\geq 0$的二元函数$g$,有

$$g(T(xy), T(\overline{xy})) = g(T(x), T(y))$$

成立.

结论2.3.1 在不要求$T(x)$与$T(y)$相互独立时,有

$$_tp_{xy} + {_tp_{\overline{xy}}} = {_tp_x} + {_tp_y}, \tag{2.3.1}$$

$$f_{T(xy)}(t) + f_{T(\overline{xy})}(t) = f_{T(x)}(t) + f_{T(y)}(t), \tag{2.3.2}$$

$$\mathring{e}_{xy} + \mathring{e}_{\overline{xy}} = \mathring{e}_x + \mathring{e}_y, \tag{2.3.3}$$

$$e_{xy} + e_{\overline{xy}} = e_x + e_y. \tag{2.3.4}$$

证明 易证

$$E(I_{\{T(x)>t\}}) = {_tp_x}, \quad E(I_{\{T(y)>t\}}) = {_tp_y},$$

$$E(I_{\{T(xy)>t\}}) = {_tp_{xy}}, \quad E(I_{\{T(\overline{xy})>t\}}) = {_tp_{\overline{xy}}}.$$

又

$$I_{\{T(xy)>t\}} + I_{\{T(\overline{xy})>t\}} = I_{\{T(x)>t\}} + I_{\{T(y)>t\}},$$

两边取数学期望,得

$$_tp_{xy} + {_tp_{\overline{xy}}} = {_tp_x} + {_tp_y}.$$

(2.3.1)式成立.

对(2.3.1)式中的 t 求导,

$$-f_{T(xy)}(t) - f_{T(\overline{xy})}(t) = -f_{T(x)}(t) - f_{T(y)}(t),$$

整理得(2.3.2)式成立.

利用

$$e_{xy} = \sum_{n=1}^{\infty} {_np_{xy}}, \quad e_{\overline{xy}} = \sum_{n=1}^{\infty} {_np_{\overline{xy}}},$$

及

$$e_x = \sum_{n=1}^{\infty} {_np_x}, \quad e_y = \sum_{n=1}^{\infty} {_np_y},$$

再由(2.3.1)式,可得(2.3.4)式成立. 同理可证(2.3.3)式成立.

结论 2.3.2 已知个体(x)和个体(y)相互独立,则

$$\text{cov}(T(xy), T(\overline{xy})) = (\mathring{e}_x - \mathring{e}_{xy})(\mathring{e}_y - \mathring{e}_{xy}).$$

证明 利用个体(x)和个体(y)的独立性及(2.3.3),可得

$$\begin{aligned}
&\text{cov}(T(xy), T(\overline{xy})) \\
&= E\{T(xy)T(\overline{xy})\} - E(T(xy)) \times E(T(\overline{xy})) \\
&= E\{T(x)T(y)\} - E(T(xy)) \times E(T(\overline{xy})) \\
&= E(T(x))E(T(y)) - E(T(xy)) \times (E(T(x)) \\
&\quad + E(T(y)) - E(T(xy))) \\
&= \mathring{e}_x \mathring{e}_y - \mathring{e}_{xy}(\mathring{e}_x + \mathring{e}_y - \mathring{e}_{xy}) \\
&= (\mathring{e}_x - \mathring{e}_{xy})(\mathring{e}_y - \mathring{e}_{xy}).
\end{aligned}$$

§2.4 联合生存状态

本节对联合生存状态的性质进行讨论.

结论 2.4.1 在个体(x)和个体(y)独立的条件下,有
$$_tp_{xy} = {_tp_x}\,{_tp_y}, \quad \mu_{xy}(t) = \mu_x(t) + \mu_y(t).$$

证明 利用个体(x)和个体(y)的独立性,有
$$_tp_{xy} = P(T(x) > t, T(y) > t)$$
$$= P(T(x) > t)P(T(y) > t) = {_tp_x}\,{_tp_y}.$$

对上式中的t求导,得到
$$f_{T(xy)}(t) = \frac{\mathrm{d}}{\mathrm{d}t}(1 - {_tp_{xy}}) = \frac{\mathrm{d}}{\mathrm{d}t}(-{_tp_x}\,{_tp_y})$$
$$= -{_tp_y}\frac{\mathrm{d}}{\mathrm{d}t}({_tp_x}) - {_tp_x}\frac{\mathrm{d}}{\mathrm{d}t}({_tp_y}). \tag{2.4.1}$$

将
$$\frac{\mathrm{d}}{\mathrm{d}t}{_tp_x} = -{_tp_x}\mu_x(t), \quad \frac{\mathrm{d}}{\mathrm{d}t}{_tp_y} = -{_tp_y}\mu_y(t)$$

代入(2.4.1),得
$$f_{T(xy)}(t) = (\mu_x(t) + \mu_y(t)) \times {_tp_x}\,{_tp_y}.$$

再由死亡力的定义,有
$$\mu_{xy}(t) = \frac{f_{T(xy)}(t)}{_tp_{xy}} = \frac{(\mu_x(t) + \mu_y(t)) \times {_tp_x}\,{_tp_y}}{_tp_x\,{_tp_y}}$$
$$= \mu_x(t) + \mu_y(t).$$

证毕.

结论 2.4.1给出了联合生存状态的一个重要性质,即联合生存状态的死亡力为每个个体的死亡力之和.

例 2.4.1 个体(60)和个体(65)相互独立,都来自服从 de Moivre 死亡力的群体,参数$w=100$. 计算$T(60:65)$的密度、生存函数和死亡力函数. 计算从现在起,第一个死亡个体在未来10年至20年之间死亡的概率.

解 易得$T(60)$服从$[0,40]$上的均匀分布,$T(65)$服从$[0,35]$

上的均匀分布.由 $T(60:65)$ 的定义可知,$T(60:65)<35$.即 $_tp_{60:65}=0$,$t\geqslant 35$ 成立.

下面令 $t<35$,则有
$$_tp_{60}=\frac{40-t}{40},\quad _tp_{65}=\frac{35-t}{35},$$

及
$$\mu_{60}(t)=\frac{1}{40-t},\quad \mu_{65}(t)=\frac{1}{35-t}.$$

因此 $T(60:65)$ 的生存分布为
$$_tp_{60:65}={}_tp_{60}\,_tp_{65}=\frac{40-t}{40}\frac{35-t}{35},$$

死亡力为
$$\mu_{60:65}(t)=\mu_{60}(t)+\mu_{65}(t)=\frac{1}{35-t}+\frac{1}{40-t}.$$

密度函数
$$f_{T(60:65)}(t)=\mu_{60:65}(t)\,_tp_{60:65}=\frac{40-t}{40\times 35}+\frac{35-t}{40\times 35}=\frac{3}{56}-\frac{t}{700}.$$

又
$$P(10<T(60:65)\leqslant 20)$$
$$=P(T(60:65)>10)-P(T(60:65)>20)$$
$$={}_{10}p_{60:65}-{}_{20}p_{60:65}$$
$$=\frac{40-10}{40}\frac{35-10}{35}-\frac{40-20}{40}\frac{35-20}{35}=\frac{9}{28}.$$

记 $K(xy)$ 为 $T(xy)$ 的整数部分.

例 2.4.2 解释
$$P(K(xy)=k)={}_kp_{xy}(q_{x+k}+p_{x+k}q_{y+k}).$$

证明 该式的左边为联合生存状态 (xy) 在未来时间段 $[k,k+1)$ 死亡的概率.下面解释右边等于这一死亡概率值.

若联合生存状态 (xy) 在时间段 $[k,k+1)$ 死亡,则两个个体都活至第 k 年初,且至少有一个体在时间段 $[k,k+1)$ 死亡.两个个体都活至第 k 年初的概率为 $_kp_{xy}$.活到第 k 年初的个体 (x) 和 (y),年龄分别为 $x+k$ 岁和 $y+k$ 岁,此时分别记这两个个体为 $(x+k)$ 和 $(y+k)$.将两个个体 $(x+k)$ 和 $(y+k)$ 至少有一个在接下来的一年内死亡这一事件,分为下面两种情况来讨论:

(1) 个体$(x+k)$在一年内死亡,概率为q_{x+k};

(2) 个体$(x+k)$在一年末仍生存,个体$(y+k)$在一年内死亡. 前者发生的概率为p_{x+k},后者发生的概率为q_{y+k},此种情况发生的概率为$p_{x+k}q_{y+k}$.

由(1)和(2)两种情况无公共的部分,知$(x+k)$和$(y+k)$中至少有一个体在一年内死亡的概率为$q_{x+k}+p_{x+k}q_{y+k}$,再乘以两个个体$(x),(y)$都活到第k年初的概率${}_kp_{xy}$,得到${}_kp_{xy}(q_{x+k}+p_{x+k}q_{y+k})$. 这即为$K(xy)=k$的概率. 证毕.

例 2.4.3 某群体中吸烟者的死亡力是不吸烟者的两倍. 已知不吸烟者的生存函数

$$s(x)=\frac{75-x}{75}, \quad 0\leqslant x\leqslant 75.$$

假设 55 岁的吸烟者与 65 岁的不吸烟者独立. 计算$\mathring{e}_{55:65}$.

解 由吸烟者的死亡力等于不吸烟者的两倍,及生存分布和死亡力的关系,知吸烟者的生存分布为$s(x)^2$. 因此,

$$\begin{aligned}\mathring{e}_{55:65}&=\int_0^\infty {}_sp_{55:65}\mathrm{d}s=\int_0^\infty {}_sp_{55}\,{}_sp_{65}\mathrm{d}s\\ &=\int_0^\infty\left(\frac{s(55+s)}{s(55)}\right)^2\frac{s(65+s)}{s(65)}\mathrm{d}s\\ &=\int_0^{10}\frac{(20-s)^2(10-s)}{4000}\mathrm{d}s=3.54.\end{aligned}$$

例 2.4.4 已知女性死亡力为

$$\mu^F(x)=0.001+(10^{-5.1})c^x, \quad \log_{10}(c)=0.04;$$

男性死亡力为

$$\mu^M(x)=0.001+(10^{-4.9})c^x, \quad \log_{10}(c)=0.04.$$

两个独立的年龄为f岁的女性联合生存状态的分布与两个独立的年龄为m岁的男性联合生存状态的分布相同. 计算$m-f$.

解 两个年龄为f岁的女性的联合生存状态的死亡力为$2\mu^F(s+f)$,两个年龄为m岁的男性的联合生存状态的死亡力为$2\mu^M(s+m)$. 由于两者的分布相同,故死亡力相同,即

$$2\mu^F(s+f)=2\mu^M(s+m).$$

将已知条件代入,得

$$2\{0.001 + (10^{-5.1})c^{m+s}\} = 2\{0.001 + (10^{-4.9})c^{f+s}\}.$$

整理得：$c^{f-m} = 10^{-0.2}$. 两边取对数，得到

$$m - f = \frac{0.2}{\log_{10}(c)} = \frac{0.2}{0.04} = 5.$$

§2.5 最后生存者状态

本节讨论最后生存者状态的性质. 假设个体(x)和个体(y)相互独立.

结论 2.5.1 对 $t > 0$,

$$_tq_{\overline{xy}} = {_tq_x} \cdot {_tq_y}.$$

证明 利用 $_tq_{\overline{xy}}$ 的定义及个体(x)和个体(y)的独立性, 有

$$_tq_{\overline{xy}} = P(T(x) \leqslant t, T(y) \leqslant t)$$
$$= P(T(x) \leqslant t) P(T(y) \leqslant t) = {_tq_x} \cdot {_tq_y}.$$

结论证毕.

对于死亡力 $\mu_{\overline{xy}}(t)$, 有

$$\mu_{\overline{xy}}(t) = \frac{f_{T(\overline{xy})}(t)}{_tp_{\overline{xy}}} = \frac{d}{dt}({_tq_{\overline{xy}}}) / {_tp_{\overline{xy}}} = \frac{d}{dt}({_tq_x} \cdot {_tq_y}) / {_tp_{\overline{xy}}}$$

$$= \frac{{_tp_x}\mu_x(t){_tq_y} + {_tp_y}\mu_y(t){_tq_x}}{_tp_{\overline{xy}}}$$

$$= \frac{{_tp_x}\mu_x(t){_tq_y} + {_tp_y}\mu_y(t){_tq_x}}{1 - {_tq_{\overline{xy}}}}$$

$$= \frac{{_tp_x}\mu_x(t){_tq_y} + {_tp_y}\mu_y(t){_tq_x}}{1 - {_tq_x} \cdot {_tq_y}}.$$

例 2.5.1 在例 2.4.3 的条件下, 求 $q_{\overline{55:65}}$.

解 利用结论 2.5.1 中的公式, 得到

$$q_{\overline{55:65}} = q_{55} q_{65} = (1 - p_{55})(1 - p_{65})$$
$$= \left(1 - \frac{s(56)^2}{s(55)^2}\right)\left(1 - \frac{s(66)}{s(65)}\right) = \left(1 - \frac{19^2}{20^2}\right)\left(1 - \frac{9}{10}\right)$$
$$= 0.00975.$$

例 2.5.2 已知 k 为正整数. 解释等式

$$P(K(\overline{xy}) = k) = {}_kp_x\, q_{x+k}\, {}_{k+1}q_y + {}_kp_y\, q_{y+k}\, {}_{k+1}q_x$$
$$- {}_kp_{xy}\, q_{\overline{x+k\,:\,y+k}}. \tag{2.5.1}$$

解 $K(\overline{xy}) = k$ 表示个体 (x) 和个体 (y) 都在未来的 $k+1$ 年内死亡,且在时间段 $[k, k+1]$ 有个体死亡发生这一事件.

下面分别考虑个体 (x) 在时间段 $[k, k+1]$ 死亡和个体 (y) 在时间段 $[k, k+1]$ 死亡这两种情况. 二者交叉的部分为个体 (x) 和个体 (y) 同时在时间段 $[k, k+1]$ 死亡:

(1) 个体 (x) 在时间段 $[k, k+1]$ 死亡,且个体 (y) 也在时间段 $[0, k+1]$ 死亡. 个体 (x) 在时间段 $[k, k+1]$ 死亡的概率为 ${}_kp_x\, q_{x+k}$, 个体 (y) 在时间段 $[0, k+1]$ 死亡的概率为 ${}_{k+1}q_y$, 由二者相互独立可得此种情况的概率为 ${}_kp_x\, q_{x+k}\, {}_{k+1}q_y$;

(2) 个体 (y) 在时间段 $[k, k+1]$ 内死亡,且个体 (x) 在时间段 $[0, k+1]$ 内死亡. 同理此种情况的概率为 ${}_kp_y\, q_{y+k}\, {}_{k+1}q_x$;

(3) 两者同时在时间段 $[k, k+1]$ 死亡. 其概率为
$${}_kp_x\, q_{x+k}\, {}_kp_y\, q_{y+k} = {}_kp_{xy}\, q_{\overline{x+k\,:\,y+k}}.$$

前面的 (1) 和 (2) 都包含 (3) 部分,(3) 部分的概率值被计算了两次,因此个体 (x) 和个体 (y) 都在时间段 $[0, k+1]$ 内死亡,且在时间段 $[k, k+1]$ 有死亡发生的概率等于 (1) 和 (2) 的概率和
$${}_kp_x\, q_{x+k}\, {}_{k+1}q_y + {}_kp_y\, q_{y+k}\, {}_{k+1}q_x$$
减去 (3) 的概率值
$${}_kp_{xy}\, q_{\overline{x+k\,:\,y+k}},$$
即为
$${}_kp_x\, q_{x+k}\, {}_{k+1}q_y + {}_kp_y\, q_{y+k}\, {}_{k+1}q_x - {}_kp_{xy}\, q_{\overline{x+k\,:\,y+k}}.$$

综上所述,(2.5.1) 式成立.

§2.6 与死亡次序相关的概率

本节讨论与个体 (x) 和个体 (y) 的死亡次序相关的概率. 假设二者相互独立.

采用下面的表示法:

(1) 个体 (x) 先于个体 (y) 死亡,并且个体 (x) 在未来的 n 年内死

亡,其概率记为 $_n q^1_{xy}$ 或 $_n q^1_{yx}$;

(2) 个体(x)后于个体(y)死亡,并且个体(x)在未来的n年内死亡,其概率记为 $_n q^2_{xy}$ 或 $_n q^2_{yx}$.

我们有

结论 2.6.1 有下面的公式成立:

$$_n q^1_{xy} = \int_0^n {}_s p_x \mu_x(s) \, {}_s p_y \, \mathrm{d}s, \tag{2.6.1}$$

$$_n q^2_{xy} = \int_0^n {}_s q_y \, {}_s p_x \mu_x(s) \, \mathrm{d}s, \tag{2.6.2}$$

$$_n q^1_{xy} = {}_n q^2_{yx} + {}_n p_y \, {}_n q_x, \tag{2.6.3}$$

$$_n q^1_{xy} + {}_n q^2_{xy} = {}_n q_x. \tag{2.6.4}$$

证明 由符号表示法定义,有

$$_n q^1_{xy} = P(T(x) \leqslant n, T(y) > T(x))$$

$$= \int_0^\infty \int_0^\infty I_{\{s \leqslant n, t > s\}} f_{T(x)}(s) f_{T(y)}(t) \mathrm{d}t \mathrm{d}s$$

$$= \int_0^n \left(\int_s^\infty f_{T(y)}(t) \mathrm{d}t \right) f_{T(x)}(s) \mathrm{d}s$$

$$= \int_0^n {}_s p_x \mu_x(s) \, {}_s p_y \mathrm{d}s.$$

(2.6.1)式成立.

类似可得(2.6.2)式成立. 又

$$_n q^1_{xy} = P(T(x) \leqslant n, T(y) > T(x))$$

$$= P(T(y) \leqslant n, T(y) > T(x))$$

$$\quad + P(T(y) > n, T(x) \leqslant n)$$

$$= {}_n q^2_{yx} + {}_n p_y \, {}_n q_x,$$

(2.6.3)式成立.

最后,

$$_n q_x = P(T(x) \leqslant n)$$

$$= P(T(x) \leqslant n, T(x) < T(y))$$

$$\quad + P(T(x) \leqslant n, T(x) > T(y))$$

$$= {}_n q^1_{xy} + {}_n q^2_{xy},$$

(2.6.4)式成立. 结论证毕.

例 2.6.1 给定两个独立群体的期望生存人数：

群体 1：$l_x^A = 100 - x$，$0 \leqslant x \leqslant 100$；

群体 2：$l_x^B = 10000 - x^2$，$0 \leqslant x \leqslant 100$.

个体(40)来自群体 1，个体(50)来自群体 2，试计算 ${}_{30}q^2_{40:50}$.

解 根据(2.6.2)式来计算，

$$
{}_{30}q^2_{40:50} = \int_0^{30} {}_sp^A_{40} \mu^A_{40}(s) \, {}_sq^B_{50} \, ds
$$

$$
= \int_0^{30} \frac{l^A_{40+s}}{l^A_{40}} \cdot \frac{-\dfrac{d}{ds} l^A_{40+s}}{l^A_{40+s}} \left(1 - \frac{l^B_{50+s}}{l^B_{50}}\right) ds
$$

$$
= \frac{1}{60} \int_0^{30} \left(1 - \frac{10000 - (50+s)^2}{10000 - 2500}\right) ds = 0.12.
$$

§2.7 单生命个体的假设

第一章在分数年龄上引入 UDD(死亡均匀分布)假设来讨论个体在分数年龄上的死亡分布. 对多生命模型，可以基于下面两种情况讨论多生命个体在分数年龄上的分布：

(1) 多生命模型中的每一个体在每一年龄年 UDD(死亡均匀分布)假设成立；

(2) 由多个个体组成的群体在每一年龄年 UDD(死亡均匀分布)假设成立；

本节只针对第一种情况来讨论，第二种情况与单生命模型的讨论类似. 本节同时讨论 Gompertz 死亡力及 Makeham 死亡力下的联合生存状态的性质. 假设(x), (y)独立.

2.7.1 UDD 假设

设个体(x)在年龄段$[x, x+1)$ UDD 假设成立，个体(y)在年龄段$[y, y+1)$ UDD 假设成立. 则有

结论 2.7.1 对$t \in (0,1)$，

$$f_{T(xy)}(t) = q_{xy} + (1-2t)q_x q_y.$$

证明 在 UDD 假设下,有

$$_tq_x = tq_x, \quad _tq_y = tq_y, \quad t \in (0,1).$$

所以

$$_tp_{xy} = {_tp_x}\,{_tp_y} = (1 - {_tq_x}) \times (1 - {_tq_y})$$
$$= (1-tq_x)(1-tq_y) = 1 + t^2 q_x q_y - t(q_x + q_y),$$

两边对 t 求导,

$$f_{T(xy)}(t) = -\frac{\mathrm{d}}{\mathrm{d}t}({_tp_{xy}}) = -2tq_x q_y + (q_x + q_y)$$
$$= (1-2t)q_x q_y + (q_x + q_y - q_x q_y)$$
$$= (1-2t)q_x q_y + (q_x + q_y - q_{\overline{xy}}).$$

再由 $q_x + q_y - q_{\overline{xy}} = q_{xy}$,得到

$$f_{T(xy)}(t) = q_{xy} + (1-2t)q_x q_y.$$

证毕.

例 2.7.1 个体 (x) 和个体 (y) 在每一年龄年 UDD 假设成立. 已知 $q_x = q_y = 1$,求 $\mathring{e}_{xy}$.

解 利用 UDD 假设,得到

$$\mathring{e}_{xy} = \int_0^\infty {_sp_{xy}}\,\mathrm{d}s = \int_0^\infty {_sp_x}\,{_sp_y}\,\mathrm{d}s = \int_0^\infty (1 - {_sq_x})(1 - {_sq_y})\,\mathrm{d}s$$
$$= \int_0^1 (1-sq_x)(1-sq_y)\,\mathrm{d}s = \int_0^1 (1-s)(1-s)\,\mathrm{d}s = \frac{1}{3}.$$

2.7.2 Gompertz 假设

下面讨论在 Gompertz 假设下多生命模型的性质.

结论 2.7.2 设群体遵从 Gompertz 死亡力:对参数 $B > 0$,$C > 1$,个体的死亡力为

$$\mu(t) = BC^t, \quad t \in [0, \infty).$$

群体的三个个体 (x),(y) 和 (w) 相互独立,且

$$C^x + C^y = C^w,$$

则 (xy) 的生存分布与个体 (w) 的生存分布相同.

证明 由于个体 (x) 和个体 (y) 独立,所以

$$\mu_{xy}(t) = \mu_x(t) + \mu_y(t) = BC^{x+t} + BC^{y+t}$$
$$= BC^t(C^x + C^y) = \mu_w(t).$$

根据生存分布与死亡力的一一对应关系，知 $T(xy)$ 的分布和 $T(w)$ 的分布相同．证毕．

结论 2.7.2 说明：服从 Gompertz 死亡力的生存群，其中任一联合生存状态的生存分布都与某一与其对应的单生命个体的生存分布相同．

2.7.3 Makeham 假设

在 Makeham 假设下有下面的结论．

结论 2.7.3 设群体遵从 Makeham 死亡力：对 $A > -B, B > 0$, $C > 1$，个体的死亡力为
$$\mu(t) = A + BC^t, \quad t \in (0, \infty).$$
又设群体的四个个体 $(x), (y), (w), (w)$ 相互独立（$(w), (w)$ 表示两个不同的个体），且
$$C^x + C^y = 2C^w,$$
则 $T(xy)$ 的分布与 $T(ww)$ 的分布相同．

证明 由所设条件，有
$$\mu_{xy}(t) = \mu_x(t) + \mu_y(t) = A + BC^{x+t} + A + BC^{y+t}$$
$$= 2A + BC^t(C^x + C^y) = 2A + 2BC^tC^w = \mu_{ww}(t),$$
所以根据死亡力与分布函数的一一对应关系，知 $T(xy)$ 的生存分布和 $T(ww)$ 的生存分布相同．证毕．

例 2.7.2 设生命表服从 Makeham 法则，个体 $(x), (y), (w), (w)$ 相互独立，且联合生存状态 (xy) 与联合生存状态 (ww) 有相同的分布．证明：

(1) $_tp_w$ 为 $_tp_x$ 和 $_tp_y$ 的几何平均；

(2) $2 \, _tp_w \leq \, _tp_x + \, _tp_y$.

证明 (1) (ww) 和 (xy) 的生存分布相同，即
$$_tp_{ww} = \, _tp_{xy}$$
成立．又由于 $_tp_{ww} = (_tp_w)^2$，因此
$$_tp_w = \sqrt{_tp_{xy}} = \sqrt{_tp_x \, _tp_y}.$$

(2) 利用前面的结果,有
$$_tp_w = \sqrt{_tp_x \, _tp_y} \leqslant \frac{_tp_x + _tp_y}{2},$$
所以 $2\,_tp_w \leqslant _tp_x + _tp_y$ 成立. 证毕.

§2.8 Frank 耦合

已知 $T(x)$ 和 $T(y)$ 的分布,如何构造 $(T(x), T(y))$ 的联合分布? 在概率论中有许多方法,本节介绍其中的一种:Frank 耦合方法.

记 $T(x)$ 和 $T(y)$ 的分布分别为 $F_{T(x)}, F_{T(y)}$. 对 $\alpha \in R, \alpha \neq 0$,定义二元函数
$$F_{T(x)T(y)}(s,t) = \frac{1}{\alpha} \log \left(1 + \frac{(e^{\alpha F_{T(x)}(s)} - 1)(e^{\alpha F_{T(y)}(t)} - 1)}{e^{\alpha} - 1} \right),$$
$$s \geqslant 0, \quad t \geqslant 0.$$

结论 2.8.1 $F_{T(x)T(y)}(s,t)$ 是一边缘分布为 $F_{T(x)}, F_{T(y)}$ 的二元分布函数,且当 $\alpha \to 0$ 时,
$$F_{T(x)T(y)}(s,t) \to F_{T(x)}(s) \times F_{T(y)}(t).$$

证明 由 $F_{T(x)T(y)}$ 的定义,可得
$$F_{T(x)T(y)}(0,0) = \frac{1}{\alpha} \log \left(1 + \frac{(e^{\alpha F_{T(x)}(0)} - 1)(e^{\alpha F_{T(y)}(0)} - 1)}{e^{\alpha} - 1} \right) = 0,$$
及
$$F_{T(x)T(y)}(\infty,\infty) = \frac{1}{\alpha} \log \left(1 + \frac{(e^{\alpha F_{T(x)}(\infty)} - 1)(e^{\alpha F_{T(y)}(\infty)} - 1)}{e^{\alpha} - 1} \right)$$
$$= 1.$$

二阶导数
$$\frac{\partial^2}{\partial s \partial t} F_{T(x),T(y)}(s,t)$$
$$= \frac{\alpha(e^{\alpha} - 1) f_{T(x)}(s) f_{T(y)}(t) e^{\alpha[F_{T(x)}(s) + F_{T(y)}(t)]}}{[e^{\alpha} - 1 + (e^{\alpha F_{T(x)}(s)} - 1)(e^{\alpha F_{T(y)}(t)} - 1)]^2} \geqslant 0,$$

所以,$F_{T(x)T(y)}$ 为二元分布函数,边缘分布为

$$F_{T(x)T(y)}(s,\infty) = \frac{1}{\alpha}\log\left(1 + \frac{(e^{\alpha F_{T(x)}(s)}-1)(e^{\alpha F_{T(y)}(\infty)}-1)}{e^{\alpha}-1}\right)$$
$$= F_{T(x)}(s),$$

及

$$F_{T(x)T(y)}(\infty,t) = \frac{1}{\alpha}\log\left(1 + \frac{(e^{\alpha F_{T(x)}(\infty)}-1)(e^{\alpha F_{T(y)}(t)}-1)}{e^{\alpha}-1}\right)$$
$$= F_{T(y)}(t).$$

又

$$\lim_{\alpha \to 0} F_{T(x)T(y)}(s,t)$$
$$= \lim_{\alpha \to 0} \frac{1}{\alpha}\log\left(1 + \frac{(e^{\alpha F_{T(x)}(s)}-1)(e^{\alpha F_{T(y)}(t)}-1)}{e^{\alpha}-1}\right)$$
$$= \lim_{\alpha \to 0} \frac{(e^{\alpha F_{T(x)}(s)}-1)(e^{\alpha F_{T(y)}(t)}-1)}{\alpha(e^{\alpha}-1)}$$
$$= \lim_{\alpha \to 0} \frac{\alpha F_{T(x)}(s)\alpha F_{T(y)}(t)}{\alpha(e^{\alpha}-1)} = F_{T(x)}(s)F_{T(y)}(t).$$

结论证毕.

结论 2.8.1 表明, $F_{T(x)T(y)}$ 是边缘分布为 $F_{T(x)}$, $F_{T(y)}$ 的二元分布函数. 我们把这种构造二元分布函数的方法称作参数为 α 的 Frank 耦合方法.

例 2.8.1 设 $F_{T(x)}(s) = F_{T(y)}(s) = s$, $0 \leqslant s \leqslant 1$. 利用 Frank 耦合方法构造 $T(x)$ 和 $T(y)$ 的联合分布, 求 $T(xy)$ 的密度和分布函数.

解 对 $0 < s < 1, 0 < t < 1$, $T(x)$ 和 $T(y)$ 的联合分布函数为
$$F_{T(x)T(y)}(s,t) = \frac{1}{\alpha}\log\left(1 + \frac{(e^{\alpha s}-1)(e^{\alpha t}-1)}{e^{\alpha}-1}\right).$$

因此, $T(xy)$ 的分布函数为
$$F_{T(xy)}(t) = P(\min\{T(x),T(y)\} \leqslant t)$$
$$= F_{T(x)}(t) + F_{T(y)}(t) - F_{T(x)T(y)}(t,t)$$
$$= 2t - \frac{1}{\alpha}\log\left[1 + \frac{(e^{\alpha t}-1)^2}{e^{\alpha}-1}\right],$$

$T(xy)$ 的密度函数为
$$f_{T(xy)}(t) = \frac{d}{dt}F_{T(xy)}(t) = 2 - \left[\frac{2(e^{\alpha t}-1)e^{\alpha t}}{(e^{\alpha}-1)+(e^{\alpha t}-1)^2}\right].$$

例 2.8.2 个体 (50) 和个体 (60) 来自服从 de Moivre 死亡力的

生存群,生存群的参数 $w=100$. 设 $\alpha=0.5$. 利用 Frank 耦合方法,计算 $_{10}q_{50}, _{10}q_{60}$ 和 $_{10}q_{50:60}$.

解 根据 Frank 耦合方法构造的二元分布函数的边缘分布分别为个体(50)和个体(60)的生存分布. 由此有

$$_{10}q_{50} = \frac{10}{50} = 0.20, \quad _{10}q_{60} = \frac{10}{40} = 0.25.$$

又

$$_{10}q_{\overline{50:60}} = P(T(50) \leqslant 10, T(60) \leqslant 10) = F_{T(50)T(60)}(10,10)$$

$$= \frac{1}{0.5}\log\left(1 + \frac{(e^{0.5F_{T(50)}(10)} - 1)(e^{0.5F_{T(60)}(10)} - 1)}{e^{0.5} - 1}\right)$$

$$= \frac{1}{0.5}\log\left(1 + \frac{(e^{0.5\,_{10}q_{50}} - 1)(e^{0.5\,_{10}q_{60}} - 1)}{e^{0.5} - 1}\right)$$

$$= \frac{1}{0.5}\log\left(1 + \frac{(e^{0.5\times 0.2} - 1)(e^{0.5\times 0.25} - 1)}{e^{0.5} - 1}\right) = 0.0427.$$

再利用

$$_{10}q_{50:60} = {}_{10}q_{50} + {}_{10}q_{60} - {}_{10}q_{\overline{50:60}},$$

得

$$_{10}q_{50:60} = 0.20 + 0.25 - 0.0427 = 0.4073.$$

§2.9 共同扰动模型

设 $T^*(x)$ 和 $T^*(y)$ 为独立随机变量,生存分布分别为 $s_{T^*(x)}$, $s_{T^*(y)}$,死亡力分别为 $\mu_x^*(t), \mu_y^*(t)$. Z 为与前两个随机变量相独立的随机变量,即所谓扰动随机变量, Z 服从参数为 $\lambda > 0$ 的指数分布,密度为 $\lambda e^{-\lambda x}, x > 0$.

定义个体(x)和个体(y)的未来生存时间 $T(x), T(y)$ 如下:

$$T(x) = \min\{T^*(x), Z\}, \quad T(y) = \min\{T^*(y), Z\}.$$

以上述方式所构造出的个体(x)和个体(y)的模型称为**共同扰动模型**(common shock),个体(x)和个体(y)的死亡力分别记为 $\mu_x(t)$, $\mu_y(t)$.

结论 2.9.1 (1) 对 $s > 0, t > 0$,有

$$s_{T(x)T(y)}(s,t) = s_{T^*(x)}(s) s_{T^*(y)}(t) \times e^{-\lambda \max(s,t)};$$

(2) 对 $t \geqslant 0$,有
$$s_{T(x)}(t) = s_{T^*(x)}(t) e^{-\lambda t}, \quad s_{T(y)}(t) = s_{T^*(y)}(t) e^{-\lambda t};$$
(3) 死亡力满足
$$\mu_x(t) = \mu_x^*(t) + \lambda, \quad \mu_y(t) = \mu_y^*(t) + \lambda;$$
(4) 有关系式
$$\mu_{xy}(t) = \mu_x^*(t) + \mu_y^*(t) + \lambda.$$

证明 (1) 利用随机变量 $T^*(x), T^*(y), Z$ 的独立性,得
$$\begin{aligned}s_{T(x)T(y)}(s,t) &= P(T(x) > s, T(y) > t) \\ &= P(T^*(x) > s, T^*(y) > t, Z > \max\{s,t\}) \\ &= P(T^*(x) > s) P(T^*(y) > t) P(Z > \max\{s,t\}) \\ &= s_{T^*(x)}(s) s_{T^*(y)}(t) \times e^{-\lambda \max(s,t)}.\end{aligned}$$

(2) 在(1)中,令 $s = 0$,即得
$$s_{T(y)}(t) = s_{T^*(y)}(t) e^{-\lambda t}.$$
另一式证法相同.

(3) 利用(2)的结果,有
$$s_{T(x)}(t) = s_{T^*(x)}(t) e^{-\lambda t} = e^{-\int_0^t (\mu_x^*(s) + \lambda) ds}.$$
所以
$$\mu_x(t) = \mu_x^*(t) + \lambda.$$
同理
$$\mu_y(t) = \mu_y^*(t) + \lambda.$$

(4) 利用(1)的结论,得到
$${}_t p_{xy} = s_{T^*(x)}(t) s_{T^*(y)}(t) \times e^{-\lambda t} = e^{-\int_0^t (\mu_x^*(s) + \mu_y^*(s) + \lambda) ds},$$
所以有
$$\mu_{xy}(t) = \mu_x^*(t) + \mu_y^*(t) + \lambda.$$
结论证毕.

例 2.9.1 设 $T^*(x), T^*(y), Z$ 分别为独立的服从参数为 μ_1, μ_2, λ 的指数分布. Z 为扰动随机变量. 在共同扰动模型中,计算密度 $f_{T(x)}(s)$ 和生存函数 $s_{T(x)T(y)}(s,t)$.

解 $T(x)$ 的生存分布
$$1 - F_{T(x)}(s) = s_{T^*(x)}(s) e^{-\lambda s} = e^{-\mu_1 s} \times e^{-\lambda s} = e^{-(\mu_1 + \lambda)s}, \quad s > 0.$$
两边对 s 求导,得

$$-f_{T(x)}(s) = -(\mu_1 + \lambda)e^{-(\mu_1+\lambda)s},$$

即密度函数

$$f_{T(x)}(s) = (\mu_1 + \lambda)e^{-(\mu_1+\lambda)s}.$$

又利用结论 2.9.1,知生存函数

$$s_{T(x)T(y)}(s,t) = s_{T^*(x)}(s)s_{T^*(y)}(t)e^{-\lambda\max\{s,t\}} = e^{-\mu_1 s - \mu_2 t - \lambda\max\{s,t\}}.$$

§2.10 实例分析

下面介绍多生命模型概率的计算方法.

例 2.10.1 对两个年龄分别为 20 岁和 30 岁的独立个体,利用 CL93 生命表计算

$${}_tp_{20:30},\ {}_tq_{20:30},\ {}_tp_{\overline{20:30}},\ {}_tq_{\overline{20:30}},\ t = 0,1,\cdots,$$

并计算 $e_{20:30}, e_{\overline{20:30}}$.

解 可以分下面的步骤来进行:

(1) 利用 q_x 来计算 l_x,假设 $l_0 = 1000$. 计算公式为

$$l_{x+1} = l_x(1 - q_x);$$

(2) 利用 l_x 计算 ${}_np_{20}$ 和 ${}_np_{30}$:

$${}_np_{20} = \frac{l_{20+n}}{l_{20}}, \quad {}_np_{30} = \frac{l_{30+n}}{l_{30}};$$

(3) 计算 ${}_np_{20:30}$:

$${}_np_{20:30} = {}_np_{20}\ {}_np_{30};$$

(4) 计算 ${}_nq_{20:30}$:

$${}_nq_{20:30} = 1 - {}_np_{20:30};$$

(5) 计算 ${}_np_{\overline{20:30}}$:

$${}_np_{\overline{20:30}} = {}_np_{20} + {}_np_{30} - {}_np_{20:30};$$

(6) 计算 ${}_nq_{\overline{20:30}}$:

$${}_nq_{\overline{20:30}} = 1 - {}_np_{\overline{20:30}};$$

(7) 计算 $e_{20:30}$ 及 $e_{\overline{20:30}}$:

$$e_{20:30} = \sum_{n=1}^{\infty} {}_np_{20:30}; \quad e_{\overline{20:30}} = \sum_{n=1}^{\infty} {}_np_{\overline{20:30}}.$$

计算的部分结果见表 2.1. 另外,有

$$e_{20:30} = 43.1877, \quad e_{\overline{20:30}} = 59.7788.$$

表 2.1　多生命模型的概率

t	$_tp_{20}$	$_tp_{30}$	$_tp_{20:30}$	$_tq_{20:30}$	$_tp_{\overline{20:30}}$	$_tq_{\overline{20:30}}$
1	0.9992220	0.9992270	0.9984496	0.0015504	0.9999994	0.0000006
2	0.9984386	0.9984186	0.9968597	0.0031403	0.9999975	0.0000025
3	0.9976598	0.9975650	0.9952305	0.0047695	0.9999943	0.0000057
4	0.9968946	0.9966572	0.9935622	0.0064378	0.9999896	0.0000104
5	0.9961450	0.9956845	0.9918461	0.0081539	0.9999834	0.0000166
6	0.9954098	0.9946320	0.9900665	0.0099335	0.9999754	0.0000246
7	0.9946851	0.9934922	0.9882119	0.0117881	0.9999654	0.0000346
8	0.9939620	0.9922513	0.9862601	0.0137399	0.9999532	0.0000468
9	0.9932364	0.9908959	0.9841939	0.0158061	0.9999384	0.0000616
10	0.9924984	0.9894125	0.9819904	0.0180096	0.9999206	0.0000794
11	0.9917312	0.9877800	0.9796123	0.0203877	0.9998990	0.0001010
12	0.9909289	0.9859901	0.9770461	0.0229539	0.9998729	0.0001271
13	0.9900817	0.9840250	0.9742652	0.0257348	0.9998416	0.0001584
14	0.9891807	0.9818671	0.9712440	0.0287560	0.9998038	0.0001962
15	0.9882153	0.9795018	0.9679586	0.0320414	0.9997584	0.0002416
16	0.9871707	0.9768982	0.9643654	0.0356346	0.9997036	0.0002964
17	0.9860394	0.9740330	0.9604349	0.0395651	0.9996375	0.0003625
18	0.9848079	0.9708859	0.9561361	0.0438639	0.9995577	0.0004423
19	0.9834626	0.9674315	0.9514327	0.0485673	0.9994614	0.0005386
20	0.9819904	0.9636343	0.9462796	0.0537204	0.9993451	0.0006549
21	0.9803701	0.9594695	0.9406352	0.0593648	0.9992044	0.0007956
22	0.9785937	0.9548928	0.9344521	0.0655479	0.9990344	0.0009656
23	0.9766433	0.9498672	0.9276815	0.0723185	0.9988291	0.0011709
24	0.9745015	0.9443675	0.9202876	0.0797124	0.9985815	0.0014185
25	0.9721540	0.9383547	0.9122253	0.0877747	0.9982834	0.0017166
26	0.9695700	0.9317845	0.9034274	0.0965726	0.9979241	0.0020759
27	0.9667262	0.9245742	0.8938101	0.1061899	0.9974903	0.0025097
28	0.9636027	0.9166931	0.8833280	0.1166720	0.9969679	0.0030321
29	0.9601742	0.9080890	0.8719237	0.1280763	0.9963396	0.0036604
30	0.9564056	0.8986912	0.8595133	0.1404867	0.9955835	0.0044165
31	0.9522720	0.8884659	0.8460612	0.1539388	0.9946767	0.0053233

(续表)

t	$_tp_{20}$	$_tp_{30}$	$_tp_{20:30}$	$_tq_{20:30}$	$_tp_{\overline{20:30}}$	$_tq_{\overline{20:30}}$
32	0.9477296	0.8773530	0.8314934	0.1685066	0.9935892	0.0064108
33	0.9427417	0.8652639	0.8157204	0.1842796	0.9922852	0.0077148
34	0.9372833	0.8521405	0.7986970	0.2013030	0.9907267	0.0092733
35	0.9313156	0.8379336	0.7803806	0.2196194	0.9888686	0.0111314
36	0.9247917	0.8226204	0.7607525	0.2392475	0.9866596	0.0133404
37	0.9176385	0.8060799	0.7396899	0.2603101	0.9840284	0.0159716
38	0.9098165	0.7882567	0.7171690	0.2828310	0.9809042	0.0190958
39	0.9012770	0.7690902	0.6931633	0.3068367	0.9772039	0.0227961
40	0.8919496	0.7485548	0.6676732	0.3323268	0.9728313	0.0271687
41	0.8818010	0.7266251	0.6407388	0.3592612	0.9676874	0.0323126
42	0.8707715	0.7032627	0.6123811	0.3876189	0.9616531	0.0383469
43	0.8587731	0.6784340	0.5826209	0.4173791	0.9545862	0.0454138
44	0.8457481	0.6521474	0.5515524	0.4484476	0.9463431	0.0536569
45	0.8316478	0.6244539	0.5193257	0.4806743	0.9367760	0.0632240
46	0.8164494	0.5953656	0.4860859	0.5139141	0.9257291	0.0742709
47	0.8000331	0.5649555	0.4519831	0.5480169	0.9130055	0.0869945
48	0.7823435	0.5333598	0.4172706	0.5827294	0.8984328	0.1015672
49	0.7633209	0.5006990	0.3821940	0.6178060	0.8818259	0.1181741
50	0.7429394	0.4671732	0.3470814	0.6529186	0.8630312	0.1369688
51	0.7211743	0.4330266	0.3122876	0.6877124	0.8419132	0.1580868
52	0.6979871	0.3984611	0.2781207	0.7218793	0.8183275	0.1816725
53	0.6733447	0.3637185	0.2449079	0.7550921	0.7921552	0.2078448
54	0.6472552	0.3291281	0.2130299	0.7869701	0.7633535	0.2366465
55	0.6197695	0.2950130	0.1828401	0.8171599	0.7319425	0.2680575
56	0.5908994	0.2616836	0.1546287	0.8453713	0.6979544	0.3020456
57	0.5607175	0.2294842	0.1286758	0.8713242	0.6615259	0.3384741
58	0.5293588	0.1987501	0.1052101	0.8947899	0.6228988	0.3771012
59	0.4969430	0.1698059	0.0843839	0.9156161	0.5823650	0.4176350
60	0.4636687	0.1429632	0.0662875	0.9337125	0.5403443	0.4596557
61	0.4297782	0.1184308	0.0508990	0.9491010	0.4973100	0.5026900
62	0.3954720	0.0964380	0.0381385	0.9618615	0.4537715	0.5462285
63	0.3609900	0.0770571	0.0278169	0.9721831	0.4102303	0.5897697
64	0.3266591	0.0603163	0.0197029	0.9802971	0.3672726	0.6327274

(续表)

t	$_tp_{20}$	$_tp_{30}$	$_tp_{20:30}$	$_tq_{20:30}$	$_tp_{\overline{20:30}}$	$_tq_{\overline{20:30}}$
65	0.2927999	0.0461752	0.0135201	0.9864799	0.3254550	0.6745450
66	0.2597206	0.0344821	0.0089557	0.9910443	0.2852470	0.7147530
67	0.2277627	0.0250911	0.0057148	0.9942852	0.2471390	0.7528610
68	0.1972592	0.0177478	0.0035009	0.9964991	0.2115061	0.7884939
69	0.1685321	0.0121635	0.0020499	0.9979501	0.1786456	0.8213544
70	0.1418907	0.0080712	0.0011452	0.9988548	0.1488167	0.8511833
71	0.1175424	0.0051810	0.0006090	0.9993910	0.1221145	0.8778855
72	0.0957146	0.0032047	0.0003067	0.9996933	0.0986125	0.9013875
73	0.0764791	0.0019055	0.0001457	0.9998543	0.0782389	0.9217611
74	0.0598639	0.0010865	0.0000650	0.9999350	0.0608853	0.9391147
75	0.0458288	0.0005926	0.0000272	0.9999728	0.0463943	0.9536057
76	0.0342234	0.0000000	0.0000000	1.0000000	0.0342234	0.9657766
77	0.0249029	0.0000000	0.0000000	1.0000000	0.0249029	0.9750971
78	0.0176147	0.0000000	0.0000000	1.0000000	0.0176147	0.9823853
79	0.0120722	0.0000000	0.0000000	1.0000000	0.0120722	0.9879278
80	0.0080106	0.0000000	0.0000000	1.0000000	0.0080106	0.9919894
81	0.0051422	0.0000000	0.0000000	1.0000000	0.0051422	0.9948578
82	0.0031807	0.0000000	0.0000000	1.0000000	0.0031807	0.9968193
83	0.0018912	0.0000000	0.0000000	1.0000000	0.0018912	0.9981088
84	0.0010784	0.0000000	0.0000000	1.0000000	0.0010784	0.9989216
85	0.0005882	0.0000000	0.0000000	1.0000000	0.0005882	0.9994118
86	0.0000000	0.0000000	0.0000000	1.0000000	0.0000000	1.0000000

习 题 二

1. $T(x)$ 和 $T(y)$ 独立且具有相同的分布，密度函数为

$$f(t) = \frac{n-2}{(1+t)^{n-1}}, \quad n > 3, \quad t > 0,$$

求联合分布函数和联合生存函数.

2. 化简：$\int_0^n {_tp_{xx}}\mu_{xx}(t)\mathrm{d}t$.

3. 在独立假设下，用单个个体的生存概率 $_np_x$ 与 $_np_y$ 表示

(1) 联合生存状态 (xy) 将至少再生存 n 年的概率.

(2) 个体 (x) 与个体 (y) 中恰有 1 个个体再生存 n 年的概率.

(3) 个体 (x) 与个体 (y) 中至少有 1 个个体再生存 n 年的概率.

(4) 个体 (xy) 将在未来 n 年内死亡的概率.

(5) 个体 (x) 与个体 (y) 中至少有 1 个在未来 n 年内死亡的概率.

(6) 两个个体都在未来 n 年内死亡的概率.

4. 验证个体 (x) 生存至 n 年末,且个体 (y) 生存至 $n-1$ 年末的概率可表示成 $\dfrac{{}_n p_{x:y-1}}{p_{y-1}}$.

5. 证明:
$$_t p_{\overline{xy}} = {}_t p_{xy} + {}_t p_x (1 - {}_t p_y) + {}_t p_y (1 - {}_t p_x).$$

6. 给定
$$_5 p_{50} = 0.90, \quad _5 p_{60} = 0.80, \quad q_{55} = 0.03, \quad q_{65} = 0.05.$$
计算 ${}_{5|}q_{\overline{50:60}}$.

7. 给定 ${}_{25}p_{25:50} = 0.3$, ${}_{15}p_{25} = 0.9$, 计算 40 岁的个体活到 75 岁的概率.

8. 设 $\mu_x = \dfrac{1}{100-x}, 0 \leqslant x < 100$. 计算
$${}_{10}p_{40:50}, \quad {}_{10}p_{\overline{40:50}}, \quad \mathring{e}_{40:50}$$

及
$$\mathrm{var}(T(40:50)), \quad \mathrm{var}(T(\overline{40:50})),$$
$$\mathrm{cov}(T(40:50), \quad T(\overline{40:50})).$$

9. 证明:两个个体 (30) 与 (40) 在同一年死亡的概率可表示成
$$1 + e_{30:40} - p_{30}(1 + e_{31:40}) - p_{40}(1 + e_{30:41}) + p_{30:40}(1 + e_{31:41}).$$

10. 设个体 A 和 B 的死亡力分别为
$$\mu^A(x) = \log \frac{10}{9}, \ x \geqslant 0; \quad \mu^B(x) = \frac{1}{10-x}, \ 0 \leqslant x \leqslant 10.$$
现在两人的年龄都为 3 岁. 求第一个死亡个体在未来 5 年内死亡的概率.

11. 在 Makeham 死亡力下,当用 (ww) 代替 (xy) 时,证明
$$w - y = \frac{\log(C^m + 1) - \log 2}{\log c},$$

其中 $m=x-y\geq 0$.

12. 设 $T(x)$ 与 $T(y)$ 独立,并且在未来的一年 UDD 假设成立. 证明:在个体 (x) 与个体 (y) 都于下一年死亡的条件下,个体 (xy) 在下一年内死亡不服从均匀分布.

13. (1) 证明:
$$_{s+t}p_{xy} = {_s}p_{xy}\, {_t}p_{x+s:y+s}, \quad _n|q_{xy} = {_n}p_{xy}\, q_{x+n:y+n}.$$

(2) 下面各式是否成立:
$$_{s+t}p_{\overline{xy}} = {_s}p_{\overline{xy}}\, {_t}p_{\overline{x+s:y+s}}, \quad _n|q_{\overline{xy}} = {_n}p_{\overline{xy}}\, q_{\overline{x+n:y+n}}.$$

14. 给定
$$l_x = 100-x,\ 0\leq x\leq 100;\quad l_y = 10000-y^2,\ 0\leq y\leq 100.$$
计算 $_{30}q^2_{40:50}$.

对题 15～23,在每题给出的 5 个选项中,只有一项是正确的,把所选项前的字母填在题后括号内:

15. 给定 $l_{xy}=l_x l_y$ 及 $d_{xy}=l_{xy}-l_{x+1:y+1}$. 下面的答案中等于 $d_{xy}-d_x d_y$ 的是( ).

(A) $l_{x+1}l_{y+1}\dfrac{p_x q_y + q_x p_y}{p_x p_y}$; (B) $l_{x+1}l_{y+1}\dfrac{p_x q_y + q_x p_y}{q_x q_y}$;

(C) $l_x l_y \dfrac{p_x q_y + q_x p_y}{p_x p_y}$; (D) $l_x l_y \dfrac{p_x q_y + q_x p_y}{q_x q_y}$;

(E) $l_{x+1}l_{y+1}(p_x q_y + q_x p_y)$.

16. 给定
$$_tp_x = 1 - t^2 q_x,\quad _tp_y = 1 - t^2 q_y,\quad 0\leq t\leq 1.$$
$$q_x = 0.080,\quad q_y = 0.040.$$
假设个体相互独立,计算 $_{0.5}q^2_{xy}$. 正确的结果是( ).

(A) 0.0001; (B) 0.0002; (C) 0.0003;

(D) 0.0004; (E) 0.0005.

17. 已知男性所在群体的死亡力为常数 $\mu=0.04$,女性所在群体的死亡力为 de Moivre 死亡力,参数为 $w=100$. 计算一个男性(50)在一个女性(50)死亡后死亡的概率. 假设个体独立. 正确的结果是( ).

(A) $0.5(1-3e^{-2})$; (B) $0.5(1-e^{-2})$; (C) 0.50;

(D) $0.5(1+e^{-2})$;   (E) $0.5(1+3e^{-2})$.

18. 两个年龄为 x 岁的独立个体面临相同的死亡力. 计算
$$_tp_{\overline{xx}} - {_tp_x}$$
的最大值. 正确的结果是(   ).

(A) 1/16;   (B) 1/8;   (C) 1/4;

(D) 1/2;   (E) 1.

在题 19~22 中, 个体(30)和个体(50)是独立的个体,死亡力皆为常数 $\mu(x)=0.05$.

19. 计算 $_{10}q_{\overline{30:50}}$. 正确的结果是(   ).

(A) 0.155;   (B) 0.368;   (C) 0.424;

(D) 0.632;   (E) 0.845.

20. 计算 $\mathring{e}_{\overline{30:50}}$. 正确的结果是(   ).

(A) 10;   (B) 20;   (C) 30;

(D) 40;   (E) 50.

21. 计算 $\text{var}(T(30:50))$. 正确的结果是(   ).

(A) 50;   (B) 100;   (C) 150;

(D) 200;   (E) 400.

22. 计算 $\text{cov}(T(30:50), T(\overline{30:50}))$. 正确的结果是(   ).

(A) 10;   (B) 25;   (C) 50;

(D) 100;   (E) 200.

23. 已知独立的个体 $(x),(y)$, 在每一年龄年 UDD 假设成立. 化简 $18_{1/3}q_{xy} - 12_{1/2}q_{xy}$. 正确的结果是(   ).

(A) 0;   (B) $\frac{1}{2}q_{xy}$;   (C) $\frac{1}{2}q_{\overline{xy}}$;

(D) q_{xy};   (E) $q_{\overline{xy}}$.

第三章 多元衰减模型

§3.1 引 言

前两章所介绍的生存模型,只单纯考虑了死亡因素的作用,本章讨论多个因素共同作用的单生命模型——多元衰减模型.这种模型的特征是,不只是死亡因素,其他因素皆可以导致模型的终止.模型的终止称之为**衰减**,终止的时间称之为**衰减时间**,导致模型终止的因素称为**衰减原因**.

可以通过多元衰减模型来刻画企业的养老金计划.在制订养老金计划时,需要根据下面几方面来确定参加者应享受的退休金额度:工作中途退职;在工作期间伤残而无法继续工作;工作期间死亡;工作至退休年龄而如期退休.在计划中不同的退出原因享有的给付额也有所不同.因此,在设计养老金计划时需要建立一个考虑上述几种衰减原因的衰减模型.

另外一个例子是保险合同的终止模型.在保费缴纳期间,保险合同的终止有两方面原因:一是被保险人发生保险事故,保险人给付保险金额,保险合同终止;另一方面是被保险人中途退保,某些险种被保险人可以得到现金价值,保险合同亦终止.不同的终止原因保险人的给付额也不同,前者给付保险金额,后者则给付现金价值(若此险种有现金价值).由于被保险人的退保会对保险人的运作带来不利的影响,因此需要建立一个二元衰减模型来对保险事故发生和退保这两个因素分别讨论,模型的衰减原因是保险事故发生及退保,模型的衰减时间是保单的终止时间.

一些死亡险种,因疾病死亡而给付的保险金额与因意外死亡而给付的保险金额不同,意外死亡的保险金额常高于疾病死亡的保险金额.对于这一类险种,在产品定价过程中需要考虑一个二元衰减模型,模型的衰减时间为个体的死亡时间,衰减原因为疾病死亡和意外死亡.

本章的 §3.2 介绍多元衰减模型的定义. §3.3 讨论多元衰减模型和与其相关的一元衰减模型之间的关系. §3.4 讨论多元衰减模型在分数年龄上的分布. §3.5 分别利用随机的观点和确定的观点来讨论衰减群. §3.6 介绍多元衰减表. §3.7 讨论多元衰减模型与联合生存状态的关系. §3.8 为精算实例分析,利用生命表与退保率表建立二元衰减表.

§3.2 模型的假设及基本的公式

本节介绍多元衰减模型的基本假设,并给出衰减力等概念.

3.2.1 模型的假设

年龄为 x 岁的个体,$T(x)$ 表示其未来的衰减时间. 衰减时间 $T(x)$ 可能是个体死亡的时间,也可能是其他原因导致模型终止的时间,如养老金计划中的伤残时间或退职时间. 我们用 $J(x)$ 表示模型的衰减原因,为方便计,假设 $J(x)$ 为取整值的随机变量, $J(x) = 1, 2, \cdots, m$. 这里不同的数值代表不同的衰减原因. 如前面介绍的养老金模型, $J(x) = 1$ 可表示工作中途退职, $J(x) = 2$ 表示工作期间伤残, $J(x) = 3$ 表示工作期间死亡, $J(x) = 4$ 表示工作到退休年龄而正常退休.

可将 $T(x)$ 和 $J(x)$ 简写为 T 和 J.

在本章,除非特别说明,均假设 T 为概率密度存在的连续型随机变量,J 为取整值的离散型随机变量. 记 T 的概率密度函数为 $f_T(t)$, J 的概率函数为 $f_J(j) = P(J=j)$, $j = 1, \cdots, m$. 假设

$$f_{T,J}(t,j) = \frac{\mathrm{d}P(T \leqslant t, J = j)}{\mathrm{d}t} \quad (j = 1, 2, \cdots, m, t > 0)$$

(3.2.1)

存在,我们有

结论 3.2.1 密度函数 f_T 满足

$$f_T(t) = \sum_{j=1}^m f_{T,J}(t,j).$$

概率函数 f_J 满足
$$f_J(j) = \int_0^\infty f_{T,J}(t,j)\mathrm{d}t, \quad j=1,2,\cdots,m.$$

证明 由 f_T 的定义,知
$$f_T(t) = \frac{\mathrm{d}P(T \leqslant t)}{\mathrm{d}t} = \frac{\mathrm{d}\left\{\sum_{j=1}^m P(T \leqslant t, J=j)\right\}}{\mathrm{d}t}$$
$$= \sum_{j=1}^m \frac{\mathrm{d}P(T \leqslant t, J=j)}{\mathrm{d}t} = \sum_{j=1}^m f_{T,J}(t,j).$$

据 f_J 的定义,知
$$f_T(j) = P(J(x)=j) = P(T(x)<\infty, J(x)=j)$$
$$= \int_0^\infty f_{T,J}(t,j)\mathrm{d}t.$$

结论证毕.

3.2.2 衰减概率与衰减力

我们引入下面的表示:

$_tq_x^{(j)}$: 个体 (x) 在未来时刻 t 之前由于原因 j 而衰减的概率;

$_tq_x^{(\tau)}$: 个体 (x) 在未来时刻 t 之前衰减的概率;

$_tp_x^{(\tau)}$: 个体 (x) 在未来时刻 t 之前未衰减的概率.

由上述的符号说明,则有
$$_tq_x^{(j)} = P(T(x) \leqslant t, J(x)=j),$$
$$_tp_x^{(\tau)} = P(T(x) > t) = 1 - {_tq_x^{(\tau)}}.$$

采用下面的简化表示法:
$$q_x^{(j)} = {_1q_x^{(j)}}, \quad q_x^{(\tau)} = {_1q_x^{(\tau)}}, \quad p_x^{(\tau)} = {_1p_x^{(\tau)}}.$$

结论 3.2.2 衰减概率之间关系如下:
$$_tq_x^{(\tau)} = \sum_{j=1}^m {_tq_x^{(j)}}.$$

证明 由 $q_x^{(\tau)}$ 的定义,得到
$$_tq_x^{(\tau)} = P(T(x) \leqslant t) = \sum_{j=1}^m P(T(x) \leqslant t, J(x)=j) = \sum_{j=1}^m {_tq_x^{(j)}}.$$

证毕.

衰减模型的总体衰减力 $\mu_x^{(\tau)}(t)$ 定义如下：

$$\mu_x^{(\tau)}(t) = \frac{f_T(t)}{{}_t p_x^{(\tau)}}, \quad t \geqslant 0.$$

基于原因 j 的衰减力 $\mu_x^{(j)}(t)$ 定义为

$$\mu_x^{(j)}(t) = \frac{f_{T,J}(t,j)}{{}_t p_x^{(\tau)}}.$$

由上述定义立即得到

$$f_T(t) = {}_t p_x^{(\tau)} \mu_x^{(\tau)}(t) \tag{3.2.2}$$

及

$$f_{T,J}(t,j) = {}_t p_x^{(\tau)} \mu_x^{(j)}(t). \tag{3.2.3}$$

其中，(3.2.3)式说明 $(T(x), J(x))$ 在点 (t,j) 的"密度"等于个体 (x) 在 t 之前未衰减的概率乘以原因 j 在时刻 t 的衰减力.

精算学中一些数学表达式都有其实际的含义，在学习中应注意体会.

在给定衰减时刻 T 的条件下，J 的条件概率记为 $f_{J|T}$. 根据条件概率的定义，有

$$f_{J|T}(j|t) = \frac{f_{T,J}(t,j)}{f_T(t)}.$$

在条件 J 下，T 的条件密度记为 $f_{T|J}$，有

$$f_{T|J}(t|j) = \frac{f_{T,J}(t,j)}{f_J(j)}.$$

结论 3.2.3 对 $1 \leqslant j \leqslant m$，有

$$\mu_x^{(\tau)}(t) = \sum_{j=1}^{m} \mu_x^{(j)}(t), \quad {}_t q_x^{(j)} = \int_0^t {}_s p_x^{(\tau)} \mu_x^{(j)}(s) \mathrm{d}s,$$

$$f_{J|T}(j|t) = \frac{\mu_x^{(j)}(t)}{\mu_x^{(\tau)}(t)}, \quad {}_t p_x^{(\tau)} = \exp\left\{-\int_0^t \mu_x^{(\tau)}(s) \mathrm{d}s\right\}.$$

证明 根据结论 3.2.1，(3.2.2)式及(3.2.3)式，得到

$${}_t p_x^{(\tau)} \mu_x^{(\tau)}(t) = f_T(t) = \sum_{j=1}^{m} f_{T,J}(t,j) = {}_t p_x^{(\tau)} \sum_{j=1}^{m} \mu_x^{(j)}(t),$$

两边同除以 ${}_t p_x^{(\tau)}$，得

$$\mu_x^{(\tau)}(t) = \sum_{j=1}^m \mu_x^{(j)}(t).$$

根据 $_tq_x^{(j)}$ 的定义,

$$_tq_x^{(j)} = P(T(x) \leq t, J(x) = j) = \int_0^t f_{T,J}(s,j)\mathrm{d}s$$

$$= \int_0^t {_sp_x^{(\tau)}}\mu_x^{(j)}(s)\mathrm{d}s.$$

又知

$$f_{J|T}(j|t) = \frac{f_{T,J}(t,j)}{f_T(t)} = \frac{{_tp_x^{(\tau)}}\mu_x^{(j)}(t)}{{_tp_x^{(\tau)}}\mu_x^{(\tau)}(t)} = \frac{\mu_x^{(j)}(t)}{\mu_x^{(\tau)}(t)}.$$

由(3.2.2)易证

$$_tp_x^{(\tau)} = \exp\left\{-\int_0^t \mu_x^{(\tau)}(s)\mathrm{d}s\right\}.$$

结论证毕.

结论 3.2.3 说明:

(1) 多元衰减模型的总体衰减力等于各种原因的衰减力之和;

(2) 个体 (x) 在未来时刻 t 衰减的条件下,由于衰减原因 j 而衰减的概率等于在时刻 t 原因 j 的衰减力与总体衰减力的比值.

例 3.2.1 对个体 (x) 的二元衰减模型,有

$$\mu_x^{(1)}(t) = \frac{2}{60+t}, \quad \mu_x^{(2)}(t) = \frac{3}{60+t}, \quad t \geq 0.$$

计算 $f_{T,J}(20,2), f_T(20), f_J(1), f_{J|T}(1|10)$.

解 根据结论 3.2.3,知

$$\mu_x^{(\tau)}(t) = \mu_x^{(1)}(t) + \mu_x^{(2)}(t) = \frac{5}{60+t}.$$

故

$$_tp_x^{(\tau)} = \mathrm{e}^{-\int_0^t \mu_x^{(\tau)}(s)\mathrm{d}s} = \mathrm{e}^{-\int_0^t \frac{5}{60+s}\mathrm{d}s} = \left(\frac{60}{60+t}\right)^5.$$

利用(3.2.3)式,得到

$$f_{T,J}(20,2) = {_{20}p_x^{(\tau)}}\mu_x^{(2)}(20) = \left(\frac{60}{80}\right)^5 \frac{3}{80} = 0.0089.$$

利用(3.2.2)式,得到

$$f_T(20) = {}_{20}p_x^{(\tau)}\mu_x^{(\tau)}(20) = \left(\frac{3}{4}\right)^5 \frac{5}{80} = 0.015.$$

由于
$$f_J(1) + f_J(2) = P(J=1) + P(J=2) = P(J<\infty) = 1,$$
且
$$f_J(1)/f_J(2) = \frac{\int_0^\infty {}_sp_x^{(\tau)}\mu_x^{(1)}(s)\mathrm{d}s}{\int_0^\infty {}_sp_x^{(\tau)}\mu_x^{(2)}(s)\mathrm{d}s} = \frac{\int_0^\infty {}_sp_x^{(\tau)}\dfrac{2}{60+s}\mathrm{d}s}{\int_0^\infty {}_sp_x^{(\tau)}\dfrac{3}{60+s}\mathrm{d}s} = \frac{2}{3},$$

所以
$$f_J(1) = \frac{2}{5}.$$

由结论 3.2.3,知
$$f_{J|T}(1|10) = \frac{\mu_x^{(1)}(10)}{\mu_x^{(\tau)}(10)} = \frac{2}{5} = 0.4.$$

3.2.3 多元衰减模型的中心衰减率

类似于单生命模型中心死亡率的概念,下面对多元衰减模型引入**中心衰减率**的概念. 称

$$m_x^{(j)} = \frac{q_x^{(j)}}{\int_0^1 {}_tp_x^{(\tau)}\mathrm{d}t}$$

为**衰减原因 j 的中心衰减率**. 定义

$$m_x^{(\tau)} = \frac{q_x^{(\tau)}}{\int_0^1 {}_tp_x^{(\tau)}\mathrm{d}t}$$

为**总体中心衰减率**.

结论 3.2.4 总体中心衰减率与每个衰减原因的中心衰减率有如下的关系:
$$m_x^{(\tau)} = \sum_{j=1}^m m_x^{(j)}.$$

证明 根据中心衰减率的定义及 $\mu_x^{(\tau)}(t) = \sum_{j=1}^m \mu_x^{(j)}(t)$,得到

$$m_x^{(\tau)} = \frac{\int_0^1 {}_tp_x^{(\tau)}\mu_x^{(\tau)}(t)\mathrm{d}t}{\int_0^1 {}_tp_x^{(\tau)}\mathrm{d}t} = \frac{\int_0^1 {}_tp_x^{(\tau)}\left\{\sum_{j=1}^m \mu_x^{(j)}(t)\right\}\mathrm{d}t}{\int_0^1 {}_tp_x^{(\tau)}\mathrm{d}t}$$

$$= \sum_{j=1}^{m} \frac{\int_0^1 {}_tp_x^{(\tau)} \mu_x^{(j)}(t)\mathrm{d}t}{\int_0^1 {}_tp_x^{(\tau)}\mathrm{d}t} = \sum_{j=1}^{m} m_x^{(j)}.$$

证毕.

例 3.2.2 对多元衰减模型,已知
$\mu_x^{(1)}(t) = 0.02t, 0 \leqslant t \leqslant 1$; ${}_tp_x^{(\tau)} = 1 - 0.03t, 0 \leqslant t \leqslant 1$.
计算 $m_x^{(1)}$.

解 根据中心衰减率的定义,有

$$m_x^{(1)} = \frac{\int_0^1 {}_tp_x^{(\tau)} \mu_x^{(1)}(t)\mathrm{d}t}{\int_0^1 {}_tp_x^{(\tau)}\mathrm{d}t} = \frac{\int_0^1 (1-0.03t)0.02t\mathrm{d}t}{\int_0^1 (1-0.03t)\mathrm{d}t}$$

$$= \frac{0.01 - 0.0006/3}{1 - 0.003/2} = 0.00995.$$

§3.3 相关的一元衰减模型

多元衰减模型受其每个衰减原因的影响,而每个衰减原因又可单独构成一元衰减模型. 下面我们讨论与多元衰减模型相关的一元衰减模型的建立,并讨论两者的关系.

3.3.1 基本的定义

前面讨论多元衰减模型时定义了各种衰减原因的衰减力 $\mu_x^{(j)}(t)$, $j=1,2,\cdots,m$. 基于上面的衰减力,下面我们来定义各相关的一元衰减模型的分布.

定义衰减原因 j 对应的一元衰减模型的"生存概率"为

$${}_tp_x^{'(j)} = \exp\left\{-\int_0^t \mu_x^{(j)}(s)\mathrm{d}s\right\}, \quad t \geqslant 0. \tag{3.3.1}$$

这里在生存概率上加引号,意指在某些情况下 ${}_tp_x^{'(j)}$ 并不是一真正的生存概率. 若 $\int_0^{\infty} \mu_x^{(j)}(t)\mathrm{d}t < \infty$,则由(3.3.1)知 ${}_{\infty}p_x^{'(j)} > 0$,即此衰减模型在有限时间内衰减的概率小于 1. 此时不满足 ${}_{\infty}p_x^{'(j)} = 0$,故

$_t p_x^{\prime (j)}$ ($t \geqslant 0$) 不是随机变量的生存分布.

记
$$_t q_x^{\prime (j)} = 1 - {}_t p_x^{\prime (j)},$$

称 $_t q_x^{\prime (j)}$ 为衰减原因 j 的绝对衰减率. 简记
$$p_x^{\prime (j)} = {}_1 p_x^{\prime (j)}, \quad q_x^{\prime (j)} = {}_1 q_x^{\prime (j)}.$$

注意绝对衰减率 $_t q_x^{\prime (j)}$ 与衰减概率 $_t q_x^{(j)}$ 的区别. 前者是单独考虑衰减原因 j 的一元衰减模型的衰减概率,后者是考虑多个衰减原因共同作用下,因衰减原因 j 而衰减的概率. 从下面的计算公式也可以看出两者的差异:

$$_t q_x^{\prime (j)} = 1 - \exp\left\{-\int_0^t \mu_x^{(j)}(s) \mathrm{d}s\right\},$$

$$_t q_x^{(j)} = \int_0^t \mathrm{e}^{-\int_0^s \mu_x^{(\tau)}(u)\mathrm{d}u} \mu_x^{(j)}(s) \mathrm{d}s.$$

在多元衰减模型中,假设衰减原因 j 表示因死亡而导致的模型衰减,则 $_t p_x^{\prime (j)}$ 表示单独考虑死亡因素的单生命模型的生存概率,并对应衰减力 $\mu_x^{(j)}(t)$. 若使用第一章中的单生命个体的生存概率 $_t p_x$ 来刻画衰减原因 j 的分布,即假设
$$_t p_x = {}_t p_x^{\prime (j)}, \quad t > 0$$

成立. 则利用
$$_t p_x = \exp\left\{-\int_0^t \mu_x(s) \mathrm{d}s\right\}$$

及 (3.3.1) 式,可得衰减力 $\mu_x^{(j)}(t)$ 等于死亡力 $\mu_x(t)$,即
$$\mu_x(t) = \mu_x^{(j)}(t).$$

结论 3.3.1 多元衰减模型和与其相关的一元衰减模型的"生存概率"有如下的关系:
$$_t p_x^{(\tau)} = \prod_{j=1}^m {}_t p_x^{\prime (j)}.$$

证明 由 $_t p_x^{(\tau)}$, $_t p_x^{\prime (j)}$ 表达式,有
$$_t p_x^{(\tau)} = \mathrm{e}^{-\int_0^t \mu_x^{(\tau)}(s) \mathrm{d}s} = \mathrm{e}^{-\int_0^t \sum_{j=1}^m \mu_x^{(j)}(s) \mathrm{d}s}$$

$$= \prod_{j=1}^{m} e^{-\int_0^t \mu_x^{(j)}(s)ds} = \prod_{j=1}^{m} {}_t p_x^{'(j)}.$$

证毕.

3.3.2 相关的一元衰减模型的中心衰减率

下面引入相关的一元衰减模型中心衰减率的概念. 定义

$$m_x^{'(j)} = \frac{q_x^{'(j)}}{\int_0^1 {}_s p_x^{'(j)} ds}.$$

注意 $m_x^{'(j)}$ 与 $m_x^{(j)}$ 的区别与联系.

例 3.3.1 设 $\mu_x^{(1)}(t) = c$, $0 \leqslant t \leqslant 1$. 求 $q_x^{'(1)}$, $m_x^{(1)}$ 和 $m_x^{'(1)}$.

解 由各自符号的表达式,有

$$q_x^{'(1)} = 1 - p_x^{'(1)} = 1 - e^{-c},$$

$$m_x^{(1)} = \frac{q_x^{(1)}}{\int_0^1 {}_s p_x^{(\tau)} ds} = \frac{\int_0^1 {}_s p_x^{(\tau)} \mu_x^{(1)}(s) ds}{\int_0^1 {}_s p_x^{(\tau)} ds} = c$$

及

$$m_x^{'(1)} = \frac{\int_0^1 {}_s p_x^{'(1)} \mu_x^{(1)}(s) ds}{\int_0^1 {}_s p_x^{'(1)} ds} = c.$$

例 3.3.2 对 $q_x^{'(j)}, q_x^{(j)}$ 和 $m_x^{'(j)}$ 排序.

解 利用 ${}_s p_x^{'(j)} \leqslant 1$ 及下面的等式

$$m_x^{'(j)} = \frac{q_x^{'(j)}}{\int_0^1 {}_s p_x^{'(j)} ds},$$

得到 $m_x^{'(j)} \geqslant q_x^{'(j)}$. 又由于 ${}_s p_x^{(\tau)} = \prod_{j=1}^{m} {}_s p_x^{'(j)} \leqslant {}_s p_x^{'(j)}$, 所以

$$q_x^{(j)} = \int_0^1 {}_s p_x^{(\tau)} \mu_x^{(j)}(s) ds \leqslant \int_0^1 {}_s p_x^{'(j)} \mu_x^{(j)}(s) ds = q_x^{'(j)}.$$

综上所述,得到

$$m_x^{'(j)} \geqslant q_x^{'(j)} \geqslant q_x^{(j)}.$$

§3.4　分数年龄上的分布假设

本节分别在下面三种假设下来考虑多元衰减模型在分数年龄上的生存分布，这里我们假设 x 为整数.

假设 A　多元衰减模型的常数衰减力假设：对某一 j 及任意的 $t\in[0,1]$，
$$\mu_x^{(j)}(t) = \mu_x^{(j)}(0), \quad \mu_x^{(\tau)}(t) = \mu_x^{(\tau)}(0).$$

假设 B　多元衰减模型的衰减均匀分布假设：设对某 j 及任意 $t\in[0,1]$，
$$_tq_x^{(j)} = t\times q_x^{(j)}, \quad _tq_x^{(\tau)} = t\times q_x^{(\tau)}.$$

假设 C　与多元衰减模型相关的一元衰减模型的衰减均匀分布假设：对每一衰减原因 $j, j=1,2,\cdots,m$，
$$_tq_x^{'(j)} = tq_x^{'(j)}, \quad t\in[0,1]$$

成立.

3.4.1 小节在假设 A 和假设 B 下讨论，3.4.2 小节在假设 C 下讨论.

3.4.1　多元衰减模型的假设

结论 3.4.1　设对某 j，假设 A 和假设 B 两者之一成立，则对任意 $t\in[0,1]$，$s\in(0,1]$，有
$$_tp_x^{'(j)} = (_tp_x^{(\tau)})^{sq_x^{(j)}/sq_x^{(\tau)}} \tag{3.4.1}$$

成立.

证明　(1) 设假设 A 成立. 对于 $t\in[0,1]$，$s\in(0,1]$，有
$$\frac{_sq_x^{(j)}}{_sq_x^{(\tau)}} = \frac{\int_0^s {}_up_x^{(\tau)}\mu_x^{(j)}(u)\mathrm{d}u}{\int_0^s {}_up_x^{(\tau)}\mu_x^{(\tau)}(u)\mathrm{d}u} = \frac{\int_0^s {}_up_x^{(\tau)}\mu_x^{(j)}(0)\mathrm{d}u}{\int_0^s {}_up_x^{(\tau)}\mu_x^{(\tau)}(0)\mathrm{d}u} = \frac{\mu_x^{(j)}(0)}{\mu_x^{(\tau)}(0)},$$

代入下式
$$_tp_x^{'(j)} = \exp\left\{-\int_0^t \mu_x^{(j)}(s)\mathrm{d}s\right\} = \exp\{-\mu_x^{(j)}(0)t\}$$

§3.4 分数年龄上的分布假设

$$= \exp\left\{-t\mu_x^{(\tau)}(0)\frac{\mu_x^{(j)}(0)}{\mu_x^{(\tau)}(0)}\right\} = \exp\left\{-t\mu_x^{(\tau)}(0)\times\frac{{}_sq_x^{(j)}}{{}_sq_x^{(\tau)}}\right\}$$

$$= ({}_tp_x^{(\tau)})^{{}_sq_x^{(j)}/{}_sq_x^{(\tau)}}.$$

(2) 设假设 B 成立. 对于假设

$$_tq_x^{(j)} = tq_x^{(j)},$$

两边对 t 求导,

$$_tp_x^{(\tau)}\mu_x^{(j)}(t) = \frac{\mathrm{d}({}_tq_x^{(j)})}{\mathrm{d}t} = \frac{\mathrm{d}(tq_x^{(j)})}{\mathrm{d}t} = q_x^{(j)}.$$

上式可整理为

$$\mu_x^{(j)}(t) = \frac{q_x^{(j)}}{{}_tp_x^{(\tau)}} = \frac{q_x^{(j)}}{1 - tq_x^{(\tau)}}.$$

又根据假设

$$_sq_x^{(j)} = sq_x^{(j)}, \quad _sq_x^{(\tau)} = sq_x^{(\tau)},$$

得到

$$\frac{{}_sq_x^{(j)}}{{}_sq_x^{(\tau)}} = \frac{sq_x^{(j)}}{sq_x^{(\tau)}} = \frac{q_x^{(j)}}{q_x^{(\tau)}}.$$

所以

$$_tp_x^{\prime(j)} = \exp\left\{-\int_0^t \mu_x^{(j)}(s)\mathrm{d}s\right\} = \exp\left\{-\int_0^t \frac{q_x^{(j)}}{1 - sq_x^{(\tau)}}\mathrm{d}s\right\}$$

$$= \exp\left\{\frac{q_x^{(j)}}{q_x^{(\tau)}}\log(1 - tq_x^{(\tau)})\right\} = \exp\left\{\frac{{}_sq_x^{(j)}}{{}_sq_x^{(\tau)}}\log({}_tp_x^{(\tau)})\right\}$$

$$= ({}_tp_x^{(\tau)})^{{}_sq_x^{(j)}/{}_sq_x^{(\tau)}}.$$

(3.4.1)成立. 结论证毕.

(3.4.1)式给出了多元衰减模型的衰减概率和与其相关的一元衰减模型的绝对衰减率之间的关系. 当 $_tp_x^{\prime(j)} \neq 0$ 及 $_tp_x^{(\tau)} \neq 0$ 时,可将等式(3.4.1)变为

$$_sq_x^{(j)} = \frac{\log({}_tp_x^{\prime(j)})}{\log({}_tp_x^{(\tau)})} \times {}_sq_x^{(\tau)}. \tag{3.4.2}$$

可利用(3.4.2)来计算衰减概率 $_sq_x^{(j)}$. 但当 $_tp_x^{\prime(j)} = 0$ 或 $_tp_x^{(\tau)} = 0$ 时,公式(3.4.2)不成立. 在 3.4.2 小节将介绍另一种计算方法来解决这个问题.

例 3.4.1 给定二元衰减模型的衰减概率如下表:

x	$q_x^{(1)}$	$q_x^{(2)}$
65	0.02	0.05
66	0.03	0.06
67	0.04	0.07
68	0.05	0.08
69	0.06	0.09
70	0.00	1.00

对衰减原因 $j=1,2$，**假设 A** 都成立. 计算绝对衰减率 $q_x'^{(1)}$ 和 $q_x'^{(2)}$.

解 由于假设 A 成立，所以可利用公式(3.4.1)来计算，有

$$q_{65}'^{(1)} = 1 - p_{65}'^{(1)} = 1 - (p_{65}^{(\tau)})^{\frac{q_x^{(1)}}{q_x^{(\tau)}}}$$

$$= 1 - (1 - q_{65}^{(1)} - q_{65}^{(2)})^{\frac{q_x^{(1)}}{q_x^{(1)}+q_x^{(2)}}}$$

$$= 1 - (1 - 0.02 - 0.05)^{0.02/(0.02+0.05)}$$

$$= 0.0205.$$

利用 Excel 计算，所得结果列于下表.

x	$q_x^{(1)}$	$q_x^{(2)}$	$q_x^{(\tau)}$	$p_x^{(\tau)}$	$p_x'^{(1)}$	$p_x'^{(2)}$	$q_x'^{(1)}$	$q_x'^{(2)}$
65	0.02	0.05	0.070000	0.930000	0.979479	0.949484	0.020521	0.050516
66	0.03	0.06	0.090000	0.910000	0.969052	0.939062	0.030948	0.060938
67	0.04	0.07	0.110000	0.890000	0.958509	0.928525	0.041491	0.071475
68	0.05	0.08	0.130000	0.870000	0.947847	0.917870	0.052153	0.082130
69	0.06	0.09	0.150000	0.850000	0.937060	0.907092	0.062940	0.092908
70	0	1	1	0	#NUM!	0	#NUM!	1

在 $x=70$ 时，由于 $p_{70}^{(\tau)}=0$，所以无法利用公式（3.4.1）来计算 $p_{70}'^{(1)}$.

例 3.4.2 对于一个二元衰减模型，已知

$$q_{50}^{(2)} = 2q_{50}^{(1)}, \quad \mu^{(1)}(50+t) = \log 2, \quad 0 \leqslant t \leqslant 1.$$

假设每一衰减原因在每一年龄段衰减力为常数. 计算 $1000 q_{50}'^{(2)}$.

解 对 $i=1,2$，

$$q_{50}^{(i)} = \int_0^1 {}_t p_{50}^{(\tau)} \mu^{(i)}(50+t) \mathrm{d}t = \int_0^1 e^{-\int_0^t \mu^{(\tau)}(50+s)\mathrm{d}s} \mu^{(i)}(50) \mathrm{d}t$$

$$= \int_0^1 e^{-\mu^{(\tau)}(50)t} \mu^{(i)}(50) dt = \frac{\mu^{(i)}(50)}{\mu^{(\tau)}(50)}(1 - e^{-\mu^{(\tau)}(50)})$$

$$= \frac{\mu^{(i)}(50)}{\mu^{(\tau)}(50)} q_{50}^{(\tau)}.$$

所以
$$\frac{\mu^{(2)}(50)}{\mu^{(1)}(50)} = \frac{\frac{\mu^{(2)}(50)}{\mu^{(\tau)}(50)} q_{50}^{(\tau)}}{\frac{\mu^{(1)}(50)}{\mu^{(\tau)}(50)} q_{50}^{(\tau)}} = \frac{q_{50}^{(2)}}{q_{50}^{(1)}} = 2.$$

再由 $\mu^{(1)}(50) = \log 2$,得
$$\mu^{(2)}(50) = 2\mu^{(1)}(50) = 2\log 2.$$

因此
$$1000 q_{50}^{\prime(2)} = 1000(1 - p_{50}^{\prime(2)}) = 1000(1 - e^{-\mu^{(2)}(50)}) = 750.$$

3.4.2 相关的一元衰减模型的均匀分布假设

本节在相关的一元衰减模型的衰减均匀分布假设下来进行讨论.

结论 3.4.2 在假设 C 下,即在多元衰减模型各相关的一元衰减模型衰减均匀分布的假设下,有

(1) $m = 3$ 时,
$$q_x^{(1)} = q_x^{\prime(1)} \left\{ 1 - \frac{1}{2}(q_x^{\prime(2)} + q_x^{\prime(3)}) + \frac{1}{3} q_x^{\prime(2)} q_x^{\prime(3)} \right\}; \quad (3.4.3)$$

(2) $m = 2$ 时,
$$q_x^{(1)} = q_x^{\prime(1)} \left\{ 1 - \frac{1}{2} q_x^{\prime(2)} \right\}. \quad (3.4.4)$$

解 我们只证明(1),(2)的证明类似. 对 $t \in (0,1)$,
$$_t p_x^{\prime(1)} \mu_x^{(1)}(t) = \frac{d(_t q_x^{\prime(1)})}{dt} = \frac{d(t q_x^{\prime(1)})}{dt} = q_x^{\prime(1)}.$$

所以有
$$q_x^{(1)} = \int_0^1 {_s p_x^{(\tau)}} \mu_x^{(1)}(s) ds = \int_0^1 \Big(\prod_{j=1}^3 {_s p_x^{\prime(j)}} \Big) \mu_x^{(1)}(s) ds$$
$$= \int_0^1 \{_s p_x^{\prime(1)} \mu_x^{(1)}(s)\} {_s p_x^{\prime(2)}} {_s p_x^{\prime(3)}} ds$$

$$= \int_0^1 q_x'^{(1)}(1-sq_x'^{(2)})(1-sq_x'^{(3)})ds$$
$$= q_x'^{(1)}\left\{1-\frac{1}{2}(q_x'^{(2)}+q_x'^{(3)})+\frac{1}{3}q_x'^{(2)}q_x'^{(3)}\right\}.$$

证毕.

例 3.4.3 对于二元衰减模型,已知
$$q_{71}^{(1)}=0.02, \quad q_{71}^{(2)}=0.06.$$
相关的各一元衰减模型在每一年龄年衰减均匀分布的假设下,计算 $1000q_{71}'^{(1)}$.

解 利用(3.4.4),有
$$q_{71}^{(1)}=q_{71}'^{(1)}\left\{1-\frac{1}{2}q_{71}'^{(2)}\right\}, \quad q_{71}^{(2)}=q_{71}'^{(2)}\left\{1-\frac{1}{2}q_{71}'^{(1)}\right\}.$$
将已知条件代入上式,计算得
$$1000q_{71}'^{(1)}=20.625.$$

§3.5 多元衰减群

本节分别利用随机的观点和确定的观点来研究多元衰减群的人数变化.

设群体由 $l_a^{(\tau)}$ 个年龄为 a 岁的个体组成,群体是封闭的,无生育,个体相互独立. 每一个体面临终止原因 $J, J=1,2,\cdots,m$.

3.5.1 随机衰减群

给定生存函数 $_tp_a^{(\tau)}$ 及衰减力函数 $\mu_a^{(j)}(t), t>0, j=1,\cdots,m$,假设下式成立:
$$f_{T,J}(t,j)=\lim_{\Delta t \to 0}\frac{P(T\in[t,t+\Delta t],J=j)}{\Delta t}$$
$$={}_tp_a^{(\tau)}\mu_a^{(j)}(t), \ t>0, \ j=1,2,\cdots,m. \quad (3.5.1)$$

这种模型称为随机衰减模型,即是用随机观点来看待群体衰减的发生.

本章开始是在 $f_{T,J}$ 存在的前提下,给出了多元衰减模型的概率

$_t p_a^{(\tau)}$ 及衰减力函数 $\mu_a^{(j)}(t)$ ($t>0$, $j=1,\cdots,m$)的定义. 而本节的做法正好相反,是在给定 $_t p_a^{(\tau)}$ 及衰减力函数 $\mu_a^{(j)}(t)$ ($t>0$, $j=1,\cdots,m$)的前提下来定义 $f_{T,J}$. 但不论采用上面哪种方式都可以得到

$$_t q_x^{(j)}, j=1,2,\cdots,m; \quad _t p_x^{(\tau)}, _t q_x^{(\tau)}$$

等的相同表达式. 结果见前四节.

注意有下面关系存在:

$$\mu_a^{(\tau)}(t) = \sum_{j=1}^m \mu_a^{(j)}(t).$$

下面来讨论衰减群的人数变化. 记 l_a 个个体的未来衰减时间分别为 $T_1, T_2, \cdots, T_{l_a}$. 衰减原因分别为 $J_1, J_2, \cdots, J_{l_a}$. 记

$_n\mathscr{D}_x^{(j)}$ 为衰减群在年龄段 $[x, x+n)$ 因原因 j 衰减的人数, $_n d_x^{(j)}$ 为其期望值;

$_n\mathscr{D}_x^{(\tau)}$ 为衰减群在年龄段 $[x, x+n)$ 衰减的人数, $_n d_x^{(\tau)}$ 为其期望值;

$\mathscr{L}^{(\tau)}(x)$ 为在年龄 x 岁以后衰减的人数, 期望值为 $l_x^{(\tau)}$;

$\mathscr{L}^{(j)}(x)$ 为年龄为 x 岁的个体未来由于原因 j 而衰减的人数, 期望值记为 $l_x^{(j)}$.

在上述记号意义下, 则有

$$_n\mathscr{D}_x^{(j)} = \sum_{i=1}^{l_a} I_{\{x-a \leqslant T_i < n+x-a, J_i=j\}}, \qquad (3.5.2)$$

$$_n\mathscr{D}_x^{(\tau)} = \sum_{i=1}^{l_a} I_{\{x-a \leqslant T_i < n+x-a\}}, \qquad (3.5.3)$$

$$\mathscr{L}^{(j)}(x) = \sum_{i=1}^{l_a} I_{\{x-a \leqslant T_i, J_i=j\}}, \qquad (3.5.4)$$

$$\mathscr{L}^{(\tau)}(x) = \sum_{i=1}^{l_a} I_{\{x-a \leqslant T_i\}}. \qquad (3.5.5)$$

简记 $d_x^{(\tau)} = {_1 d_x^{(\tau)}}$, $d_x^{(j)} = {_1 d_x^{(j)}}$.

结论 3.5.1 有下面的等式成立:

$$_n d_x^{(\tau)} = l_a^{(\tau)} \int_{x-a}^{x+n-a} {_t p_a^{(\tau)}} \mu_a^{(\tau)}(t) dt, \qquad (3.5.6)$$

$$_n d_x^{(j)} = l_a^{(\tau)} \int_{x-a}^{x+n-a} {}_t p_a^{(\tau)} \mu_a^{(j)}(t) dt, \qquad (3.5.7)$$

$$_n d_x^{(j)} = l_x^{(j)} - l_{x+n}^{(j)}, \qquad (3.5.8)$$

$$q_x^{(j)} = \frac{d_x^{(j)}}{l_x^{(\tau)}}, \qquad (3.5.9)$$

$$l_{x+t}^{(\tau)} = l_x^{(\tau)} {}_t p_x^{(\tau)}. \qquad (3.5.10)$$

证明 对(3.5.2)式两边取数学期望,得

$$_n d_x^{(j)} = \sum_{i=1}^{l_a} E(I_{\{x-a \leqslant T_i < n+x-a, J_i = j\}}) = l_a^{(\tau)} \int_{x-a}^{x+n-a} f_{T,J}(t,j) dt$$

$$= l_a^{(\tau)} \int_{x-a}^{x+n-a} {}_t p_x^{(\tau)} \mu_a^{(j)}(t) dt.$$

(3.5.7)式成立.

又有

$$_n d_x^{(\tau)} = E(_n \mathscr{D}_x^{(\tau)}) = \sum_{j=1}^m E(_n \mathscr{D}_x^{(j)}) = \sum_{j=1}^m {}_n d_x^{(j)}$$

$$= l_a^{(\tau)} \int_{x-a}^{x+n-a} \sum_{i=1}^m {}_t p_x^{(\tau)} \mu_a^{(j)}(t) dt$$

$$= l_a^{(\tau)} \int_{x-a}^{x+n-a} {}_t p_a^{(\tau)} \mu_a^{(\tau)}(t) dt,$$

得到(3.5.6)式.

其他的可类似证明,我们留作习题. 证毕.

结论 3.5.1 给出了通过衰减人数来计算衰减概率的公式.

例 3.5.1 利用下表的数据,计算 $l_x^{(\tau)}$ 和 $l_x^{(j)}$. 其中 $l_{65}^{(\tau)} = 1000$.

x	$q_x^{(1)}$	$q_x^{(2)}$
65	0.01	0.05
66	0.02	0.06
67	0.03	0.07
68	0.04	0.08
69	0.05	0.09
70	0	1

解 利用下面的递推公式来计算：
$$d_x^{(i)} = l_x^{(\tau)} q_x^{(i)}, \quad i=1,2, \quad l_{x+1}^{(\tau)} = l_x^{(\tau)} - d_x^{(1)} - d_x^{(2)},$$
$$l_x^{(i)} = \sum_{j=x}^{70} d_j^{(i)}, \quad i=1,2.$$

利用 Excel 计算所得到的结果见下表.

x	$q_x^{(1)}$	$q_x^{(2)}$	$l_x^{(\tau)}$	$d_x^{(1)}$	$d_x^{(2)}$	$l_x^{(1)}$	$l_x^{(2)}$
65	0.01	0.05	1000.000	10.000	50.000	120.123	879.877
66	0.02	0.06	940.000	18.800	56.400	110.123	829.877
67	0.03	0.07	864.800	25.944	60.536	91.323	773.477
68	0.04	0.08	778.320	31.133	62.266	65.379	712.941
69	0.05	0.09	684.922	34.246	61.643	34.246	650.676
70	0	1	589.033	0.000	589.033	0.000	589.033

3.5.2 确定衰减群

给定 $\mu_a^{(j)}(t), t \geqslant 0, j=1,\cdots,m.$ 记
$$\mu_a^{(\tau)}(t) = \sum_{j=1}^{m} \mu_a^{(j)}(t).$$

在 x 岁未衰减的人数为 $l_x^{(\tau)}$ 个人. 在 $l_x^{(\tau)}$ 个个体中,未来因衰减原因 j 而衰减的人数为 $l_x^{(j)}$. 定义在 x 岁的个体数 $l_x^{(\tau)}$ 满足
$$l_x^{(\tau)} = l_a^{(\tau)} \mathrm{e}^{-\int_0^{x-a} \mu_a^{(\tau)}(s)\mathrm{d}s}. \tag{3.5.11}$$

而对每一衰减原因 j,定义衰减人数 $l_x^{(j)}$ 满足
$$\mu_a^{(j)}(x-a) = \lim_{h \to 0+} \frac{l_x^{(j)} - l_{x+h}^{(j)}}{h l_x^{(\tau)}}, \tag{3.5.12}$$

由(3.5.12)可推得
$$l_x^{(j)} - l_{x+t}^{(j)} = \int_x^{x+t} l_s^{(\tau)} \mu_a^{(j)}(s-a)\mathrm{d}s.$$

我们称按照(3.5.11)和(3.5.12)式定义的衰减模型为**确定衰减模型**.

根据前面的(3.5.11)和(3.5.12)式假设,可以得到下面的结论.

结论 3.5.2 (3.5.6)~(3.5.10)式成立.

§3.6 多元衰减表

下面介绍多元衰减表以及多元衰减表的构造方法.

3.6.1 多元衰减表介绍

多元衰减表是用来描述多元衰减模型的分布的数据表,其主要有两种形式:一种是以衰减概率的形式给出,衰减表包含 $p_x^{(r)}$, $q_x^{(j)}$, $j=1,2,\cdots,m$ 等项;另一种是以衰减人数的形式给出,包含 $l_x^{(r)}$, $d_x^{(j)}$, $j=1,2,\cdots,m$ 等项.

附录三是一个多元衰减表的例子,有四种衰减原因:工作期间死亡、工作期间退职、工作期间伤残、到退休年龄如期退休,我们分别用 d,w,i,r 来表示这四种原因. 附录三给出的多元衰减表中第二列给出在 x 岁未衰减的个体数 $l_x^{(r)}$, 其他列 $d_x^{(d)}, d_x^{(w)}, d_x^{(i)}, d_x^{(r)}$ 给出因各种原因在当年衰减的人数. 最后一列 S_x 是工资比例系数,我们会在养老金一章介绍它的应用.

例 3.6.1 利用附录三,建立由衰减概率来表示的多元衰减表.

解 利用公式

$$q_x^{(d)} = \frac{d_x^{(d)}}{l_x^{(r)}}, \quad q_x^{(w)} = \frac{d_x^{(w)}}{l_x^{(r)}};$$

$$q_x^{(i)} = \frac{d_x^{(i)}}{l_x^{(r)}}, \quad q_x^{(r)} = \frac{d_x^{(r)}}{l_x^{(r)}}$$

及

$$l_x^{(r)} = l_{x-1}^{(r)} - d_{x-1}^{(d)} - d_{x-1}^{(w)} - d_{x-1}^{(i)} - d_{x-1}^{(r)}$$

来计算衰减概率. 计算结果见表 3.1.

表 3.1 例 3.6.1 中的多元衰减表

x	$q_x^{(d)}$	$q_x^{(w)}$	$q_x^{(i)}$	$q_x^{(r)}$
30	0.001000	0.199000	0	0
31	0.001001	0.179902	0	0
32	0.001100	0.150610	0	0
33	0.001099	0.102694	0	0

(续表)

x	$q_x^{(d)}$	$q_x^{(w)}$	$q_x^{(i)}$	$q_x^{(r)}$
34	0.001206	0.079801	0	0
35	0.001400	0.058889	0.001006	0
36	0.001491	0.044890	0.001002	0
37	0.001590	0.034994	0.001100	0
38	0.001804	0.030011	0.001194	0
39	0.001892	0.025990	0.001288	0
40	0.002111	0.022007	0.001408	0
41	0.002306	0.020000	0.001500	0
42	0.002589	0.018012	0.001593	0
43	0.002794	0.016006	0.001688	0
44	0.003090	0.015003	0.001812	0
45	0.003395	0.014005	0.002001	0
46	0.003802	0.013014	0.002195	0
47	0.004191	0.013014	0.002489	0
48	0.004597	0.011990	0.002797	0
49	0.005114	0.011014	0.003114	0
50	0.005615	0.009994	0.003409	0
51	0.006201	0.009983	0.003816	0
52	0.006884	0.009005	0.004207	0
53	0.007415	0.008905	0.004683	0
54	0.008190	0.007901	0.005182	0
55	0.008887	0.007887	0.005814	0
56	0.009812	0.006895	0.006402	0
57	0.010703	0.006903	0.007097	0
58	0.011810	0.005885	0.007913	0
59	0.012895	0.004897	0.008692	0
60	0.013120	0.000000	0.000000	0.148893
61	0.014907	0.000000	0.000000	0.079386
62	0.015685	0.000000	0.000000	0.14868
63	0.017911	0.000000	0.000000	0.089227
64	0.019024	0.000000	0.000000	0.148494
65	0.018140	0.000000	0.000000	0.395518
66	0.022293	0.000000	0.000000	0.197452
67	0.023129	0.000000	0.000000	0.295821
68	0.023687	0.000000	0.000000	0.394121
69	0.024020	0.000000	0.000000	0.492157
70	0.017224	0.000000	0.000000	0.982776

3.6.2 多元衰减表的构造

在多元衰减模型自身的数据充足时,可以通过自身的数据直接来估计衰减表中的衰减概率. 当实际数据不足时,则可利用一元衰减模型的资料来构造多元衰减表. 在获得相关的一元衰减模型的概率 $p_x^{\prime(j)}$, $j=1,\cdots,m$ 的基础上,根据特定的假设得到多元衰减表的衰减概率. 具体的步骤如下:

(1) 计算概率 $p_x^{(\tau)}$,
$$p_x^{(\tau)} = \prod_{j=1}^{m} p_x^{\prime(j)};$$

(2) 计算衰减概率 $q_x^{(\tau)}$,
$$q_x^{(\tau)} = 1 - p_x^{(\tau)};$$

(3) 在某种假设下得到 $q_x^{(j)}$. 常使用的公式为
$$_sq_x^{(j)} = \frac{\log(_tp_x^{\prime(j)})}{\log(_tp_x^{(\tau)})} \times {_sq_x^{(\tau)}},$$

或
$$q_x^{(1)} = q_x^{\prime(1)}\left\{1 - \frac{1}{2}(q_x^{\prime(2)} + q_x^{\prime(3)}) + \frac{1}{3}q_x^{\prime(2)}q_x^{\prime(3)}\right\}, \quad m=3.$$

注 关于上面的更一般的等式见习题. 注意前面公式的成立条件.

例 3.6.2 建立多元衰减表. 已知数据见下表.

x	$q_x^{\prime(1)}$	$q_x^{\prime(2)}$	$q_x^{\prime(3)}$
65	0.020	0.02	0.04
66	0.025	0.02	0.06
67	0.030	0.02	0.08
68	0.035	0.02	0.10
69	0.040	0.02	0.12

解 设 $l_{65}^{(\tau)} = 1000.00$.

(1) 在相关的一元衰减模型衰减均匀分布的假设下,利用公式(3.4.3),经计算所得结果列于下表.

x	$q'^{(1)}_x$	$q'^{(2)}_x$	$q'^{(3)}_x$	$q^{(1)}_x$	$q^{(2)}_x$	$q^{(3)}_x$
65	0.020	0.02	0.04	0.019405	0.019405	0.039205
66	0.025	0.02	0.06	0.024010	0.019160	0.058660
67	0.030	0.02	0.08	0.028516	0.018916	0.078016
68	0.035	0.02	0.10	0.032923	0.018673	0.097273
69	0.040	0.02	0.12	0.037232	0.018432	0.116432

（2）在多元衰减模型的衰减均匀分布的假设下，利用公式（3.4.2），经计算所得结果列于下表．

x	$q'^{(1)}_x$	$q'^{(2)}_x$	$q'^{(3)}_x$	$p^{(\tau)}_x$	$q^{(\tau)}_x$	$q^{(1)}_x$	$q^{(2)}_x$	$q^{(3)}_x$
65	0.020	0.02	0.04	0.921984	0.078016	0.0194040	0.019404	0.039208
66	0.025	0.02	0.06	0.898170	0.101830	0.0240057	0.019156	0.058669
67	0.030	0.02	0.08	0.874552	0.125448	0.0285060	0.018907	0.078035
68	0.035	0.02	0.10	0.851130	0.148870	0.0329041	0.018659	0.097307
69	0.040	0.02	0.12	0.827904	0.172096	0.0371988	0.018410	0.116488

（3）（1）与（2）的计算结果的差值在下表中给出．可以看出，在不同假设下所得结果的差异很小．

x	$q^{(1)}_x$ 的差值	$q^{(2)}_x$ 的差值	$q^{(3)}_x$ 的差值
65	−0.000001	−0.000001	0.000003
66	−0.000004	−0.000004	0.000009
67	−0.000010	−0.000009	0.000019
68	−0.000019	−0.000015	0.000034
69	−0.000033	−0.000022	0.000056

注：表中结果是（1）表中的值减去（2）表中相应的值．

§3.7 多元衰减模型与联合生存状态

本节以联合生存状态的观点来看待多元衰减模型的模型终止．

对个体(x)，用$T_j(x)$表示单独考虑第j个衰减原因时个体的衰减时间，$j=1,2,\cdots$．这里假设$T_j(x)$（$j=1,2,\cdots,m$）相互独立．注意，独立性假设是理想化的假设，不完全符合实际的情况，在实际中各衰减变量间常存在相关性，如个体死亡后就不可能再有伤残发生．

令
$$T(x)=\min\{T_i(x),i\leqslant m\},\tag{3.7.1}$$
即 $T(x)$ 是最早的衰减时刻.

定理 3.7.1 给出了上述模型的一些性质.

定理 3.7.1 (1) 对任意 $t>0$,有
$$P(T(x)>t)=\prod_{i\leqslant m}P(T_i(x)>t);$$

(2) 设 $T_i(x)$ ($i=1,2,\cdots,m$) 的衰减力存在,分别记为 $\mu_x^{(i)}(s)$ ($i=1,2,\cdots,m$). 则
$$P(T(x)>t)=\prod_{i=1}^m e^{-\int_0^t \mu_x^{(i)}(s)ds},\quad t>0$$

且在时刻 t 之前 $T(x)$ 等于第 i 个衰减时刻 $T_i(x)$ 的概率为
$$P(T(x)\leqslant t,T(x)=T_i(x))=\int_0^t P(T(x)>s)\mu_x^{(i)}(s)ds.$$

证明 (1) 根据 $T_i(x)$ ($i\geqslant 1$) 相互独立,有
$$P(T(x)>t)=P(T_i(x)>t,i=1,2,\cdots,m)$$
$$=\prod_{i\leqslant m}P(T_i(x)>t).$$

(2) 由(1)及
$$P(T_i(x)>t)=e^{-\int_0^t \mu_x^{(i)}(s)ds},\quad i=1,2,\cdots,m$$

得 $$P(T(x)>t)=\prod_{i\leqslant m}P(T_i(x)>t)=\prod_{i=1}^m e^{-\int_0^t \mu_x^{(i)}(s)ds}.$$

又有
$$P(T(x)\leqslant t,T(x)=T_i(x))$$
$$=P(T_j(x)\geqslant T_i(x),j\leqslant m,j\neq i;T_i(x)\leqslant t)$$
$$=\int_0^t \prod_{j\leqslant m,j\neq i}\exp\left\{-\int_0^s \mu_x^{(j)}(u)du\right\}$$
$$\times \exp\left\{-\int_0^s \mu_x^{(i)}(u)du\right\}\mu_x^{(i)}(s)ds$$
$$=\int_0^t P(T(x)>s)\mu_x^{(i)}(s)ds.$$

证毕.

由定理 3.7.1 可以看出:模型(3.7.1)较前面所定义的多元衰

减模型范围要宽,它并不要求衰减力存在.

例 3.7.1 一个三元衰减模型,包含三个衰减原因:个体的死亡、伤残和退出.在只考虑死亡因素的衰减模型和只考虑伤残因素的衰减模型中,假设衰减都服从均匀分布,绝对衰减率分别为 $q_x^{'(1)}$ 和 $q_x^{'(2)}$.设退出发生在年底,绝对衰减率为 $q_x^{'(3)}$.

(1) 给出衰减概率 $q_x^{(i)}$,$i=1,2,3$.

(2) 在相关的一元衰减模型中,假设退出发生在年中或年底.已知退出的条件下,发生在年中和年底的概率都为 0.5.求衰减概率.

解 设 $T_1(x),T_2(x)$ 和 $T_3(x)$ 分别为个体 (x) 的死亡时刻、伤残时刻、退出时刻,且三者相互独立.则 (x) 的衰减时刻 $T(x)$ 可表示为
$$T(x) = \min\{T_1(x),T_2(x),T_3(x)\}.$$

(1) 由退出发生在年底,知 $_sp_x^{'(3)}=1$,$s\in[0,1)$.由衰减均匀分布的假设,知
$$_tq_x^{'(1)} = tq_x^{'(1)}, \quad _tq_x^{'(2)} = tq_x^{'(2)}, \quad t\in[0,1].$$

所以 $T_1(x)$ 的密度函数为
$$f_{T_1(x)}(s) = q_x^{'(1)}, \quad s\leqslant 1.$$

由 $T_1(x)$ 为连续随机变量,知
$$\begin{aligned}q_x^{(1)} &= P(T(x)\leqslant 1,T(x)=T_1(x))\\&= P(T_1(x)\leqslant 1,T_2(x)>T_1(x),T_3(x)>T_1(x))\\&= \int_0^1 P(T_2(x)>t)P(T_3(x)>t)f_{T_1(x)}(t)\mathrm{d}t\\&= \int_0^1 {_tp_x^{'(2)}} \cdot {_tp_x^{'(3)}} q_x^{'(1)}\mathrm{d}t.\end{aligned} \quad (3.7.2)$$

再由 $_tp_x^{'(3)}=1$,$t<1$,知
$$q_x^{(1)} = \int_0^1 {_tp_x^{'(2)}}q_x^{'(1)}\mathrm{d}t = q_x^{'(1)}\int_0^1(1-sq_x^{'(2)})\mathrm{d}s = q_x^{'(1)}\left(1-\frac{1}{2}q_x^{'(2)}\right).$$

同理
$$q_x^{(2)} = q_x^{'(2)}\left(1-\frac{1}{2}q_x^{'(1)}\right).$$

又
$$q_x^{(3)} = P(T_3(x)=1,T_1(x)>1,T_2(x)>1)$$

$$= P(T_3(x)=1)P(T_1(x)>1)P(T_2(x)>1)$$
$$= q_x'^{(3)} p_x'^{(1)} \times p_x'^{(2)}$$
$$= (1-q_x'^{(1)}) \times (1-q_x'^{(2)}) \times q_x'^{(3)}.$$

(2) 由题中的假设得

$$_s q_x'^{(3)} = 0, s \in \left[0, \frac{1}{2}\right); \quad _s q_x'^{(3)} = \frac{1}{2} q_x'^{(3)}, s \in \left[\frac{1}{2}, 1\right].$$

因此
$$_s p_x'^{(3)} = 1, s \in \left[0, \frac{1}{2}\right);$$
$$_s p_x'^{(3)} = 1 - _s q_x'^{(3)} = 1 - \frac{1}{2} q_x'^{(3)}, s \in \left[\frac{1}{2}, 1\right].$$

利用(3.7.2)式,得

$$q_x^{(1)} = \int_0^1 {}_t p_x'^{(2)} {}_t p_x'^{(3)} q_x'^{(1)} \mathrm{d}t$$
$$= q_x'^{(1)} \int_0^{1/2} (1-t q_x'^{(2)}) \mathrm{d}t + q_x'^{(1)} \left(1 - \frac{1}{2} q_x'^{(3)}\right) \int_{1/2}^1 (1-t q_x'^{(2)}) \mathrm{d}t$$
$$= q_x'^{(1)} \left(1 - \frac{1}{2} q_x'^{(2)} - \frac{1}{4} q_x'^{(3)} + \frac{3}{16} q_x'^{(2)} q_x'^{(3)}\right).$$

类似可得
$$q_x^{(2)} = q_x'^{(2)} \left(1 - \frac{1}{2} q_x'^{(1)} - \frac{1}{4} q_x'^{(3)} + \frac{3}{16} q_x'^{(1)} q_x'^{(3)}\right).$$

将 $q_x^{(1)}, q_x^{(2)}$ 的等式代入下式,

$$q_x^{(3)} = 1 - p_x^{(\tau)} - q_x^{(1)} - q_x^{(2)} = 1 - p_x'^{(1)} p_x'^{(2)} p_x'^{(3)} - q_x^{(1)} - q_x^{(2)}$$
$$= q_x'^{(3)} \left(1 - \frac{3}{4} q_x'^{(1)} - \frac{3}{4} q_x'^{(2)} + \frac{5}{8} q_x'^{(1)} q_x'^{(2)}\right).$$

本节的模型也可以用来处理各种衰减原因的衰减力存在于不同区间的情形.下面通过一个例子来说明.

例 3.7.2 在保险定价过程中,要考虑一个包含死亡与退保两个衰减原因的二元衰减模型.设此二元衰减原因具有衰减力

$$\mu_x^{(1)}(t) = \frac{1}{40-t}, \quad 0 < t \leqslant 40,$$
$$\mu_x^{(2)}(t) = \frac{1}{60-t}, \quad 0 < t \leqslant 60.$$

§3.7 多元衰减模型与联合生存状态   89

衰减原因 1 表示死亡,衰减原因 2 表示退保.

(1) 计算 $_tp_x^{(\tau)}$, $_tq_x^{(j)}$, $j=1,2$ 及 $f_J(1),f_J(2)$;

(2) 计算 $_tp_x^{\prime(i)}$, $_tq_x^{\prime(i)}$, $i=1,2$.

解 (1) 由本节的模型知 $T(x)<40$. 所以令 $0\leqslant t<40$,则

$$\begin{aligned}
_tp_x^{(\tau)} &= \exp\left\{-\int_0^t \mu_x^{(\tau)}(s)\mathrm{d}s\right\} \\
&= \exp\left\{-\int_0^t [\mu_x^{(1)}(s)+\mu_x^{(2)}(s)]\mathrm{d}s\right\} \\
&= \exp\left\{-\int_0^t \left[\frac{1}{40-s}+\frac{1}{60-s}\right]\mathrm{d}s\right\} \\
&= \frac{40-t}{40}\times\frac{60-t}{60} \\
&= \frac{(40-t)(60-t)}{2400}.
\end{aligned}$$

因为原因 1 而衰减的概率

$$\begin{aligned}
_tq_x^{(1)} &= \int_0^t {_sp_x^{(\tau)}}\mu_x^{(1)}(s)\mathrm{d}s \\
&= \int_0^t \frac{(40-s)(60-s)}{2400}\times\frac{1}{40-s}\mathrm{d}s \\
&= \int_0^t \frac{60-s}{40\times 60}\mathrm{d}s = \frac{t}{40}\left(1-\frac{t}{120}\right).
\end{aligned}$$

因为原因 2 而衰减的概率

$$\begin{aligned}
_tq_x^{(2)} &= \int_0^t {_sp_x^{(\tau)}}\mu_x^{(2)}(s)\mathrm{d}s = \int_0^t \frac{40-s}{40\times 60}\mathrm{d}s \\
&= \frac{t}{60}\left(1-\frac{t}{80}\right).
\end{aligned}$$

利用前面得到的衰减概率 $_tq_x^{(1)}$ 和 $_tq_x^{(2)}$ 的结果,得到

$$f_J(1) = {_\infty q_x^{(1)}} = {_{40}q_x^{(1)}} = \frac{40}{40}\left(1-\frac{40}{120}\right) = \frac{2}{3}$$

及

$$f_J(2) = {_\infty q_x^{(2)}} = {_{40}q_x^{(2)}} = \frac{40}{60}\left(1-\frac{40}{80}\right) = \frac{1}{3}.$$

(2) 由一元衰减模型的定义,知

$$_tp_x^{'(1)} = \exp\left\{-\int_0^t \mu_x^{(1)}(s)\mathrm{d}s\right\}$$

$$= \exp\left\{-\int_0^t \frac{1}{40-s}\mathrm{d}s\right\}$$

$$= 1 - \frac{t}{40}, \quad 0 < t < 40,$$

$$_tp_x^{'(2)} = \exp\left\{-\int_0^t \mu_x^{(2)}(s)\mathrm{d}s\right\}$$

$$= \exp\left\{-\int_0^t \frac{1}{60-s}\mathrm{d}s\right\}$$

$$= 1 - \frac{t}{60}, \quad 0 < t < 60.$$

从而

$$_tq_x^{'(1)} = 1 - {_tp_x^{'(1)}} = \frac{t}{40}, \quad 0 \leqslant t < 40,$$

$$_tq_x^{'(2)} = 1 - {_tp_x^{'(2)}} = \frac{t}{60}, \quad 0 \leqslant t < 60.$$

易见

$$_tp_x^{'(1)} = 0, t \geqslant 40; \quad _tp_x^{'(2)} = 0, t \geqslant 60,$$

$$_tq_x^{'(1)} = 1, t \geqslant 40; \quad _tq_x^{'(2)} = 1, t \geqslant 60.$$

§3.8 二元衰减模型——死亡与退保

下面考虑一实际问题：给定生命表和退保率表，如何建立二元衰减表？

需要指出的是，退保率是与险种的类别、投保年龄、职业、性别等密切相关的，它反映了提前中止保单的比率.

退保率表是根据实际数据估计的，表 3.2 给出了一个退保率表. 我们基于两种观点来理解退保率表 3.2 给出的估计值：一种是给出了多元衰减模型的衰减概率 $q_x^{(w)}$ 的估计，一种是给出了一元衰减模型的衰减概率 $q_x^{'(w)}$ 的估计. 下面分别讨论不同的情况对二元衰减表中的数值的影响. 关于死亡概率，我们采用 CL93M 生命表. 这里认

表 3.2　退保率表

年龄	退保率	年龄	退保率	年龄	退保率
20	0.230	50	0.01	80	0.01
21	0.220	51	0.01	81	0.01
22	0.140	52	0.01	82	0.01
23	0.070	53	0.01	83	0.01
24	0.065	54	0.01	84	0.01
25	0.060	55	0.01	85	0.01
26	0.050	56	0.01	86	0.01
27	0.040	57	0.01	87	0.01
28	0.030	58	0.01	88	0.01
29	0.025	59	0.01	89	0.01
30	0.025	60	0.01	90	0.01
31	0.025	61	0.01	91	0.01
32	0.025	62	0.01	92	0.01
33	0.020	63	0.01	93	0.01
34	0.020	64	0.01	94	0.01
35	0.020	65	0.01	95	0.01
36	0.020	66	0.01	96	0.01
37	0.020	67	0.01	97	0.01
38	0.020	68	0.01	98	0.01
39	0.010	69	0.01	99	0.01
40	0.010	70	0.01	100	0.01
41	0.010	71	0.01		
42	0.010	72	0.01		
43	0.010	73	0.01		
44	0.010	74	0.01		
45	0.010	75	0.01		
46	0.010	76	0.01		
47	0.010	77	0.01		
48	0.010	78	0.01		
49	0.010	79	0.01		

为生命表 CL93M 给出了绝对衰减率 $q_x^{\prime(d)}$ 的估计. 取
$$l_{20}^{(\tau)} = 1000000.$$

例 3.8.1 假设退保率表给出了绝对衰减率 $q_x^{'(w)}$ 的估计. 构造二元衰减表.

解 假设与二元衰减模型相关的一元衰减模型衰减均匀分布. 利用公式

$$q_x^{(d)} = q_x^{'(d)}(1 - 0.5 q_x^{'(w)}), \quad q_x^{(w)} = q_x^{'(w)}(1 - 0.5 q_x^{'(d)}),$$

可计算得 $q_x^{(d)}$ 和 $q_x^{(w)}$. 再利用

$$q_x^{(\tau)} = q_x^{(d)} + q_x^{(w)}$$

计算衰减概率. 部分计算结果见表 3.3.

表 3.3 例 3.8.1 的多元衰减表

x	$q_x^{'(d)}$	$q_x^{'(w)}$	$q_x^{(w)}$	$q_x^{(d)}$	$l_x^{(\tau)}$
20	0.001049	0.23000	0.229879365	0.000928	1000000
21	0.001048	0.22000	0.219884720	0.000933	769192.27
22	0.001030	0.14000	0.139927900	0.000958	599252.53
23	0.001003	0.07000	0.069964895	0.000968	514783.15
24	0.000972	0.06500	0.064968410	0.000940	478250.07
25	0.000945	0.06000	0.059971650	0.000917	446714.07
26	0.000925	0.05000	0.049976875	0.000902	419501.74
27	0.000915	0.04000	0.039981700	0.000897	398148.32
28	0.000918	0.03000	0.029986230	0.000904	381865.37
29	0.000933	0.02500	0.024988338	0.000921	370064.11
30	0.000963	0.02500	0.024987963	0.000951	360471.55
31	0.001007	0.02500	0.024987413	0.000994	351116.97
32	0.001064	0.02500	0.024986700	0.001051	341989.89
33	0.001136	0.02000	0.019988640	0.001125	333080.82
34	0.001222	0.02000	0.019987780	0.001210	326044.60
35	0.001321	0.02000	0.019986790	0.001308	319129.27
36	0.001436	0.02000	0.019985640	0.001422	312329.33
37	0.001565	0.02000	0.019984350	0.001549	305638.72
38	0.001710	0.02000	0.019982900	0.001693	299052.41
39	0.001872	0.01000	0.009990640	0.001863	292565.09
40	0.002051	0.01000	0.009989745	0.002041	289094.50
41	0.002250	0.01000	0.009988750	0.002239	285613.59
42	0.002470	0.01000	0.009987650	0.002458	282118.03

(续表)

x	$q_x^{'(d)}$	$q_x^{'(w)}$	$q_x^{(w)}$	$q_x^{(d)}$	$l_x^{(\tau)}$
43	0.002713	0.01000	0.009986435	0.002699	278603.50
44	0.002981	0.01000	0.009985095	0.002966	275065.40
45	0.003276	0.01000	0.009983620	0.003260	271498.87
46	0.003601	0.01000	0.009981995	0.003583	267898.90
47	0.003958	0.01000	0.009980210	0.003938	264260.03
48	0.004352	0.01000	0.009978240	0.004330	260576.72
49	0.004784	0.01000	0.009976080	0.004760	256842.59
50	0.005260	0.01000	0.009973700	0.005234	253051.58

例 3.8.2 假设退保率表给出了衰减概率 $q_x^{(w)}$ 的估计,建立二元衰减表.

解 在与二元衰减模型相关的一元衰减模型衰减均匀分布假设下,利用

$$q_x^{(w)} = q_x^{'(w)}(1 - 0.5 q_x^{'(d)})$$

解得 $q_x^{'(w)}$. 再利用

$$q_x^{(d)} = q_x^{'(d)}(1 - 0.5 q_x^{'(w)})$$

计算得 $q_x^{(d)}$. 最后利用

$$q_x^{(\tau)} = q_x^{(d)} + q_x^{(w)}$$

计算衰减概率. 部分计算结果见表 3.4.

表 3.4 例 3.8.2 的多元衰减表

x	$q_x^{'(d)}$	$q_x^{(w)}$	$q_x^{'(w)}$	$q_x^{(d)}$	$l_x^{(\tau)}$
20	0.001049	0.23000	0.230120698	0.000928	1000000
21	0.001048	0.22000	0.220115340	0.000933	769071.70
22	0.001030	0.14000	0.140072137	0.000958	599158.64
23	0.001003	0.07000	0.070035123	0.000968	514702.52
24	0.000972	0.06500	0.065031605	0.000940	478175.18
25	0.000945	0.06000	0.060028363	0.000917	446644.12
26	0.000925	0.05000	0.050023136	0.000902	419436.06
27	0.000915	0.04000	0.040018308	0.000897	398085.98
28	0.000918	0.03000	0.030013776	0.000904	381805.58
29	0.000933	0.02500	0.025011668	0.000921	370006.18
30	0.000963	0.02500	0.025012043	0.000951	360415.12

(续表)

x	$q_x^{\prime(d)}$	$q_x^{(w)}$	$q_x^{\prime(w)}$	$q_x^{(d)}$	$l_x^{(\tau)}$
31	0.001007	0.02500	0.025012594	0.000994	351062.01
32	0.001064	0.02500	0.025013307	0.001051	341936.36
33	0.001136	0.02000	0.020011366	0.001125	333028.68
34	0.001222	0.02000	0.020012227	0.001210	325993.57
35	0.001321	0.02000	0.020013219	0.001308	319079.32
36	0.001436	0.02000	0.020014370	0.001422	312280.45
37	0.001565	0.02000	0.020015662	0.001549	305590.89
38	0.001710	0.02000	0.020017115	0.001693	299005.61
39	0.001872	0.01000	0.010009369	0.001863	292519.32
40	0.002051	0.01000	0.010010266	0.002041	289049.27
41	0.002250	0.01000	0.010011263	0.002239	285568.90
42	0.002470	0.01000	0.010012365	0.002458	282073.90
43	0.002713	0.01000	0.010013583	0.002699	278559.93
44	0.002981	0.01000	0.010014927	0.002966	275022.38
45	0.003276	0.01000	0.010016407	0.003260	271456.42
46	0.003601	0.01000	0.010018037	0.003583	267857.02
47	0.003958	0.01000	0.010019829	0.003938	264218.72
48	0.004352	0.01000	0.010021807	0.004330	260536.00
49	0.004784	0.01000	0.010023977	0.004760	256802.47

例 3.8.3 在 $l_{20}^{(\tau)}=1000000$ 时,计算例 3.8.1 和例 3.8.2 得到的 $l_x^{(\tau)}$ 的差值.

解 计算结果见表 3.5.

表 3.5 例 3.8.1 和例 3.8.2 的生存人数的差值

x	$l_x^{(\tau)}$ 的差值	x	$l_x^{(\tau)}$ 的差值	x	$l_x^{(\tau)}$ 的差值
20	0.00	30	−56.43	40	−45.23
21	−120.57	31	−54.96	41	−44.68
22	−93.89	32	−53.53	42	−44.13
23	−80.63	33	−52.14	43	−43.58
24	−74.90	34	−51.03	44	−43.02
25	−69.95	35	−49.95	45	−42.46
26	−65.69	36	−48.88	46	−41.89
27	−62.34	37	−47.83	47	−41.31
28	−59.79	38	−46.80	48	−40.72
29	−57.94	39	−45.78	49	−40.13

注：此表的结果为例 3.8.2 的计算结果减去例 3.8.1 的计算结果.

习 题 三

1. 已知
$$\mu_x^{(1)}(t) = \frac{1}{75-t}, \quad 0 \leqslant t \leqslant 75,$$
$$\mu_x^{(2)}(t) = \frac{2}{50-t}, \quad 0 \leqslant t \leqslant 50.$$

计算：

(1) $f_{T,J}(t,j), {}_tp_x^{(\tau)}$;

(2) $q_x^{(1)}, q_x^{(2)}, q_x^{(\tau)}$;

(3) $q_x'^{(1)}, q_x'^{(2)}$;

(4) $f_J(1), f_J(2)$;

(5) $f_{J|T}(1|1), f_{J|T}(2|1)$;

(6) $m_x^{(1)}, m_x^{(2)}, m_x^{(\tau)}$.

2. 已知
$$\mu_x^{(1)}(t) = x+t, \quad \mu_x^{(2)}(t) = \frac{1}{1+x+t},$$
计算(T, J)的联合分布.

3. 对二元衰减模型, 已知
$$\mu^{(1)}(x+t) = \frac{1}{60-t}, \quad 0 \leqslant t \leqslant 60;$$
$$\mu^{(2)}(x+t) = \frac{k}{60-t}, \quad 0 \leqslant t \leqslant 60;$$
$$f_{J|T}(2|T=t) = 0.75, \quad 0 \leqslant t \leqslant 60.$$
计算$f_T(30)$.

4. 考虑二元衰减模型, 衰减力为
$$\mu_x^{(1)}(t) = \frac{t}{100}, \quad \mu_x^{(2)}(t) = \frac{1}{100}, \quad t \geqslant 0,$$
计算联合分布、边缘分布和条件分布.

5. 给定
$$\mu_x^{(j)}(t) = \mu_x^{(j)}(0), \quad j = 1, 2, \cdots, m,$$

计算 $f_{T,J}(t,j), f_J(j), f_T(t)$. 并证明 T 与 J 相互独立.

6. 对于二元衰减模型,已知

$$q_x^{'(2)} = 2q_x^{'(1)}, \quad q_x^{'(1)} + q_x^{'(2)} = q_x^{(\tau)} + 0.18,$$

计算 $q_x^{'(2)}$.

7. 对于一个二元衰减模型,已知

$$q_x^{'(2)} = \frac{1}{8}, \quad {}_{1|}q_x^{(1)} = \frac{1}{4}, \quad q_{x+1}^{(1)} = \frac{1}{3},$$

计算 $q_x^{'(1)}$.

8. 已知二元衰减模型

$$q_x^{(1)} = 0.02, \quad q_x^{(2)} = 0.05,$$

(1) 在每一年龄年衰减力为常数的假定下,计算 $q_x^{'(1)}, q_x^{'(2)}$.

(2) 在多元衰减模型的每一年龄年衰减均匀分布的假设下,计算 $q_x^{'(1)}, q_x^{'(2)}$.

9. 在与 m 元衰减模型相关的一元衰减模型衰减均匀分布假设下,使用绝对衰减率表示 $q_x^{(j)}$.

10. 已知

$$q_x^{'(1)} = 0.015, \quad q_x^{'(2)} = 0.030,$$

一元衰减原因 1(工作中途退职)中衰减均匀分布假设成立,衰减原因 2(工作期间伤残)在年中发生.计算 ${}_tp_x^{(\tau)}, q_x^{(1)}$ 和 $q_x^{(2)}$.

11. 已知 $q_x^{'(1)} = 0.120, q_x^{'(2)} = 0.15$. 一元衰减原因 1 在每一年龄年衰减均匀分布假设成立.已知在一年内衰减原因(2)发生的条件下,衰减原因 2 在 $t=1/6$ 发生的概率为 2/3,在 $t=2/3$ 发生的概率为 1/3.计算 $q_x^{(2)}$.

12. 对于二元衰减模型,已知

$$m_x^{(1)} = 0.1, \quad m_x^{'(2)} = 0.2.$$

假设每一衰减原因的衰减力为常数,计算 $q_x^{(1)}$.

13. 对于三元衰减模型,设每一衰减原因在每一年龄年衰减力为常数,

$$\mu_x^{(1)}(t) = 0.2, \quad \mu_x^{(2)}(t) = 0.4, \quad \mu_x^{(3)}(t) = 0.6.$$

计算 $q_x^{(2)}$.

14. 给定二元衰减模型

$$l_{30}^{(\tau)} = 1000, \quad q_{30}^{'(1)} = 0.10, \quad q_{30}^{'(2)} = 0.20,$$

$$_{1|}q_{30}^{(1)} = 0.05, \quad l_{32}^{(\tau)} = 562,$$

计算 $q_{31}^{(2)}$.

15. 对于二元衰减模型,

$$q_{65}^{'(1)} = 0.1, \quad q_{65}^{'(2)} = 0.6,$$

设在年龄段 $[67,68)$,每一衰减原因的衰减力为常数. 已知下表数据,计算 $q_{67}^{'(1)}$.

x	$l_x^{(\tau)}$	$d_x^{(1)}$	$d_x^{(2)}$
65	100	—	—
66	—	3	13
67	—	1	3

16. 已知下表数据,计算 $l_{63}^{(\tau)}$.

x	$q_x^{(1)}$	$q_x^{(2)}$	$q_x^{(3)}$	$q_x^{(\tau)}$	$l_x^{(\tau)}$	$q_x^{'(1)}$	$q_x^{'(2)}$	$q_x^{'(3)}$
60	0.01	0.05	0.02	—	10000	—	—	—
61	—	—	—	0.076	—	—	—	—
62	—	—	—	—	—	0.023	0.033	0.099
63	—	—	—	0.098	—	—	—	—

17. 对于三元衰减模型,已知下表数据,并设:

x	$l_x^{(\tau)}$	$q_x^{'(1)}$	$q_x^{'(2)}$	$q_x^{'(3)}$
60	100000	0.14	0.1	0.1
61	—	—	0.1	0.2
62	45516	—	—	—

(1) 对一元衰减原因 1,衰减在每一年龄年均匀分布;

(2) 衰减原因 2 中的衰减只在每年的年末发生;

(3) 衰减原因 3 中的衰减只发生在每年年初.

计算 $q_{61}^{(1)}$.

18. 证明结论 3.5.1 中的(3.5.7)~(3.5.10).

19. 证明结论 3.5.2.

对题 20~28,在每题给出的 5 个选项中,只有一项是正确的,把所选项前的字母填在题后括号内:

20. 个体(20)面临两种死亡原因,已知 $\mu_{20}^{(1)}(t)=0.01$,且第二种原因的死亡力服从 de Moivre 死亡力,$w=100$,求 $q_{20}^{(2)}$. 正确答案是( ).

(A) $0.80 q_{20}^{'(1)}$; (B) $0.125-0.2625 q_{20}^{'(1)}$;

(C) $0.0125(1-q_{20}^{'(1)})$; (D) $1.25 q_{20}^{'(1)}$;

(E) 0.0125.

21. 在二元衰减模型中,给定

x	$q_x^{(1)}$	$q_x^{(2)}$	$l_x^{(\tau)}$
25	0.01	0.15	
26	0.01	0.10	8400

计算若 $q_{25}^{(2)}$ 的值由 0.15 变为 0.25,$d_{26}^{(1)}$ 的值的变化为( ).

(A) 下降 10; (B) 下降 5; (C) 增加 5;

(D) 增加 10; (E) 增加 15.

22. 某多元衰减模型个体的死亡原因有两种:(1) 事故;(2) 事故以外的其他原因. 给定

$\mu^{(1)}(y)=A$, $\mu^{(2)}(y)=BC^y$, $A>0$, $B>0$, $C>1$,

则个体(x)因事故而死亡的概率等于( ).

(A) $\dfrac{A}{\mathring{e}_x}$; (B) $\dfrac{\mathring{e}_x}{A}$; (C) $A\mathring{e}_x$;

(D) $\dfrac{1}{A\mathring{e}_x}$; (E) $1-\dfrac{A}{\mathring{e}_x}$.

23. 一多元衰减模型有三个衰减原因. 设与其相关的一元衰减模型的衰减均匀分布假设成立. 给定

$$q_x^{'(1)}=\frac{1}{20},\quad q_x^{'(2)}=\frac{1}{10},\quad q_x^{'(3)}=\frac{1}{19}.$$

计算 $q_x^{(2)}$. 正确的结果是( ).

(A) 0.081; (B) 0.091; (C) 0.093;

(D) 0.095; (E) 0.100.

24. 对于二元衰减模型,衰减原因 1 表示死亡原因,衰减原因 2 表示退保原因. 已知

(1) 在一元死亡模型中死亡均匀分布假设成立;

(2) 退保发生在每年的年初;

(3) $l_{20}^{(\tau)}=1000, q_{20}^{(2)}=0.25, d_{20}^{(1)}=0.04 d_{20}^{(2)}$.

计算 $q_{20}^{'(1)}$. 正确的结果是(　　).

(A) 0.0089; (B) 0.0100; (C) 0.0114;

(D) 0.0133; (E) 0.0157.

25. 一多元衰减模型有两个衰减原因,衰减力皆为常数,分别记为 $\mu^{(1)}$ 和 $\mu^{(2)}$. 给定

$$_\infty q_x^{(2)} = 0.625, \quad E(T(x))=5.$$

计算 $\mu^{(1)}$. 答案是(　　).

(A) 0.035; (B) 0.060; (C) 0.075;

(D) 0.100; (E) 0.125.

26. 对于一个三元衰减模型,已知各相关的一元衰减模型满足衰减均匀分布假设. 给定

$$q_x^{'(1)} = 0.1000, \quad q_x^{'(2)} = 0.0400, \quad q_x^{'(3)} = 0.0625.$$

计算 $1000 q_x^{(1)}$. 正确的结果是(　　).

(A) 94.00; (B) 94.55; (C) 94.96;

(D) 95.00; (E) 100.50.

27. 对于一个多元衰减模型,给定

$$_t p_x^{(\tau)} = 1 - 0.03t, \quad 0 \leqslant t \leqslant 1,$$
$$\mu_x^{(1)}(t) = 0.02t, \quad 0 \leqslant t \leqslant 1,$$

计算 $m_x^{(1)}$. 正确的结果是(　　).

(A) 0.00970; (B) 0.00985; (C) 0.00995;

(D) 0.01000; (E) 0.01015.

28. 对于一个二元衰减模型,给定

$$\mu_x^{(1)}(t) = 0.02, \quad \mu_x^{(2)}(t) = 0.04, \quad t > 0.$$

有

(Ⅰ) $_tp_x^{(\tau)}=e^{-0.06t}$, $t>0$;

(Ⅱ) $f_{T,J}(t,1)=0.5$, $t>0$;

(Ⅲ) $f_J(2)=2/3$.

上面哪个情形正确？(　　).

(A) 只有Ⅰ和Ⅱ；　　　(B) 只有Ⅰ和Ⅲ；

(C) 只有Ⅱ和Ⅲ；　　　(D) Ⅰ,Ⅱ和Ⅲ；

(E) (A),(B),(C),(D)都不正确.

第二部分　精算现值理论

按保险合同的约定,投保人向保险人缴纳保费,而保险人于保险事故发生时给付受益人保险金.从保险人的角度来说,在每个保单上的支出和收入主要有以下几方面:

(1) 保险金额.它规定了保险人在事故发生后对被保险人给付的额度.

(2) 保费.投保人为了得到保险合同中的保障而支付的数额.

(3) 保险人的费用.保险人在经营过程中的支出费用,如签单费用、保单的维持费用等.

上述三个方面的额度都具有以下不确定性:

(1) 是否支付的不确定性.

(2) 支付时间的不确定性.

具体来说,它们对应如下几方面:

1) 保险金额给付的不确定性.保险人是否向受益人给付保险金及给付的时间与被保险人寿命状况密切相关,只有在保险期限内发生合同规定的保险事故时保险人才负责给付.

2) 保费缴纳的不确定性.投保人缴纳保费可采取趸交(一次性缴纳)或分期缴纳的方式.由于趸交方式需缴纳的保费数额较大,所以大多数投保人采取分期的方式.采用分期方式来缴纳保费,投保人缴纳的保费总额及停止缴纳保费的时间也具有不确定性.这一不确定性直接取决于保险事故是否发生及有无退保发生.

3) 保险中费用支出的不确定性.保险人的理赔费用、营销费用等支出,都是与被保险人的生存状况密切相关的.如,只有被保险人发生保险事故,保险人才需要支付理赔过程中的费用.

本部分首先建立人寿保险中常用的给付模型,用以刻画保险人的给付与收入的不确定性,在模型中通过考虑给付与收入时刻来体现货币的时间价值.模型的主要变量是个体的寿命和利率水平.在精算实务中,被保险人的生存分布可由生命表给出,利率可依据保险人的投资收益来确定.本书只在利率固定的情况下讨论,暂不考虑利率变动的情况.

在此我们主要针对模型的精算现值进行讨论.所谓现值,是指未来金额对现在的贴现值,未来随机给付现值的期望,被称为其**精算现值**(Actuarial present value),简记为 APV.本部分是计算保费与准备金的基础.

本部分分四章来讨论,分别是:死亡保险、生存年金、多生命模型和多元衰减模型.

恒假定利率为常数,记为 i.记利息力为 δ,贴现率为 d,贴现因子为 v.各个量之间有下面的关系:

$$\delta = \ln(1+i), \quad d = \frac{i}{1+i}, \quad v = \frac{1}{1+i}.$$

另外,对正整数 m,记

$$i^{(m)} = m((1+i)^{1/m} - 1), \quad d^{(m)} = m(1 - v^{1/m}).$$

关于利息理论的基础知识,读者可参见本书附录一,更详细的介绍可参见参考书[5]及[19].

在本部分如无特别说明,(x) 均指某年龄为 x 岁的个体,x 为整数.

第四章 死亡保险的精算现值

§4.1 引　言

死亡保险是以人的死亡为给付条件的险种,若被保险人在保险期限内死亡,则保险人给付保险金,否则不予给付.根据保险期限的不同,可将死亡保险分为**定期死亡保险**和**终身死亡保险**.定期死亡保险又称为**定期寿险**,它是以被保险人在固定期限内死亡发生为给付条件的.终身死亡保险又称为**终身寿险**,给付的期限是终生的,被保险人不论何时死亡,保险人都负责给付保险金.此外,**延期死亡保险**是指在签单后的一段延期期间内,保险人不承担保险责任的死亡险.又可将延期死亡保险分为延期的定期寿险和延期的终身寿险两类.

生存保险,是指被保险人生存至保险期满,由保险人按保险合同的规定给付保险金的险种.若在保险期内被保险人死亡,则保险人不承担保险责任.**生死合险**,又称两全保险,是指被保险人不论于保险期限内死亡或生存至保险期满,保险人都负责给付保险金.生存保险并不属于死亡保险的范畴,但由于生存保险与死亡保险关系密切,所以我们也把它放在本章来讨论.

本章主要对一些基本险种:生存保险、定期寿险、终身寿险、生死合险、延期死亡保险等建立随机给付模型.模型大致分为下面两类:一类考虑死亡保险金在死亡的保单年度末给付,另一类考虑死亡保险金在死亡后立即给付.对所建立的模型,我们从精算现值及方差等几方面进行了讨论.

本章§4.2 讨论生存保险.§4.3 讨论定期死亡保险.§4.4 讨论终身死亡保险.§4.5 讨论生死合险.§4.6 讨论延期死亡保险.§4.7 针对每年划分 m 个区间的情况来讨论.§4.8 讨论保额变化的险种.§4.9 通过一个定理给出保险金在死亡时刻给付与保险金在死亡保单年度末给付两种精算模型精算现值之间的关系.§4.10

是实例分析.

§4.2 生存保险

在 x 岁投保的保额为 1 元的 n 年期生存保险,当被保险人生存至第 n 年末保险期满时,保险人给付 1 元生存保险金,保险合同终止.保险人给付额的现值 Z 可表示为

$$Z = v^n I_{\{T(x) \geqslant n\}}, \qquad (4.2.1)$$

其中
$$I_{\{T(x) \geqslant n\}} = \begin{cases} 1, & T(x) \geqslant n, \\ 0, & T(x) < n. \end{cases}$$

记其精算现值 $E(Z)$ 为 $A_{x:\overline{n}|}^{\ 1}$ 或 $_nE_x$. 在寿险中常使用符号 $A_{x:\overline{n}|}^{\ 1}$,在年金中常使用 $_nE_x$.

对(4.2.1)两边取数学期望,得

$$_nE_x = E(Z) = v^n E(I_{\{T(x) \geqslant n\}}) = v^n {}_n p_x. \qquad (4.2.2)$$

结论 4.2.1 $_nE_x$ 满足

$$l_x \, _nE_x = v^n l_{x+n}.$$

证明 将 $_np_x = \dfrac{l_{x+n}}{l_x}$ 代入(4.2.2),得到

$$_nE_x = v^n \frac{l_{x+n}}{l_x},$$

整理后可得

$$l_x \, _nE_x = v^n l_{x+n}.$$

结论证毕.

在确定生存模型中,现在 x 岁的个体共 l_x 个人,活到 $x+n$ 岁的有 l_{x+n} 个人. 现在如果每人缴纳 $_nE_x$ 元,缴纳的总额为 $l_x {}_nE_x$ 元,则由结论 4.2.1 知,这笔资金及其利息累计到 n 年末总计为 $(1+i)^n l_x \, _nE_x = l_{x+n}$,恰使得每一生存的个体可享有 1 元.

例 4.2.1 证明并解释:对 $n \geqslant 1$,有

$$(1+i) l_x \, _nE_x = l_{x+1} \, _{n-1}E_{x+1}.$$

证明 将等式

$$_np_x = {}_{n-1}p_{x+1} \, p_x$$

代入下式,
$$(1+i)l_x{}_nE_x = (1+i)l_x v^n{}_np_x = v^{n-1}l_x{}_np_x$$
$$= v^{n-1}l_x p_x{}_{n-1}p_{x+1}.$$

再利用 $l_x p_x = l_{x+1}$,得到
$$(1+i)l_x{}_nE_x = v^{n-1}l_{x+1}{}_{n-1}p_{x+1} = l_{x+1}{}_{n-1}E_{x+1}.$$

在确定生存群中,x 岁的 l_x 个人每人缴纳 $_nE_x$ 元,缴纳的总额为 $l_x{}_nE_x$ 元. 这笔基金按利率 i 累积,在第二年初资金的总额为 $(1+i)l_x{}_nE_x$ 元. 按照例 4.2.1 知,每个生存的个体可享有 $_{n-1}E_{x+1}$ 元. 依此类推,至第 n 年末每个生存的个体恰好可享有 1 元. 这正说明了 $_nE_x$ 的含义.

例 4.2.2 某个体在 20 岁投保的 3 年期生存保险,生存保险金为 1000 元. 共有 1000 个 20 岁的个体投保,每人一次性缴纳保费 $1000\,_3E_{20}$ 元. 已知
$$q_{20} = 0.01, \quad q_{21} = 0.02, \quad q_{22} = 0.03.$$
利率 $i = 0.025$. 计算 $_3E_{20}$,并分析保险人在这个保单组的资金变动情况. 假定群体未来死亡人数符合生命表中的分布.

解 可计算得
$$_3E_{20} = v^3{}_3p_{20} = 1.025^{-3} p_{20} p_{21} p_{22}$$
$$= 1.025^{-3}(1-q_{20})(1-q_{21})(1-q_{22})$$
$$= 1.025^{-3}(1-0.01)(1-0.02)(1-0.03)$$
$$= 0.873899334.$$

下表是保险人资金流的变化情况. 从表中的数据可以看出,在第三年末生存的个体数为 $970.2 - 29.106 = 941.094$,而资金的总额为 941094 元,这样每个生存的个体恰好可得到 1000 元.

保险期间	死亡概率	年初生存人数	死亡人数	年初资金	年末资金
1	0.01	1000	10	873899	895746
2	0.02	990	19.8	895746	918140
3	0.03	970.2	29.106	918140	941094

§4.3 定期死亡保险

定期死亡保险,是以被保险人在保险期限内死亡为保险事故,由保险人负责给付保险金的死亡险.若保险期满时被保险人仍生存,则保险人不予给付,在这一点上与生存保险正好相反.

本节讨论签单年龄为 x 岁的 n 年期死亡保险,假设保险金额为 1 元,当被保险人 (x) 在未来 n 年内死亡时,保险人负责给付 1 元死亡保险金.

4.3.1 死亡后立即给付

被保险人死亡时刻为 $T(x)$,所以保险人给付时刻亦为 $T(x)$. 保险人给付额的现值 Z 可表示成

$$Z = v^{T(x)} I_{\{T(x)<n\}}. \tag{4.3.1}$$

Z 的精算现值记为 $\overline{A}^1_{x:\overline{n}|}$.

结论 4.3.1

$$\overline{A}^1_{x:\overline{n}|} = \int_0^n v^t {}_tp_x \mu_x(t) \mathrm{d}t.$$

证明 根据 $T(x)$ 的密度函数为 ${}_tp_x\mu_x(t)$,对 (4.3.1) 式两边取期望,得

$$\overline{A}^1_{x:\overline{n}|} = E(v^{T(x)} I_{\{T(x)<n\}}) = \int_0^\infty I_{\{t<n\}} v^t {}_tp_x\mu_x(t)\mathrm{d}t$$

$$= \int_0^n v^t {}_tp_x\mu_x(t)\mathrm{d}t.$$

证毕.

记 ${}^j\overline{A}^1_{x:\overline{n}|} = \overline{A}^1_{x:\overline{n}|} @j\delta$,其中 $@j\delta$ 表示计算时采用利息力 $j\delta$.

结论 4.3.2 (4.3.1) 中 Z 的 j 阶矩

$$E(Z^j) = \int_0^n \mathrm{e}^{-\delta jt} {}_tp_x\mu_x(t)\mathrm{d}t = {}^j\overline{A}^1_{x:\overline{n}|}.$$

证明 根据式 (4.3.1),得到

$$E(Z^j) = E(v^{jT(x)} I_{\{T(x)<n\}}) = \int_0^\infty I_{\{t<n\}} \mathrm{e}^{-\delta jt} {}_tp_x \mu_x(t)\mathrm{d}t$$

$$= \int_0^n e^{-\delta jt} {}_t p_x \mu_x(t) dt = {}^j \overline{A}^1_{x:\overline{n}|}.$$

证毕.

结论 4.3.2 可表示为下面的形式：
$$E(Z^j)@\delta = E(Z)@j\delta,$$
即以利息力 δ 计算的 Z 的 j 阶距等于以利息力 $j\delta$ 计算的 Z 的精算现值.

例 4.3.1 已知个体 (x) 的未来生存时间 T 的密度为
$$f_T(t) = \begin{cases} \dfrac{1}{80}, & 0 \leqslant t \leqslant 80, \\ 0, & \text{其他}. \end{cases}$$
个体 (x) 投保 10 年期寿险，死亡保险金为 1 元，在死亡后立即给付. 利息力为 0.02. 求保险人给付额的现值 Z 的精算现值、方差和 0.90 分位点.

解 现值
$$Z = e^{-0.02 T(x)} I_{\{T(x)<10\}}.$$
因此精算现值为
$$\overline{A}^1_{x:\overline{10}|} = \int_0^{10} e^{-0.02s} \frac{1}{80} ds = 0.11329.$$
利用结论 4.3.2 计算 Z 的二阶矩，得
$${}^2\overline{A}^1_{x:\overline{10}|} = \overline{A}^1_{x:\overline{10}|}@0.04 = \int_0^{10} e^{-0.04s} \frac{1}{80} ds = 0.10302.$$
所以现值 Z 的方差为
$$\text{var}(Z) = E(Z^2) - (E(Z))^2 = {}^2\overline{A}^1_{x:\overline{10}|} - (\overline{A}^1_{x:\overline{10}|})^2 = 0.0902.$$
又对 $y > 0$，由
$$P(Z \leqslant y) = P(T \geqslant 10) + P(T < 10, e^{-0.02T} \leqslant y)$$
$$= \frac{7}{8} + P\left(\frac{\ln y}{-0.02} \leqslant T < 10\right)$$
$$= \frac{7}{8} + \frac{50\ln(y) + 10}{80} = 0.9,$$
解得 $y = 0.85214$，即 Z 的 0.90 分位点为 0.85214.

例 4.3.2 证明：对 $0 < m < n$，有

$$\overline{A}^1_{x:\overline{n}|} = \overline{A}^1_{x:\overline{m}|} + {}_mE_x \overline{A}^1_{x+m:\overline{n-m}|}.$$

证明 利用结论 4.3.1,知

$$\overline{A}^1_{x:\overline{n}|} = \int_0^n v^t {}_tp_x\mu_x(t)\mathrm{d}t = \int_0^m v^t {}_tp_x\mu_x(t)\mathrm{d}t + \int_m^n v^t {}_tp_x\mu_x(t)\mathrm{d}t$$

$$= \overline{A}^1_{x:\overline{m}|} + \int_0^{n-m} v^{t+m} {}_{t+m}p_x\mu_x(t+m)\mathrm{d}t$$

$$= \overline{A}^1_{x:\overline{m}|} + \int_0^{n-m} v^{t+m} {}_mp_x {}_tp_{x+m}\mu_{x+m}(t)\mathrm{d}t$$

$$= \overline{A}^1_{x:\overline{m}|} + v^m {}_mp_x \overline{A}^1_{x+m:\overline{n-m}|} = \overline{A}^1_{x:\overline{m}|} + {}_mE_x \overline{A}^1_{x+m:\overline{n-m}|}.$$

证毕.

个体(x)的 n 年期死亡险的给付区间可以分为前 m 年(年龄段 $[x,x+m]$)和后 $n-m$ 年(年龄段$[x+m,x+n]$)两个年龄段. 前 m 年死亡给付额的精算现值为 $\overline{A}^1_{x:\overline{m}|}$,后 $n-m$ 年死亡给付额的精算现值为 ${}_mE_x \overline{A}^1_{x+m:\overline{n-m}|}$. 从例 4.3.2 可以看出,前面两个年龄段对应的精算现值之和等于 n 年期死亡险给付额的精算现值.

4.3.2 死亡保单年度末的给付

在个体(x)死亡的保单年度末给付保险金时,给付的时刻为 $K(x)+1$. 所以保险人给付额的现值 Z 可表示为

$$Z = v^{K(x)+1}I_{\{T(x)<n\}}. \tag{4.3.2}$$

其精算现值记为 $A^1_{x:\overline{n}|}$. 注意(4.3.1)式和(4.3.2)式的区别:前者的贴现时刻是死亡时刻 $T(x)$,后者的贴现时刻是死亡的保单年度末时刻 $K(x)+1$.

结论 4.3.3 下面的公式成立:

$$A^1_{x:\overline{n}|} = \sum_{j=0}^{n-1} v^{j+1} {}_{j|}q_x.$$

证明 对(4.3.2)式取期望,得

$$A^1_{x:\overline{n}|} = E\{v^{K(x)+1}I_{\{T(x)<n\}}\} = \sum_{j=0}^{n-1} E\{v^{K(x)+1}I_{\{K(x)=j\}}\}$$

$$= \sum_{j=0}^{n-1} v^{j+1} EI_{\{K(x)=j\}} = \sum_{j=0}^{n-1} v^{j+1} {}_{j|}q_x.$$

证毕.

例 4.3.3 在 x 岁签单的两年期死亡险,已知保险金额为 1 元,在死亡保单年度末给付.保险人给付额现值为 Z,$\text{var}(Z)=0.1771$. 给定 $q_x=0.50$,$i=0$. 计算 q_{x+1}.

解 由 $i=0$ 知现值 Z 可表示为
$$Z = I_{\{T(x)<2\}} = I_{\{K(x)\leqslant 1\}},$$
Z 取值 1 和 0,且
$$P(Z=1) = P(K(x)=0) + P(K(x)=1)$$
$$= q_x + p_x q_{x+1} = 0.50 + 0.50 q_{x+1},$$
所以
$$\text{var}(Z) = P(Z=0)P(Z=1)$$
$$= (0.50+0.50q_{x+1})(1-0.50-0.50q_{x+1})$$
$$= 0.1771.$$
解得 $q_{x+1}=0.54$.

例 4.3.4 证明下面的等式:
$$A^1_{x:\overline{n}|} = vq_x + vp_x \times A^1_{x+1:\overline{n-1}|}, \tag{4.3.3}$$
$$l_x A^1_{x:\overline{n}|} = \sum_{j=0}^{n-1} v^{j+1} d_{x+j}. \tag{4.3.4}$$

证明 将等式
$$_j p_x = {}_1 p_x \times {}_{j-1} p_{x+1}, \quad j=1,2,\cdots$$
代入结论 4.3.3,得
$$A^1_{x:\overline{n}|} = \sum_{j=0}^{n-1} v^{j+1} {}_j p_x q_{x+j} = vq_x + \sum_{j=1}^{n-1} v^{j+1} {}_{j-1}p_{x+1} p_x q_{x+j}$$
$$= vq_x + vp_x \sum_{j=1}^{n-1} v^j {}_{j-1|}q_{x+1} = vq_x + vp_x \sum_{j=0}^{n-2} v^{j+1} {}_{j|}q_{x+1}$$
$$= vq_x + vp_x \times A^1_{x+1:\overline{n-1}|},$$
即得 (4.3.3) 式.

再将等式
$$_{j|}q_x = d_{x+j}/l_x$$
代入结论 4.3.3,得等式 (4.3.4). 证毕.

(4.3.4) 式的含义为:在确定生存模型中,x 岁的 l_x 个个体每

人缴纳$A^1_{x:\overline{n}|}$元,则此笔资金及其利息累积,恰能使得在 n 年内每一死亡个体在死亡的保单年度末得到 1 元死亡保险金.

有些保险产品的给付额随死亡年度的不同而不同. 下面以一个例子来说明如何处理这类问题.

例 4.3.5 在 x 岁签单的三年期寿险,下表给出了不同的保单年度的死亡概率与保险金额. 又知 $v=0.9$,死亡保险金在死亡保单年度末给付. 计算保险人给付额现值超过 1.50 的概率.

保单年度 t	保险金额	概率 q_{x+t-1}
1	1	0.2
2	2	0.25
3	3	0.4

解 保险人给付额的现值 Z 为
$$Z = vI_{\{K(x)=0\}} + 2v^2 I_{\{K(x)=1\}} + 3v^3 I_{\{K(x)=2\}},$$
由 $v=0.9$, $2v^2=1.62$, $3v^3=2.187$ 知
$$\begin{aligned}P(Z\geqslant 1.5) &= P(K(x)=1 \text{ 或 } K(x)=2)\\ &= P(K(x)=1) + P(K(x)=2)\\ &= (1-0.2)\times 0.25 + (1-0.2)\\ &\quad \times (1-0.25)\times 0.4 = 0.44.\end{aligned}$$

例 4.3.6 证明并解释
$$l_x(1+i) A^1_{x:\overline{n}|} = d_x \times (1 - A^1_{x+1:\overline{n-1}|}) + l_x A^1_{x+1:\overline{n-1}|}.$$

证明 将(4.3.3)式两边同乘以 $1+i$,得
$$\begin{aligned}(1+i) A^1_{x:\overline{n}|} &= q_x + p_x \times A^1_{x+1:\overline{n-1}|}\\ &= q_x + (1-q_x)\times A^1_{x+1:\overline{n-1}|}\\ &= q_x(1 - A^1_{x+1:\overline{n-1}|}) + A^1_{x+1:\overline{n-1}|}.\end{aligned}$$

再将
$$q_x = \frac{d_x}{l_x}$$
代入,整理得
$$l_x(1+i) A^1_{x:\overline{n}|} = d_x \times (1 - A^1_{x+1:\overline{n-1}|}) + l_x A^1_{x+1:\overline{n-1}|}.$$

上式含意为：在确定生存模型中，在 x 岁的 l_x 个人每人缴纳 $A^1_{x:\overline{n}|}$ 元，共计 $l_x A^1_{x:\overline{n}|}$ 元。这笔资金及累计的利息在次年初共计 $(1+i)l_x A^1_{x:\overline{n}|}$ 元。由例 4.3.6 知，第二年初的资金 $(1+i)l_x A^1_{x:\overline{n}|}$ 元可按如下方式来分配：

（1）x 岁的 l_x 个人每人可享有 $A^1_{x+1:\overline{n-1}|}$ 元，总计 $l_x A^1_{x+1:\overline{n-1}|}$ 元；

（2）在第一年内死亡的 d_x 个人每人可得到额外给付额为 $1 - A^1_{x+1:\overline{n-1}|}$ 元，总计 $d_x(1 - A^1_{x+1:\overline{n-1}|})$ 元。

这样，死亡的 d_x 个人每人实际得到了

$$1 - A^1_{x+1:\overline{n-1}|} + A^1_{x+1:\overline{n-1}|} = 1 \text{ 元},$$

即死亡保险金。而在第二年初 l_{x+1} 个生存的个体，每人享有金额为 $A^1_{x+1:\overline{n-1}|}$ 元，总计 $l_{x+1} A^1_{x+1:\overline{n-1}|}$ 元。

4.3.3　不同的给付时刻精算现值之间的关系

在给定利率及生命表后，便可计算精算现值 $A^1_{x:\overline{n}|}$。进一步的，在 UDD 假设下，可计算 $\overline{A}^1_{x:\overline{n}|}$。

结论 4.3.4　设在每一年龄年 UDD 假设成立，则

$$\overline{A}^1_{x:\overline{n}|} = \frac{i}{\delta} A^1_{x:\overline{n}|}.$$

证明　在 UDD 假使下，对

$$T(x) = K(x) + S(x),$$

有 $K(x)$ 与 $S(x)$ 独立，且 $S(x)$ 服从 $[0,1]$ 上的均匀分布。所以有

$$\overline{A}^1_{x:\overline{n}|} = E\{v^{T(x)} I_{\{T(x)<n\}}\} = E\{v^{K(x)+S(x)} I_{\{K(x)<n\}}\}$$

$$= E\{v^{K(x)+1} I_{\{K(x)<n\}}\} \times E v^{S(x)-1}$$

$$= A^1_{x:\overline{n}|} \int_0^1 v^{s-1} ds = \frac{i}{\delta} A^1_{x:\overline{n}|},$$

其中用到下面的等式，

$$\int_0^1 v^{s-1} ds = \int_0^1 e^{-\delta(s-1)} ds = \frac{1 - e^{-\delta}}{\delta e^{-\delta}} = \frac{e^{\delta} - 1}{\delta} = \frac{i}{\delta}.$$

证毕。

例 4.3.7 已知在每一年龄年 UDD 假设成立. 给定
$$i = 0.10, \quad q_x = 0.05, \quad q_{x+1} = 0.08,$$
计算精算现值 $\overline{A}^1_{x:\overline{2}|}$.

解 精算现值
$$A^1_{x:\overline{2}|} = vq_x + v^2 p_x q_{x+1} = \frac{0.05}{1.1} + \frac{0.95 \times 0.08}{1.1^2} = 0.1083.$$

再利用结论 4.3.4,得
$$\overline{A}^1_{x:\overline{2}|} = \frac{i}{\delta} A^1_{x:\overline{2}|} = \frac{0.10}{\ln(1.1)} \times 0.1083 = 0.114.$$

§4.4 终身死亡保险

终身死亡保险又称终身寿险,终身死亡保险与定期死亡保险的主要差别在于保险期限的不同,前者的保险期限是终身的,而后者是固定的. 在理论上终身寿险可以看作定期寿险的极限情况,在实务中,一些保险公司对于投保终身寿险的被保险人,当其生存至某一年龄,如 80 岁时,保险公司会提前给付死亡保险金,这样可以降低保险公司对此保单的支出费用.

本节假设个体在 x 岁投保终身寿险,死亡保险金为 1 元.

4.4.1 死亡后立即给付

在死亡后立即给付时,保险人给付额的现值为
$$Z = v^{T(x)}.$$
精算现值记为 $\overline{A}_x$,则有
$$\overline{A}_x = E(Z) = \int_0^\infty v^t {}_tp_x \mu_x(t) dt.$$
记
$$^j\overline{A}_x = \overline{A}_x @ j\delta,$$
即 $^j\overline{A}_x$ 表示计算时采用的利息力为 $j\delta$. 易证
$$E(Z^j) = {}^j\overline{A}_x.$$

例 4.4.1 1000 个 x 岁独立的个体投保终身寿险. 死亡保险金为 1 元,在死亡后立即给付. 死亡力为常数 $\mu = 0.04$. 死亡给付是由

某投资基金提供,投资基金的利息力 $\delta=0.06$. 计算现在所需资金的最低额度为多少时,才能满足足以支付未来死亡保险金的概率为 0.95.

解 记 1000 个个体的未来生存时间为 $T_1(x), T_2(x), \cdots, T_{1000}(x)$. 总给付额的现值为 $\sum_{j=1}^{1000} v^{T_j(x)}$. 由题条件,得

$$\overline{A}_x = \int_0^\infty v^t {}_tp_x \mu_x(t) \mathrm{d}t = \int_0^\infty \mathrm{e}^{-\delta t} \mathrm{e}^{-\mu t} \mu \mathrm{d}t = \frac{\mu}{\mu+\delta} = 0.4,$$

$$^2\overline{A}_x = \overline{A}_x @ 2\delta = \frac{\mu}{\mu+2\delta} = 0.25.$$

因此

$$\mathrm{var}(v^{T(x)}) = {}^2\overline{A}_x - (\overline{A}_x)^2 = 0.25 - 0.16 = 0.09.$$

设 u 为满足题目要求的最低资金.利用中心极限定理,知

$$P\left(\sum_{j=1}^{1000} v^{T_j(x)} \leqslant u\right)$$

$$= P\left(\frac{\sum_{j=1}^{1000} v^{T_j(x)} - 1000\overline{A}_x}{\sqrt{1000 \mathrm{var}(v^{T_1(x)})}} \leqslant \frac{u - 1000\overline{A}_x}{\sqrt{1000 \mathrm{var}(v^{T_1(x)})}}\right)$$

$$= P\left(\frac{\sum_{j=1}^{1000} v^{T_j(x)} - 1000\overline{A}_x}{\sqrt{1000 \mathrm{var}(v^{T_1(x)})}} \leqslant \frac{u - 400}{\sqrt{90}}\right)$$

$$\approx \Phi\left(\frac{u - 400}{\sqrt{90}}\right).$$

利用正态分布 0.95 分位点为 1.645,知

$$\frac{u - 400}{\sqrt{90}} \approx 1.645,$$

得

$$u \approx 415.61 \text{ 元}.$$

例 4.4.2 证明:

$$\frac{\mathrm{d}\overline{A}_x}{\mathrm{d}x} = \delta \overline{A}_x + \mu(x)(\overline{A}_x - 1).$$

证明 由 $\overline{A}_x$ 定义,有

$$\overline{A}_x = \int_0^\infty v^t {}_tp_x \mu_x(t) dt = \int_0^\infty v^t e^{-\int_x^{x+t} \mu(s)ds} \mu(x+t) dt$$

$$= -\int_0^\infty v^t d(e^{-\int_x^{x+t} \mu(s)ds})$$

$$= -v^t e^{-\int_x^{x+t} \mu(s)ds} \Big|_0^\infty - \delta \int_0^\infty v^t e^{-\int_x^{x+t} \mu(s)ds} dt$$

$$= 1 - \delta \int_0^\infty v^t e^{-\int_x^{x+t} \mu(s)ds} dt, \quad (4.4.1)$$

对 x 求导,得到

$$\frac{d\overline{A}_x}{dx} = -\delta \int_0^\infty v^t e^{-\int_x^{x+t} \mu(s)ds} (\mu(x) - \mu(x+t)) dt$$

$$= -\delta \mu(x) \int_0^\infty v^t e^{-\int_x^{x+t} \mu(s)ds} dt$$

$$+ \delta \int_0^\infty v^t e^{-\int_x^{x+t} \mu(s)ds} \mu(x+t) dt$$

$$= \mu(x) \left(1 - \delta \int_0^\infty v^t e^{-\int_x^{x+t} \mu(s)ds} dt \right) - \mu(x) + \delta \overline{A}_x.$$

再利用(4.4.1)式,得

$$\frac{d\overline{A}_x}{dx} = \mu(x)\overline{A}_x - \mu(x) + \delta \overline{A}_x = \delta \overline{A}_x + \mu(x)(\overline{A}_x - 1).$$

4.4.2 死亡保单年度末给付

保险金于死亡的保单年度末给付时,保险人给付额的现值 Z 为

$$Z = v^{K(x)+1}.$$

精算现值记为 A_x,则有

结论 4.4.1 下面等式成立:

$$A_x = \sum_{j=0}^\infty v^{j+1} {}_{j|}q_x.$$

证明 对结论 4.3.3,令 $n \to \infty$ 即得.

结论 4.4.2 下面的等式成立:

$$l_x A_x = \sum_{j=0}^\infty v^{j+1} d_{x+j}, \quad A_x = vq_x + vp_x A_{x+1},$$

$$l_x(1+i)A_x = l_x A_{x+1} + d_x \times (1 - A_{x+1}).$$

证明 对(4.3.4),(4.3.3)及例 4.3.6,令 $n\to\infty$ 即得。

例 4.4.3 证明并解释:
$$(1+i)A_x = A_{x+1} + q_x \times (1 - A_{x+1}) = q_x + p_x A_{x+1}.$$

证明 参见例 4.3.6。

例 4.4.4 给定
$$A_{76} = 0.800, \quad vp_{76} = 0.9, \quad i = 0.03,$$
计算 A_{77}。

解 利用 $i=0.03$, $vp_{76}=0.9$, 可计算得
$$p_{76} = 0.9 \times 1.03 = 0.927,$$
所以
$$q_{76} = 1 - p_{76} = 0.073,$$
代入下式,
$$A_{76} = vq_{76} + vp_{76} \times A_{77},$$
得到 $A_{77} = 0.810$。

结论 4.4.3 已知在每一年龄年 UDD 假设成立,则有
$$\overline{A}_x = \frac{i}{\delta} A_x.$$

证明 对结论 4.3.4, 令 $n\to\infty$ 即得。

例 4.4.5 已知在每一年龄年 UDD 假设成立。利率 $i=0.05$, $q_{35}=0.01$, $\overline{A}_{36}=0.185$。计算 A_{35}。

解 利用 UDD 假设,知
$$A_{36} = \frac{\delta}{i} \overline{A}_{36} = \frac{\ln(1.05)}{0.05} \times 0.185 = 0.1805.$$
再利用公式
$$A_{35} = A^1_{35:\overline{1}|} + vp_{35} A_{36},$$
可计算得
$$A_{35} = \frac{0.01}{1.05} + \frac{(1-0.01) \times 0.1805}{1.05} = 0.1797.$$

§4.5 生死合险

生死合险又叫两全保险,当被保险人在保险期内死亡时保险人

负责给付死亡保险金,当被保险人生存至保险期满时保险人负责给付生存保险金。死亡保险金与生存保险金可以相同,也可以不同。

本节讨论在 x 岁签单的 n 年期两全保险,若个体(x)在 n 年期内死亡则保险人负责给付 1 元死亡保险金,否则保险人在 n 年末给付 1 元生存保险金。针对死亡保险金的给付时刻,我们分在死亡后立即给付和在死亡的保单年度末给付两种情况来讨论。

4.5.1 死亡后立即给付

对于个体(x)的 n 年期生死合险,保险人给付时刻等于死亡时刻 $T(x)$ 与保险期限 n 的最小值。记 $T(x) \wedge n = \min\{T(x), n\}$,则保险人给付额的现值 Z 可表示为

$$Z = v^{T(x) \wedge n}. \tag{4.5.1}$$

精算现值记为 $\overline{A}_{x:\overline{n}|}$。记

$$^{j}\overline{A}_{x:\overline{n}|} = \overline{A}_{x:\overline{n}|} @ j\delta.$$

结论 4.5.1 有下式成立:

$$\overline{A}_{x:\overline{n}|} = A_{x:\overline{n}|}^{\ 1} + \overline{A}_{x:\overline{n}|}^{1}.$$

证明 对式(4.5.1)取期望,得到

$$\begin{aligned}\overline{A}_{x:\overline{n}|} &= E(v^{T(x) \wedge n}) = E(v^n I_{\{T(x) \geqslant n\}}) + E(v^{T(x)} I_{\{T(x) < n\}}) \\ &= A_{x:\overline{n}|}^{\ 1} + \overline{A}_{x:\overline{n}|}^{1}. \end{aligned} \tag{4.5.2}$$

证毕。

结论 4.5.2 对整数 $0 < m < n$,有

$$\overline{A}_{x:\overline{n}|} = \overline{A}_{x:\overline{m}|}^{1} + {}_{m}E_x \times \overline{A}_{x+m:\overline{n-m}|}.$$

证明 根据结论 4.5.1,有

$$\begin{aligned}\overline{A}_{x:\overline{n}|} &= \int_0^n v^t{}_tp_x\mu_x(t)\mathrm{d}t + v^n{}_np_x \\ &= \int_0^m v^t{}_tp_x\mu_x(t)\mathrm{d}t + \int_m^n v^t{}_tp_x\mu_x(t)\mathrm{d}t + v^m v^{n-m}{}_mp_x{}_{n-m}p_{x+m} \\ &= \overline{A}_{x:\overline{m}|}^{1} + {}_mE_x\int_0^{n-m} v^t{}_tp_{x+m}\mu_{x+m}(t)\mathrm{d}t + {}_mE_x A_{x+m:\overline{n-m}|}^{\ \ 1} \\ &= \overline{A}_{x:\overline{m}|}^{1} + {}_mE_x(\overline{A}_{x+m:\overline{n-m}|}^{1} + A_{x+m:\overline{n-m}|}^{\ \ 1})\end{aligned}$$

$$= \overline{A}^1_{x:\overline{m}|} + {}_mE_x \overline{A}_{x+m:\overline{n-m}|}.$$

结论证毕.

又,分别记(x)的 n 年期死亡保险和 n 年期生存保险的现值为 Z_1 和 Z_2,即

$$Z_1 = v^{T(x)} I_{\{T(x)<n\}}, \quad Z_2 = v^n I_{\{T(x)\geqslant n\}}. \quad (4.5.3)$$

则生死合险的现值为

$$Z = Z_1 + Z_2.$$

两边取期望,得到

$$\overline{A}_{x:\overline{n}|} = E(Z_1) + E(Z_2) = \overline{A}^1_{x:\overline{n}|} + A_{x:\overline{n}|}^{\ 1}.$$

下面我们证明一个结论,从这个结论可以看出生死合险不仅仅是生存保险和定期死亡保险的简单组合,对保险人来说它还起到降低保险风险的作用.

结论 4.5.3 生死合险、生存保险和死亡保险三者之间有

$$\operatorname{var}(Z) = \operatorname{var}(Z_1) + \operatorname{var}(Z_2) - 2 \overline{A}^1_{x:\overline{n}|} A_{x:\overline{n}|}^{\ 1}.$$

证明 根据(4.5.3),知 $Z_1 \times Z_2 = 0$,所以

$$\begin{aligned}
\operatorname{var}(Z) &= \operatorname{var}(Z_1 + Z_2) \\
&= \operatorname{var}(Z_1) + \operatorname{var}(Z_2) + 2\operatorname{cov}(Z_1, Z_2) \\
&= \operatorname{var}(Z_1) + \operatorname{var}(Z_2) + 2\{E(Z_1 \times Z_2) - E(Z_1) \times E(Z_2)\} \\
&= \operatorname{var}(Z_1) + \operatorname{var}(Z_2) - 2 \overline{A}^1_{x:\overline{n}|} A_{x:\overline{n}|}^{\ 1}.
\end{aligned}$$

证毕.

由结论 4.5.3 知

$$\operatorname{var}(Z) < \operatorname{var}(Z_1) + \operatorname{var}(Z_2),$$

即生死合险的方差小于其对应的死亡保险和生存保险的方差的和.从这一点来看,个体(x)的生死合险可起到降低保险人风险的作用.由此,保险人在设计保险产品时可以采用死亡保险与生存保险的组合方式来降低自身的风险.

下面介绍一个保险金额随保单年度变化的例子.

例 4.5.1 某在 60 岁签单的特殊的 3 年期生死合险,在第一保单年度死亡保险金为 100 元,后两年死亡保险金为 200 元,生存保险金为 200 元.死亡保险金在死亡后立即给付.已知个体来自死亡力遵

从 de Moivre 法则的群体,参数 $w=70$,利率 $i=0$. 计算保险人给付额现值的方差.

解 由第一章的结论,知 $T(60)$ 服从 $[0,10]$ 上的均匀分布. 由于 $i=0$,所以保险人给付额的现值 Z 为

$$Z = 100 I_{\{K(60)=0\}} + 200 I_{\{K(60)\geqslant 1\}}.$$

现值的期望为

$$E(Z) = E(Z_1) + E(Z_2) = 100 P(K(60)=0) + 200 P(K(60)\geqslant 1)$$
$$= 100 \frac{1}{10} + 200 \frac{9}{10} = 190,$$

且

$$E(Z^2) = E(100 I_{\{K(60)=0\}} + 200 I_{\{K(60)\geqslant 1\}})^2$$
$$= 100^2 E(I_{\{K(60)=0\}}) + 200^2 E(I_{\{K(60)\geqslant 1\}})$$
$$= 100^2 P(K(60)=0) + 200^2 P(K(60)\geqslant 1)$$
$$= 100^2 \frac{1}{10} + 200^2 \frac{9}{10} = 37000.$$

现值 Z 的方差为

$$\mathrm{var}(Z) = E(Z^2) - (E(Z))^2 = 37000 - 190^2 = 900.$$

4.5.2 死亡保单年度末给付

若个体 (x) 死亡,保险人在个体 (x) 的死亡保单年度末给付保险金,给付的时刻为 $(K(x)+1) \wedge n = \min\{K(x)+1, n\}$. 所以保险人给付额的现值 Z 可表示为

$$Z = v^{(K(x)+1) \wedge n},$$

精算现值记为 $A_{x:\overline{n}|}$,则有

$$A_{x:\overline{n}|} = \sum_{j=0}^{n-1} v^{j+1} {}_{j|}q_x + v^n {}_n p_x = A^1_{x:\overline{n}|} + A_{x:\frac{1}{n}|}.$$

记 ${}^j A_{x:\overline{n}|} = A_{x:\overline{n}|} @ j\delta$,易证

$${}^j A_{x:\overline{n}|} = E(Z^j).$$

结论 4.5.4 对正整数 $m < n$,有

$$A_{x:\overline{n}|} = A^1_{x:\overline{m}|} + {}_m E_x \times A_{x+m:\overline{n-m}|}.$$

证明 参见结论 4.5.2 的证明.

例 4.5.2 已知 $A_x = 0.25$, $A_{x+20} = 0.40$, $A_{x:\overline{20|}} = 0.3$. 计算 $A^1_{x:\overline{20|}}$ 和 $A_{x:\overline{20|}}^{\ \ 1}$.

解 由

$$A_x = A^1_{x:\overline{20|}} + A_{x:\overline{20|}}^{\ \ 1} A_{x+20} = A^1_{x:\overline{20|}} + A_{x:\overline{20|}}^{\ \ 1} 0.40 = 0.25$$

及

$$A_{x:\overline{20|}} = A^1_{x:\overline{20|}} + A_{x:\overline{20|}}^{\ \ 1} = 0.3,$$

可解得

$$A^1_{x:\overline{20|}} = \frac{13}{60}, \quad A_{x:\overline{20|}}^{\ \ 1} = \frac{1}{12}.$$

例 4.5.3 解释等式

$$(1+i) A_{x:\overline{n|}} = q_x(1 - A_{x+1:\overline{n-1|}}) + A_{x+1:\overline{n-1|}}.$$

解 下面对等式的含义加以解释.

在确定生存群中, x 岁的个体缴纳 $A_{x:\overline{n|}}$ 元, 则在一年末资金总额为 $(1+i) A_{x:\overline{n|}}$ 元. 在一年末不论个体是否生存, 都可享有其中的 $A_{x+1:\overline{n-1|}}$ 元. 而若个体在一年内死亡, 则可在年末得到额外的给付额 $1 - A_{x+1:\overline{n-1|}}$ 元. 个体 (x) 在一年内死亡的概率为 q_x, 所以死亡的额外给付额的期望为 $q_x(1 - A_{x+1:\overline{n-1|}})$. 因此, 个体 (x) 在这一年末所得到总给付额的期望为

$$q_x(1 - A_{x+1:\overline{n-1|}}) + A_{x+1:\overline{n-1|}}.$$

上式正好等于年末的资金额 $(1+i) A_{x:\overline{n|}}$ 元.

例 4.5.4 个体 (60) 的五年期生死合险, 保额为 1000 元, 死亡给付在死亡的保单年度末进行. 记保险人给付额的现值为 Z. 已知

$$A_{60:\overline{5|}} = 0.7896, \quad {}^2A_{65} = 0.2836,$$
$$ {}^2A_{60} = 0.2196, \quad {}^2A_{60:\overline{5|}}^{\ \ 1} = 0.5649.$$

计算 $\mathrm{var}(Z)$.

解 由

$${}^2A_{60} = {}^2A^1_{60:\overline{5|}} + {}^2A_{60:\overline{5|}}^{\ \ 1} {}^2A_{65}$$

可计算得

$${}^2A^1_{60:\overline{5|}} = {}^2A_{60} - {}^2A_{60:\overline{5|}}^{\ \ 1} {}^2A_{65}$$
$$= 0.2196 - 0.5649 \times 0.2836 = 0.0594.$$

又

$$^2A_{60:\overline{5}|} = {}^2A^1_{60:\overline{5}|} + {}^2A_{60:\overline{5}|}^{1} = 0.0594 + 0.5649 = 0.6243,$$

从而

$$\mathrm{var}(Z) = 1000^2({}^2A_{60:\overline{5}|} - (A_{60:\overline{5}|})^2)$$
$$= 1000^2(0.6243 - 0.7896^2) = 831.84.$$

4.5.3 不同死亡给付时刻的精算现值之间的关系

在 UDD 假设下，$\overline{A}^1_{x:\overline{n}|}$ 及 $\overline{A}_x$ 的值可以通过计算对应的 $A^1_{x:\overline{n}|}$ 及 A_x 的值再乘以因子 $\dfrac{i}{\delta}$ 得到.

对于生死合险，有下面的公式.

结论 4.5.5 在每一年龄年 UDD 假设下，有

$$\overline{A}_{x:\overline{n}|} = \frac{i-\delta}{\delta} A^1_{x:\overline{n}|} + A_{x:\overline{n}|}.$$

证明 在 UDD 假设下，有

$$\overline{A}^1_{x:\overline{n}|} = \frac{i}{\delta} A^1_{x:\overline{n}|},$$

因此

$$\overline{A}_{x:\overline{n}|} = \overline{A}^1_{x:\overline{n}|} + A_{x:\overline{n}|}^{1} = \frac{i}{\delta} A^1_{x:\overline{n}|} + A_{x:\overline{n}|} - A^1_{x:\overline{n}|}$$
$$= \frac{i-\delta}{\delta} A^1_{x:\overline{n}|} + A_{x:\overline{n}|}.$$

证毕.

§4.6 延期死亡保险

本节对延期死亡保险进行讨论. 个体 (x) 延期 m 年的终身死亡保险，是指若被保险人 (x) 在签单后的 m 年内死亡，则保险人不承担给付责任. 而当个体 (x) 在签单 m 年后死亡时，保险人负责给付死亡保险金. 我们假设保险金为 1 元.

4.6.1 死亡后立即给付

在死亡后立即给付保险金时，保险人给付额的现值为

§4.6 延期死亡保险

$$Z = v^{T(x)}I_{\{T(x)\geqslant m\}}.$$

精算现值记为 $_{m|}\overline{A}_x$,则

$$_{m|}\overline{A}_x = E(v^{T(x)}I_{\{T(x)\geqslant m\}}) = \int_m^\infty v^t{}_tp_x\mu_x(t)\mathrm{d}t. \tag{4.6.1}$$

结论 4.6.1

$$_{m|}\overline{A}_x = {}_mE_x\,\overline{A}_{x+m}.$$

证明 根据公式(4.6.1),有

$$_{m|}\overline{A}_x = \int_m^\infty v^t{}_tp_x\mu_x(t)\mathrm{d}t = \int_0^\infty v^{m+t}{}_{m+t}p_x\mu_x(m+t)\mathrm{d}t$$

$$= v^m\int_0^\infty v^t{}_mp_x{}_tp_{x+m}\mu_{x+m}(t)\mathrm{d}t = v^m{}_mp_x\,\overline{A}_{x+m} = {}_mE_x\,\overline{A}_{x+m}.$$

证毕.

例 4.6.1 在 x 岁签单的延期 5 年的终身寿险,保险金额为 1 元,在死亡后立即给付. 个体的死亡力为 $\mu=0.10$,利息力 $\delta=0.10$. 计算保险人给付额现值的期望和方差.

解 保险人给付额的现值

$$Z = v^{T(x)}I_{\{T(x)\geqslant 5\}}.$$

因此,精算现值

$$_{5|}\overline{A}_x = \int_5^\infty e^{-\delta t}e^{-\mu t}\mu\mathrm{d}t = \frac{\mu e^{-5(\mu+\delta)}}{\mu+\delta} = 0.18394,$$

二阶矩

$$^2_{5|}\overline{A}_x = \int_5^\infty e^{-2\delta t}e^{-\mu t}\mu\mathrm{d}t = \frac{\mu e^{-5(\mu+2\delta)}}{\mu+2\delta} = 0.074377.$$

所以现值 Z 的方差

$$\mathrm{var}(Z) = {}^2_{5|}\overline{A}_x - ({}_{5|}\overline{A}_x)^2 = 0.0405.$$

4.6.2 死亡的保单年度末给付

保险人给付额的现值可以表示为

$$Z = v^{K(x)+1}I_{\{T(x)\geqslant m\}}.$$

精算现值记为 $_{m|}A_x$,则

$$_{m|}A_x = E(v^{K(x)+1}I_{\{T(x)\geqslant m\}}) = \sum_{j=m}^{\infty} v^{j+1}{}_{j|}q_x.$$

结论 4.6.2 下面的公式成立:
$$_{m|}A_x = {}_mE_x A_{x+m}.$$

证明 略.

例 4.6.2 证明: $A_x = A^1_{x:\overline{m}|} + {}_{m|}A_x$.

证明 由精算现值的定义,知
$$A_x = E(v^{K(x)+1}) = E(v^{K(x)+1}I_{\{K(x)\geqslant m\}}) + E(v^{K(x)+1}I_{\{K(x)<m\}})$$
$$= {}_{m|}A_x + A^1_{x:\overline{m}|}.$$

证毕.

个体(x)的保额为 1 元的延期 m 年的 n 年期寿险,保险人给付额的精算现值记为 ${}_{m|n}A_x$. 则易证明
$$_{m|n}A_x = A^1_{x:\overline{n+m}|} - A^1_{x:\overline{m}|}.$$

§4.7 每年划分为 m 个区间的情况

下面考虑将每年划分为 m 个等间隔的区间的情况. 如,每年按月划分, $m=12$;每年按季划分, $m=4$.

对于个体(x), $S(x)$ 为未来生存时间 $T(x)$ 的小数部分,令 $J(x)$ 为 $mS(x)$ 的整数部分,则有
$$K(x) + \frac{J(x)}{m} \leqslant T(x) < K(x) + \frac{J(x)+1}{m}.$$

就是说,个体(x)在第 $K(x)+1$ 个保单年度的第 $J(x)+1$ 个区间内死亡.

定理 4.7.1 已知在每一年龄年 UDD 假设成立,则对 $j=0,1,2,\cdots,m-1$,有
$$P(J(x) = j) = 1/m,$$
且 $J(x)$ 与 $K(x)$ 独立.

证明 由 $S(x)$ 服从 $[0,1]$ 上的均匀分布,知对 $0\leqslant j\leqslant m-1$,有
$$P(J(x) = j) = P(j \leqslant mS(x) < j+1)$$

$$= P\left(\frac{j}{m} \leqslant S(x) < \frac{j+1}{m}\right) = \frac{1}{m}.$$

由 $S(x)$ 与 $K(x)$ 的独立性可得 $J(x)$ 与 $K(x)$ 独立. 证毕.

定理 4.7.1 是下面所讨论问题的理论基础.

在 x 岁签单的死亡险,假设在死亡的区间末给付 1 元死亡保险金,保险人给付额的现值为 $v^{K(x)+(J(x)+1)/m}$. 对应的精算现值记为 $A_x^{(m)}$,则有

结论 4.7.2 下面的公式成立:

$$A_x^{(m)} = \sum_{j=0}^{\infty} \sum_{l=0}^{m-1} v^{j+\frac{l+1}{m}} {}_{j+l/m|1/m}q_x.$$

证明 略.

结论 4.7.3 设在每一年龄年 UDD 假设成立,则

$$A_x^{(m)} = \frac{i}{i^{(m)}} A_x.$$

证明 利用定理 4.7.1 的结果,$K(x)$ 与 $J(x)$ 相互独立,故

$$A_x^{(m)} = Ev^{K(x)+(J(x)+1)/m} = Ev^{K(x)+1} Ev^{(J(x)+1)/m-1}$$

$$= A_x \sum_{j=0}^{m-1} \frac{v^{\frac{j+1}{m}-1}}{m} = \frac{v^{1/m-1}(1-v)}{m(1-v^{1/m})} A_x = \frac{i}{i^{(m)}} A_x.$$

证毕.

注 令 $m \to \infty$,$A_x^{(m)}$ 便趋于连续的情况,即 $A_x^{(m)} \to \overline{A}_x$.

§4.8 变额人寿保险

下面对保险金额变化的险种进行讨论. 主要的险种有:标准年递增终身寿险,标准年递减 n 年期寿险,连续递增终身寿险,年递增 m 次终身寿险. 这些险种的特点是,不同的死亡年度保险人给付不同的保险金. 针对如上险种,我们建立保险人的保险金给付模型,并给出精算现值的计算公式. 本节中有些定理及结论的证明略.

4.8.1 随机模型

保险金额因死亡时间的不同而变化的死亡保险,称为**变额保险**.

按给付的时间可分为三类:

(1) 在死亡后立即给付;

(2) 在死亡年度末给付;

(3) 每年分为 m 个区间,在死亡的区间末给付.

令 b_t 表示个体在时刻 t 得到的死亡保险金的额度. 前面三种情况下死亡给付额的现值分别为

1) $b_{T(x)}v^{T(x)}$;

2) $b_{K(x)+1}v^{K(x)+1}$;

3) $b_{K(x)+(J(x)+1)/m}v^{K(x)+(J(x)+1)/m}$.

定理 4.8.1 (1),(2),(3) 类变额保险对应的精算现值分别为

1) $\int_0^\infty b_t v^t {}_tp_x \mu_x(t) \mathrm{d}t$;

2) $\sum_{j=0}^\infty b_{j+1} v^{j+1} {}_{j|}q_x$;

3) $\sum_{j=0}^\infty \sum_{l=0}^{m-1} b_{j+(l+1)/m} v^{j+(l+1)/m} {}_{j+l/m|1/m}q_x$.

下面对标准年递增终身寿险、标准年递减 n 年期寿险、连续递增终身寿险、年递增 m 次终身寿险分别来讨论.

4.8.2 标准年递增终身寿险

个体 (x) 的标准年递增终身寿险,是指若被保险人 (x) 在投保后的第一年内死亡,则保险人给付 1 元死亡保险金,若在投保后的第二年内死亡保险人给付两元保险金,依此递增. 死亡后立即给付和在死亡的保单年度末给付,对应的保险人给付额的精算现值分别记为 $(I\bar{A})_x$ 和 $(IA)_x$,则有

结论 4.8.2 下面的公式成立:

$$(I\bar{A})_x = \sum_{j=0}^\infty (j+1) \int_j^{j+1} v^t {}_tp_x \mu_x(t) \mathrm{d}t,$$

$$(IA)_x = \sum_{j=0}^\infty (j+1) v^{j+1} {}_{j|}q_x.$$

4.8.3 标准年递减 n 年期寿险

个体 (x) 的标准年递减 n 年期寿险,是指若被保险人 (x) 在投保后的第一年内死亡则保险人给付 n 元,若 (x) 在投保后的第二年内死亡则保险人给付 $n-1$ 元,依次类推. 在 (x) 死亡后立即给付和在 (x) 死亡年度末给付,对应的保险人给付额的精算现值记为 $(D\overline{A})^1_{x:\overline{n}|}$ 及 $(DA)^1_{x:\overline{n}|}$,则有

结论 4.8.3 下面的公式成立:
$$(D\overline{A})^1_{x:\overline{n}|} = \sum_{j=0}^{n-1} (n-j) \int_j^{j+1} v^t{}_tp_x\mu_x(t)\mathrm{d}t,$$
$$(DA)^1_{x:\overline{n}|} = \sum_{j=0}^{n-1} (n-j) v^{j+1}{}_{j|}q_x.$$

4.8.4 连续递增终身寿险

个体 (x) 的连续递增终身寿险,是指若被保险人 (x) 在投保后的某一时刻死亡,如 t 时刻,则保险人立即给付 t 元保险金. 精算现值记为 $(\overline{I}\overline{A})_x$,则有
$$(\overline{I}\overline{A})_x = \int_0^\infty tv^t{}_tp_x\mu_x(t)\mathrm{d}t.$$

结论 4.8.4 $(\overline{I}\overline{A})_x$ 与 ${}_{s|}\overline{A}_x$ 有如下关系:
$$(\overline{I}\overline{A})_x = \int_0^\infty {}_{s|}\overline{A}_x \mathrm{d}s.$$

证明 由 $(\overline{I}\overline{A})_x$ 的定义,知
$$(\overline{I}\overline{A})_x = \int_0^\infty tv^t{}_tp_x\mu_x(t)\mathrm{d}t = \int_0^\infty \left(\int_0^t 1\mathrm{d}s\right) v^t{}_tp_x\mu_x(t)\mathrm{d}t$$
$$= \int_0^\infty \int_0^\infty v^t{}_tp_x\mu_x(t) I_{\{s\leqslant t\}}\mathrm{d}t\mathrm{d}s$$
$$= \int_0^\infty \int_s^\infty v^t{}_tp_x\mu_x(t)\mathrm{d}t\mathrm{d}s = \int_0^\infty {}_{s|}\overline{A}_x\mathrm{d}s.$$

4.8.5 年递增 m 次终身寿险

个体 (x) 的年递增 m 次终身寿险,是指个体 (x) 若在投保的第一

年的第一个 $1/m$ 区间内死亡,则保险人给付 $1/m$ 元保险金,若在第二个 $1/m$ 区间内死亡保险人给付 $2/m$ 元保险金,依次递推. 若死亡保险金在死亡后立即给付,则保险人给付额的现值可表示为

$$\left(K(x) + \frac{J(x)+1}{m}\right)v^{T(x)}.$$

其精算现值记为 $(I^{(m)}\overline{A})_x$.

4.8.6 相互关系

前面介绍的几种变额保险中,保险人给付额的精算现值间存在一定的关系. 本节对其作一归纳.

结论 4.8.5 下面的公式成立:

$$(DA)^1_{x:\overline{n}|} = nvq_x + vp_x(DA)^1_{x+1:\overline{n-1}|}, \quad (4.8.1)$$

$$(DA)^1_{x:\overline{n}|} = \sum_{j=0}^{n-1} A^1_{x:\overline{n-j}|}, \quad (4.8.2)$$

$$(DA)^1_{x:\overline{n}|} = \sum_{j=0}^{n-1} (n-j)_{j|1}A_x, \quad (4.8.3)$$

$$(IA)_x = vq_x + vp_x(A_{x+1} + (IA)_{x+1}). \quad (4.8.4)$$

我们通过各险种的具体特点来解释上面各式. 具体证明略.

(4.8.1)式的解释:个体 (x) 的 n 年期标准年递减死亡险可分为两个给付区间,即第一年及接下来的 $n-1$ 年:

(1) 在第一年保险人给付额的精算现值为 nvq_x.

(2) 保险人在接下来的 $n-1$ 年的给付,实际上是对 $x+1$ 岁个体的标准年递减 $n-1$ 年期死亡保险的给付,其对应的精算现值为 $(DA)^1_{x+1:\overline{n-1}|}$. 再由个体生存至 $x+1$ 岁的概率为 p_x,即可知在签单时刻该保险人在接下来的 $n-1$ 年的给付额的精算现值为

$$vp_x(DA)^1_{x+1:\overline{n-1}|}.$$

将(1),(2)两部分的值加在一起,有

$$nvq_x + vp_x(DA)^1_{x+1:\overline{n-1}|},$$

即(4.8.1)式成立.

(4.8.2)式的解释: $A^1_{x:\overline{n-j}|}$ 表示的是个体 (x) 单位保额的 $n-j$

年期死亡险保险人给付额的精算现值. 现在考虑对于不同 j 的死亡险的组合 $\sum_{j=0}^{n-1} A^1_{x:\overline{n-j|}}$ 所对应的险种. 此险种是一种 n 年期的死亡险, 若个体在第 k 个保单年度内死亡, $k \leq n$, 则承担给付保险金的有 $A^1_{x:\overline{j|}}, j=k, k+1, \cdots, n$, 总给付额为 $n-k+1$ 元. 这种给付即是标准年递减 n 年期死亡险所提供的给付. 利用精算现值相等, 得

$$(DA)^1_{x:\overline{n|}} = \sum_{j=0}^{n-1} A^1_{x:\overline{n-j|}},$$

即(4.8.2)式成立.

(4.8.3)式的解释: (x) 的标准年递减 n 年期寿险可以表示为一年期定期寿险的组合: 第一年的保险金额为 n 元, 第二年的保险金额为 $n-1$ 元, 依次类推, 第 n 年的保险金额为 1 元. 对应的精算现值分别为 $(n-j)_{j|1}A_x, j=0,1,\cdots,n-1$. 因此有

$$(DA)^1_{x:\overline{n|}} = \sum_{j=0}^{n-1} (n-j)_{j|1}A_x,$$

即(4.8.3)式成立.

(4.8.4)也有类似地解释.

例 4.8.1 已知 $A_{35:\overline{1|}} = 0.9434$, $A_{35} = 0.13$, $p_{35} = 0.9964$, $(IA)_{35} = 3.7100$. 计算 $(IA)_{36}$.

解 根据已知条件, 有

$$v = A_{35:\overline{1|}} = 0.9434.$$

再利用

$(IA)_{35} = A_{35} + vp_{35}(IA)_{36} = 0.13 + 0.9434 \times 0.9964 \times (IA)_{36} = 3.71,$

解得

$$(IA)_{36} = 3.808.$$

例 4.8.2 在每一年龄年 UDD 假设下, 有

$$\frac{(I\overline{A})_x - (I\,\overline{A})_x}{A_x} = \frac{1}{d} - \frac{1}{\delta}.$$

证明 利用 $K(x)$ 与 $S(x)$ 独立, 且 $S(x)$ 服从 $[0,1]$ 上的均匀分布, 可得

$$(I\overline{A})_x - (I\,\overline{A})_x = E[(K+1)v^T] - E[Tv^T]$$

$$= E[(K+1-T)v^T] = E[(1-S)v^{K+S}]$$
$$= E[(1-S)v^{S-1}]E(v^{K+1}) = A_x \int_0^1 (1-s)v^{s-1}ds$$
$$= (1+i)\left(\frac{1}{\delta} - \frac{d}{\delta^2}\right)\frac{\delta}{i}\overline{A}_x = \left(\frac{1}{d} - \frac{1}{\delta}\right)\overline{A}_x,$$

即
$$\frac{(I\overline{A})_x - (I\,\overline{A})_x}{\overline{A}_x} = \frac{1}{d} - \frac{1}{\delta}.$$

§4.9 一个重要的定理

下面讨论对于一般死亡险,在死亡时刻给付保险金(给付额用 b_t 来表示)与在死亡保单年度末给付保险金(给付额用 b_t^* 来表示)两种情况下保险人给付额精算现值之间的关系.

定理 4.9.1 已知在每一年龄年 UDD 假设成立. 对个体 (x),已知 $b_T = b_{K+1}^*$,则有
$$E(b_{T(x)}v^{T(x)}) = E(b_{K(x)+1}^* v^{K(x)+1})\frac{i}{\delta}.$$

证明 利用 $S(x)$ 与 $K(x)$ 独立,且 $S(x)$ 服从 $[0,1]$ 上的均匀分布,有
$$E(b_{T(x)}v^{T(x)}) = E(b_{T(x)}v^{K(x)+S(x)}) = E(b_{T(x)}v^{K(x)+1+S(x)-1})$$
$$= E(b_{T(x)}v^{K(x)+1})Ev^{S(x)-1} = E(b_{K(x)+1}^* v^{K(x)+1})\frac{i}{\delta}.$$

定理 4.9.1 说明:对于保险期限相同的两种死亡险,对于在死亡后立即给付和在死亡的保单年度末给付,在这两种情况下保险人给付相同的保险金,则对于这两种死亡险,保险人给付额的精算现值的比值等于利率与利息力的比.

注意 定理 4.9.1 只适用于死亡保险.

由定理 4.9.1 可以得到下面的结论:

结论 4.9.2 在每一年龄年 UDD 假设下,有
$$\overline{A}_{x:\overline{n}|}^1 = \frac{i}{\delta}A_{x:\overline{n}|}^1, \quad \overline{A}_x = \frac{i}{\delta}A_x, \quad {}_{m|n}\overline{A}_x = \frac{i}{\delta}{}_{m|n}A_x;$$
$$(I\overline{A})_{x:\overline{n}|}^1 = \frac{i}{\delta}(IA)_{x:\overline{n}|}^1, \quad (D\overline{A})_{x:\overline{n}|}^1 = \frac{i}{\delta}(DA)_{x:\overline{n}|}^1.$$

$(\bar{I}\bar{A})_x$ 和 $(IA)_x$ 不满足定理 4.9.1 的条件,所以不能直接应用该定理给出的结果. 下面给出这两者之间的关系.

例 4.9.1 设每一年龄年 UDD 假设成立,证明

$$(\bar{I}\bar{A})_x = \frac{i}{\delta}\left\{(IA)_x - \left(\frac{1}{d} - \frac{1}{\delta}\right)A_x\right\}.$$

证明 根据 UDD 假设,有

$$\begin{aligned}
(\bar{I}\bar{A})_x &= E\{(K+S)v^{K+S}\} \\
&= E\{(K+1)v^{K+S}\} - E\{(1-S)v^{K+1}v^{S-1}\} \\
&= E\{(K+1)v^{K+1}\}Ev^{S-1} - E\{(1-S)v^{S-1}\}Ev^{K+1} \\
&= \frac{i}{\delta}(IA)_x - A_x\left(\frac{1+i}{\delta} - \frac{i}{\delta^2}\right) \\
&= \frac{i}{\delta}\left\{(IA)_x - \left(\frac{1}{d} - \frac{1}{\delta}\right)A_x\right\}.
\end{aligned}$$

§4.10 在实务中的应用

本节介绍了精算现值的计算方法,同时对不同生命表对精算现值的影响进行了分析. 我们取利率 $i=0.04$.

4.10.1 利用 CL93M 计算 A_x

可以通过如下步骤来计算精算现值 A_x, $x=0,1,2,\cdots$:

(1) 可根据生命表中的死亡概率 q_x, $x=0,1,\cdots$ 计算生存人数 l_x, $x=0,1,\cdots$ 和死亡人数 d_x, $x=0,1,\cdots$. 计算公式如下:

$$d_x = l_x q_x, \quad l_{x+1} = (1-q_x)l_x, \quad x=0,1,\cdots,$$

其中,取 $l_0=1000$.

(2) 然后计算生存人数和死亡人数的贴现

$$d_x v^{x+1}, \quad l_x v^x, \quad x=0,1,\cdots.$$

(3) 最后利用下面的公式计算精算现值 A_x, $x=0,1,\cdots$:

$$A_x = \frac{\sum_{n=x}^{105} d_n v^{n+1}}{l_x v^x}.$$

计算的结果见表 4.1.

表 4.1 根据 CL93M 计算的 A_x

x (1)	l_x (2)	d_x (3)	$l_x v^x$ (4)	$d_x v^{x+1}$ (5)	$1000A_x$ (6)
0	1000.0000	3.0370	1000.0000	2.9202	74.65
1	996.9630	2.1504	958.6183	1.9882	74.83
2	994.8126	1.6026	919.7601	1.4247	75.83
3	993.2099	1.2415	882.9600	1.0612	77.37
4	991.9684	0.9920	847.9387	0.8153	79.32
5	990.9764	0.8136	814.5104	0.6430	81.57
6	990.1628	0.6832	782.5401	0.5192	84.08
7	989.4796	0.5868	751.9232	0.4287	86.82
8	988.8929	0.5142	722.5743	0.3613	89.75
9	988.3786	0.4626	694.4217	0.3125	92.87
10	987.9161	0.4317	667.4007	0.2804	96.16
11	987.4844	0.4266	641.4510	0.2664	99.61
12	987.0578	0.4521	616.5134	0.2715	103.21
13	986.6057	0.5091	592.5298	0.2940	106.93
14	986.0966	0.5946	569.4462	0.3302	110.75
15	985.5020	0.6958	547.2143	0.3715	114.64
16	984.8062	0.7997	525.7961	0.4105	118.61
17	984.0066	0.8925	505.1626	0.4406	122.64
18	983.1141	0.9644	485.2927	0.4578	126.75
19	982.1496	1.0096	466.1699	0.4608	130.97
20	981.1400	1.0292	447.7795	0.4517	135.32
21	980.1108	1.0272	430.1055	0.4334	139.83
22	979.0836	1.0085	413.1296	0.4092	144.53
23	978.0752	0.9810	396.8308	0.3827	149.43
24	977.0941	0.9497	381.1854	0.3563	154.56
25	976.1444	0.9225	366.1682	0.3327	159.93
26	975.2220	0.9021	351.7521	0.3129	165.54
27	974.3199	0.8915	337.9103	0.2973	171.39
28	973.4284	0.8936	324.6164	0.2865	177.49
29	972.5348	0.9074	311.8446	0.2798	183.84

§4.10 在实务中的应用　131

(续表)

x (1)	l_x (2)	d_x (3)	$l_x v^x$ (4)	$d_x v^{x+1}$ (5)	$1000A_x$ (6)
30	971.6274	0.9357	299.5709	0.2774	190.44
31	970.6917	0.9775	287.7715	0.2786	197.29
32	969.7142	1.0318	276.4247	0.2828	204.38
33	968.6824	1.1004	265.5102	0.2900	211.71
34	967.5820	1.1824	255.0083	0.2996	219.30
35	966.3996	1.2766	244.9006	0.3111	227.12
36	965.1230	1.3859	235.1703	0.3247	235.20
37	963.7371	1.5082	225.8006	0.3398	243.52
38	962.2289	1.6454	216.7761	0.3564	252.09
39	960.5834	1.7982	208.0822	0.3745	260.91
40	958.7852	1.9665	199.7045	0.3938	269.98
41	956.8188	2.1528	191.6297	0.4146	279.30
42	954.6659	2.3580	183.8447	0.4366	288.87
43	952.3079	2.5836	176.3371	0.4600	298.70
44	949.7243	2.8311	169.0949	0.4847	308.77
45	946.8932	3.1020	162.1066	0.5106	319.09
46	943.7911	3.3986	155.3611	0.5379	329.66
47	940.3925	3.7221	148.8477	0.5665	340.47
48	936.6705	4.0764	142.5563	0.5965	351.52
49	932.5941	4.4615	136.4769	0.6278	362.81
50	928.1326	4.8820	130.6000	0.6605	374.33
51	923.2506	5.3392	124.9163	0.6946	386.07
52	917.9114	5.8361	119.4173	0.7301	398.03
53	912.0753	6.3763	114.0942	0.7670	410.20
54	905.6990	6.9612	108.9390	0.8051	422.57
55	898.7378	7.5934	103.9440	0.8444	435.14
56	891.1444	8.2769	99.1017	0.8851	447.88
57	882.8674	9.0141	94.4050	0.9268	460.78
58	873.8534	9.8064	89.8473	0.9695	473.84
59	864.0470	10.6563	85.4221	1.0130	487.04
60	853.3907	11.5660	81.1237	1.0572	500.36

4.10.2 不同生命表下计算结果及其比较

表 4.2 列出根据 CL93M,CL93F 及 CL93 所计算的结果及结果的比较.

表 4.2 根据不同生命表计算的 $1000A_x$ 的结果及其比较

x	CL93M	CL93F	CL93	CL93M/CL93F	CL93/CL93F
0	74.65	61.80	68.43	1.21	1.11
1	74.83	61.68	68.46	1.21	1.11
2	75.83	62.40	69.32	1.22	1.11
3	77.37	63.67	70.73	1.22	1.11
4	79.32	65.31	72.53	1.21	1.11
5	81.57	67.24	74.62	1.21	1.11
6	84.08	69.40	76.96	1.21	1.11
7	86.82	71.75	79.50	1.21	1.11
8	89.75	74.27	82.23	1.21	1.11
9	92.87	76.95	85.14	1.21	1.11
10	96.16	79.78	88.20	1.21	1.11
11	99.61	82.74	91.42	1.20	1.10
12	103.21	85.83	94.76	1.20	1.10
13	106.93	89.04	98.23	1.20	1.10
14	110.75	92.36	101.81	1.20	1.10
15	114.64	95.78	105.47	1.20	1.10
16	118.61	99.30	109.22	1.19	1.10
17	122.64	102.93	113.05	1.19	1.10
18	126.75	106.67	116.98	1.19	1.10
19	130.97	110.53	121.03	1.18	1.09
20	135.32	114.53	125.20	1.18	1.09
21	139.83	118.67	129.53	1.18	1.09
22	144.53	122.97	134.04	1.18	1.09
23	149.43	127.44	138.72	1.17	1.09
24	154.56	132.08	143.62	1.17	1.09
25	159.93	136.92	148.72	1.17	1.09
26	165.54	141.95	154.05	1.17	1.09
27	171.39	147.19	159.60	1.16	1.08
28	177.49	152.63	165.37	1.16	1.08
29	183.84	158.28	171.38	1.16	1.08
30	190.44	164.16	177.63	1.16	1.08

(续表)

x	CL93M	CL93F	CL93	CL93M/CL93F	CL93/CL93F
31	197.29	170.26	184.10	1.16	1.08
32	204.38	176.58	190.81	1.16	1.08
33	211.71	183.13	197.76	1.16	1.08
34	219.30	189.92	204.94	1.15	1.08
35	227.12	196.94	212.37	1.15	1.08
36	235.20	204.20	220.04	1.15	1.08
37	243.52	211.71	227.96	1.15	1.08
38	252.09	219.47	236.13	1.15	1.08
39	260.91	227.47	244.54	1.15	1.08
40	269.98	235.73	253.20	1.15	1.07
41	279.30	244.25	262.11	1.14	1.07
42	288.87	253.02	271.28	1.14	1.07
43	298.70	262.06	280.69	1.14	1.07
44	308.77	271.36	290.37	1.14	1.07
45	319.09	280.93	300.30	1.14	1.07
46	329.66	290.76	310.47	1.13	1.07
47	340.47	300.87	320.90	1.13	1.07
48	351.52	311.23	331.58	1.13	1.07
49	362.81	321.87	342.50	1.13	1.06
50	374.33	332.77	353.66	1.12	1.06
51	386.07	343.93	365.07	1.12	1.06
52	398.03	355.34	376.70	1.12	1.06
53	410.20	367.02	388.55	1.12	1.06
54	422.57	378.94	400.62	1.12	1.06
55	435.14	391.10	412.90	1.11	1.06
56	447.88	403.50	425.40	1.11	1.05
57	460.78	416.13	438.07	1.11	1.05
58	473.84	428.97	450.91	1.10	1.05
59	487.04	442.02	463.91	1.10	1.05
60	500.36	455.26	477.06	1.10	1.05

4.10.3 死亡年度末给付与死亡区间末给付的关系

在 UDD 假设下,可通过

$$A_x^{(m)} = \frac{i}{i^{(m)}} A_x$$

来计算 $A_x^{(m)}$. 注意：$\overline{A}_x = \frac{i}{\delta} A_x$.

表 4.3 给出利率 i 和每年划分的区间数 m 对应的 $\frac{i}{i^{(m)}}$ 的值. 注意

$$\frac{i}{i^{(\infty)}} = \frac{i}{\delta}.$$

表 4.3 不同利率水平下 $\frac{i}{i^{(m)}}$ 的值

利率 i	每年划分的区间数 m						
	2	3	4	6	12	24	∞
0.01	1.0025	1.0033	1.0037	1.0042	1.0046	1.0048	1.0050
0.02	1.0050	1.0066	1.0075	1.0083	1.0091	1.0096	1.0100
0.03	1.0074	1.0099	1.0112	1.0124	1.0137	1.0143	1.0149
0.04	1.0099	1.0132	1.0149	1.0165	1.0182	1.0190	1.0199
0.05	1.0123	1.0165	1.0186	1.0206	1.0227	1.0238	1.0248
0.06	1.0148	1.0197	1.0222	1.0247	1.0272	1.0285	1.0297
0.07	1.0172	1.0230	1.0259	1.0288	1.0317	1.0331	1.0346

习 题 四

1. 试比较 $\overline{A}_x$ 与 A_x 的大小.

2. 设 $\mu(x)$ 为一正常数 μ. 证明：$x>0$ 时，$\overline{A}_x = \frac{\mu}{\mu+\delta}$.

3. 给定 $\mu(x) = \frac{1}{1+x}$. 当 $x>0$ 时，证明

$$\overline{A}_x = 1 - \delta \int_0^\infty e^{-\delta t} \frac{1+x}{1+x+t} dt \quad \text{及} \quad \frac{d \overline{A}_x}{dx} < 0.$$

4. 给定 $\delta = 0.05$, 且 $l_x = 100 - x$, $0 \leqslant x \leqslant 100$. 求 $\overline{A}_{40:\overline{25}|}^1$.

5. 给定 $l_x = 100 - x$, $0 \leqslant x \leqslant 100$, 利率 $i = 0.05$. 求 $A_{40:\overline{25}|}$, $(IA)_{40:\overline{20}|}^1$.

6. 证明

$$\frac{d \overline{A}_{x:\overline{n}|}^1}{dx} = [\mu(x) + \delta] \overline{A}_{x:\overline{n}|}^1 + \mu(x+n) A_{x:\overline{\frac{1}{n}|}} - \mu(x).$$

7. 证明：对 $i>0$,
$$\overline{A}_y = \int_y^\infty \mu(x) v^{x-y}(1-\overline{A}_x)\mathrm{d}x.$$

8. 给定 $\delta=0.05$, $T(x)$ 的密度函数为
$$f_{T(x)}(t) = \frac{2}{10\sqrt{2\pi}}\mathrm{e}^{-\frac{t^2}{200}}, \quad t>0,$$
求 $\overline{A}_x$, $^2\overline{A}_x$.

9. 某一投保年龄为 30 岁个体的 10 年期保险，Z 表示保险人给付额的现值. 假设利率 $i=0.06$, $T(30)$ 服从 $[0,30]$ 上的均匀分布. 给付如下：

(1) 若个体在第一年内死亡，保险金额为 1 元；

(2) 若个体在第 $2,3,4,\cdots,10$ 年内死亡，给付额为前一年死亡给付额的 1.06 倍；

(3) 在第 10 年底，若个体仍生存，则给付 1 元生存保险金；

(4) 死亡给付在死亡的年度末进行.

计算 $E(Z)$, $P\left(Z=\dfrac{1}{1.06}\right)$, $\mathrm{var}(Z)$.

10. 给定 $b_t=t$, $\mu_x(t)=\mu$, $\delta_t=\delta$. 计算 $(\overline{I}\,\overline{A})_x$, $\mathrm{var}(b_T v^T)$.

对题 11~21，在每题给出的 5 个选项中，只有一项是正确的，把所选项前的字母填在题后括号内：

11. 某群体由 100 个年龄为 x 岁的个体组成，其中每个个体向一笔基金缴纳 N 元. 这笔基金的年收益率为 10%. 运用这笔基金，使得每个死亡个体在死亡后立即得到给付 1000 元. 计算每个人应缴纳资金的最低额为多少时，才使得未来满足给付的概率为 95%. 已知 $\overline{A}_x=0.06$, $^2\overline{A}_x=0.01$. (可利用正态分布近似计算) 结果为 ( ).

(A) 60；　　　(B) 68；　　　(C) 73；

(D) 82；　　　(E) 99.

12. 某人在 40 岁投保的终身死亡险，在死亡后立即给付 1 元保险金. 其中，给定 $l_x=110-x$, $0\leqslant x\leqslant 110$. 利息力 $\delta=0.05$. Z 表示保险人给付额的现值，则密度 $f_Z(0.8)$ 等于 ( ).

(A) 0.24；　　　(B) 0.27；　　　(C) 0.30；

(D) 0.33；　　　(E) 0.36.

13. 一个在 30 岁签单的两年期死亡险,死亡保险金在死亡的保单年度末给付.在第 t 个保单年度的给付额为 b_t,

$$b_2 = 10.0 - b_1, \quad 0 \leqslant b_1, b_2 \leqslant 10.$$

已知 $q_{30}=0.1$, $q_{31}=0.6$,利率 $i=0$, Z 表示保险人给付额的现值.计算使 var(Z) 达到最小值的 b_1 的值.正确的结果是(　　).

(A) 0.0;　　　(B) 5.0;　　　(C) 6.8;

(D) 8.6;　　　(E) 10.0.

14. 在 x 岁投保的一年期生死合险,在个体(x)死亡的保单年度末给付 b 元,生存保险金为 e 元.保险人给付额的现值记为 Z.计算 var(Z).正确的结果是(　　).

(A) $p_x q_x v^2 (b+e)^2$;　　　(B) $p_x q_x v^2 (b-e)^2$;

(C) $p_x q_x v^2 (b^2+e^2)$;　　(D) $v^2(b^2 q_x + e^2 p_x)$;

(E) $v^2(b^2 p_x + e^2 q_x)$.

15. 已知在每一年龄年 UDD 假设成立. 表示式

$$\frac{(I\bar{A})_x - (I\,\bar{A})_x}{A_x} = (\quad).$$

(A) $\dfrac{i-\delta}{\delta^2}$;　　　(B) $\dfrac{1+i}{\delta}$;　　　(C) $\dfrac{i}{\delta}\left(\dfrac{i}{\delta}-1\right)$;

(D) $\dfrac{1}{d}-\dfrac{1}{\delta}$;　　(E) $\dfrac{1+i}{\delta}-\dfrac{i}{\delta^2}$.

16. 个体(x)的 n 年期死亡险中,保险金额为 1 元,在死亡后立即给付,保险人对个体(x)的给付额的现值为 Z_1.此个体(x)的 n 年期生死合险中,保险金额为 1 元,死亡保险金在死亡后立即给付,保险人给付额的现值为 Z_2.已知

$$v^n = 0.20, \quad {}_n p_x = 0.50, \quad E(Z_1) = 0.23, \quad \text{var}(Z_1) = 0.08,$$

计算 var(Z_2).正确的结果是(　　).

(A) 0.034;　　　(B) 0.044;　　　(C) 0.054;

(D) 0.064;　　　(E) 0.074.

17. 个体(35)的 25 年期死亡险,保险金额为 7 元,在死亡后立即给付,保险人给付额的现值记为 X.此个体的延期 25 年的 10 年期死亡险,保险金额为 4 元,在死亡后立即给付.保险人给付额的现值记为 Y.给定

$E(X)=2.80$, $E(Y)=0.12$, $\text{var}(X)=5.76$, $\text{var}(Y)=0.10$. 计算 $\text{var}(X+Y)$. 正确的结果是（   ）.

(A) 4.75;　　　　(B) 5.19;　　　　(C) 5.51;

(D) 5.86;　　　　(E) 6.14.

18. 个体 (x) 的一特殊的终身寿险,保险金额在死亡后立即给付,保险人给付额的现值记为 Z. 给定

$$b_t = e^{0.05t}, \quad \delta_t = 0.06, \quad \mu(x+t) = 0.01, \quad T \geqslant 0.$$

计算 $\text{var}(Z)$. 正确的结果是（   ）.

(A) 0.037;　　　　(B) 0.057;　　　　(C) 0.063;

(D) 0.083;　　　　(E) 0.097.

19. 给定

$$u(x) = \frac{d}{\delta}q_x + vp_x u(x+1), \quad x=0,1,2,\cdots,$$

$$u(80) = 1.$$

已知在每一年龄年 UDD 假设成立. 下面（   ）等于 $u(40)$？

(A) $\overline{A}_{40:\overline{40}|}$;　　(B) $A_{40:\overline{40}|}$;　　(C) $\overline{A}^1_{40:\overline{40}|}$;

(D) $A^1_{40:\overline{40}|}$;　　(E) (A),(B),(C),(D) 都不正确.

20. 已知在每一年龄年 UDD 假设成立,且有

$$q_x = 0.10, \quad q_{x+1} = 0.20, \quad i = 0.12.$$

计算 ${}^2\overline{A}^1_{x:\overline{2}|}$. 正确的结果是（   ）.

(A) 0.206;　　(B) 0.209;　　(C) 0.218;

(D) 0.224;　　(E) 0.232.

21. 已知 $A_{x:\overline{n}|}=u$, $A^1_{x:\overline{n}|}=y$, $A_{x+n}=z$, 求 A_x. 正确结果是（   ）.

(A) $(1-z)y+uz$;　　(B) $(1-z)u+yz$;

(C) $(1+z)u-yz$;　　(D) $(1+z)y-uz$;

(E) $(1+z)u-y$.

第五章 生存年金的精算现值

§5.1 引　言

年金是指在一定期限内等间隔的一系列给付(或领取). 一般多以一年为给付的时间间隔,故称之为年金. 在实际中,年金的给付不仅限于以年为给付单位,也可以按月、按季来给付,理论上可以有年金连续给付的情况.

按给付的条件来划分,年金可分为**确定年金**和**生存年金**. 生存年金是以年金领取人的生存为给付条件,若在年金给付时刻年金领取人已死亡则不予给付. 而确定年金,不论年金领取人是否生存,在合同期内年金领取人都可获得年金给付. 下面通过一个例子来说明两种年金的给付差异. 考虑每年给付一次的 10 年期年金,年金在每年年初给付,每次给付 1 元. 假设个体在年金开始给付后的第 2 年内死亡. 对于确定年金,年金领取人可得到年金的总额为 10 元. 而对于生存年金,年金领取人只能得到生前的两次给付,即得到 2 元.

可按不同的方式对生存年金进行分类,下面介绍几种常见的分类方式:

(1) 按照年金给付的间隔划分. 这种生存年金可分为一年给付一次、一年给付数次. 理论上,可有年金连续给付的情况,即在每一时刻都发生给付.

(2) 按照在每一给付周期的给付时刻划分. 在每个给付周期末给付的年金称为**期末生存年金**,在每个给付周期初给付的年金称为**期初生存年金**.

(3) 按照年金给付的期限划分. 若生存年金给付的期限是固定的,则称之为**定期生存年金**;若生存年金的给付是终身的,则称之为**终身生存年金**.

(4) 按年金启动的时间划分. 生存年金给付即时启动的称为

即期生存年金. 生存年金延期一段时间后才启动的称为**延期生存年金**. 本书除特别说明外, 生存年金指的都是即期生存年金.

生存年金在精算实务中的应用较普遍, 其中的一个例子是投保人缴纳保费的现金流. 在保费缴纳期内, 投保人缴纳保费的现金流就是一个支付年金的过程. 在保费缴纳时刻如果被保险人还生存, 则投保人缴纳保费(不考虑退保的情况). 而若被保险人已死亡, 则投保人不需再缴纳保费. 这一生存年金的期限为保费缴纳期, 支付的条件是被保险人生存.

生存年金的另外一个例子是年金保险. 年金保险是人寿保险的一个重要类别, 是指在保险人约定的时间内, 按照一定的周期给付年金领取者保险金的保险. 在给付时刻只有当被保险人生存时, 保险人才给付保险金. 投保人通过购买年金保险, 可以使得被保险人未来的生活得到经济上的保障.

本章针对四种生存年金: 定期生存年金、终身生存年金、延期生存年金和 n 年确定期生存年金, 建立随机给付模型, 并讨论生存年金的精算现值以及各种生存年金之间的关系. 另外, 还将简单介绍比例期初生存年金和完全期末生存年金. 本章初步介绍了年金模型在金融中的应用.

本章对年金给付周期, 分每年给付一次、每年给付数次及连续给付的情况来分别讨论. 而对于按一定周期给付的年金, 又分为期初给付和期末给付两种情况来讨论.

§5.2 进一步讨论生存保险的精算现值. §5.3 讨论连续生存年金. §5.4 讨论年金在每年年初给付的期初生存年金. §5.5 讨论年金在每年年末给付的期末生存年金. §5.6 讨论每年分 m 次给付的年金. §5.7 讨论年金模型在金融中的应用. §5.8 介绍实务中生存年金精算现值的计算方法.

§5.2 生存保险的进一步讨论

在第四章已介绍了生存保险, 并讨论了精算现值 $_nE_x$ 的一些性质. 本节对其做进一步的讨论.

首先引入一个与精算现值对应的概念：精算终值.对应于 $_nE_x$ 的精算终值定义为

$$\frac{1}{_nE_x}.$$

令 $S=\dfrac{1}{_nE_x}$，则 $S\,_nE_x=1$，亦即 n 年末的 S 个单位的精算现值为 1. 又

$$S=\frac{1}{v^n\,_np_x}=\frac{l_x}{v^n l_{x+n}}=\frac{(1+i)^n l_x}{l_{x+n}}.$$

上式说明，在确定生存模型中，在 x 岁的 l_x 个人每人缴纳 1 元，这笔资金及利息累积到 n 年末，资金的总额恰好使得每个生存的个体可得到 S 元. 这说明了精算终值的实际含义.

例 5.2.1 对 $0<t<n$，证明

$$_nE_x = {_tE_x} \times {_{n-t}E_{x+t}}.$$

证明 根据 $_nE_x$ 的计算公式，有

$$_nE_x = {_np_x}v^n = \frac{l_{x+n}v^n}{l_x} = \frac{l_{x+t}v^t}{l_x} \times \frac{l_{x+n}v^{n-t}}{l_{x+t}}$$

$$= {_tp_x}v^t \times {_{n-t}p_{x+t}}v^{n-t} = {_tE_x} \times {_{n-t}E_{x+t}}.$$

例 5.2.2 令

$$K = \frac{\mathrm{d}}{\mathrm{d}x}(_{10}E_x), \quad L = \frac{\mathrm{d}}{\mathrm{d}y}(_yE_x)\Big|_{y=5}.$$

计算 $(\mu_x(5)+\delta)K/L$. 从下面 5 个答案中，选出正确的答案.

(A) $_5E_{x+5}(\mu_x(10)-\mu(x))$；   (B) $_5E_{x+5}(\mu(x)-\mu_x(10))$；
(C) $_{10}E_x(\mu_x(5)-\mu(x))$；   (D) $_{10}E_x(\mu(x)-\mu_x(5))$；
(E) $_5E_x(\mu(x)-\mu_x(10))$.

证明 可计算得

$$K = \frac{\mathrm{d}(_{10}p_x v^{10})}{\mathrm{d}x} = \frac{\mathrm{d}(\mathrm{e}^{-\int_x^{x+10}\mu(s)\mathrm{d}s} v^{10})}{\mathrm{d}x}$$

$$= \mathrm{e}^{-\int_x^{x+10}\mu(s)\mathrm{d}s} v^{10}(\mu(x)-\mu(x+10))$$

$$= {_{10}E_x}(\mu(x)-\mu(x+10))$$

及

$$\frac{\mathrm{d}(_yE_x)}{\mathrm{d}y} = \frac{\mathrm{d}}{\mathrm{d}y}(_yp_x \mathrm{e}^{-\delta y}) = \frac{\mathrm{d}(_yp_x)}{\mathrm{d}y}\mathrm{e}^{-\delta y} + {_yp_x}\frac{\mathrm{d}(\mathrm{e}^{-\delta y})}{\mathrm{d}y}$$

$$= - {}_yp_x e^{-\delta y}\mu(x+y) - \delta\, {}_yp_x e^{-\delta y}$$
$$= - {}_yE_x\{\mu(x+y) + \delta\},$$

所以
$$L = - {}_5E_x\{\mu(x+5) + \delta\} = - {}_5E_x\{\mu_x(5) + \delta\}.$$

将前面得到的 K,L 的等式代入下式,
$$(\mu_x(5) + \delta)K/L = \frac{{}_{10}E_x(\mu(x) - \mu(x+10))}{-{}_5E_x}$$
$$= - {}_5E_{x+5}(\mu(x) - \mu(x+10))$$
$$= {}_5E_{x+5}(\mu(x+10) - \mu(x))$$
$$= {}_5E_{x+5}(\mu_x(10) - \mu(x)).$$

所以(A)成立.

§5.3 连续生存年金

本节讨论**连续生存年金**,即以连续的方式给付生存年金.

下面,我们给出连续生存年金给付率的概念. 假设到 t 时刻年金给付的总额为 $a(t)$(不考虑利息的影响),则在 t 时刻的年金给付率定义为 $a(t)$ 的导数 $\dfrac{da(t)}{dt}$. 这样,如果每个时刻的年金给付率为 1,则到一年末年金给付总额为 $\int_0^1 1dt = 1$.

下面假设每一时刻的年金给付率为 1,年金从个体 x 岁开始给付.

5.3.1 n 年期生存年金

从个体 x 岁开始给付的 n 年期生存年金,年金给付的时间长度为 $T(x)$ 与 n 的最小值,即 $T(x)\wedge n = \min\{T(x), n\}$. 所以年金给付额的现值可表示为 $\bar{a}_{\overline{T(x)\wedge n|}}$,对应的精算现值记为 $\bar{a}_{x:\overline{n|}}$.

结论 5.3.1 由精算现值的定义,有
$$\bar{a}_{x:\overline{n|}} = \int_0^n v^t\, {}_tp_x dt.$$

证明 下面利用两种方法来证明.

(1) 由精算现值的定义,知
$$\bar{a}_{x:\overline{n}|} = E(\bar{a}_{\overline{T(x)\wedge n}|}) = E(\bar{a}_{\overline{T(x)}|}I_{\{T(x)<n\}}) + E(\bar{a}_{\overline{n}|}I_{\{T(x)\geqslant n\}})$$
$$= \int_0^n \bar{a}_{\overline{t}|} {}_tp_x\mu_x(t)\mathrm{d}t + \bar{a}_{\overline{n}|} {}_np_x$$
$$= -\int_0^n \bar{a}_{\overline{t}|}\mathrm{d}({}_tp_x) + \bar{a}_{\overline{n}|} {}_np_x = \int_0^n v^t {}_tp_x\mathrm{d}t.$$

(2) 下面应用另一种方法来证明.
$$\bar{a}_{x:\overline{n}|} = E\left(\int_0^{T(x)\wedge n} v^t\mathrm{d}t\right) = E\left(\int_0^\infty v^t I_{\{t\leqslant T(x)\wedge n\}}\mathrm{d}t\right)$$
$$= \int_0^\infty v^t P(T(x)\wedge n \geqslant t)\mathrm{d}t = \int_0^n v^t {}_tp_x\mathrm{d}t.$$

例 5.3.1 证明:对 $m<n$,
$$\bar{a}_{x:\overline{n}|} = \bar{a}_{x:\overline{m}|} + {}_mE_x \bar{a}_{x+m:\overline{n-m}|}.$$

证明 利用结论 5.3.1 的计算公式,有
$$\bar{a}_{x:\overline{n}|} = \int_0^n v^t {}_tp_x\mathrm{d}t = \int_0^m v^t {}_tp_x\mathrm{d}t + \int_m^n v^t {}_tp_x\mathrm{d}t$$
$$= \bar{a}_{x:\overline{m}|} + \int_0^{n-m} v^m v^t {}_tp_{x+m} {}_mp_x\mathrm{d}t$$
$$= \bar{a}_{x:\overline{m}|} + v^m {}_mp_x \int_0^{n-m} v^t {}_tp_{x+m}\mathrm{d}t$$
$$= \bar{a}_{x:\overline{m}|} + {}_mE_x \bar{a}_{x+m:\overline{n-m}|}.$$

证毕.

定义 $\bar{a}_{x:\overline{n}|}$ 对应的精算终值 $\bar{s}_{x:\overline{n}|}$ 为
$$\bar{s}_{x:\overline{n}|} = \frac{\bar{a}_{x:\overline{n}|}}{{}_nE_x},$$

则

$$\bar{s}_{x:\overline{n}|} = \frac{\int_0^n v^t {}_tp_x\mathrm{d}t}{v^n {}_np_x} = \frac{\int_0^n (1+i)^{-t}\frac{l_{x+t}}{l_x}\mathrm{d}t}{(1+i)^{-n}\frac{l_{x+n}}{l_x}} = \frac{\int_0^n (1+i)^{n-t}l_{x+t}\mathrm{d}t}{l_{x+n}}.$$

5.3.2 终身生存年金

在个体 x 岁时开始给付的终身生存年金,年金给付终止时刻为

$T(x)$. 因此对年金领取人(x)的给付额的现值可表示为 $\bar{a}_{\overline{T(x)}|}$. 精算现值记为 $\bar{a}_x$.

结论 5.3.2 由精算现值的定义，有

$$\bar{a}_x = \int_0^\infty v^t{}_tp_x \mathrm{d}t.$$

证明 根据精算现值的定义，有

$$\bar{a}_x = E\left(\int_0^{T(x)} v^t \mathrm{d}t\right) = E\left(\int_0^\infty v^t I_{\{T(x)>t\}} \mathrm{d}t\right)$$

$$= \int_0^\infty v^t E(I_{\{T(x)>t\}}) \mathrm{d}t = \int_0^\infty v^t P(T(x)>t) \mathrm{d}t$$

$$= \int_0^\infty v^t{}_tp_x \mathrm{d}t.$$

例 5.3.2 证明：$\dfrac{\mathrm{d}}{\mathrm{d}x}\bar{a}_x = (\mu(x)+\delta)\bar{a}_x - 1$.

证明 由结论 5.3.2，有

$$\bar{a}_x = \int_0^\infty v^t{}_tp_x\mathrm{d}t = \int_0^\infty v^t \exp\left\{-\int_x^{x+t}\mu(s)\mathrm{d}s\right\}\mathrm{d}t,$$

两边对 x 求导，得到

$$\frac{\mathrm{d}}{\mathrm{d}x}\bar{a}_x = \int_0^\infty v^t \frac{\mathrm{d}\left(\exp\left\{-\int_x^{x+t}\mu(s)\mathrm{d}s\right\}\right)}{\mathrm{d}x}\mathrm{d}t$$

$$= \int_0^\infty v^t \exp\left\{-\int_x^{x+t}\mu(s)\mathrm{d}s\right\}(\mu(x)-\mu(x+t))\mathrm{d}t$$

$$= \mu(x)\int_0^\infty v^t \exp\left\{-\int_x^{x+t}\mu(s)\mathrm{d}s\right\}\mathrm{d}t$$

$$\quad - \int_0^\infty v^t \exp\left\{-\int_x^{x+t}\mu(s)\mathrm{d}s\right\}\mu(x+t)\mathrm{d}t$$

$$= \mu(x)\bar{a}_x + \int_0^\infty v^t \mathrm{d}({}_tp_x)$$

$$= \mu(x)\bar{a}_x + v^t{}_tp_x\Big|_0^\infty - \int_0^\infty {}_tp_x \mathrm{d}(v^t)$$

$$= \mu(x)\bar{a}_x - 1 + \delta\int_0^\infty {}_tp_x v^t \mathrm{d}t$$

$$= (\mu(x)+\delta)\bar{a}_x - 1.$$

例 5.3.3 设死亡力 $\mu=0.04$,利息力 $\delta=0.06$. 求精算现值 $\bar{a}_x$,并计算现值 $\bar{a}_{\overline{T(x)}|}$ 大于精算现值 $\bar{a}_x$ 的概率.

解 精算现值

$$\bar{a}_x = \int_0^\infty v^t {}_tp_x \mathrm{d}t = \int_0^\infty \mathrm{e}^{-\delta t}\mathrm{e}^{-\mu t}\mathrm{d}t = \frac{1}{\mu+\delta} = \frac{1}{0.04+0.06} = 10.$$

所以现值 $\bar{a}_{\overline{T(x)}|}$ 大于精算现值 $\bar{a}_x$ 的概率

$$P(\bar{a}_{\overline{T(x)}|} > 10) = P\left(\frac{1-\mathrm{e}^{-0.06T(x)}}{0.06} > 10\right)$$

$$= P\left(T(x) > \frac{-\ln(0.4)}{0.06}\right) = 0.543.$$

5.3.3 延期 n 年的终身生存年金

对 x 岁的个体延期 n 年后才开始给付的终身生存年金,即延期 n 年的终身生存年金,可以理解为从对个体(x)终身生存年金的给付中扣除对个体 n 年期生存年金的给付,即现值可以表示为 $\bar{a}_{\overline{T(x)}|} - \bar{a}_{\overline{T(x) \wedge n}|}$. 延期 n 年的终身生存年金的精算现值记为 ${}_{n|}\bar{a}_x$.

结论 5.3.3 下面公式成立:

$${}_{n|}\bar{a}_x = \bar{a}_x - \bar{a}_{x:\overline{n}|}; \qquad {}_{n|}\bar{a}_x = \int_n^\infty v^t {}_tp_x \mathrm{d}t.$$

证明 由于延期 n 年的生存年金的现值可以表示为终身生存年金的现值减去 n 年期生存年金的现值,所以有

$${}_{n|}\bar{a}_x = E(\bar{a}_{\overline{T(x)}|} - \bar{a}_{\overline{T(x)\wedge n}|}) = \bar{a}_x - \bar{a}_{x:\overline{n}|}.$$

又根据 $\bar{a}_x$ 和 $\bar{a}_{x:\overline{n}|}$ 的公式,有

$${}_{n|}\bar{a}_x = \bar{a}_x - \bar{a}_{x:\overline{n}|} = \int_0^\infty v^t {}_tp_x \mathrm{d}t - \int_0^n v^t {}_tp_x \mathrm{d}t$$

$$= \int_n^\infty v^t {}_tp_x \mathrm{d}t.$$

证毕.

例 5.3.4 证明: ${}_{n|}\bar{a}_x = {}_nE_x \bar{a}_{x+n}$.

证明 利用结论 5.3.3,知

$${}_{n|}\bar{a}_x = \int_n^\infty v^t {}_tp_x \mathrm{d}t = \int_n^\infty v^{t-n} v^n {}_{t-n}p_{x+n} {}_np_x \mathrm{d}t$$

$$= {}_np_x v^n \int_n^\infty v^{t-n} {}_{t-n}p_{x+n} \mathrm{d}t$$

$$= {}_np_x v^n \int_0^\infty v^t {}_tp_{x+n} \mathrm{d}t = {}_nE_x \bar{a}_{x+n}.$$

5.3.4 n 年确定期终身生存年金

在 x 岁开始给付的 n 年确定期终身生存年金,在前 n 年内不论年金领取人(x)是否生存都给付年金,过了 n 年只有年金领取人(x)生存才可以领取年金. 这种年金是由 n 年期确定年金与延期 n 年的终身生存年金组合而成的,在前 n 年给付个体确定年金,在 n 年后给付个体终身生存年金.

可分为下面两种情况对年金的给付时间长度进行讨论:

(1) 当年金领取人(x)在 n 年内死亡,即未来生存时间 $T(x)<n$ 时,年金领取到第 n 年末;

(2) 若年金领取人(x)活过前 n 年,即 $T(x)\geqslant n$,则年金可领取至 $T(x)$ 时刻.

综合上面的结果,知个体(x)领取年金的时间长度为

$$T(x) \vee n = \max\{T(x), n\},$$

因此年金的现值可表示为 $\bar{a}_{\overline{T(x) \vee n}|}$. 记精算现值为 $\bar{a}_{\overline{x:\overline{n}|}}$.

结论 5.3.4 由精算现值的定义,有

$$\bar{a}_{\overline{x:\overline{n}|}} = \bar{a}_{\overline{n}|} + {}_{n|}\bar{a}_x.$$

证明 由

$$\bar{a}_{\overline{T(x) \vee n}|} + \bar{a}_{\overline{T(x) \wedge n}|} = \bar{a}_{\overline{T(x)}|} + \bar{a}_{\overline{n}|},$$

得到

$$\bar{a}_{\overline{T(x) \vee n}|} = \bar{a}_{\overline{T(x)}|} - \bar{a}_{\overline{T(x) \wedge n}|} + \bar{a}_{\overline{n}|}.$$

两边取期望,得

$$\bar{a}_{\overline{x:\overline{n}|}} = \bar{a}_x - \bar{a}_{x:\overline{n}|} + \bar{a}_{\overline{n}|} = \bar{a}_{\overline{n}|} + \int_n^\infty v^t {}_tp_x \mathrm{d}t$$

$$= \bar{a}_{\overline{n}|} + {}_{n|}\bar{a}_x.$$

结论证毕.

5.3.5 生死合险与生存年金的关系

生存年金与生死合险在精算现值及方差两方面有密切的关系. 从下面结论可以看出.

结论 5.3.5 生存年金与生死合险之间有下面的关系:
$$\delta\,\bar{a}_{x:\overline{n}|} + \bar{A}_{x:\overline{n}|} = 1,$$
$$\operatorname{var}(\bar{a}_{\overline{T(x)\wedge n}|}) = \frac{{}^2\bar{A}_{x:\overline{n}|} - (\bar{A}_{x:\overline{n}|})^2}{\delta^2}.$$

证明 对等式
$$\bar{a}_{\overline{T(x)\wedge n}|} = \frac{1 - v^{T(x)\wedge n}}{\delta}$$

两边取期望,得
$$\bar{a}_{x:\overline{n}|} = \frac{1 - \bar{A}_{x:\overline{n}|}}{\delta}.$$

整理后得前一等式. 又
$$\operatorname{var}(\bar{a}_{\overline{T(x)\wedge n}|}) = \frac{\operatorname{var}(1 - v^{T(x)\wedge n})}{\delta^2} = \frac{\operatorname{var}(v^{T(x)\wedge n})}{\delta^2}$$
$$= \frac{{}^2\bar{A}_{x:\overline{n}|} - (\bar{A}_{x:\overline{n}|})^2}{\delta^2}.$$

证毕.

记
$$ {}^2\bar{a}_{x:\overline{n}|} = \bar{a}_{x:\overline{n}|}@2\delta,$$
其中 $@2\delta$ 表示计算中采用的利息力为 2δ.

5.3.6 终身寿险与生存年金

对结论 5.3.5 的结果,令 $n\to\infty$ 便得下面的结论:

结论 5.3.6 下面公式成立:
$$\delta\,\bar{a}_x + \bar{A}_x = 1, \quad \operatorname{var}(\bar{a}_{\overline{T(x)}|}) = \frac{{}^2\bar{A}_x - (\bar{A}_x)^2}{\delta^2}.$$

记
$${}^2\bar{a}_x = \bar{a}_x@2\delta,$$

其中 @2δ 表示计算采用的利息力为 2δ.

例 5.3.5 已知
$$\bar{a}_x = 10, \quad {}^2\bar{a}_x = 7.735, \quad \text{var}(\bar{a}_{\overline{T}|}) = 50,$$
求精算现值 $\bar{A}_x$.

解 将
$$ {}^2\bar{A}_x = 1 - 2\delta\,{}^2\bar{a}_x \text{ 及 } \bar{A}_x = 1 - \delta\,\bar{a}_x$$
代入下式,
$$\text{var}(\bar{a}_{\overline{T(x)}|}) = \frac{{}^2\bar{A}_x - (\bar{A}_x)^2}{\delta^2} = \frac{1 - 2\delta\,{}^2\bar{a}_x - (1 - \delta\,\bar{a}_x)^2}{\delta^2}$$
$$= \frac{1 - 2\delta \times 7.735 - (1 - \delta 10)^2}{\delta^2} = 50,$$
可解得
$$\delta = 0.0302,$$
所以精算现值
$$\bar{A}_x = 1 - \delta\,\bar{a}_x = 1 - 0.0302 \times 10 = 0.698.$$

例 5.3.6 在 30 岁签单的一种特殊险种,提供如下两方面保障:
(1) 对个体(30)提供给付率为 1000 的连续生存年金;
(2) 当个体(30)死亡后立即给付 5000 元死亡保险金.
Z 表示保险人给付额的现值. 假设在每一年龄年 UDD 成立. 已知
$$A_{30} = 0.14011, \quad {}^2A_{30} = 0.03641, \quad i = 0.05.$$
计算 $E(Z), {}^2\bar{A}_{30}, \text{var}(Z)$.

解 保险人给付额的现值
$$Z = 1000\,\bar{a}_{\overline{T}|} + 5000v^T = 1000\,\frac{1 - v^T}{\delta} + 5000v^T$$
$$= 20496 - 15496v^T.$$
利用 UDD 假设,可计算
$$\bar{A}_{30} = \frac{i}{\delta}A_{30} = 0.143584$$
及
$$ {}^2\bar{A}_{30} = \frac{2i + i^2}{2\delta}\,{}^2A_{30} = 0.038246.$$
所以 Z 的期望
$$E(Z) = 20496 - 15496\bar{A}_{30} = 18271.$$
现值 Z 的方差

$$\text{var}(Z) = 15496^2 \text{ var}(v^T) = 15496^2(^2\overline{A}_{30} - (\overline{A}_{30})^2)$$
$$= 4.233 \times 10^6.$$

5.3.7 补充说明

在结论 5.3.6 中得到等式
$$\delta\,\bar{a}_x + \overline{A}_x = 1,$$
下面解释这个等式的含义.

个体(x)投资 1 元,已知投资的利息力为 δ. 个体(x)选择在生存期间连续获得利息,而在死亡后立即收回 1 元本金. 下面分别考虑利息给付及本金返还这两种情况:

(1) 利息的给付. 在个体(x)生存期间内连续给付利息力 δ,对应的精算现值为 $\delta\,\bar{a}_x$;

(2) 本金的偿还. 在个体(x)死亡时刻返还 1 元的本金,对应的精算现值为 $\overline{A}_x$.

所以利息和本金的精算现值之和 $\delta\,\bar{a}_x + \overline{A}_x$ 应等于个体投资的本金,即
$$\delta\,\bar{a}_x + \overline{A}_x = 1.$$

下面对寿险和年金的风险进行比较. 由结论 5.3.6,可得
$$\delta^2 \text{var}(\bar{a}_{\overline{T(x)|}}) = \text{var}(v^{T(x)}).$$
由于 δ 很小,所以对保险人来说年金的风险远大于寿险的风险.

§5.4 期初生存年金

本节讨论期初生存年金. 假设从个体 x 岁时开始给付其生存年金,年金在每年年初给付,每次给付额为 1 元.

5.4.1 定义及计算公式

在个体 x 岁开始给付的终身生存年金、n 年期生存年金、n 年确定期终身生存年金及延期 n 年的终身生存年金,年金对应的给付次数分别为

$$K(x)+1, \quad (K(x)+1)\wedge n,$$
$$(K(x)+1)\vee n, \quad K(x)+1-(K(x)+1)\wedge n,$$
对应的精算现值分别记为
$$\ddot{a}_x, \quad \ddot{a}_{x:\overline{n}|}, \quad \ddot{a}_{\overline{x:\overline{n}|}}, \quad {}_{n|}\ddot{a}_x.$$

不同年金的现值可表示如下：

终身生存年金：$\ddot{a}_{\overline{K(x)+1|}}$；

n 年期生存年金：$\ddot{a}_{\overline{(K(x)+1)\wedge n|}}$；

n 年确定期终身生存年金：$\ddot{a}_{\overline{(K(x)+1)\vee n|}}$；

延期 n 年的终身生存年金：$\ddot{a}_{\overline{K(x)+1|}} - \ddot{a}_{\overline{(K(x)+1)\wedge n|}}$.

结论 5.4.1 可采用下面的公式来计算各生存年金的精算现值：

$$\ddot{a}_{x:\overline{n}|} = \sum_{j=0}^{n-1} v^j {}_j p_x, \quad \ddot{a}_x = \sum_{j=0}^{\infty} v^j {}_j p_x;$$

$${}_{n|}\ddot{a}_x = \sum_{j=n}^{\infty} v^j {}_j p_x, \quad \ddot{a}_{\overline{x:\overline{n}|}} = \ddot{a}_{\overline{n}|} + \sum_{j=n}^{\infty} v^j {}_j p_x.$$

证明 利用精算现值的定义，有
$$\ddot{a}_x = E(\ddot{a}_{\overline{K(x)+1|}}) = E\left(\sum_{j=0}^{\infty} v^j I_{\{K(x)\geqslant j\}}\right)$$
$$= \sum_{j=0}^{\infty} v^j E(I_{\{K(x)\geqslant j\}}) = \sum_{j=0}^{\infty} v^j {}_j p_x.$$

其他的等式可类似证明. 证毕.

例 5.4.1 在个体 90 岁时开始给付的期初年金，已知年金每年给付一次，每次给付 1 元. 又
$$l_{90}=100, \quad l_{91}=72, \quad l_{92}=39, \quad l_{93}=0.$$
利率 $i=0.06$. Z 表示年金的现值. 计算 Z 的分布和期望.

解 我们从
$$Z = \ddot{a}_{\overline{K+1|}}$$
出发来求 Z 的分布. 当 $K=0,1,2$ 时，其年金值分别为

$K=0$ 时，$\ddot{a}_{\overline{K+1|}} = \ddot{a}_{\overline{1|}}$；

$K=1$ 时，$\ddot{a}_{\overline{K+1|}} = \ddot{a}_{\overline{2|}}$；

$K=2$ 时，$\ddot{a}_{\overline{K+1|}} = \ddot{a}_{\overline{3|}}$.

所以年金值及对应的概率值为

$$\ddot{a}_{\overline{1}|} = 1, \quad P(K=0) = \frac{d_{90}}{l_{90}} = \frac{28}{100} = 0.28;$$

$$\ddot{a}_{\overline{2}|} = 1 + v = 1.943396, \quad P(K=1) = \frac{d_{91}}{l_{90}} = \frac{33}{100} = 0.33;$$

$$\ddot{a}_{\overline{3}|} = 1 + v + v^2 = 2.833393, \quad P(K=2) = \frac{d_{92}}{l_{90}} = \frac{39}{100} = 0.39.$$

因而 Z 的分布为

$$P(Z=1) = 0.28;$$
$$P(Z=1.943396) = 0.33;$$
$$P(Z=2.833393) = 0.39.$$

下面通过两种方法来求 Z 的期望.

(1) 直接利用期望的定义来计算：

$E(Z) = 1 \times 0.28 + 1.943396 \times 0.33 + 2.833393 \times 0.39$
$\qquad = 2.026344;$

(2) 利用结论 5.4.1 来计算：

$$\ddot{a}_{90} = \sum_{k=0}^{2} v^k{}_k p_{90} = 1 + 1/1.06 \times \frac{72}{100} + \left(\frac{1}{1.06}\right)^2 \frac{39}{100}$$

$$= 2.026344.$$

解毕.

$\ddot{a}_{x:\overline{n}|}$ 对应的精算终值 $\ddot{s}_{x:\overline{n}|}$ 定义为 $\ddot{s}_{x:\overline{n}|} = \dfrac{\ddot{a}_{x:\overline{n}|}}{{}_n E_x}$，即

$$\ddot{s}_{x:\overline{n}|} = \frac{\sum_{j=0}^{n-1} v^j{}_j p_x}{v^n{}_n p_x} = \frac{\sum_{j=0}^{n-1} (1+i)^{n-j} l_{x+j}}{l_{x+n}}.$$

下面对精算终值 $\ddot{s}_{x:\overline{n}|}$ 的含义加以解释. 在确定生存模型中，x 岁的 l_x 个人，在未来的 n 年内，在每一年年初（包括现在时刻）每个生存的个体缴纳 1 元. 则由上式知，缴纳的资金及利息累计到第 n 年末，资金的总额恰好使得每个生存的个体可得到 $\ddot{s}_{x:\overline{n}|}$ 元.

5.4.2 终身寿险和期初生存年金的关系

期初生存年金与终身寿险有下面的关系：

结论 5.4.2 有下面的公式成立：

(1) $\quad d\ddot{a}_x + A_x = 1, \quad d\ddot{a}_{x:\overline{n}|} + A_{x:\overline{n}|} = 1;$

(2) $\quad \mathrm{var}(\ddot{a}_{\overline{K(x)+1|}}) = \dfrac{{}^2A_x - (A_x)^2}{d^2},$

$$\mathrm{var}(\ddot{a}_{\overline{(K(x)+1)\wedge n|}}) = \dfrac{{}^2A_{x:\overline{n}|} - (A_{x:\overline{n}|})^2}{d^2}.$$

证明 利用等式

$$\ddot{a}_{\overline{K(x)+1|}} = \dfrac{1-v^{K(x)+1}}{d}, \quad \ddot{a}_{\overline{(K(x)+1)\wedge n|}} = \dfrac{1-v^{(K(x)+1)\wedge n}}{d}$$

易证各式成立. 结论证毕.

等式

$$d\ddot{a}_x + A_x = 1$$

可解释如下：x 岁的个体投资 1 元. 从投资之日始，个体 (x) 在生存期间内在每年年初得到利息 d 元，利息给付额的精算现值为 $d\ddot{a}_x$. 当个体 (x) 死亡后，在死亡的年末得到返还的 1 元本金，返还本金的精算现值为 A_x. 给付的利息与返还本金的精算现值之和

$$d\ddot{a}_x + A_x$$

等于投资者的本金 1 元.

例 5.4.2 在例 5.4.1 的假设下计算 $\mathrm{var}(Z)$.

解 使用两种方法来计算：

(1) 利用结论 5.4.2 计算方差. 由

$$A_{90} = \sum_{k=0}^{2} v^{(k+1)} {}_{k|}q_{90}$$

$$= \dfrac{1}{1.06} \times 0.28 + \left(\dfrac{1}{1.06}\right)^2 \times 0.33$$

$$+ \left(\dfrac{1}{1.06}\right)^3 \times 0.39 = 0.885301,$$

$${}^2A_{90} = \sum_{k=0}^{2} v^{2(k+1)} {}_{k|}q_{90} = \left(\dfrac{1}{1.06}\right)^2 \times 0.28 + \left(\dfrac{1}{1.06}\right)^4 \times 0.33$$

$$+ \left(\dfrac{1}{1.06}\right)^6 \times 0.39 = 0.785525.$$

再利用结论 5.4.2,可得

$$\operatorname{var}(Z) = \frac{{}^2A_{90} - (A_{90})^2}{d^2} = \left(\frac{1.06}{0.06}\right)^2 \times 0.001767139$$
$$= 0.551543717.$$

(2) 直接利用方差的定义来计算. 期望
$$E(Z) = 1 \times 0.28 + 1.943396 \times 0.33 + 2.833393 \times 0.39$$
$$= 2.026344,$$

二阶矩
$$E(Z^2) = 1 \times 0.28 + 1.943396^2 \times 0.33 + 2.833393^2 \times 0.39$$
$$= 4.657305,$$

所以方差
$$\operatorname{var}(Z) = E(Z^2) - (EZ)^2 = 0.551235.$$

5.4.3 几个例子

下面的例题 5.4.3 介绍如何利用概率论的中心极限定理来近似总给付额的分布.

例 5.4.3 在例 5.4.1 中,确定现在需要存入的最少资金额,使得 100 个个体在未来得到给付的概率为 95%.

解 设未来总的给付额为 X. 利用前面例 5.4.2 中(2)的结果,有

$$E(X) = 100 E(Z) = 202.6344,$$
$$\operatorname{var}(X) = 100 \operatorname{var}(Z) = 55.1235.$$

再利用正态近似,对题中要求的最低额 B,有

$$P(X \leqslant B) = P\left(\frac{X - E(X)}{\sqrt{\operatorname{var}(X)}} \leqslant \frac{B - E(X)}{\sqrt{\operatorname{var}(X)}}\right)$$
$$\approx \Phi\left(\frac{B - E(X)}{\sqrt{\operatorname{var}(X)}}\right) \approx 0.95,$$

即
$$B - E(X) \approx 1.645 \times \sqrt{\operatorname{var}(X)},$$

求得 $B \approx 214.8477.$

下面例题用以帮助读者理解 ${}^2\ddot{a}_x$ 的含义. 注意

$$\operatorname{var}(\ddot{a}_{\overline{K(x)+1|}}) \neq {}^2\ddot{a}_x - (\ddot{a}_x)^2.$$

例 5.4.4 给付个体 (x) 期初终身生存年金,年金每年给付一次,每次给付 1 元. Y 为年金给付额的现值. 已知
$$\ddot{a}_x = 10, \quad {}^2\ddot{a}_x = 6, \quad i = 1/24.$$
计算方差 $\operatorname{var}(Y)$.

解 由题设条件,贴现率
$$d = \frac{1/24}{(1+1/24)} = \frac{1}{25}.$$
再由 $d\ddot{a}_x + A_x = 1$,可得
$$A_x = 1 - d\ddot{a}_x = 1 - \frac{10}{25} = 0.6.$$
利用 $(2d - d^2){}^2\ddot{a}_x + {}^2A_x = 1$ (参见习题 6),得到
$${}^2A_x = 1 - (2d - d^2){}^2\ddot{a}_x = 0.5296.$$
利用前面的计算结果,知
$$\operatorname{var}(Y) = \frac{{}^2A_x - (A_x)^2}{d^2} = \frac{0.5296 - 0.6^2}{(1/25)^2} = 106.$$

§5.5 期末生存年金

本节考虑年金从个体 x 岁时开始给付,每年给付发生在年末,每次给付额为 1 元的情况.

5.5.1 基本符号的定义

在 x 岁开始给付的终身生存年金,期末生存年金的年金给付次数为 $K(x)$. 注意与上一节介绍的期初终身生存年金给付次数的差异,二者相差一次给付.

对于终身生存年金、n 年期生存年金、n 年确定期终身生存年金及延期 n 年的终身生存年金,其年金给付次数分别记为 $K(x)$, $K(x) \wedge n$, $K(x) \vee n$ 及 $K(x) - K(x) \wedge n$,对应的精算现值分别记为 a_x, $a_{x:\overline{n|}}$, $a_{\overline{x:n|}}$, ${}_{n|}a_x$. 各种年金的现值可表示为:

终身生存年金：$a_{\overline{K(x)|}}$；

n 年期生存年金：$a_{\overline{K(x) \wedge n|}}$；

n 年确定期终身生存年金：$a_{\overline{K(x) \vee n|}}$；

延期 n 年的终身生存年金：$a_{\overline{K(x)|}} - a_{\overline{K(x) \wedge n|}}$.

结论 5.5.1 各期末生存年金的精算现值可采用下面的公式来计算：

$$a_{x:\overline{n|}} = \sum_{j=1}^{n} v^j{}_j p_x, \quad a_x = \sum_{j=1}^{\infty} v^j{}_j p_x;$$

$$_{n|}a_x = \sum_{j=n+1}^{\infty} v^j{}_j p_x, \quad a_{x:\overline{n|}} = a_{\overline{n|}} + \sum_{j=n+1}^{\infty} v^j{}_j p_x.$$

证明 根据精算现值的定义，有

$$a_x = E(a_{\overline{K(x)|}}) = E\left(\sum_{j=1}^{\infty} v^j I_{\{K(x) \geqslant j\}}\right)$$

$$= \sum_{j=1}^{\infty} v^j E(I_{\{K(x) \geqslant j\}}) = \sum_{j=1}^{\infty} v^j{}_j p_x.$$

其他可类似证明. 证毕.

5.5.2 期初生存年金和期末生存年金的关系

下面讨论期初生存年金和期末生存年金的关系.

结论 5.5.2 期初生存年金和期末生存年金之间关系如下：

$$a_x = \ddot{a}_x - 1; \quad a_{x:\overline{n|}} = \ddot{a}_{x:\overline{n|}} - 1 + v^n{}_n p_x;$$

$$a_{x:\overline{n|}} = \ddot{a}_{x:\overline{n+1|}} - 1.$$

证明 个体 (x) 的期初生存年金和期末生存年金的现值有如下关系：

$$a_{\overline{K(x)|}} = \ddot{a}_{\overline{K(x)+1|}} - 1;$$

$$a_{\overline{K(x) \wedge n|}} = \ddot{a}_{\overline{(K(x)+1) \wedge n|}} - 1 + v^n I_{\{T(x) \geqslant n\}}$$

$$= \ddot{a}_{\overline{(K(x)+1) \wedge (n+1)|}} - 1.$$

两边取期望，可得结论成立.

结论 5.5.3 期初生存年金和期末生存年金的方差之间有下面

的关系:
$$\mathrm{var}(a_{\overline{K(x)|}}) = \mathrm{var}(\ddot{a}_{\overline{K(x)+1|}}).$$

证明 由 $a_{\overline{K(x)|}} = \ddot{a}_{\overline{K(x)+1|}} - 1$ 可得
$$\mathrm{var}(a_{\overline{K(x)|}}) = \mathrm{var}(\ddot{a}_{\overline{K(x)+1|}} - 1) = \mathrm{var}(\ddot{a}_{\overline{K(x)+1|}}).$$
结论成立.

结论 5.5.2 和结论 5.5.3 说明,期末生存年金和期初生存年金之间的有关问题可通过相互转换来处理.

例 5.5.1 记
$$Y = \ddot{a}_{\overline{K+1|}}, \quad Z = \ddot{a}_{\overline{(K+1)\wedge n|}}.$$
已知 $i=0.06$, $A_x=0.20755$, $a_{x:\overline{n-1|}}=6$, 计算 $E(Y)-E(Z)$.

解 由
$$\ddot{a}_x = \frac{1-A_x}{d} = \frac{1-0.20755}{0.06/1.06} = 14$$
及
$$\ddot{a}_{x:\overline{n|}} = 1 + a_{x:\overline{n-1|}} = 7,$$
可以得到
$$E(Y) - E(Z) = \ddot{a}_x - \ddot{a}_{x:\overline{n|}} = 14 - 7 = 7.$$

例 5.5.2 证明: $A_x + d a_x = v$.

证明 由
$$\ddot{a}_x = a_x + 1$$
得到
$$A_x + d \ddot{a}_x = A_x + d(a_x + 1) = 1.$$
整理得
$$A_x + d a_x = 1 - d = v.$$
证毕.

本节之前已经得到了等式
$$A_x + d\ddot{a}_x = 1 \quad \text{及} \quad \overline{A}_x + \delta \overline{a}_x = 1.$$
如果利用类推,可猜测有
$$A_x + i a_x = 1$$
成立. 但由例 5.5.2 知上式是不正确的,例 5.5.2 的等式可整理为

$$(1+i)A_x + ia_x = 1.$$

请读者对上式的含义加以解释.

§5.6 每年分 m 次给付的年金

对于个体 (x) 的分数生存时间 $S(x)$，令 $J(x)$ 为 $mS(x)$ 的整数部分(这种表示在上一章已经介绍过). 根据上一章的论述知，年金领取人 (x) 在第 $K(x)+1$ 年的第 $J(x)+1$ 个区间初仍生存，但在此区间末个体已死亡.

下面讨论年金每年分 m 次给付的情况，每年给付年金总额为 1 元，每次给付 $1/m$ 元. 给付从个体 x 岁时开始. 下面讨论几种常见的生存年金.

5.6.1 每年给付 m 次的生存年金

在每一区间给付个体 (x) 额度为 $1/m$ 元的生存年金，在区间初给付的年金和在区间末给付的年金所对应的精算现值分别记为 $\ddot{a}_x^{(m)}$ 及 $a_x^{(m)}$. 前者年金给付次数为 $mK(x)+J(x)+1$，后者年金给付次数为 $mK(x)+J(x)$，二者每次给付的额度都为 $1/m$ 元. 所以 $\ddot{a}_x^{(m)}$ 对应的现值为 $\ddot{a}_{\overline{K(x)+(J(x)+1)/m}|}^{(m)}$，$a_x^{(m)}$ 对应的现值为 $a_{\overline{K(x)+J(x)/m}|}^{(m)}$.

结论 5.6.1 有如下的关系：
$$d^{(m)}\ddot{a}_x^{(m)} + A_x^{(m)} = 1.$$

证明 利用利息理论中的一个结论
$$\ddot{a}_{\overline{K(x)+(J(x)+1)/m}|}^{(m)} = \frac{1-v^{K(x)+(J(x)+1)/m}}{d^{(m)}},$$

两边取数学期望,得
$$\ddot{a}_x^{(m)} = \frac{1-A_x^{(m)}}{d^{(m)}}.$$

整理得
$$d^{(m)}\ddot{a}_x^{(m)} + A_x^{(m)} = 1.$$

例 5.6.1 证明下面两式

$$\ddot{a}_x^{(m)} = a_x^{(m)} + \frac{1}{m},$$

$$i^{(m)} a_x^{(m)} + \left(1 + \frac{i^{(m)}}{m}\right) A_x^{(m)} = 1$$

成立.

证明 由

$$\ddot{a}_{\overline{K(x)+(J(x)+1)/m|}}^{(m)} = a_{\overline{K(x)+J(x)/m|}}^{(m)} + \frac{1}{m},$$

两边取数学期望,便得第一式成立.

将 $\ddot{a}_x^{(m)} = a_x^{(m)} + \frac{1}{m}$ 代入下式

$$d^{(m)} \ddot{a}_x^{(m)} + A_x^{(m)} = 1,$$

得 $\qquad d^{(m)} a_x^{(m)} + A_x^{(m)} = 1 - \frac{d^{(m)}}{m}.$

整理得 $\qquad i^{(m)} a_x^{(m)} + \left(1 + \frac{i^{(m)}}{m}\right) A_x^{(m)} = 1,$

第二式成立. 证毕.

在实际中如何利用生命表来计算 $\ddot{a}_x^{(m)}$ 呢? 下面, 在每一年龄年 UDD 假设下来讨论. 令

$$\alpha(m) = \frac{id}{i^{(m)} d^{(m)}}, \quad \beta(m) = \frac{i - i^{(m)}}{i^{(m)} d^{(m)}},$$

其中 $i^{(m)} = m\{(1+i)^{1/m} - 1\}$, $d^{(m)} = m\{1 - v^{1/m}\}$. 则有

结论 5.6.2 在每一年龄年 UDD 假设下,

$$\ddot{a}_x^{(m)} = \alpha(m) \ddot{a}_x - \beta(m); \tag{5.6.1}$$

$$\ddot{a}_{x:\overline{n|}}^{(m)} = \alpha(m) \ddot{a}_{x:\overline{n|}} - \beta(m)(1 - {}_n E_x). \tag{5.6.2}$$

证明 在 UDD 假设下, 由结论 5.6.1 及

$$A_x^{(m)} = \frac{i}{i^{(m)}} A_x$$

得到 $\qquad d^{(m)} \ddot{a}_x^{(m)} + \frac{i}{i^{(m)}} A_x = 1.$

将 $A_x = 1 - d \ddot{a}_x$ 代入上式,得到

$$d^{(m)} \ddot{a}_x^{(m)} + \frac{i}{i^{(m)}}(1 - d\,\ddot{a}_x) = 1.$$

即
$$d^{(m)} \ddot{a}_x^{(m)} = \frac{id}{i^{(m)}} \ddot{a}_x + \frac{i^{(m)} - i}{i^{(m)}},$$

整理得
$$\ddot{a}_x^{(m)} = \alpha(m)\,\ddot{a}_x - \beta(m),$$

即(5.6.1)成立.

由
$$\ddot{a}_x^{(m)} = \ddot{a}_{x:\overline{n}|}^{(m)} + {}_nE_x\,\ddot{a}_{x+n}^{(m)}$$

得
$$\ddot{a}_{x:\overline{n}|}^{(m)} = \ddot{a}_x^{(m)} - {}_nE_x\,\ddot{a}_{x+n}^{(m)}. \tag{5.6.3}$$

再将下面两式
$$\ddot{a}_x^{(m)} = \alpha(m)\,\ddot{a}_x - \beta(m),$$
$$\ddot{a}_{x+n}^{(m)} = \alpha(m)\,\ddot{a}_{x+n} - \beta(m)$$

代入(5.6.3)式,得
$$\ddot{a}_{x:\overline{n}|}^{(m)} = \alpha(m)(\ddot{a}_x - {}_nE_x\,\ddot{a}_{x+n}) - \beta(m)(1 - {}_nE_x)$$
$$= \alpha(m)\,\ddot{a}_{x:\overline{n}|} - \beta(m)(1 - {}_nE_x),$$

即(5.6.2)成立.

例 5.6.2 在例 5.4.1 中,在每一年龄年 UDD 假设下,计算 $\ddot{a}_{90}^{(2)}$.

解 计算得
$$i^{(2)} = 0.059126, \quad d^{(2)} = 0.057428.$$

利用 $\alpha(2)$ 和 $\beta(2)$ 的定义,有
$$\alpha(2) = \frac{id}{i^{(2)}d^{(2)}} = \frac{0.06 \times 0.056604}{0.059126 \times 0.057428} = 1.000221,$$
$$\beta(2) = \frac{i - i^{(2)}}{i^{(2)}d^{(2)}} = 0.257400.$$

从而年金的精算现值为
$$\ddot{a}_{90}^{(2)} = \alpha(2)\,\ddot{a}_{90} - \beta(2)$$
$$= 1.000221 \times 2.026344 - 0.257400 = 1.7694.$$

在精算中,常用的近似公式为

$$\ddot{a}_x^{(m)} \approx \ddot{a}_x - \frac{m-1}{2m}.$$

若将上式符号"$\approx$"改为"$=$",则其成立的条件见本章习题的第 1 题.

5.6.2 比例期初生存年金

在 5.6.1 小节中介绍了每年给付 m 次的期初生存年金. 对于年金领取人,在死亡区间初得到了 $\frac{1}{m}$ 元. 在死亡区间初的这笔给付,可以认为是对个体在整个区间的生存给付. 由于个体在这个区间内只生存了部分时间,因此下面考虑死亡个体返还所领取的从死亡时刻到死亡区间末这一段年金额的情况.

在每区间初给付的 $\frac{1}{m}$ 元,若在此区间内连续给付,设连续给付率为 r,则有

$$\frac{1}{m} = r\,\bar{a}_{\overline{1/m}|},$$

解得

$$r = \frac{1}{m\,\bar{a}_{\overline{1/m}|}} = \frac{1}{m\,\frac{1-v^{1/m}}{\delta}} = \frac{\delta}{d^{(m)}}.$$

个体死亡时刻至死亡所在区间末的时间长度为

$$K(x) + \frac{J(x)+1}{m} - T(x) = \frac{J(x)+1}{m} - S(x).$$

因此,在死亡时刻个体 (x) 应返还额度为

$$\frac{\delta}{d^{(m)}}\,\bar{a}_{\overline{(J(x)+1)/m - S(x)}|}.$$

此种在死亡时刻年金领取人返还部分年金给付额的年金,称之为**比例期初生存年金**,其现值

$$\begin{aligned}
Y &= \ddot{a}^{(m)}_{\overline{K(x)+(J(x)+1)/m}|} - v^{T(x)}\frac{\delta}{d^{(m)}}\,\bar{a}_{\overline{(J(x)+1)/m - S(x)}|} \\
&= \frac{1-v^{K(x)+(J(x)+1)/m}}{d^{(m)}} - v^{T(x)}\frac{1-v^{(J(x)+1)/m - S(x)}}{d^{(m)}} \\
&= \frac{1-v^{T(x)}}{d^{(m)}} = \frac{\delta}{d^{(m)}}\,\bar{a}_{\overline{T(x)}|}.
\end{aligned} \tag{5.6.4}$$

比例期初生存年金的年金给付额的精算现值记为 $\ddot{a}_x^{\{m\}}$.

由(5.6.4)可以看出,比例期初生存年金实际上相当于给付率为 $\dfrac{\delta}{d^{(m)}}$ 的连续生存年金.

保险期限为 n 年的比例期初生存年金的精算现值记为 $\ddot{a}^{\{m\}}_{x:\overline{n}|}$.

结论 5.6.3 下面关系式成立:

$$\ddot{a}^{\{m\}}_{x:\overline{n}|} = \frac{\delta\,\overline{a}_{x:\overline{n}|}}{d^{(m)}}, \quad \ddot{a}^{\{m\}}_{x} = \frac{\delta\,\overline{a}_{x}}{d^{(m)}}.$$

证明 我们只证明后一等式.由等式(5.6.4),知

$$\ddot{a}^{\{m\}}_{x} = E(Y) = E\,\frac{\delta\,\overline{a}_{\overline{T(x)}|}}{d^{(m)}} = \frac{\delta\,\overline{a}_{x}}{d^{(m)}}.$$

证毕.

例 5.6.3 证明:在每一年龄年 UDD 假设下,

$$\ddot{a}^{\{m\}}_{x} = \ddot{a}^{(m)}_{x} - \frac{i}{d^{(m)}}\left(\frac{1}{\delta} - \frac{1}{i^{(m)}}\right)A_{x}.$$

证明 利用等式(5.6.4),知

$$\ddot{a}^{\{m\}}_{x} = E\left(\frac{1 - v^{K(x)+(J(x)+1)/m}}{d^{(m)}} - v^{T(x)}\frac{1 - v^{(J(x)+1)/m - S(x)}}{d^{(m)}}\right)$$

$$= \ddot{a}^{(m)}_{x} - E\,\frac{v^{T(x)} - v^{K(x)+(J(x)+1)/m}}{d^{(m)}}$$

$$= \ddot{a}^{(m)}_{x} - \frac{\overline{A}_{x} - A^{(m)}_{x}}{d^{(m)}}. \tag{5.6.5}$$

将 $\quad \overline{A}_{x} = \dfrac{i}{\delta}A_{x}$ 及 $A^{(m)}_{x} = \dfrac{\delta}{i^{(m)}}\overline{A}_{x} = \dfrac{i}{i^{(m)}}A_{x}$

代入(5.6.5)式,得

$$\ddot{a}^{\{m\}}_{x} = \ddot{a}^{(m)}_{x} - \frac{i}{d^{(m)}}\left(\frac{1}{\delta} - \frac{1}{i^{(m)}}\right)A_{x}.$$

例 5.6.4 证明:

$$\mathrm{var}(Y) = \frac{{}^{2}\overline{A}_{x} - (\overline{A}_{x})^{2}}{(d^{(m)})^{2}}.$$

证明 由 Y 的表示式(5.6.4),知

$$\mathrm{var}(Y) = \mathrm{var}\left(\frac{1 - v^{T}}{d^{(m)}}\right) = \frac{\mathrm{var}(v^{T})}{(d^{(m)})^{2}} = \frac{{}^{2}\overline{A}_{x} - (\overline{A}_{x})^{2}}{(d^{(m)})^{2}}.$$

5.6.3 完全期末生存年金

在 5.6.1 小节介绍了每年给付 m 次的期末生存年金. 年金在每个区间末的给付,可以认为是对个体在整个区间生存的给付. 对于年金领取人,在死亡区间内已生存了部分的时间,但个体未得到这段时间的生存给付. 下面我们考虑给付个体从死亡区间初到死亡时刻这段时间年金的情况.

在每区间末给付的 $\frac{1}{m}$ 元,若在此区间内以给付率 r 连续给付,则有

$$\frac{1}{m} = r\,\bar{s}_{\overline{1/m}|}.$$

可求得连续给付率

$$r = \frac{1}{m\,\bar{s}_{\overline{1/m}|}} = \frac{1}{m\,\dfrac{(1+i)^{1/m}-1}{\delta}} = \frac{\delta}{i^{(m)}}.$$

在死亡发生的区间内,区间初到死亡时刻的时间长度为

$$T(x) - K(x) - \frac{J(x)}{m} = S(x) - \frac{J(x)}{m}.$$

因此,应提供年金领取人的额度为

$$\frac{\delta}{i^{(m)}}\,\bar{s}_{\overline{S(x)-J(x)/m}|}.$$

这种在死亡时刻额外给付年金领取人一定数额的生存年金,称之为**完全期末生存年金**,年金给付额的精算现值记为 $\overset{\circ}{a}_x^{(m)}$.

根据前面的讨论,完全期末生存年金的现值

$$\begin{aligned}
Z &= a^{(m)}_{\overline{K(x)+J(x)/m}|} + v^{T(x)}\,\frac{\delta\,\bar{s}_{\overline{S(x)-J(x)/m}|}}{i^{(m)}} \\
&= \frac{1 - v^{K(x)+J(x)/m}}{i^{(m)}} + v^{T(x)}\,\frac{v^{J(x)/m - S(x)} - 1}{i^{(m)}} \\
&= \frac{1 - v^T}{i^{(m)}} = \frac{\delta}{i^{(m)}}\,\bar{a}_{\overline{T(x)}|}.
\end{aligned} \tag{5.6.6}$$

n 年期完全期末生存年金的精算现值记为 $\overset{\circ}{a}_{x:\overline{n}|}^{(m)}$.

由(5.6.6)易证下面的结论：

结论 5.6.4 下面的公式

$$\mathring{a}_{x:\overline{n}|}^{(m)} = \frac{\delta\, \bar{a}_{x:\overline{n}|}}{i^{(m)}}$$

成立.

例 5.6.5 比较(5.6.4)中比例期初生存年金的现值 Y 的方差和(5.6.6)中完全期末生存年金的现值 Z 的方差的大小.

解 由前面(5.6.4)式及(5.6.6)式,知

$$\mathrm{var}(Y) = \frac{\delta^2}{(d^{(m)})^2}\mathrm{var}(\bar{a}_{T(x)|}),$$

$$\mathrm{var}(Z) = \frac{\delta^2}{(i^{(m)})^2}\mathrm{var}(\bar{a}_{T(x)|}).$$

由 $i^{(m)} \geqslant d^{(m)}$,知

$$\mathrm{var}(Y) \geqslant \mathrm{var}(Z).$$

例 5.6.6 已知 $\ddot{a}_{x:\overline{n}|}^{(2)} = 10.25$, $\delta = 0.10$,计算 $\mathring{a}_{x:\overline{n}|}^{(2)}$.

解 由已知条件,可得

$$\mathring{a}_{x:\overline{n}|}^{(2)} = \frac{\delta\, \bar{a}_{x:\overline{n}|}}{i^{(2)}} = \frac{d^{(2)}\ddot{a}_{x:\overline{n}|}^{(2)}}{i^{(2)}} = \frac{2(1-\mathrm{e}^{-0.1\times 0.5})10.25}{2(\mathrm{e}^{0.10\times 0.5}-1)}$$

$$= \frac{0.048771\times 10.25}{0.051271} = 9.75.$$

§5.7 年金模型在金融中的应用

本节讨论年金模型在金融中的应用,主要分三个模型来介绍:
(1) 考虑债券发行人违约风险的债券模型;
(2) 考虑债券发行人早赎风险的债券模型;
(3) 考虑借贷者提前还贷风险的贷款模型.

5.7.1 包含违约风险的债券模型

考虑一种只包含违约风险的债券模型,债券发行人违约后,不再向债券持有人支付后面的利息及本金.

记债券发行者违约的时刻为 T. 下面以一种 10 年期债券为例来说明. 债券发行者每年年底给付债券持有人利息 C 元, 在第 10 年底再额外给付面值 M 元. 假若债券发行人违约, 则不再向债券持有人支付后面的利息及本金. 可以将违约的时刻 T 看做新生儿的寿命, 记 ${}_tp_0 = P(T>t)$. 这里假设 T 的密度函数存在. 记 K 为 T 的整数部分.

设债券的收益率为 i, 则债券发行人对债券持有人给付额的现值为

$$Y = \begin{cases} Ca_{\overline{K}|}, & T < 10; \\ Ca_{\overline{10}|} + \dfrac{M}{(1+i)^{10}}, & T \geqslant 10, \end{cases}$$

因此债券价格 P 为 Y 的精算现值

$$P = E(Y) = \sum_{n=1}^{10} C(1+i)^{-n} {}_np_0 + M(1+i)^{-10} {}_{10}p_0.$$

例 5.7.1 在前面的模型中, 给定违约时刻 T 的生存分布

$$P(T>t) = e^{-\lambda t}, \quad 10 > t > 0$$

及 $M = 1000$, $C = 70$, $e^{-10\lambda} = 0.98$. 债券收益率为 $i = 0.06$. 计算债券的价格.

解 定义 j 满足

$$1 + j = (1+i)e^{\lambda} = 1.06(0.98)^{-1/10} = 1.06214,$$

则债券的价格为

$$\begin{aligned} P &= \sum_{n=1}^{10} C(1+i)^{-n} e^{-\lambda n} + 1000(1+i)^{-10} e^{-10\lambda} \\ &= \sum_{n=1}^{10} 70(1+j)^{-n} + 1000(1+j)^{-10} \\ &= 70 a_{\overline{10}|\,0.06214} + 1000(1.06214)^{-10} = 1057.24 (\text{元}). \end{aligned}$$

5.7.2 包含早赎风险的债券模型

考虑只包含债券发行人早赎风险的债券模型, 不考虑债券发行人违约风险, 债券发行人可以提前按约定的价格收回债券.

我们针对上一小节例子来讨论, 假设 $M = 1000$ 元, $C = 70$ 元.

设债券发行人早赎可发生在第 6 年、第 8 年. 在第 6 年早赎时,债券发行人一次性支付债券持有人 1020 元,以后不再给付. 在第 8 年早赎时,一次性支付 1010 元.

记债券的早赎时刻为 K,债券收益率为 i,则债券的现值为
$$Y = \begin{cases} 70a_{\overline{6}|i} + 1020(1+i)^{-6}, & K = 6; \\ 70a_{\overline{8}|i} + 1010(1+i)^{-8}, & K = 8; \\ 70a_{\overline{10}|i} + 1000(1+i)^{-10}, & K = 10. \end{cases}$$

债券的价格为 $E(Y)$. 当债券收益率为 $i=6\%$ 及假设
$$P(K=6) = 0.15, \quad P(K=8) = 0.25$$
时,可计算债券的价格
$$\begin{aligned} P = E(Y) &= 1063.27 \times 0.15 + 1068.37 \times 0.25 \\ &\quad + 1073.60 \times 0.60 \\ &= 1070.74(\text{元}). \end{aligned}$$

5.7.3 考虑提前还贷风险的贷款模型

考虑一笔分 n 期返还的贷款,借款人在每期的期末偿还相同的额度 P,n 期后还清. 每期贷款的利率为 i,则贷款总额为
$$L = Pa_{\overline{n}|i}.$$

现在考虑借款人提前还贷的情况,用 K 表示借款人提前还贷的时间. 则 $P(K>m)$ 表示在 m 期(包括 m 期)前未发生提前还贷的概率. 设贷款的每期收益率为 j,则借款人还贷额的现值为
$$Y = \begin{cases} Pa_{\overline{K}|j} + Pa_{\overline{n-K}|i}(1+j)^{-K}, & K \leqslant n-1, \\ Pa_{\overline{n}|j}, & K \geqslant n, \end{cases}$$
借款人还贷额的精算现值为 $E(Y)$.

记 $_mp_0 = P(K>m)$,$q_{m-1} = P(K=m-1|K\geqslant m-1)$,$m=1,2,\cdots,n$.

在实际中,考虑每月月底还贷的情况,关于 K 的分布常用的有两种模型:

CPR 模型:假设每月提前还贷的概率相同,即 $q = q_0, q_1, \cdots$. 记
$$1 - \text{CPR} = (1-q)^{12},$$
则 CPR 代表每年发生提前还贷的概率. K 的概率分布可表示为

$$P(K=k) = p_0 p_1 \cdots p_{k-2}\, q_{k-1} = (1-q)^{k-1} q;$$

PSA 模型：概率满足

$$(1-q_k)^{12} = 1 - 0.002(k+1), \quad k=0,1,\cdots,29$$

及

$$q_{29} = q_{30} = \cdots.$$

例 5.7.2 一笔三个月期的贷款，每月月底还贷 1 元. 月贷款利率 $i=0.01$.

(1) 计算贷款总额；

(2) 利用 CPR 模型，计算 Y 的分布. 其中 $q=0.2, j=0.015$；

(3) 计算 $E(Y), \mathrm{var}(Y)$.

解 (1) 贷款总额为

$$L = a_{\overline{3}|0.01} = 2.940985.$$

(2) 在不同的提前还贷月，现值为

$$Y = \begin{cases} a_{\overline{1}|0.015} + a_{\overline{2}|0.01}/1.015 = 2.926498, & K=1, \\ a_{\overline{2}|0.015} + a_{\overline{1}|0.01}/1.015^2 = 2.916347, & K=2, \\ a_{\overline{3}|0.015} = 2.912200, & K=3. \end{cases}$$

根据 CPR 模型，

$$P(K=1) = q = 0.2,$$
$$P(K=2) = (1-q)q = 0.8 \times 0.2 = 0.16,$$
$$P(K \geqslant 3) = (1-q)(1-q) = 0.8^2 = 0.64.$$

因此对应的概率分布为

$$P(Y=2.926498) = P(K=1) = 0.2,$$
$$P(Y=2.916347) = P(K=2) = 0.16,$$
$$P(Y=2.912200) = P(K \geqslant 3) = 0.64.$$

(3) 由(2)的结果，可计算出

$$E(Y) = 2.915817, \quad E(Y^2) = 8.502022,$$

所以

$$\mathrm{var}(Y) = E(Y^2) - (E(Y))^2 = 0.000031.$$

§5.8 精算实务中精算现值的计算方法

本节介绍利用 Excel 计算生存年金精算现值的方法.

5.8.1 期初生存年金

类似于上一章 §4.10 的讨论,生存年金的精算现值的计算可以采用下面的公式:

$$\ddot{a}_{x:\overline{n}|} = \frac{\sum_{k=x}^{x+n-1} l_k v^k}{l_x v^x};$$

生存保险的精算现值则可采用下面的公式:

$$_nE_x = \frac{l_{x+n} v^{x+n}}{l_x v^x}.$$

表 5.1 是根据 CL93M 计算的 $\ddot{a}_{x:\overline{n}|}$ 结果,选取利率 $i=0.025$. 表 5.2 是根据 CL93M 计算的 $_nE_x$ 的结果,利率 $i=0.025$.

表 5.1 基于 CL93M 计算的 $\ddot{a}_{x:\overline{n}|}$ 值(利率 $i=0.025$)

年龄 x	年金期限 n				
	10	20	30	60	终身
0	8.9057	15.8128	21.1610	30.8151	33.7006
1	8.9214	15.8449	21.2042	30.8530	33.6203
2	8.9319	15.8652	21.2309	30.8626	33.5080
3	8.9390	15.8781	21.2473	30.8531	33.3745
4	8.9441	15.8859	21.2566	30.8293	33.2254
5	8.9476	15.8901	21.2609	30.7940	33.0641
6	8.9500	15.8915	21.2615	30.7486	32.8927
7	8.9513	15.8909	21.2590	30.6943	32.7126
8	8.9517	15.8885	21.2540	30.6314	32.5247
9	8.9512	15.8847	21.2469	30.5601	32.3296
10	8.9498	15.8798	21.2379	30.4806	32.1279
11	8.9477	15.8739	21.2274	30.3929	31.9200

(续表)

年龄 x	年金期限 n				
	10	20	30	60	终身
12	8.9450	15.8675	21.2157	30.2973	31.7067
13	8.9420	15.8610	21.2034	30.1942	31.4888
14	8.9390	15.8549	21.1911	30.0841	31.2672
15	8.9363	15.8496	21.1793	29.9672	31.0426
16	8.9341	15.8454	21.1683	29.8437	30.8154
17	8.9327	15.8425	21.1580	29.7130	30.5856
18	8.9319	15.8405	21.1481	29.5745	30.3528
19	8.9318	15.8393	21.1381	29.4270	30.1162
20	8.9322	15.8384	21.1273	29.2694	29.8748
21	8.9328	15.8372	21.1149	29.1004	29.6277
22	8.9335	15.8354	21.1002	28.9191	29.3742
23	8.9342	15.8325	21.0825	28.7247	29.1135
24	8.9345	15.8283	21.0614	28.5166	28.8453
25	8.9345	15.8224	21.0363	28.2945	28.5692

表 5.2 基于 CL93M 计算的 $_nE_x$ 值 ($i=0.025$)

年龄 x	生存保险期限 n			
	10	20	30	60
0	0.7718	0.5988	0.4632	0.1940
1	0.7738	0.6000	0.4642	0.1919
2	0.7751	0.6006	0.4647	0.1895
3	0.7760	0.6010	0.4650	0.1867
4	0.7766	0.6011	0.4650	0.1835
5	0.7769	0.6011	0.4649	0.1801
6	0.7770	0.6011	0.4647	0.1763
7	0.7769	0.6009	0.4643	0.1723
8	0.7766	0.6007	0.4639	0.1679
9	0.7763	0.6005	0.4633	0.1631
10	0.7758	0.6002	0.4627	0.1581
11	0.7754	0.5999	0.4619	0.1527
12	0.7749	0.5995	0.4611	0.1470
13	0.7744	0.5992	0.4602	0.1409

(续表)

年龄 x	生存保险期限 n			
	10	20	30	60
14	0.7741	0.5988	0.4592	0.1346
15	0.7738	0.5984	0.4581	0.1280
16	0.7736	0.5981	0.4569	0.1211
17	0.7735	0.5977	0.4556	0.1140
18	0.7735	0.5973	0.4542	0.1066
19	0.7736	0.5969	0.4527	0.0991
20	0.7736	0.5964	0.4510	0.0915
21	0.7737	0.5958	0.4491	0.0838
22	0.7737	0.5951	0.4470	0.0761
23	0.7737	0.5942	0.4446	0.0685
24	0.7736	0.5932	0.4419	0.0610
25	0.7734	0.5920	0.4389	0.0537

5.8.2 每年给付 m 次的期初生存年金

设在每一年龄年 UDD 假设成立. $\ddot{a}_{x:\overline{n}|}^{(m)}$ 的计算可采用下面的公式:

$$\ddot{a}_{x:\overline{n}|}^{(m)} = \alpha(m)\ddot{a}_{x:\overline{n}|} - \beta(m)(1 - {}_nE_x).$$

对于不同的利率水平及不同的区间数,表 5.3 给出了 $\alpha(m),\beta(m)$ 的数值.

表 5.3(a)　$\alpha(m)$ 数值表

利率 i	区间数 m					
	2	3	4	6	12	24
0.01	1.000006	1.000007	1.000008	1.000008	1.000008	1.000008
0.02	1.000025	1.000029	1.000031	1.000032	1.000032	1.000033
0.03	1.000055	1.000065	1.000068	1.000071	1.000072	1.000073
0.04	1.000096	1.000114	1.000120	1.000125	1.000127	1.000128
0.05	1.000149	1.000176	1.000186	1.000193	1.000197	1.000198
0.06	1.000212	1.000252	1.000265	1.000275	1.000281	1.000282
0.07	1.000286	1.000339	1.000358	1.000371	1.000379	1.000381
0.025	1.000038	1.000045	1.000048	1.000049	1.000050	1.000051

表 5.3(b)　$\beta(m)$ 数值表

利率 i	区间数 m					
	2	3	4	6	12	24
0.01	0.251247	0.334811	0.376559	0.418283	0.459984	0.480826
0.02	0.252488	0.336282	0.378110	0.419891	0.461627	0.482478
0.03	0.253722	0.337745	0.379653	0.421492	0.463262	0.484121
0.04	0.254951	0.339201	0.381189	0.423085	0.464889	0.485757
0.05	0.256174	0.340650	0.382717	0.424670	0.466508	0.487384
0.06	0.257391	0.342093	0.384239	0.426248	0.468120	0.489004
0.07	0.258602	0.343529	0.385753	0.427818	0.469723	0.490617
0.025	0.253106	0.337014	0.378882	0.420693	0.462446	0.483300

根据 $\ddot{a}_{x:\overline{n}|}$ 及 $_nE_x$ 的计算结果,可以计算出 $\ddot{a}_{x:\overline{n}|}^{(m)}$. 表 5.4 是根据 CL93M 计算的 $\ddot{a}_{x:\overline{n}|}^{(6)}$ 结果,利率 $i=0.025$.

表 5.4　$\ddot{a}_{x:\overline{n}|}^{(6)}$ 的数值表($i=0.025$)

年龄 x	生存年金期限 n				
	10	20	30	60	终身
0	8.8101	15.6448	20.9362	30.4776	33.2816
1	8.8267	15.6774	20.9799	30.5146	33.2012
2	8.8377	15.6980	21.0068	30.5232	33.0890
3	8.8453	15.7110	21.0232	30.5125	32.9555
4	8.8506	15.7189	21.0326	30.4873	32.8063
5	8.8542	15.7231	21.0369	30.4505	32.6450
6	8.8566	15.7245	21.0373	30.4037	32.4736
7	8.8579	15.7238	21.0347	30.3476	32.2935
8	8.8582	15.7213	21.0295	30.2828	32.1056
9	8.8575	15.7175	21.0221	30.2096	31.9105
10	8.8560	15.7124	21.0129	30.1279	31.7088
11	8.8537	15.7064	21.0021	30.0380	31.5009
12	8.8508	15.6999	20.9900	29.9400	31.2876
13	8.8476	15.6932	20.9774	29.8343	31.0697
14	8.8444	15.6869	20.9647	29.7215	30.8480
15	8.8415	15.6815	20.9524	29.6019	30.6234
16	8.8393	15.6771	20.9408	29.4754	30.3962

(续表)

年龄 x	生存年金期限 n				
	10	20	30	60	终身
17	8.8378	15.6740	20.9300	29.3417	30.1664
18	8.8371	15.6719	20.9195	29.2001	29.9336
19	8.8370	15.6705	20.9089	29.0495	29.6970
20	8.8374	15.6694	20.8974	28.8886	29.4556
21	8.8381	15.6680	20.8842	28.7164	29.2085
22	8.8388	15.6658	20.8686	28.5318	28.9550
23	8.8394	15.6626	20.8499	28.3342	28.6943
24	8.8397	15.6579	20.8277	28.1229	28.4260
25	8.8396	15.6515	20.8013	27.8978	28.1499

习 题 五

1. 设 $v^{k+j/m}{}_{k+j/m}p_x$ 是 $j=0,1,2,\cdots,m-1$ 的线性函数,即

$$v^{k+j/m}{}_{k+j/m}p_x = \left(1-\frac{j}{m}\right)v^k{}_kp_x + \frac{j}{m}v^{k+1}{}_{k+1}p_x.$$

证明: $\ddot{a}_x^{(m)} = \ddot{a}_x - \frac{m-1}{2m}$.

2. 证明: $\text{var}(\bar{a}_{\overline{T|}}) = \dfrac{2(\bar{a}_x - {}^2\bar{a}_x)}{\delta} - (\bar{a}_x)^2$.

3. 证明: 对个体的极限年龄 w, 有

$$\bar{a}_x = \bar{a}_{\overline{w-x|}} - \int_x^w e^{-\delta(y-x)}\bar{a}_y\mu(y)dy.$$

4. 给定死亡力 $\mu(x+t)=\mu$, 利息力 δ, 分别求给付率为 1 的 n 年期生存年金、终身生存年金、n 年确定期生存年金及延期 n 年的生存年金的给付额现值的分布函数.

5. 证明下面三式成立:

$$a_{x:\overline{n|}} = {}_1E_x \ddot{a}_{x+1:\overline{n|}}; \quad {}_{n|}a_x = \frac{A_{x:\overline{n|}} - A_x}{d} - {}_nE_x;$$

$$A_{x:\overline{n|}} = v\ddot{a}_{x:\overline{n|}} - a_{x:\overline{n-1|}}.$$

6. 证明: ${}^2A_x = 1 - (2d-d^2){}^2\ddot{a}_x$, 以及

$$\text{var}(v^{K+1}) = 2d(\ddot{a}_x - {}^2\ddot{a}_x) - d^2((\ddot{a}_x)^2 - {}^2\ddot{a}_x),$$

$$\text{var}(\ddot{a}_{\overline{K+1|}}) = \frac{2}{d}(\ddot{a}_x - {}^2\ddot{a}_x) - ((\ddot{a}_x)^2 - {}^2\ddot{a}_x).$$

7. 在每一年龄年 UDD 假设下，下面哪个结论正确？

$$\overline{A}_x = \frac{i}{\delta} - \frac{(i-d)\ddot{a}_x}{\delta}; \quad \overline{A}_{x:\overline{n|}} = \frac{i}{\delta} A_{x:\overline{n|}};$$

$$(\overline{I}\,\overline{A})_x = \frac{i}{\delta}(IA)_x.$$

8. 某群体由年龄为 x 岁的个体组成，男女的比例相同．利息力 $\delta = 0.10$．对于男性有

$$\overline{A}_x = 0.15, \quad \text{var}(\overline{a}_{\overline{T|}}) = 5.00;$$

对女性有

$$\overline{A}_x = 0.09, \quad \text{var}(\overline{a}_{\overline{T|}}) = 4.00.$$

对一个随机抽取的个体，计算 $\overline{a}_x$, $\text{var}(\overline{a}_{\overline{T|}})$．

9. 给定

$$\mu(x+t) = \frac{-0.24}{\ln(0.4)}, \quad t \geqslant 0; \quad \delta = 0.03.$$

计算 $\overline{a}_{\overline{T|}}$ 超过 2 的概率．

10. 给定

$$s(x) = 1 - \frac{x}{80}, \quad 0 \leqslant x \leqslant 80; \quad i = 0.05.$$

对于一 0 岁的个体，$Y = \ddot{a}_{\overline{(K+1)\wedge 3|}}$．计算 $\text{var}(Y)$．

对题 11~27，在每题给出的 5 个选项中，只有一项是正确的，把所选项前的字母填在题后括号内：

11. 计算 $\text{cov}(\overline{a}_{\overline{T|}}, v^T)$．在下面给出的 5 个答案中，选出正确的是（　　）

(A) $\dfrac{\overline{A}_x^2 - {}^2\overline{A}_x}{\delta}$;　　(B) $\overline{A}_x^2 - {}^2\overline{A}_x$;　　(C) 0;

(D) ${}^2\overline{A}_x - \overline{A}_x^2$;　　(E) $\dfrac{{}^2\overline{A}_x - \overline{A}_x^2}{\delta}$.

12. 给付个体 (x) 三年期的期初生存年金，给付额及生存概率如下表所示．贴现因子 $v=0.9$，给付额的精算现值为 K．计算实际给付额的现值超过 K 的概率．正确结果是（　　）．

t	给付额	p_{x+t}
0	1	0.80
1	2	0.75
2	3	0.50

(A) 0.3;　　　(B) 0.4;　　　(C) 0.5;
(D) 0.6;　　　(E) 0.7.

13. 给付个体(x)三年期期初生存年金,给付额及生存概率如下表所示.贴现因子$v=0.9$,计算给付额的现值的方差.正确结果是( ).

t	给付额	p_{x+t}
0	2	0.80
1	3	0.75
2	4	0.50

(A) 5.4;　　　(B) 5.5;　　　(C) 5.6;
(D) 5.7;　　　(E) 5.8.

14. 已知:
(1) $\mu(x)$为标准生命表中x岁时的死亡力;
(2) $\mu^1(x)$为一特殊生命表中x岁时的死亡力;
(3) δ是使用标准生命表计算时采用的利息力;
(4) δ^1是使用特殊生命表计算时采用的利息力;
(5) $\delta = \dfrac{\delta^1}{3}$; $\bar{a}_x = \bar{a}_x^1$, $x > 0$.

使用$\mu(x)$表示$\mu^1(x)$,正确的表示是( ).

(A) $\dfrac{\mu(x)}{3}$;　　(B) $\dfrac{\mu(x)}{2}$;　　(C) $\mu(x) - \delta$;
(D) $\mu(x) - 2\delta$;　　(E) $\mu(x) - 3\delta$.

15. 给定

$$\mathrm{var}(\bar{a}_{\overline{T}|}) = \frac{100}{9}$$

及
$$\mu(x+t) = k, \quad t > 0,$$

利息力$\delta = 4k$.计算k.正确的结果是( ).

(A) 0.005;   (B) 0.010;   (C) 0.015;
(D) 0.020;   (E) 0.025.

16. 给定下表,计算 $\ddot{a}_{x:\overline{4}|}$. 正确的结果是( ).

k	$\ddot{a}_{\overline{k}|}$	$_{k-1|}q_x$
1	1.00	0.33
2	1.93	0.24
3	2.80	0.16
4	3.62	0.11

(A) 1.6;   (B) 1.8;   (C) 2.0;
(D) 2.2;   (E) 2.4.

17. 给定 $\ddot{a}_{\infty}^{(4)} = 17.287$, $A_x = 0.1025$. 已知在每一年龄年 UDD 假设成立. 计算 $\ddot{a}_x^{(4)}$. 正确的结果是( ).

(A) 15.48;   (B) 15.51;   (C) 15.75;
(D) 15.82;   (E) 15.86.

18. 对于个体(x)的延期 5 年的期初生存年金,年金每年给付一次,每次给付 1 元. 给定

$$\mu(x+t) = 0.01, \quad i = 0.04, \quad \ddot{a}_{x:\overline{5}|} = 4.542,$$

年金给付总额为 S 元(不计利息). 计算 $P(S >\ _{5|}\ddot{a}_x)$. 正确的结果是( ).

(A) 0.81;   (B) 0.82;   (C) 0.83;
(D) 0.84;   (E) 0.85.

第 19 至 21 题的题目条件:设 Y 为个体(40)延期 10 年的期初生存年金的现值,年金每年给付一次,每次给付 1 元. 此个体的终身寿险,在死亡年度末给付死亡保险金 1 元, Z_1 为保险人给付额的现值. 此个体的 10 年期生死合险,保额为 1 元,死亡给付在死亡的保单年度末进行, Z_2 为保险人给付额的现值. 已知

$$i = 0.05, \quad _{10|}A_{40} = 0.178809, \quad A_{40} = 0.20799,$$
$$^2A_{40} = 0.06741, \quad ^2A_{50} = 0.12446,$$
$$v^{10}\ _{10}p_{40} = 0.590041, \quad \ddot{a}_{50} = 14.636060.$$

19. 利用 Z_1 和 Z_2 来表示 Y. 正确的表示是( ).

(A) Z_1+2Z_2; (B) Z_1-Z_2; (C) Z_2-Z_1;
(D) $21(Z_1-Z_2)$; (E) $21(Z_2-Z_1)$.

20. 计算 $E(Z_1Z_2)$. 正确的结果是( ).
(A) 0.13; (B) 0.14; (C) 0.15;
(D) 0.16; (E) 0.17.

21. 计算 $E(Y^2)$. 正确的结果是( ).
(A) 70; (B) 74; (C) 75;
(D) 79; (E) 83.

第 22 至 24 题的题目条件：一个 20 年期的附息债券,每年底支付 60 元的息票,到期支付 1000 元的面值. 假设债券存在违约的可能,记违约时刻为 T, 假设 T 服从参数 0.01 的指数分布,即有密度函数 $0.01e^{-0.01t}$, $t>0$.

22. 计算在 20 年内违约的概率. 正确的结果是( ).
(A) 0.01; (B) 0.18; (C) 0.20;
(D) 0.22; (E) 0.24.

23. Y 是以收益率 $j=0.07$ 来计算的债券的现金流的现值. 计算 $E(Y)$. 结果正确的是( ).
(A) 750; (B) 775; (C) 800;
(D) 825; (E) 850.

24. 若债券的现金流的精算现值为 1000, 计算相应的收益率. 所得结果是( ).
(A) 0.0495; (B) 0.0515; (C) 0.0545;
(D) 0.0575; (E) 0.0600.

第 25 至 27 题的题目条件：一个 15 年期的贷款,额度为 100000 元,分 15 年还清,在每月月底偿还. 贷款利率 $i^{(12)}=0.09$. 提前还贷的时间随机变量 K (以月来计算) 满足 CPR 模型, CPR = 0.113615128. Y 是以收益率 $i^{(12)}=0.12$ 来计算的还贷现金流的现值.

25. 若 $K=25$, 计算 Y. 正确的结果是( ).
(A) 92287; (B) 93329; (C) 94671;
(D) 95128; (E) 97143.

26. 计算概率 $P(K=k)$. 正确的结果是（　　）.
(A) $0.886^{k-1}(0.114)$；　　(B) $0.886^k(0.114)$；
(C) $0.886(0.114)^k$；　　(D) $0.9^{k-1}(0.1)$；
(E) $0.99^{k-1}(0.01)$.

27. 下面哪个等式为 $E(Y)$？$E(Y)=($　　$)$.
(A) $1200.17\sum_{k=1}^{179}(a_{\overline{k}|0.01}+a_{\overline{180-k}|0.0075}1.01^{-k})0.99^{k-1}0.01$
$+12986$；
(B) $1200.17\sum_{k=1}^{179}(a_{\overline{k}|0.0075}+a_{\overline{180-k}|0.0075}1.01^{-k})0.99^k+11.384$；
(C) $1014.27\sum_{k=1}^{179}(a_{\overline{k}|0.0075}+a_{\overline{180-k}|0.0075}1.01^{-k})0.99^{k-1}0.01$
$+13983$；
(D) $10.1427\sum_{k=1}^{179}(a_{\overline{k}|0.01}+a_{\overline{180-k}|0.0075}1.01^{-k})0.99^{k-1}$
$+13983$；
(E) $1014.27\sum_{k=1}^{179}(a_{\overline{k}|0.01}+a_{\overline{180-k}|0.0075}1.01^{-k})0.99^{k-1}$
$+13983$.

第六章 多生命模型的精算现值

§6.1 引　言

在第二章多生命模型的基础上，本章介绍多生命模型的有关寿险和生存年金的精算现值理论. 这里我们主要针对由两个个体组成的群体来讨论.

用 (u) 表示一个多生命群体，如：可代表联合生存状态 (xy)，也可以代表最后生存者状态 $(\overline{xy})$. 第一章关于单生命模型的一些结论，在多生命模型下仍然成立. 下面列出部分结果：

$$\ddot{a}_{u:\overline{n}|} = \sum_{k=0}^{n-1} v^k {}_k p_u, \quad \ddot{a}_{u:\overline{n}|} = \frac{1 - A_{u:\overline{n}|}}{d},$$

$$\overline{A}_{u:\overline{n}|} + \delta\,\bar{a}_{u:\overline{n}|} = 1,$$

$$\mathrm{var}(\ddot{a}_{\overline{(K(u)+1)\wedge n|}}) = \frac{{}^2A_{u:\overline{n}|} - (A_{u:\overline{n}|})^2}{d^2},$$

$$\overline{A}_u = \int_0^\infty v^t {}_t p_u \mu_u(t) \mathrm{d}t, \quad \mathrm{var}(v^{T(u)}) = {}^2\overline{A}_u - (\overline{A}_u)^2,$$

$$\bar{a}_u = \int_0^\infty v^t {}_t p_u \mathrm{d}t, \quad \mathrm{var}(\bar{a}_{\overline{T(u)|}}) = \frac{{}^2\overline{A}_u - (\overline{A}_u)^2}{\delta^2}.$$

但多生命模型的有些结论与单生命模型时的不同，希望读者注意. 在单生命模型中，有

$$_t p_x = {}_{t-s}p_{x+s}\, {}_s p_x$$

成立. 在多生命模型下，对由独立的个体 (x)，(y) 组成的联合生存状态 (xy)，仍然有

$$_t p_{xy} = {}_t p_x\, {}_t p_y = {}_{t-s}p_{x+s}\, {}_s p_x\, {}_{t-s}p_{y+s}\, {}_s p_y$$

$$= {}_{t-s}p_{x+s:y+s}\, {}_s p_{xy}$$

成立. 但对最后生存者状态 $(\overline{xy})$，

$$_tp_{\overline{xy}} = {}_{t-s}p_{\overline{x-s:y-s}}\, {}_sp_{\overline{xy}}$$

不成立. 下面通过一个例子来说明. 假设寿命服从$[0,10]$上的均匀分布. 对两个年龄为 5 岁的独立个体, 有

$$_2p_{\overline{5:5}} = 1 - {}_2q_{\overline{5:5}} = 1 - \left(\frac{2}{5}\right)^2 = \frac{21}{25},$$

$$_1p_{\overline{5:5}} = 1 - {}_1q_{\overline{5:5}} = 1 - \left(\frac{1}{5}\right)^2 = \frac{24}{25},$$

$$_1p_{\overline{6:6}} = 1 - {}_1q_{\overline{6:6}} = 1 - \left(\frac{1}{4}\right)^2 = \frac{15}{16}.$$

但

$$_1p_{\overline{5:5}}\, {}_1p_{\overline{6:6}} = \frac{24}{25} \cdot \frac{15}{16} \neq {}_2p_{\overline{5:5}}.$$

§6.2 给出多生命模型的一些精算表示法. §6.3 讨论单生命模型与多生命模型的精算现值之间的关系. §6.4 介绍一种新的年金: 继承年金. §6.5 在一些特殊的假设下讨论多生命模型的性质.

§6.2 精算表示法

本节介绍多生命模型中寿险和生存年金的一些精算表示法.

6.2.1 寿险

多生命模型中寿险的一些精算现值的表示法与单生命模型中的类似, 如: 在(xy)死亡的年度末给付 1 元保险金的终身寿险, 保险人给付额的精算现值用 A_{xy} 表示. 在$(\overline{xy})$死亡的年度末给付 1 元保险金的终身寿险, 保险人给付额的精算现值用 $A_{\overline{xy}}$ 来表示. 除此以外, 在死亡后立即给付的终身寿险的精算现值有下面的表示法: $\overline{A}_{xy}$ 和 $\overline{A}_{\overline{xy}}$.

对于 n 年期寿险, 多生命模型的精算表示法, 不同于单生命模型, 它的精算表示法有下面几种: $A_{xy:\overline{n}|}^{\,1}$, $A_{xy:\overline{n}|}^{1}$ 和 $A_{xy:\overline{n}|}^{2}$, 其各自的含义为:

(1) 对联合生存状态(xy), 在其死亡年度末给付 1 元保险金时, 保险人给付额的精算现值记为 $A_{xy:\overline{n}|}^{\,1}$;

(2) 给付针对个体(x),给付期限为未来的 n 年时间. 在 n 年内,如果个体(x)先于个体(y)死亡,则在个体(x)的死亡年度末给付个体(x) 1 元保险金;如果个体(x)活过 n 年,或在 n 年内个体(y)在个体(x)前死亡,则不予给付.这种给付额的精算现值记为 $A^1_{xy:\overline{n}|}$;

(3) 给付针对个体(x),给付期限为未来的 n 年时间. 在 n 年内,若(x)后于(y)死亡,则在(x)死亡年度末给付(x) 1 元. 在 n 年内,若(x)先于(y)死亡,或(x)活至 n 年末,则不予给付.这种给付额的精算现值记为 $A^2_{xy:\overline{n}|}$.

类似的终身寿险的表示法有 A_{xy},A^1_{xy} 及 A^2_{xy}.

6.2.2 生存年金

对下面提到的年金,我们假设对每年给付一次的生存年金每次给付 1 元,对连续生存年金按给付率 1 给付.

对于联合生存状态(xy),有如下精算现值表示法:

期末终身生存年金的精算现值:a_{xy};

期初终身生存年金的精算现值:$\ddot{a}_{xy}$;

连续终身生存年金的精算现值:$\bar{a}_{xy}$.

对于最后生存者状态$(\overline{xy})$,有相应的精算现值表示法:

期末终身生存年金的精算现值:$a_{\overline{xy}}$;

期初终身生存年金的精算现值:$\ddot{a}_{\overline{xy}}$;

连续终身生存年金的精算现值:$\bar{a}_{\overline{xy}}$.

例 6.2.1 对共同扰动模型求 $\bar{a}_{\overline{xy}}$.

解 精算现值

$$\bar{a}_{\overline{xy}} = \int_0^\infty v^t {}_tp_{\overline{xy}} \mathrm{d}t.$$

将 ${}_tp_{\overline{xy}} = {}_tp_x + {}_tp_y - {}_tp_{xy}$ 代入上式,然后再将结论 2.9.1 所得到下面的等式分别代入,

$${}_tp_x = s_{T^*(x)}(t)\mathrm{e}^{-\lambda t}, \quad {}_tp_y = s_{T^*(y)}(t)\mathrm{e}^{-\lambda t},$$

$${}_tp_{xy} = s_{T^*(x)}(t)s_{T^*(y)}(t)\mathrm{e}^{-\lambda t},$$

得到

§6.2 精算表示法

$$\bar{a}_{\overline{xy}} = \int_0^\infty v^t(_tp_x + {}_tp_y - {}_tp_{xy})dt$$
$$= \int_0^\infty v^t(s_{T^*(x)}(t)e^{-\lambda t} + s_{T^*(y)}(t)e^{-\lambda t}$$
$$- s_{T^*(x)}(t)s_{T^*(y)}(t)e^{-\lambda t})dt.$$

下面我们引入一种新的年金概念：继承年金. 所谓继承年金, 指的是对于两个个体(x)和(y), 年金给付的对象是(x)和(y)其中的一个个体, 并且对其中一方的给付是以另一方死亡为前提的.

下面考虑继承年金中的一种：连续终身继承年金. 考虑针对个体(y)的给付, 这种年金是指在年金给付时刻如果个体(y)生存而个体(x)已死亡, 则连续给付个体(y)年金. 如果个体(y)在个体(x)死亡前死亡, 则个体(y)得不到任何给付. 这种连续终身继承年金, 连续给付率为 1 时的精算现值记为 $\bar{a}_{x|y}$.

对于连续继承年金, 除前面介绍的终身继承年金外, 还有下面的两种连续继承生存年金, 这两种年金的精算现值分别记为 $\bar{a}_{x:\overline{n}|y}$ 和 $\bar{a}_{x|y:\overline{n}|}$. 两种继承年金的给付都是针对个体$(y)$. 下面我们介绍这两种年金对应的给付情况：

(1) $\bar{a}_{x:\overline{n}|y}$ 对应的年金给付: 若个体(x)在未来的n年期内死亡, 则从个体(x)死亡时刻开始连续给付个体(y)终身生存年金; 若个体(x)活至n年末, 则从第$n+1$年初开始给付个体(y)生存年金. 综合上面两种情况, 知生存年金在时刻 $\min\{n, T(x)\}$ 后对个体(y)给付.

(2) $\bar{a}_{x|y:\overline{n}|}$ 对应的年金给付: 给付的区间为未来n年, 在个体(x)死亡后对个体(y)给付生存年金至n年末. 又可细分为下面两种情况：

1) 在n年内, 在个体(x)死亡时, 若个体(y)生存, 则开始给付个体(y)生存年金至 $T(y) \wedge n = \min\{T(y), n\}$, 给付区间为 $(T(x), T(y) \wedge n)$;

2) 若个体(x)活至n年末, 或个体(y)在个体(x)死亡前死亡, 则不予给付.

例 6.2.2 对于一个多生命模型的连续生存年金, 若个体(x)和

(y) 都生存,年金给付率为 1;若其中一个死亡,另一仍生存,则年金给付率为 2/3. 试表示该年金的精算现值.

解 上述的生存年金可通过如下两种给付方式的组合来获得:

方式一:两个个体都生存时,生存年金给付率为 1/3;

方式二:只要有个体生存,就按给付率 2/3 连续给付.

即:当个体 $(x),(y)$ 都生存时,方式一中年金的给付率为 1/3,方式二中年金的给付率为 2/3,两种方式的给付率之和为 1;当只有一个个体生存时,方式一中不发生给付,方式二中年金的给付率为 2/3,两种方式的给付率之和为 2/3.

方式一中年金的现值为 $\frac{1}{3}\bar{a}_{\overline{T(xy)}|}$,方式二中年金的现值为 $\frac{2}{3}\bar{a}_{\overline{T(\overline{xy})}|}$. 因此,年金给付额的现值可表示为

$$\frac{2}{3}\bar{a}_{\overline{T(\overline{xy})}|} + \frac{1}{3}\bar{a}_{\overline{T(xy)}|}.$$

两边取期望,得到对应的精算现值为

$$\frac{2}{3}\bar{a}_{\overline{xy}} + \frac{1}{3}\bar{a}_{xy}.$$

§6.3 精算现值之间的相互关系

多生命模型和单生命模型的精算现值之间有下面的关系:

结论 6.3.1 在不要求 (x) 和 (y) 独立的情况下,有

$$A_{xy} + A_{\overline{xy}} = A_x + A_y, \quad \bar{A}_{xy} + \bar{A}_{\overline{xy}} = \bar{A}_x + \bar{A}_y;$$

$$a_{xy} + a_{\overline{xy}} = a_x + a_y, \quad \bar{a}_{xy} + \bar{a}_{\overline{xy}} = \bar{a}_x + \bar{a}_y;$$

$$\ddot{a}_{xy} + \ddot{a}_{\overline{xy}} = \ddot{a}_x + \ddot{a}_y.$$

证明 利用等式

$$_tp_{xy} + {}_tp_{\overline{xy}} = {}_tp_x + {}_tp_y, \quad t \in [0,\infty)$$

易于证明各等式成立.

例 6.3.1 假设 $T(x)$ 服从参数为 $w-x=50$ 的 de Moivre 死亡力, $T(y)$ 的死亡力为常数 $\mu=1/25$,两个个体相互独立. 已知利息力为 $\delta=0.05$. 计算生存年金的精算现值 $\bar{a}_{xy}$ 和终身寿险的精算现值

$\overline{A}_{xy}$.

解 根据给出的条件得到

$$_tp_x = \frac{50-t}{50}, \quad t < 50; \quad _tp_x = 0, \quad t \geqslant 50;$$

$$_tp_y = e^{-t/25}, \quad t \geqslant 0.$$

根据联合生存状态的生存概率与单生命模型的生存概率的关系,知

$$_tp_{xy} = {}_tp_x {}_tp_y = \frac{50-t}{50} e^{-t/25}, \quad t < 50;$$

$$_tp_{xy} = 0, \quad t \geqslant 50.$$

所以生存年金的精算现值

$$\bar{a}_{xy} = \int_0^\infty v^t {}_tp_{xy} dt = \int_0^{50} e^{-0.05t} \frac{50-t}{50} e^{-t/25} dt$$

$$= \left\{ \frac{e^{-0.09t}}{-0.09} - \frac{1}{50} \left[\frac{te^{-0.09t}}{-0.09} - \frac{e^{-0.09t}}{(0.09)^2} \right] \right\} \Big|_0^{50} = 8.669.$$

再利用寿险的精算现值和生存年金的精算现值的关系,得到

$$\overline{A}_{xy} = 1 - \delta \bar{a}_{xy} = 1 - 0.05 \times 8.669 = 0.567.$$

结论 6.3.2 设 (x) 与 (y) 独立,则

(1) $\mathrm{cov}(v^{T(xy)}, v^{T(\overline{xy})}) = (\overline{A}_x - \overline{A}_{xy})(\overline{A}_y - \overline{A}_{xy})$;

(2) $\overline{A}_{xy}^1 = \int_0^\infty v^s {}_sp_y {}_sp_x \mu(x+s) ds, \quad \overline{A}_{xy}^2 = \int_0^\infty v^s {}_sq_y {}_sp_x \mu(x+s) ds$;

(3) $\overline{A}_{xy}^2 + \overline{A}_{xy}^1 = \overline{A}_x$.

证明 (1) 据结论 6.3.1,

$$\overline{A}_{\overline{xy}} = \overline{A}_x + \overline{A}_y - \overline{A}_{xy}.$$

代入下式,

$$\mathrm{cov}(v^{T(xy)}, v^{T(\overline{xy})}) = E\{v^{T(xy)} v^{T(\overline{xy})}\} - E(v^{T(xy)}) E(v^{T(\overline{xy})})$$

$$= E(v^{T(x)+T(y)}) - \overline{A}_{xy} \overline{A}_{\overline{xy}}$$

$$= \overline{A}_x \overline{A}_y - \overline{A}_{xy}(\overline{A}_x + \overline{A}_y - \overline{A}_{xy})$$

$$= (\overline{A}_x - \overline{A}_{xy})(\overline{A}_y - \overline{A}_{xy}).$$

(2) 据 $\overline{A}_{xy}^1$ 的定义,有

$$\overline{A}_{xy}^1 = E(v^{T(x)} I_{\{T(x) < T(y)\}})$$

$$= \int_0^\infty \int_0^\infty v^s I_{\{s<t\}} f_{T(x)T(y)}(s,t) \mathrm{d}s\mathrm{d}t$$

$$= \int_0^\infty \int_s^\infty v^s f_{T(x)}(s) f_{T(y)}(t) \mathrm{d}t\mathrm{d}s$$

$$= \int_0^\infty v^s f_{T(x)}(s) {}_s p_y \mathrm{d}s$$

$$= \int_0^\infty v^s {}_s p_y {}_s p_x \mu(x+s) \mathrm{d}s,$$

其中 $f_{T(x)T(y)}$ 表示 $T(x)$ 和 $T(y)$ 的联合密度函数. 同样的方法可证

$$\overline{A}_{xy}^2 = \int_0^\infty v^s {}_s q_y {}_s p_x \mu(x+s) \mathrm{d}s.$$

(3) 将(2)中两式相加,再利用

$${}_s p_y + {}_s q_y = 1, \quad s \in [0,\infty)$$

得到

$$\overline{A}_{xy}^2 + \overline{A}_{xy}^1 = \overline{A}_x.$$

注 等式

$$\overline{A}_{xy}^2 + \overline{A}_{xy}^1 = \overline{A}_x$$

给出了多生命模型的死亡险与单生命模型死亡险之间的关系.

例 6.3.2 利息力 $\delta = 0.05$. 两个独立的个体 $(60), (65)$ 来自 de Moivre 生存群(死亡力服从 de Moivre 假设),生存群的参数 $w = 100$. 计算 $\overline{A}_{60:65}, \overline{a}_{60:65}, \mathring{e}_{60:65}$.

解 根据已知条件易得

$${}_t p_{60} = \frac{40-t}{40}, t < 40; \quad {}_t p_{60} = 0, t \geqslant 40,$$

$${}_t p_{65} = \frac{35-t}{35}, t < 35; \quad {}_t p_{65} = 0, t \geqslant 35,$$

$$f_{T(65)}(t) = \frac{1}{35}, t < 35; \quad f_{T(65)}(t) = 0, t > 35,$$

$$f_{T(60)}(t) = \frac{1}{40}, t < 60; \quad f_{T(60)}(t) = 0, t > 40.$$

所以

$$\overline{A}_{60:65} = \int_0^\infty \mathrm{e}^{-\delta t} {}_t p_{60:65} \mu_{60:65}(t) \mathrm{d}t$$

$$= \int_0^\infty e^{-\delta t} {}_tp_{60} {}_tp_{65} (\mu_{60}(t) + \mu_{65}(t)) dt$$

$$= \int_0^\infty e^{-\delta t} (f_{T(60)}(t) {}_tp_{65} + f_{T(65)}(t) {}_tp_{60}) dt$$

$$= \int_0^{35} e^{-0.05t} \left(\frac{35-t}{35 \times 40} + \frac{40-t}{40 \times 35} \right) dt$$

$$= \frac{3}{56} \int_0^{35} e^{-0.05t} dt - \frac{1}{700} \int_0^{35} t e^{-0.05t} dt = 0.58688,$$

及

$$\bar{a}_{60:65} = \int_0^\infty e^{-\delta t} {}_tp_{60:65} dt = \int_0^{35} e^{-0.05t} \frac{35-t}{35} \frac{40-t}{40} dt = 8.2624.$$

$\left(\text{也可以利用 } \bar{a}_{60:65} = \frac{1 - \bar{A}_{60:65}}{\delta} \text{ 来计算} \right)$

又，未来生存时间 $T(60:65)$ 的期望

$$\overset{\circ}{e}_{60:65} = \int_0^\infty {}_tp_{60:65} dt = \int_0^{35} \frac{35-t}{35} \frac{40-t}{40} dt = 12.3958.$$

例 6.3.3 已知 $d > 0$,

$$\ddot{a}_{xy} = 10, \quad {}^2\ddot{a}_{xy} = 7, \quad \mathrm{var}(\ddot{a}_{\overline{K(xy)+1}|}) = 27.$$

计算贴现率 d, 其中 ${}^2\ddot{a}_{xy}$ 表示计算采用的利息力为 2δ。

解 由 $d\ddot{a}_{xy} + A_{xy} = 1$, 得到

$$A_{xy} = 1 - d\ddot{a}_{xy} = 1 - 10d.$$

类似地，利用

$${}^2A_{xy} + (2d - d^2){}^2\ddot{a}_{xy} = 1,$$

得

$${}^2A_{xy} = 1 - (2d - d^2){}^2\ddot{a}_{xy} = 1 - (2d - d^2) \cdot 7.$$

又

$$\mathrm{var}(\ddot{a}_{\overline{K(xy)+1}|}) = \mathrm{var}\left(\frac{1 - v^{K(xy)+1}}{d} \right) = \frac{{}^2A_{xy} - (A_{xy})^2}{d^2} = 27,$$

将所得到的 A_{xy}, ${}^2A_{xy}$ 的等式代入上式，整理得

$$120d^2 - 6d = 0,$$

可解得

$$d = 1/20.$$

例 6.3.4 设 $T^*(x), T^*(y)$ 是独立的随机变量，分别服从参数

为 λ_1 及 λ_2 的指数分布. 在共同扰动模型中,计算 $\overline{A}_x, \overline{A}_y, \overline{A}_{xy}, \overline{A}_{\overline{xy}}$.

解 由结论 2.9.1,知
$$\mu_x(t) = \lambda_1 + \lambda, \quad \mu_y(t) = \lambda_2 + \lambda,$$
$$\mu_{xy}(t) = \lambda_1 + \lambda_2 + \lambda,$$

所以有
$$\overline{A}_x = \frac{\lambda_1 + \lambda}{\lambda_1 + \lambda + \delta}, \quad \overline{A}_y = \frac{\lambda_2 + \lambda}{\lambda_2 + \lambda + \delta}$$

及
$$\overline{A}_{xy} = \frac{\lambda_1 + \lambda_2 + \lambda}{\lambda_1 + \lambda_2 + \lambda + \delta}.$$

因此最后生存者状态的精算现值
$$\overline{A}_{\overline{xy}} = \overline{A}_x + \overline{A}_y - \overline{A}_{xy}$$
$$= \frac{\lambda_1 + \lambda}{\lambda_1 + \lambda + \delta} + \frac{\lambda_2 + \lambda}{\lambda_2 + \lambda + \delta} - \frac{\lambda_1 + \lambda_2 + \lambda}{\lambda_1 + \lambda_2 + \lambda + \delta}.$$

§6.4 继承年金

本节讨论继承年金.

我们先讨论继承年金 $\overline{a}_{x|y}$. $\overline{a}_{x|y}$ 对应的年金给付区间的上限为个体(y)的死亡时刻 $T(y)$. 当 $T(y) < T(x)$ 时,继承年金对个体(y)不给付,此时 $[\min\{T(x), T(y)\}, T(y))$ 为空集;当 $T(y) \geqslant T(x)$ 时,对个体(y)的给付区间段为 $[T(x), T(y))$,此时有
$$[\min\{T(x), T(y)\}, T(y)) = [T(x), T(y)).$$
因此继承年金 $\overline{a}_{x|y}$ 对应的给付区间为 $[\min\{T(x), T(y)\}, T(y))$. 由此,继承年金给付额的现值可以表示为
$$\int_{\min\{T(x),T(y)\}}^{T(y)} v^t dt = \int_0^{T(y)} v^t dt - \int_0^{T(xy)} v^t dt = \overline{a}_{\overline{T(y)}} - \overline{a}_{\overline{T(xy)}}, \quad (6.4.1)$$
即继承年金是从对单生命个体(y)的终身生存年金的给付中扣除对联合生存状态(xy)的终身生存年金的给付. 从另一方面看,单生命个体(y)的终身生存年金可以看作是由联合生存状态(xy)的终身生存年金与 $\overline{a}_{x|y}$ 对应的继承年金组合而成的.

对(6.4.1)式两边取数学期望,得
$$\overline{a}_{x|y} = \overline{a}_y - \overline{a}_{xy}.$$

§6.4 继承年金   185

类似地,$\bar{a}_{x:\overline{n}|y}$ 对应的现值为 $\bar{a}_{\overline{T(y)}|} - \bar{a}_{\overline{T(xy)\wedge n}|}$. 两边取期望,得
$$\bar{a}_{x:\overline{n}|y} = \bar{a}_y - \bar{a}_{xy:\overline{n}|}.$$

$\bar{a}_{x|y:\overline{n}|}$ 对应的现值为
$$\bar{a}_{\overline{T(y)\wedge n}|} - \bar{a}_{\overline{T(xy)\wedge n}|},$$

精算现值为
$$\bar{a}_{x|y:\overline{n}|} = \bar{a}_{y:\overline{n}|} - \bar{a}_{xy:\overline{n}|}.$$

例 6.4.1 表示出下列各情况下的连续给付生存年金的现值和精算现值:

(1) 每年给付率为1,直到 n 年末;

(2) 在 n 年后,若个体 (x) 和个体 (y) 皆生存,给付率为1;

(3) 在 n 年后,若个体 (x) 生存且个体 (y) 死亡,则给付率为1.

解 (1) 现值与精算现值相同,为 $\bar{a}_{\overline{n}|}$;

(2) 年金给付区间为 $[n, T(xy) \vee n)$,因此年金给付额的现值为
$$\int_n^{T(xy)\vee n} v^t dt = \bar{a}_{\overline{T(xy)\vee n}|} - \bar{a}_{\overline{n}|}$$
$$= \bar{a}_{\overline{T(xy)}|} + \bar{a}_{\overline{n}|} - \bar{a}_{\overline{T(xy)\wedge n}|} - \bar{a}_{\overline{n}|}$$
$$= \bar{a}_{\overline{T(xy)}|} - \bar{a}_{\overline{T(xy)\wedge n}|}.$$

所以精算现值为
$$E(\bar{a}_{\overline{T(xy)}|} - \bar{a}_{\overline{T(xy)\wedge n}|}) = \bar{a}_{xy} - \bar{a}_{xy:\overline{n}|}.$$

(3) 年金给付区间为 $[T(xy) \vee n, T(x) \vee n)$,所以年金给付额的现值为
$$\int_{T(xy)\vee n}^{T(x)\vee n} v^t dt = \bar{a}_{\overline{T(x)\vee n}|} - \bar{a}_{\overline{T(xy)\vee n}|}$$
$$= \bar{a}_{\overline{T(x)}|} + \bar{a}_{\overline{n}|} - \bar{a}_{\overline{T(x)\wedge n}|}$$
$$\quad - (\bar{a}_{\overline{T(xy)}|} + \bar{a}_{\overline{n}|} - \bar{a}_{\overline{T(xy)\wedge n}|})$$
$$= \bar{a}_{\overline{T(x)}|} - \bar{a}_{\overline{T(x)\wedge n}|} - \bar{a}_{\overline{T(xy)}|} + \bar{a}_{\overline{T(xy)\wedge n}|}.$$

两边取期望,得到年金的精算现值为
$$E\left(\int_{T(xy)\vee n}^{T(x)\vee n} v^t dt\right) = E\{\bar{a}_{\overline{T(x)}|} - \bar{a}_{\overline{T(x)\wedge n}|} - \bar{a}_{\overline{T(xy)}|} + \bar{a}_{\overline{T(xy)\wedge n}|}\}$$

$$= \bar{a}_x - \bar{a}_{x:\overline{n}|} - \bar{a}_{xy} + \bar{a}_{xy:\overline{n}|}$$
$$= (\bar{a}_x - \bar{a}_{xy}) - (\bar{a}_{x:\overline{n}|} - \bar{a}_{xy:\overline{n}|})$$
$$= \bar{a}_{y|x} - \bar{a}_{y|x:\overline{n}|}.$$

§6.5 一些特殊的假设

下面讨论在单生命模型的一些假设下多生命模型精算现值的计算.

6.5.1 Gompertz 假设及 Makeham 假设

有些年金表中给出了 $\ddot{a}_{x:x}$ 及 $\ddot{a}_{x:x+10}$ 的值,如何利用表中的年金值来计算 $\ddot{a}_{xy}$ 呢? 下面介绍一种方法.

假设死亡力服从参数为 A,B,C 的 Makeham 假设. 对满足下式的 w,

$$2C^w = C^x + C^y,$$

$T(xy)$ 与 $T(ww)$ 的分布相同,所以有

$$\ddot{a}_{xy} = \ddot{a}_{ww}.$$

若 w 不是整数,记 w 的整数部分为 k,则可以采用线性插值来近似,有

$$\ddot{a}_{ww} \approx (w-k)\ddot{a}_{k+1:k+1} + (1-w+k)\ddot{a}_{k:k},$$

即

$$\ddot{a}_{xy} \approx (w-k)\ddot{a}_{k+1:k+1} + (1-w+k)\ddot{a}_{k:k}.$$

例 6.5.1 假设死亡力服从参数为 A,B,C 的 Makeham 假设. 给定 $C = 10^{0.04}$,

$$\ddot{a}_{26:26} = 16.06288, \quad \ddot{a}_{27:27} = 15.98327.$$

计算 $\ddot{a}_{20:30}$.

解 由 $C^{20} + C^{30} = 2C^w$ 解得

$$w = 26.11276.$$

利用线性近似,

$$\ddot{a}_{20:30} \approx 0.88724\, \ddot{a}_{26:26} + 0.11276\, \ddot{a}_{27:27} = 16.0539.$$

例 6.5.2 在 Gompertz 假设下,求下面给付额的精算现值. 假设个体相互独立.

(1) 在 n 年内,若个体 (x) 死亡时个体 (y) 仍生存,则立即对个体 (x) 给付 1 元.

(2) 在 Makeham 假设下,计算(1).

解 (1) 设 w 满足
$$C^w = C^x + C^y,$$
则 $T(w)$ 与 $T(xy)$ 分布相同. 因此
$$\overline{A}^1_{xy:\overline{n}|} = \int_0^n v^s {}_sp_x\mu(x+s)\,{}_sp_y\mathrm{d}s = \int_0^n v^s \mu(x+s)\,{}_sp_w\mathrm{d}s$$
$$= \int_0^n v^s BC^{x+s}\,{}_sp_w\mathrm{d}s = C^{x-w}\int_0^n v^s BC^{w+s}\,{}_sp_w\mathrm{d}s$$
$$= C^{x-w}\overline{A}^1_{w:\overline{n}|} = C^{x-w}\overline{A}_{\frac{1}{xy}:\overline{n}|} = \frac{C^x}{C^x+C^y}\overline{A}_{\frac{1}{xy}:\overline{n}|}.$$

(2) 设
$$2C^w = C^x + C^y,$$
则 $T(ww)$ 与 $T(xy)$ 有相同的生存分布. 所以
$$\overline{A}^1_{xy:\overline{n}|} = \int_0^n v^s {}_sp_x\mu(x+s)\,{}_sp_y\mathrm{d}s = \int_0^n v^s \mu(x+s)\,{}_sp_{ww}\mathrm{d}s$$
$$= \int_0^n v^s(A+BC^{x+s})\,{}_sp_{ww}\mathrm{d}s$$
$$= A\int_0^n v^s {}_sp_{ww}\mathrm{d}s - \frac{C^x}{C^w}A\int_0^n v^s {}_sp_{ww}\mathrm{d}s$$
$$\quad + \frac{C^x}{C^w}\int_0^n v^s(A+BC^{w+s})\,{}_sp_{ww}\mathrm{d}s$$
$$= A\int_0^n v^s {}_sp_{ww}\mathrm{d}s - \frac{C^x}{C^w}A\int_0^n v^s {}_sp_{ww}\mathrm{d}s$$
$$\quad + \frac{C^x}{2C^w}\int_0^n v^s 2(A+BC^{w+s})\,{}_sp_{ww}\mathrm{d}s$$
$$= A\left(1 - \frac{2C^x}{C^x+C^y}\right)\int_0^n v^s {}_sp_{ww}\mathrm{d}s$$
$$\quad + \frac{C^x}{C^x+C^y}\int_0^n v^s \mu_{ww}(s)\,{}_sp_{ww}\mathrm{d}s$$

$$= A\left(1 - \frac{2C^x}{C^x + C^y}\right)\bar{a}_{xy:\overline{n}|} + \frac{C^x}{C^x + C^y}\overline{A}\frac{1}{xy:\overline{n}|}.$$

下一例题可应用例 6.5.2 得到的结果来计算.

例 6.5.3 个体遵从 Makeham 死亡力，$A = 0.003, C^{10} = 3$. 已知 $\mathring{e}_{40:50} = 17$，计算 $_{\infty}q^1_{40:50}$.

解 由例 6.5.2(2)的结果，令 $n \to \infty$，可得

$$\overline{A}^1_{xy} = A\left(1 - \frac{2C^x}{C^x + C^y}\right)\bar{a}_{xy} + \frac{C^x}{C^x + C^y}\overline{A}_{xy}.$$

上式取 $i = 0$，此时利用

$$\overline{A}_{xy} = 1, \quad \overline{A}^1_{xy} = {}_{\infty}q^1_{xy}, \quad \bar{a}_{xy} = \mathring{e}_{xy},$$

得到

$${}_{\infty}q^1_{xy} = A\left(1 - \frac{2C^x}{C^x + C^y}\right)\mathring{e}_{xy} + \frac{C^x}{C^x + C^y}.$$

取 $x = 40, y = 50$，得到

$$\begin{aligned}{}_{\infty}q^1_{40:50} &= A\left(1 - \frac{2C^{40}}{C^{40} + C^{50}}\right)\mathring{e}_{40:50} + \frac{C^{40}}{C^{40} + C^{50}} \\ &= 0.003(1 - 0.5)17 + 0.25 = 0.2755.\end{aligned}$$

6.5.2 UDD 假设

下面对单生命模型，在每一年龄年 UDD 假设下讨论. 记

$$B = \sum_{k=0}^{\infty} v^{k+1} {}_kp_x {}_kp_y q_{x+k} q_{y+k}. \tag{6.5.1}$$

(6.5.1)式的含义为：若个体(x)和个体(y)在同一年度内死亡，则在死亡年度末给付 1 元，给付额的精算现值为(6.5.1)式中定义的 B.

结论 6.5.1 设个体(x)与个体(y)相互独立，且每个个体在每一年龄年 UDD 假设成立，则有

$$\overline{A}_{xy} = \frac{i}{\delta}A_{xy} + \frac{i}{\delta}\left(1 - \frac{2}{\delta} + \frac{2}{i}\right)B;$$

$$A^{(m)}_{xy} = \frac{i}{i^{(m)}}A_{xy} + \frac{i}{i^{(m)}}\left(1 + \frac{1}{m} - \frac{2}{d^{(m)}} + \frac{2}{i}\right)B;$$

$$\ddot{a}^{(m)}_{xy} = \alpha(m)\ddot{a}_{xy} - \beta(m) - \frac{i}{d^{(m)}i^{(m)}}\left(1 + \frac{1}{m} - \frac{2}{d^{(m)}} + \frac{2}{i}\right)B,$$

其中 B 由 (6.5.1) 式定义.

证明 利用第二章的结论 2.7.1, 对 $t \in (0,1)$ 及非负整数 u, v, 有

$$_t p_{uv} \mu_{uv}(t) = q_{uv} + (1 - 2t) q_u q_v, \qquad (6.5.2)$$

所以

$$\begin{aligned}
\overline{A}_{xy} &= \int_0^\infty v^t {}_t p_{xy} \mu_{xy}(t) dt = \sum_{k=0}^\infty \int_k^{k+1} v^t {}_t p_{xy} \mu_{xy}(t) dt \\
&= \sum_{k=0}^\infty \int_0^1 v^{t+k} {}_k p_{xy} {}_t p_{x+k:y+k} \mu_{xy}(t+k) dt \\
&= \sum_{k=0}^\infty {}_k p_{xy} v^k \int_0^1 v^t {}_t p_{x+k:y+k} \mu_{x+k:y+k}(t) dt \\
&= \sum_{k=0}^\infty {}_k p_{xy} v^k \int_0^1 v^t \{q_{x+k:y+k} + (1-2t) q_{x+k} q_{y+k}\} dt \\
&= \sum_{k=0}^\infty {}_k p_{xy} q_{x+k:y+k} v^k \int_0^1 v^t dt \\
&\quad + \sum_{k=0}^\infty {}_k p_{xy} q_{x+k} q_{y+k} v^k \int_0^1 v^t(1-2t) dt \\
&= \frac{i}{\delta} A_{xy} + \frac{i}{\delta}\left(1 - \frac{2}{\delta} + \frac{2}{i}\right) B.
\end{aligned}$$

又对非负整数 k, m, 利用等式 (6.5.2), 知

$$\begin{aligned}
&{}_{j/m} p_{x+k:y+k} - {}_{(j+1)/m} p_{x+k:y+k} \\
&= \int_{j/m}^{(j+1)/m} {}_t p_{x+k:y+k} \mu_{x+k:y+k}(t) dt \\
&= \int_{j/m}^{(j+1)/m} (q_{x+k:y+k} + (1-2t) q_{x+k} q_{y+k}) dt \\
&= \frac{q_{x+k:y+k}}{m} + \frac{m+1-2j}{m^2} q_{x+k} q_{y+k}.
\end{aligned}$$

将上式代入下式,

$$A_{xy}^{(m)} = \sum_{k=0}^\infty \sum_{j=0}^{m-1} {}_k p_{xy} v^{k+(j+1)/m} ({}_{j/m} p_{x+k:y+k} - {}_{(j+1)/m} p_{x+k:y+k})$$

$$= \sum_{k=0}^{\infty} \sum_{j=0}^{m-1} {}_k p_{xy} v^{k+(j+1)/m} \left(\frac{q_{x+k:y+k}}{m} + \frac{m+1-2j}{m^2} q_{x+k} q_{y+k} \right)$$

$$= \sum_{k=0}^{\infty} {}_k p_{xy} q_{x+k:y+k} \sum_{j=0}^{m-1} \frac{v^{k+(j+1)/m}}{m}$$

$$+ \sum_{k=0}^{\infty} {}_k p_{xy} q_{x+k} q_{y+k} \sum_{j=0}^{m-1} v^{k+(j+1)/m} \frac{m+1-2j}{m^2}$$

$$= \frac{i}{i^{(m)}} A_{xy} + \frac{i}{i^{(m)}} \left(1 + \frac{1}{m} - \frac{2}{d^{(m)}} + \frac{2}{i} \right) B.$$

将 $A_{xy} = 1 - d \ddot{a}_{xy}$ 代入下式,

$$\ddot{a}_{xy}^{(m)} = \frac{1 - A_{xy}^{(m)}}{d^{(m)}} = \frac{1}{d^{(m)}} - \frac{i}{d^{(m)} i^{(m)}} A_{xy}$$

$$- \frac{i}{d^{(m)} i^{(m)}} \left(1 + \frac{1}{m} - \frac{2}{d^{(m)}} + \frac{2}{i} \right) B$$

$$= \frac{1}{d^{(m)}} - \frac{i}{d^{(m)} i^{(m)}} (1 - d \ddot{a}_{xy})$$

$$- \frac{i}{d^{(m)} i^{(m)}} \left(1 + \frac{1}{m} - \frac{2}{d^{(m)}} + \frac{2}{i} \right) B$$

$$= \left(\frac{1}{d^{(m)}} - \frac{i}{d^{(m)} i^{(m)}} \right) + \frac{id}{d^{(m)} i^{(m)}} \ddot{a}_{xy}$$

$$- \frac{i}{d^{(m)} i^{(m)}} \left(1 + \frac{1}{m} - \frac{2}{d^{(m)}} + \frac{2}{i} \right) B$$

$$= \alpha(m) \ddot{a}_{xy} - \beta(m) - \frac{i}{d^{(m)} i^{(m)}} \left(1 + \frac{1}{m} - \frac{2}{d^{(m)}} + \frac{2}{i} \right) B.$$

注 对于联合生存状态 (xy),在未来每一年龄年生存分布服从线性插值假设下的讨论,同单个体模型的类似,在这里不再介绍.

习 题 六

1. 给定利息力 $\delta = 0.05$, $l_x = 100 - x$, $x \leqslant 100$. 计算 $\bar{a}_{\overline{60:20}}$.
2. 已知死亡力服从 Makeham 法则:给定 $A = 0.006$, $C^{10} = 4$.
   (1) 已知 $\mathring{e}_{40:50} = 20$,计算 $_\infty q_{40:50}^1$;
   (2) 用 $\bar{A}_{40:50}$, $\bar{a}_{40:50}$ 来表示 $\bar{A}_{40:50}^1$.

3. 证明:

(1) $\overline{A}_{xy}^2 = \overline{A}_{xy}^1 - \delta\,\overline{a}_{y|x}$;

(2) $\dfrac{\mathrm{d}}{\mathrm{d}x}\overline{a}_{y|x} = \mu(x)\overline{a}_{y|x} - \overline{A}_{xy}^2$;

(3) $A_{xy}^1 - A_{xy}^2 = A_{xy} - A_y$.

4. 设个体(x)与个体(y)相互独立,且每个个体在每一年龄年 UDD 假设成立. 证明

$$\overline{A}_{xy}^1 = \dfrac{i}{\delta}A_{xy}^1 + \dfrac{i}{2\delta}\left(1 - \dfrac{2}{\delta} + \dfrac{2}{i}\right)B,$$

其中 B 如(6.5.1)中所定义.

5. Y 是对个体(x)和(y)每年初给付一次年金的现值,年金每次给付1元.给付条件如下:

(1) 在前 15 年,两个体至少有一个生存则给付;

(2) 15 年后,恰有一个个体生存才给付.

已知

$$\ddot{a}_{xy} = 7.6,\quad \ddot{a}_x = 9.8,\quad _{15|}\ddot{a}_{xy} = 3.7,\quad \ddot{a}_y = 11.6,$$

计算 $E(Y)$. 正确的结果是(　　).

(A) 9.7;　　　　(B) 9.9;　　　　(C) 10.1;

(D) 10.3;　　　(E) 10.5.

6. Y 是对个体(x)和(y)完全离散寿险的给付额的现值,在第一个个体死亡后给付1元,在第二个个体死亡后也给付1元.已知

$$a_x = 9,\quad a_y = 13,\quad i = 0.04,$$

计算 $E(Y)$. 正确的结果是(　　).

(A) 0.08;　　　(B) 0.28;　　　(C) 0.69;

(D) 1.08;　　　(E) 1.15.

以下第 7 至第 9 题的条件皆为:已知

$$_tp_{xy} = 0.5\,_tp_x + 0.5\,_tp_x\,_tp_y,\quad t \geqslant 0,$$

每个个体的死亡力为 0.10,利息力 $\delta = 0.05$.(注意,(x)和(y)不独立).

7. 计算 $\overline{a}_{xy}$. 正确的结果是(　　).

(A) 11/3;　　　(B) 14/3;　　　(C) 16/3;

(D) 19/3;　　　　　(E) 22/3.

8. 计算 $\overline{A}_{xy}$. 正确的结果是（　　）.

(A) 7/15;　　　(B) 9/15;　　　(C) 11/15;
(D) 12/15;　　　(E) 13/15.

9. 计算 $\overline{A}_{\overline{xy}}$. 正确的结果是（　　）.

(A) 7/15;　　　(B) 9/15;　　　(C) 11/15;
(D) 12/15;　　　(E) 13/15.

10. 个体(30)和个体(45)的连续生存年金,给付率为 1. 给付的条件为至少有一个个体生存,其中不包括个体(30)生存且年龄低于 40 岁的情况. 已知两个个体相互独立,S 是给付额的精算现值,则 S 等于（　　）.

Ⅰ. $\bar{a}_{45}+\bar{a}_{30}-\bar{a}_{30:45:\overline{10|}}$;　　Ⅱ. $\bar{a}_{45}+{}_{10|}\bar{a}_{30}-\bar{a}_{30:45}$;

Ⅲ. $\bar{a}_{45}+{}_{10|}\bar{a}_{30}-{}_{10|}\bar{a}_{30:45}$;　　Ⅳ. $\bar{a}_{45}+{}_{10|}\bar{a}_{30}-\bar{a}_{30:45:\overline{10|}}$.

(A) 无正确答案;

(B) 只有Ⅰ正确;

(C) 只有Ⅱ正确;

(D) 只有Ⅲ正确;

(E) 只有Ⅳ正确.

11. 对个体(x)和个体(y)给付连续生存年金,从(y)死亡时开始给付,给付到下面两种情况最早发生的时刻:

(1) 生存年金给付的最长时间为 5 年;

(2) 个体(x)的死亡时刻.

给付率为 1. 已知(x)和(y)相互独立. 使用 S 表示年金给付额的精算现值. 则 S 等于（　　）.

(A) $\bar{a}_{x:\overline{5|}}-\bar{a}_{xy}$;　　　　　(B) $\bar{a}_{x:\overline{5|}}-\bar{a}_{xy:\overline{5|}}$;

(C) $\bar{a}_{x:\overline{5|}}-\bar{a}_{xy}+\bar{a}_{x+5:y}$;　(D) $\bar{a}_{x:\overline{5|}}+{}_{5}E_x\bar{a}_{x+5:y}$;

(E) $\bar{a}_{x:\overline{5|}}-\bar{a}_{xy}+{}_{5}E_x\bar{a}_{x+5:y}$.

第七章 多元衰减模型的精算现值

§7.1 引 言

本章介绍多元衰减模型的精算现值,并针对实务中的养老金模型和保费缴纳模型进行讨论.

§7.2 介绍多元衰减模型精算现值的一般理论. §7.3 讨论养老金模型的精算现值. §7.4 讨论保费缴纳模型的精算现值.

§7.2 基本模型

个体 (x) 的多元衰减模型,衰减原因为 $j=1,2,\cdots,m$,在衰减时刻因第 j 个因素而衰减,给付额记为 $b_t^{(j)}$. 给付额的现值可以表示为

$$\sum_{j=1}^{m} v^{T(x)} I_{\{J(x)=j\}} b_{T(x)}^{(j)},$$

所以精算现值为

$$\overline{A} = E\left(\sum_{j=1}^{m} v^{T(x)} I_{\{J(x)=j\}} b_{T(x)}^{(j)}\right)$$

$$= \sum_{j=1}^{m} \int_0^\infty b_t^{(j)} v^t {}_t p_x^{(\tau)} \mu_x^{(j)}(t) \mathrm{d}t.$$

例 7.2.1 某在 x 岁签单的终身死亡保险,保险金在死亡后立即给付.保险金额与死亡的原因有关,意外死亡的死亡保险金为 2 元,其他原因死亡的死亡保险金为 1 元. 下式上标中(1)表示因为意外而死亡, (2)表示因其他原因而死亡. 则保险人给付额的精算现值可表示为

$$\overline{A} = 2\int_0^\infty v^t {}_t p_x^{(\tau)} \mu_x^{(1)}(t) \mathrm{d}t + \int_0^\infty v^t {}_t p_x^{(\tau)} \mu_x^{(2)}(t) \mathrm{d}t.$$

§7.3 养老金模型

7.3.1 介绍

养老金计划是现今各国普遍采用的社会保障模式中的一种,在整个社会保障体系中起到绝对主导的作用.一般来说,养老金计划是由国家、多个企业主或单个企业主发起,这些发起人负责养老基金的管理及支付,它提供给参加者因老、病、伤残、亡等方面的基本生活上的保障.养老金计划作为对参加者的保障计划,养老基金由计划的发起人单独承担或发起人与参加者共同承担,每月按参加者工资的一定比例来缴纳.养老金计划所筹集到的养老基金可用于投资,本金及投资的回报用于对参加者未来的给付.

一般的养老金计划分为两种基本类型:固定给付计划(defined benefit plan)和固定缴资计划(defined contribution plan).在固定给付计划中,参加者退休后所得退休金的额度是固定的,这一额度可利用退休金公式来确定.退休金的计算是基于参加者的工资水平及参加计划的年限来进行的.

在固定缴资计划中,发起人或参加者需向养老基金缴纳约定的额度.而参加者将来所得的退休金额取决于养老基金未来的投资回报状况.投资回报越高,参加者得到的退休金也就越高.这种方式中参加者自身也需要承担一定的投资风险.

一个企业在制定养老金计划时,通常把参加者的年老、伤残、退职、疾病、死亡等作为保障项目,为了方便讨论养老金模型的建立,在这里我们只考虑参加者中途退职、工作期间死亡、因伤残而退休及到退休年龄如期退休这四种保障.这四种不同的情况下,养老金计划给付额度也有所不同.参加者工作到退休年龄退休后,养老金计划将为其提供生存年金,一般按年或按月给付.若参加者因伤残而无法继续工作,养老金计划将为其提供补偿金及退休金.对于工作期间死亡的参加者,养老金计划将向受益人提供死亡给付.而对于那些工作中途退职的参加者,可以退还其向养老基金所缴纳的累积的额度,或者提供其延期生存年金. 养老金计划所提供的给付多采取年金的形式.

本节先介绍养老金中的多元衰减模型,然后介绍参加者未来年工资水平的预测方法,接着介绍固定给付计划中几种退休金的给付方案,最后利用精算现值理论讨论固定给付计划下养老金精算现值的计算.

7.3.2 养老金中的多元衰减模型

针对养老金计划的衰减模型,通常会考虑如下几方面衰减原因:工作期间退职(w),工作期间死亡(d),因伤残退休(i),如期退休(r). 对应的衰减概率分别表示为$q_x^{(w)}$, $q_x^{(d)}$, $q_x^{(i)}$, $q_x^{(r)}$.

本书的附录三给出了针对养老金计划的多元衰减表,表中给出了每一年龄各种衰减原因下的衰减人数. 第三章给出了此衰减表的另一种表示,见表 3.1.

我们使用$\bar{a}_x^r$表示根据退休人口生命表所计算的连续终身生存年金的精算现值,$\bar{a}_x^w$为根据退职人口生命表所计算的连续终身生存年金的精算现值,$\bar{a}_x^i$为根据伤残人口生命表所计算的连续终身生存年金的精算现值.

7.3.3 未来工资水平的预测

在x岁加入养老金计划的个体,现在活到了$x+h$岁,即个体现已加入计划h(为整数)年. 假设个体(x)一直参与此养老金计划,到$x+h+t$岁时退休,即在t年后退休.

我们使用$(AS)_{x+h}$来表示个体(x)在$x+h$岁的实际年工资额,它所表示的是现在的实际工资水平. 对于未来的工资水平,我们使用$(ES)_{x+h+t}$来表示,即个体在未来$x+h+t$岁时的年工资额. 假设存在工资比例系数S_y(y为个体的年龄,$y \geqslant x+h$),使得未来的年工资$(ES)_{x+h+t}$满足

$$(ES)_{x+h+t} = (AS)_{x+h} \frac{S_{x+h+t}}{S_{x+h}},$$

其中,S_{x+h+t}是在年龄$x+h+t$岁的工资比例系数. 在年龄$x+h$岁时工资比例系数为S_{x+h},此时年工资为$(AS)_{x+h}$,故假设在$x+h+t$

岁的预计年工资$(ES)_{x+h+t}$满足上面的等式. 工资比例系数可根据未来经济的状况等来确定.

7.3.4 常见的退休金给付方案

于 x 岁加入计划的个体,现在年龄为 $x+h$ 岁. 用 $R(x,h,t)$ 表示个体在 t 年后退休时,可得到的年退休金额,并且假设退休后每年给付的退休金水平相同. 在实际中退休金一般是按月发放的,但每月给付一次的养老金模型可以使用连续模型来近似.

考虑退休金连续给付计划,在 t 时刻退休的个体所得到的总的退休金给付额的精算现值可以表示为

$$R(x,h,t)\bar{a}^r_{x+h+t}.$$

下面介绍固定给付计划中几种常见的退休金给付方案. 其中,退休金额依据参加者的工作年限及工资水平而确定.

(1) 退休金为退休前最后一年年工资乘以某百分比 d,

$$R(x,h,t) = d(ES)_{x+h+t};$$

(2) 退休金为退休前最后几年的年平均工资,通常是最后 5 年的年平均工资. 令 k 为 t 的整数部分,假设退休发生在当年的年中,则最后 5 年的年平均工资可以表示为

$$R(x,h,t) = (AS)_{x+h} \, {}_5Z_{x+h+k}/S_{x+h},$$

其中, ${}_5Z_{x+h+k}$ 为退休前最后 5 年的年平均工资比例系数,根据退休在年中的假设,有

$${}_5Z_{x+h+k} = \frac{0.5 S_{x+h+k-5} + S_{x+h+k-4} + S_{x+h+k-3} + S_{x+h+k-2}}{5}$$

$$+ \frac{+ S_{x+h+k-1} + 0.5 S_{x+h+k}}{5};$$

(3) 退休金为工作年限乘以某比例 d,

$$R(x,h,t) = d(h+t);$$

(4) 退休金为退休前最后 5 年的年平均工资与工作年限及百分比 d 三者的乘积.

$$R(x,h,t) = d(h+t)(AS)_{x+h}\frac{{}_5Z_{x+h+k}}{S_{x+h}}.$$

下面通过一个例子介绍如何计算 $R(x,h,t)$.

例 7.3.1 一个养老金计划,计划中的个体 60 岁退休.有三种年退休金给付方案可供选择：

(1) 在总的工作年限内,首先每一年累计给付额 450 元,累计最长期限为 25 年,对超过 25 年的工作年限每年累计 350 元；

(2) 工作年限×[退休前三年的平均工资×1%＋退休前三年的平均工资超出 30000 元的部分×0.5%]；

(3) 工作年限×[工作期间的平均工资×2%＋工作期间平均工资超出 20000 元的部分×1%].

给定

1) 参加者在 30 岁加入此计划；

2) 加入时年工资为 10000 元；

3) 在退休前,工作满一年年工资递增 5%.

求退休者可选择的最高年退休金.

解 30 岁加入计划的个体在 60 岁退休,工作年限为 30 年.

(1) 年退休金为
$$450 \times 25 + (30 - 25) \times 350 = 13000;$$

(2) 退休前三年的年平均工资为
$$10000[(1.05)^{27} + (1.05)^{28} + (1.05)^{29}]/3 = 39232.40,$$
因此,年退休金为
$$30[39232.40 \times 0.01 + (39232.40 - 30000) \times 0.005]$$
$$= 13154.58;$$

(3) 工作期间的年平均工资为
$$10000[1 + 1.05 + \cdots + (1.05)^{29}]/30 = 22146.28.$$
因此,年退休金
$$30[22146.28 \times 0.02 + (22146.28 - 20000) \times 0.01]$$
$$= 13931.65.$$

综合前面的结果,最高年退休金为 13931.65 元.

7.3.5 固定给付计划下养老金给付额的精算现值

假设养老金计划规定的最早退休年龄为 α 岁.参加者工作到了

退休年龄,可以选择退休或继续工作.

记年退休金为 $R(x,h,t)$,每年连续给付.则养老金计划所给付退休金的精算现值为

$$\text{APV} = \int_{a-x-h}^{\infty} v^t {}_tp_{x+h}^{(\tau)} \mu_x^{(r)}(h+t) R(x,h,t) \bar{a}_{x+h+t}^r \mathrm{d}t$$

$$= \sum_{k=a-x-h}^{\infty} v^k {}_kp_{x+h}^{(\tau)} \int_0^1 v^s {}_sp_{x+h+k}^{(\tau)} \mu_x^{(r)}(h+k+s)$$

$$\cdot R(x,h,k+s) \bar{a}_{x+h+k+s}^r \mathrm{d}s.$$

在多元衰减模型中退休均匀分布的假设下,即对 $k=0,1,2,\cdots$,有

$${}_sq_{x+k+h}^{(r)} = s q_{x+h+k}^{(r)}, \quad s \in (0,1)$$

可以推出

$${}_sp_{x+h+k}^{(\tau)} \mu_x^{(r)}(h+k+s) = q_{x+h+k}^{(r)}, \quad k=0,1,2,\cdots.$$

将上式代入前面的 APV 公式中,得到

$$\text{APV} = \sum_{k=a-x-h}^{\infty} v^k {}_kp_{x+h}^{(\tau)} q_{x+h+k}^{(r)} \int_0^1 v^s R(x,h,k+s) \bar{a}_{x+h+k+s}^r \mathrm{d}s.$$

再利用近似

$$\int_0^1 v^s R(x,h,k+s) \bar{a}_{x+h+k+s}^r \mathrm{d}s$$

$$\approx v^{1/2} R(x,h,k+1/2) \bar{a}_{x+h+k+1/2}^r,$$

得

$$\text{APV} \approx \sum_{k=a-x-h}^{\infty} v^{k+1/2} {}_kp_{x+h}^{(\tau)} q_{x+h+k}^{(r)} R(x,h,k+1/2) \bar{a}_{x+h+k+1/2}^r.$$

在养老金计划中,不仅要考虑如期退休的参加者退休金的给付,同时也要考虑到因工作期间伤残、工作期间死亡、及工作中途退职等因素的给付.下面通过一个例子说明如何计算养老金计划中各种给付额的精算现值.

例 7.3.2 表示下列给付额的精算现值.一个体 30 岁加入计划,现在 33 岁,目前年工资 45000 元.设衰减发生在年中.

(1) 至少 65 岁或年龄与工作年限的总和超过 90 的个体可以享受退休金.退休金为 10 年确定期年金,每月给付一次,年退休金为 0.02 和退休前最后 5 年的年平均工资及总的工作年限(包括分数

年)三者的乘积;

(2) 工龄在 5 年以上的个体可以享受退休金. 退休金的计算方法与正常退休情况的计算方法相同,但给付必须是从本计划中允许的最早退休年龄开始;

(3) 对于因伤残而提前退休的个体,年给付额为 50% 及 $0.02(3+t)$ 二者中的最大值与伤残前最后 5 年年平均工资的乘积,其中 $3+t$ 为参加者的工作年限. 给付个体 10 年确定期终身生存年金,给付从个体伤残时开始;

(4) 在工作期间死亡,在死亡时刻一次性给付死亡时年工资的两倍.

解 (1) 个体在 30 岁开始加入计划. 由于
$$60+(60-30)=90,$$
所以个体可以在 60 岁退休. 假定退休发生在年中. 现在参加者的年龄为 33 岁,所以个体可以在 $33+k+0.5$ 岁退休,其中
$$k=27,28,29,\cdots.$$
在 $33+k+0.5$ 岁退休的个体,年退休金
$$R(30,3,k+0.5) = 0.02(3+k+0.5) \times 45000 \times \frac{{}_5 Z_{30+3+k}}{S_{30+3}}$$
$$= 900(3.5+k) \times \frac{{}_5 Z_{33+k}}{S_{33}}.$$
因此,此个体在退休时退休金给付额的精算现值为
$$R(30,3,k+0.5)\,\bar{a}^r_{33+k+0.5:\overline{10|}}$$
$$= 900(3.5+k)\frac{{}_5 Z_{33+k}\,\bar{a}^r_{33+k+1/2:\overline{10|}}}{S_{33}}.$$
所以在现在时刻个体退休金的精算现值为
$$\text{APV} \approx 900 \sum_{k=27}^{\infty} v^{k+1/2}\,{}_k p^{(\tau)}_{33}\, q^{(r)}_{33+k} \times (3.5+k) \frac{{}_5 Z_{33+k}\,\bar{a}^r_{33+k+1/2:\overline{10|}}}{S_{33}}.$$

(2) 由于个体在 30 岁加入计划,所以在年龄 35 岁至 60 岁之间退职时,个体可以享受退休金. 假设个体在 $33+k+0.5$ 岁退职, $2 \leqslant k \leqslant 26$. 退职个体的年退休金为

$$0.02(3+k+0.5) \times 45000 \times \frac{{}_5Z_{33+k}}{S_{33}}$$
$$= 900(3.5+k) \times \frac{{}_5Z_{33+k}}{S_{33}}.$$

在现在时刻,对退职个体给付的退休金的精算现值为

$$900 \sum_{k=2}^{26} v^{k+1/2} {}_xp_{33}^{(\tau)} q_{33+k}^{(w)} \times (3.5+k) \frac{{}_5Z_{33+k}}{S_{33}} {}_{27-k-1/2|}\bar{a}_{33+k+1/2:\overline{10|}}^{w}.$$

(3) 对于因伤残而提前退休的个体,考虑下面的比例

$$\max\{50\%, 0.02(3+k+0.5)\},$$

其中 $0 \leqslant k \leqslant 26$,个体在未来的 $k+0.5$ 年后因伤残而提前退休.则有
$\max\{50\%, 0.02(3+k+0.5)\} = 0.5, \quad 0 \leqslant k \leqslant 21,$
$\max\{50\%, 0.02(3+k+0.5)\} = 0.02(3.5+k), \quad 22 \leqslant k \leqslant 26.$

所以,年给付额为

$$0.5(AS)_{33} \frac{{}_5Z_{33+k}}{S_{33}} = 22500 \frac{{}_5Z_{33+k}}{S_{33}}, \quad 0 \leqslant k \leqslant 21,$$

$$0.02(3+t)(AS)_{33} \frac{{}_5Z_{33+k}}{S_{33}}$$

$$= 0.02(3.5+k)(45000) \frac{{}_5Z_{33+k}}{S_{33}}, \quad 22 \leqslant k \leqslant 26.$$

伤残给付额的精算现值为

$$22500 \sum_{k=0}^{21} v^{k+1/2} {}_xp_{33}^{(\tau)} q_{33+k}^{(i)} \frac{{}_5Z_{33+k}}{S_{33}} \bar{a}_{33+k+1/2:\overline{10|}}^{i}$$

$$+ 900 \sum_{k=22}^{26} v^{k+1/2} {}_xp_{33}^{(\tau)} q_{33+k}^{(i)} \frac{{}_5Z_{30+3+k}}{S_{30+3}} (3.5+k) \bar{a}_{33+k+1/2:\overline{10|}}^{i}.$$

(4) 对于工作期间死亡的个体,假设个体在 $33+k+0.5$ 岁死亡,$0 \leqslant k < \infty$,则在个体死亡时刻一次性给付金额

$$2(AS)_{33} \times \frac{S_{33+k}}{S_{33}} = 90000 \times \frac{S_{33+k}}{S_{33}}.$$

所以,死亡保险金的精算现值为

$$90000 \sum_{k=0}^{\infty} v^{k+1/2} {}_kp_{33}^{(\tau)} q_{33+k}^{(d)} \frac{S_{33+k}}{S_{33}}.$$

§7.4 保费缴纳模型

下面通过一个例子来讨论保费缴纳期间对应的衰减模型.

考虑下面这个保险计划：在 x 岁签单的 3 年期生死合险，每年保费相同.死亡的保险金额在死亡年度末给付.已知死亡的概率

$$q_x = 0.1, \quad q_{x+1} = 0.1111, \quad q_{x+2} = 0.5,$$

利率 $i=0.15$，保险金额为 1000 元.

7.4.1 不考虑退保的情况

利用前面给出的利率及死亡概率，可计算精算现值

$$\begin{aligned}
\ddot{a}_{x:\overline{3}|} &= 1 + p_x v + {}_2p_x v^2 \\
&= 1 + (1-q_x)v + (1-q_x)(1-q_{x+1})v^2 \\
&= 1 + 0.9v + 0.9 \times 0.8889 v^2 \\
&= 2.387531.
\end{aligned}$$

7.4.2 现金价值的计算

下面考虑退保时的现金价值的计算情况.退保个体所得到的给付额称为现金价值，假定现金价值在年末给付，并假设在第三年不存在退保，因为在第三年年末个体肯定可得到保险金.

给定修正保费

$$1000 P^A_{x:\overline{3}|} = 305.16,$$

现金价值的计算采用下面公式：

$$b_t^{(2)} = 1000(A_{x+t:\overline{3-t}|} - P^A_{x:\overline{3}|} \ddot{a}_{x+t:\overline{3-t}|}), \quad t=1,2,$$

其中 $b_t^{(2)}$ 表示在第 t 年退保时可以得到的现金价值，$t=1,2$. 由

$$\begin{aligned}
A_{x+1:\overline{2}|} &= q_{x+1}v + p_{x+1}v^2 = 0.1111/1.15 + 0.8889(1.15)^{-2} \\
&= 0.7687446
\end{aligned}$$

及

$$\ddot{a}_{x+1:\overline{2}|} = \frac{1 - A_{x+1:\overline{2}|}}{d} = 1.772957$$

可计算

$$b_1^{(2)} = 1000 A_{x+1:\overline{2}|} - 305.16 \ddot{a}_{x+1:\overline{2}|}$$
$$= 1000 \times 0.7687446 - 305.16 \times 1.772957$$
$$= 227.73$$

及

$$b_2^{(2)} = 1000 A_{x+2:\overline{1}|} - 305.16 \ddot{a}_{x+2:\overline{1}|}$$
$$= 869.57 - 305.16$$
$$= 564.41.$$

前面的结果说明,在第一个保单年度退保的个体可得到的现金价值为 227.73 元,在第二个保单年度退保个体可得到的现金价值为 564.41 元.

7.4.3 考虑退保情况下的精算现值

下面考虑包含死亡因素与退保因素的二元衰减模型,衰减原因死亡与退保在下式中分别以上标(1),(2)来表示.假设

$$q_x^{(1)} = 0.1, \quad q_{x+1}^{(1)} = 0.1111, \quad q_{x+2}^{(1)} = 0.5,$$
$$q_x^{(2)} = 0.1, \quad q_{x+1}^{(2)} = 0.1111.$$

根据假设的条件,对应于保费缴纳期的年金为

$$\ddot{a}_{x:\overline{3}|} = 1 + v p_x^{(\tau)} + v^2 {}_2 p_x^{(\tau)}$$
$$= 1 + (1 - 0.1 - 0.1) \frac{1}{1.15}$$
$$\quad + (1 - 0.1 - 0.1)(1 - 0.1111 - 0.1111) \frac{1}{1.15^2}$$
$$= 2.1661.$$

考虑保险人给付的保险金和退保时给付的现金价值,可计算保险人总给付额的精算现值为

$$\sum_{k=0}^{1} ({}_k p_x^{(\tau)} q_{x+k}^{(1)} b_{k+1}^{(1)} v^{k+1} + {}_k p_x^{(\tau)} q_{x+k}^{(2)} b_{k+1}^{(2)} v^{k+1}) + 1000 v^3 {}_2 p_x$$
$$= 0.1 \times 1000/1.15 + 0.1 \times 227.73/1.15$$
$$\quad + (1 - 0.1 - 0.1) \times 0.1111 \times 1000/(1.15)^2$$

$$+ (1 - 0.1 - 0.1) \times 0.1111 \times 564.41/(1.15)^2$$
$$+ 1000(1 - 0.1 - 0.1)$$
$$\times (1 - 0.1111 - 0.1111)/(1.15)^3$$
$$= 621.0011.$$

习 题 七

1. 一特殊的养老金计划,在个体死亡当年的年底,或伤残当年的年底,或个体在 65 岁退休的年底,一次性给付个体当年的年工资. 在 65 岁前退职,在年底一次性给付年工资的 26% 乘以工作的整年数. 工资每年年初增加 6%,第一次工资增加从第二年开始. 利率 $i = 0.06$,退休年龄为 65 岁. 假设退休前的衰减在年中发生. 已知下表:

年龄	l_x	$d_x^{(d)} + d_x^{(i)}$	$d_x^{(w)}$
60	100	2	3
61	95	2	3
62	90	3	2
63	85	4	1
64	80	4	1
65	75	—	—

A 在 60 岁时加入养老金计划,B 在 62 岁时加入. 加入时,个体 A 的年工资为 100000 元,个体 B 的年工资为 125000 元.

(1) 在参加者 65 岁之前,每年年初雇主为参加者向养老基金缴纳雇员当年工资的 1%. 计算雇主为 B 缴纳资金额度的精算现值;

(2) 计算个体 B 在加入时,其未来得到退休金的精算现值;

(3) 计算个体 A 在未来得到的死亡与伤残给付额的精算现值;

(4) 计算个体 A 未来退职时得到的给付额的精算现值.

2. 一个养老金计划,个体现在年龄为 x 岁.

(1) 个体每年向养老金计划缴纳工资的 2.5%;

(2) 个体目前的年工资为 29200 元;

(3) 工资的比例系数为 $S_y = 10000(1.035)^y$;

(4) $_tp_x^{(\tau)} = 1.08^{-t}$;

(5) 所有缴纳都在每年年中进行;

(6) 利率 $i=0.08$.

计算个体未来向养老金计划缴纳工资额的精算现值. 正确的结果是
( ).

 (A) 6000;   (B) 6250;   (C) 6500;
 (D) 6750;   (E) 7000.

第三部分　净保费与费用负荷保费

投保人为得到保险合同中所提供的保障,需向保险人按期缴纳保费.保费的支付一般有下面几种方式:一种是在签单时一次性缴清保费,这种方式称为趸缴;另一种是在约定的期限内每年缴纳一次或每年缴纳数次保费,这种方式称为分期方式.

举例来说,对于终身寿险保单,可通过下面的方式缴纳保费:

第一种:分期缴纳.这种方式又可细分为两类:一类是普通的终身寿险,投保人在被保险人生存期间内按期缴纳保费;另一类是限期缴费的终身寿险,投保人在规定的期限内缴纳保费,期满后不需再缴纳保费,但被保险人死亡后受益人仍可得到保险金.

第二种:趸缴保费的终身寿险.指的是在投保时一次缴清保费.

在精算中,称投保人缴纳的保费为**毛保费**.它由**净保费**和**附加保费**组成.其中,净保费是指保险人在不考虑保险费用、风险因素及利润目标的情况下所收取的被保险人的风险成本,即保险人用于对受益人给付保险金所需要收取的额度.毛保费中净保费以外的保费部分为附加保费.附加保费由三个部分组成:第一部分额度用于支付保险中的费用,如签单的费用、理赔的费用等,第二部分额度是保险人因考虑自身风险因素的风险附加,第三部分是保险公司的利润部分.净保费加上附加保费中的保险费用部分,称为**费用负荷保费**.费用负荷保费是在净保费的基础上附加上保险经营的费用,是保险人的成本部分,但它并未考虑风险因素以及保险人的利润目标.在费用负荷保费的基础上,保险人需根据市场竞争情况、投保人的需求状况及保险人的利润目标,确定保费中的风险附加及利润部分,从而初步确定毛保费.对于初步确定的毛保费水平,一般还需要在未来的各种可能的利率、生命表及费用假设下,测试在这一保费水平下保险人的回报情况,从而确定这一保费水平是否符合保险人的经营目标.如果测试的结果与经营目标有偏差,则需要对这一毛保费进行修正.

净保费的计算需要在给定利率和死亡概率下进行.利率须根据保险公司的投资收益来确定,它是反映保险人投资收益的量化指标.死亡概率以生命表的形式给出.而费用负荷保费的计算,不仅需要已知利率与生命表,同时也需要保险公司的费用数据.

本部分是确定毛保费的精算基础部分.第八章针对不同的险种讨论净保费,第九章简单的介绍费用负荷保费.

为方便计,本书引入完全连续、完全离散和半连续险种的概念.所谓**完全连续险种**,是指保费连续缴纳,死亡保险金在死亡后立即给付的险种;**完全离散险种**,是指保费在每年年初缴纳,而死亡保险金在死亡保单年度末给付的险种(若险种中有死亡给付);而**半连续险种**,指的是保费在每年年初缴纳,而死亡保险金在死亡后立即给付的险种.

第八章 净保费理论

§8.1 引言

定义保费满足下面等式：

投保人缴纳保费的精算现值＝保险人给付保险金的精算现值.
我们称上述确定保费的准则为**平衡准则**.由平衡准则确定的保费称为**净保费**.

确定保费的准则有多种,如分位点准则、效用准则等,本书主要针对由平衡准则确定的净保费来讨论.

对于保费分期缴纳的险种,如果每年的净保费都相同,称年保费为年均衡净保费.对于连续缴纳保费的险种,如果每个时刻的净保费缴纳率都相同,则亦称此净保费缴纳率为年均衡净保费.

用 L 表示保险人的签单损失量,

$L=$ 保险人未来给付额的现值 $-$ 投保人缴纳净保费的现值.

则根据平衡准则,

$$E(L) = 0.$$

因此平衡准则的另一种描述是保险人签单损失量的期望为 0.

本章§8.2介绍平衡准则的理论基础. §8.3讨论趸缴净保费. §8.4讨论完全连续险种的净保费. §8.5讨论完全离散险种的净保费. §8.6讨论半连续险种的净保费. §8.7针对每年缴纳 m 次保费的险种来讨论. §8.8讨论多生命模型的净保费. §8.9讨论多元衰减模型的净保费. §8.10介绍在精算实务中净保费的计算方法.

§8.2 平衡准则的概率基础

设有 n 个同质(未来的死亡概率相同)的被保险人,相互独立.他们投保同一险种,保险金额相同.在签单时,保险公司对 n 个个体的未来给付现金流的现值分别记为 $X_1,\cdots,X_n$,则 $X_1,\cdots,X_n$ 为独立的且具有相同分布的随机变量列.当保单数目充分多时,即 $n\to\infty$ 时,根据概率论中的大数定律,有

$$\frac{X_1+\cdots+X_n}{n}\to E(X_1),\text{ a.s.}$$

其中 a.s. 表示几乎处处收敛.因此,在"公平"的情况下,投保人缴纳的保费应等于 $E(X_1)$.这便是前面介绍的平衡准则的理论基础.

§8.3 趸缴净保费

一次性缴纳的保费中的净保费部分,称为**趸缴净保费**.设趸缴净保费为 P,保险人签单的损失量为

$$L = \text{保险人给付额的现值} - P.$$

则根据平衡准则,$E(L)=0$,即

$$P = \text{保险人对被保险人给付额的精算现值}.$$

下面以终身寿险为例来说明签单损失量及趸缴净保费的计算.设个体在 x 岁投保,保险金额为 1 元,在个体死亡后立即给付.保险人给付额的现值为 $v^{T(x)}$,所以趸缴净保费

$$P = Ev^{T(x)} = \overline{A}_x.$$

故保险人的签单损失量可表示为

$$L = v^{T(x)} - \overline{A}_x.$$

考虑 L 的波动情况,可以计算保险人的签单损失量 L 的方差,有

$$\text{var}(L) = \text{var}(v^{T(x)} - \overline{A}_x) = \text{var}(v^{T(x)}) = {}^2\overline{A}_x - (\overline{A}_x)^2.$$

例 8.3.1 一在 x 岁签单的终身寿险,保险金额为 50 元,在死亡后立即给付.未来生存时间 $T(x)$ 服从 $[0,100]$ 上的均匀分布.利息力 $\delta=0.10$.求趸缴净保费.

解 单位保额的趸缴净保费为

$$\overline{A}_x = \int_0^\infty v^t {}_tp_x\mu_x(t)dt = \int_0^{100}\frac{e^{-0.10t}}{100}dt$$

$$= \frac{1-e^{-10}}{10} = 0.1.$$

所以此险种的趸缴净保费为
$$50\overline{A}_x = 5 \text{ 元}.$$

§8.4 完全连续险种

本节针对保费连续缴纳,死亡保险金在死亡后立即给付的险种进行讨论.

8.4.1 基本模型

在 x 岁签单的 n 年期寿险,设死亡保险金为 1 元. 记年均衡净保费为 $\overline{P}(\overline{A}^1_{x:\overline{n}|})$.

投保人停止缴纳保费的时刻为 $T(x) \wedge n$, 所以投保人未来缴纳净保费的现值为 $\overline{P}(\overline{A}^1_{x:\overline{n}|}) \overline{a}_{\overline{T(x) \wedge n|}}$. 而保险人未来给付额的现值为 $v^{T(x)} I_{\{T(x) < n\}}$. 故保险人的签单损失量可表示为
$$L = v^{T(x)} I_{\{T(x)<n\}} - \overline{P}(\overline{A}^1_{x:\overline{n}|}) \overline{a}_{\overline{T(x) \wedge n|}}.$$

利用 $E(L) = 0$, 得
$$E(L) = E(v^{T(x)} I_{\{T(x)<n\}} - \overline{P}(\overline{A}^1_{x:\overline{n}|}) \overline{a}_{\overline{T(x) \wedge n|}})$$
$$= \overline{A}^1_{x:\overline{n}|} - \overline{P}(\overline{A}^1_{x:\overline{n}|}) \overline{a}_{x:\overline{n}|} = 0,$$

所以年均衡净保费
$$\overline{P}(\overline{A}^1_{x:\overline{n}|}) = \frac{\overline{A}^1_{x:\overline{n}|}}{\overline{a}_{x:\overline{n}|}}.$$

可类似的讨论其他险种. 这些险种相应的年均衡净保费的表示法及计算公式如下:

终身寿险: $\overline{P}(\overline{A}_x) = \dfrac{\overline{A}_x}{\overline{a}_x}$;

n 年期生死合险: $\overline{P}(\overline{A}_{x:\overline{n}|}) = \dfrac{\overline{A}_{x:\overline{n}|}}{\overline{a}_{x:\overline{n}|}}$;

缴费期为 h 年的终身寿险: ${}_h\overline{P}(\overline{A}_x) = \dfrac{\overline{A}_x}{\overline{a}_{x:\overline{h}|}}$;

缴费期为 h 年的 n 年期寿险: ${}_h\overline{P}(\overline{A}^1_{x:\overline{n}|}) = \dfrac{\overline{A}^1_{x:\overline{n}|}}{\overline{a}_{x:\overline{h}|}}$;

延期 n 年的终身生存年金：$\overline{P}(_{n|}\bar{a}_x) = \dfrac{_{n|}\bar{a}_x}{\bar{a}_{x:\overline{n}|}}$。

上面年均衡净保费的计算公式可以表示为统一的形式：

$$\text{净保费} = \dfrac{\text{保险人给付额的精算现值}}{\text{保费缴纳期对应的生存年金}}.$$

在前面列出的表示法中，有两个需要特别说明. $_h\overline{P}(\overline{A}_x)$ 表示的是保费缴纳期为 h 年的终身寿险的年均衡净保费，这种险种投保人 h 年后则不需要再缴纳保费. 因为连续生存年金与本节的在死亡时刻给付的寿险有些共同点，所以在这里给出了连续生存年金的年均衡净保费 $\overline{P}(_{n|}\bar{a}_x)$ 的计算公式. $\overline{P}(_{n|}\bar{a}_x)$ 表示的是延期 n 年的连续生存年金的年均衡净保费，这种险种保费最多缴纳 n 年，在 n 年后投保人不需再缴纳保费，而被保险人则可以连续领取生存年金.

例 8.4.1 已知 $\mu(x) = \mu$. 计算 $\overline{P}(\overline{A}_x)$.

解 利用

$$\overline{A}_x = \dfrac{\mu}{\mu + \delta} \quad \text{及} \quad \bar{a}_x = \dfrac{1}{\mu + \delta},$$

可计算得年均衡净保费

$$\overline{P}(\overline{A}_x) = \dfrac{\overline{A}_x}{\bar{a}_x} = \dfrac{\mu/(\mu+\delta)}{1/(\mu+\delta)} = \mu.$$

8.4.2 其他计算公式

本节给出 n 年期生死合险及终身寿险年均衡净保费的几个计算公式，同时讨论签单损失量方差的计算.

结论 8.4.1 （1）n 年期生死合险的年均衡净保费 $\overline{P}(\overline{A}_{x:\overline{n}|})$ 与 n 年期连续生存年金的精算现值 $\bar{a}_{x:\overline{n}|}$ 有如下关系：

$$\overline{P}(\overline{A}_{x:\overline{n}|}) = \dfrac{1}{\bar{a}_{x:\overline{n}|}} - \delta;$$

（2）年均衡净保费 $\overline{P}(\overline{A}_{x:\overline{n}|})$ 与 $\overline{A}_{x:\overline{n}|}$ 有如下关系：

$$\overline{P}(\overline{A}_{x:\overline{n}|}) = \dfrac{\delta \overline{A}_{x:\overline{n}|}}{1 - \overline{A}_{x:\overline{n}|}};$$

（3）终身寿险的年均衡净保费 $\overline{P}(\overline{A}_x)$ 与 $\bar{a}_x$ 及 $\overline{A}_x$ 的关系如下：

$$\overline{P}(\overline{A}_x) = \frac{1}{\overline{a}_x} - \delta; \quad \overline{P}(\overline{A}_x) = \frac{\delta \overline{A}_x}{1 - \overline{A}_x}.$$

证明 我们只证明(1)和(2),使用类似方法可以证明(3)成立. 根据净保费的计算公式,有

$$\overline{P}(\overline{A}_{x:\overline{n}|}) = \frac{\overline{A}_{x:\overline{n}|}}{\overline{a}_{x:\overline{n}|}} = \frac{1 - \delta \overline{a}_{x:\overline{n}|}}{\overline{a}_{x:\overline{n}|}} = \frac{1}{\overline{a}_{x:\overline{n}|}} - \delta.$$

(1)成立. 又

$$\overline{P}(\overline{A}_{x:\overline{n}|}) = \frac{\overline{A}_{x:\overline{n}|}}{\overline{a}_{x:\overline{n}|}} = \frac{\overline{A}_{x:\overline{n}|}}{(1 - \overline{A}_{x:\overline{n}|})/\delta} = \frac{\delta \overline{A}_{x:\overline{n}|}}{1 - \overline{A}_{x:\overline{n}|}}.$$

(2)成立.

例 8.4.2 已知在每一年龄年 UDD 假设成立,利率 $i = 0.05$, $\ddot{a}_x = 1.68$. 计算年均衡净保费 $\overline{P}(\overline{A}_x)$.

解 由 $A_x + d\ddot{a}_x = 1$ 得

$$A_x = 1 - d\ddot{a}_x = 1 - \frac{0.05}{1.05} \times 1.68 = 0.92.$$

利用 UDD 假设,有

$$\overline{A}_x = \frac{i}{\delta} A_x = \frac{0.05}{\ln(1.05)} 0.92 = 0.9428,$$

所以年均衡净保费

$$\overline{P}(\overline{A}_x) = \frac{\delta \overline{A}_x}{1 - \overline{A}_x} = \frac{\ln(1.05) \times 0.9428}{1 - 0.9428} = 0.8042.$$

8.4.3 结论 8.4.1 中(1)的含义

结论 8.4.1 中(1)的等式可以变化为

$$\overline{P}(\overline{A}_{x:\overline{n}|}) + \delta = \frac{1}{\overline{a}_{x:\overline{n}|}}.$$

下面对上面等式的含义加以解释.

考虑下面两种给付方式,这两种方式对 (x) 给付额的精算现值都等于1:

第一种方式:连续给付个体 (x) 期限为 n 年的生存年金,给付率为 $\dfrac{1}{\overline{a}_{x:\overline{n}|}}$,则给付的生存年金的精算现值为

$$\frac{1}{\bar{a}_{x:\overline{n}|}} \bar{a}_{x:\overline{n}|} = 1;$$

第二种方式：针对个体 (x) 的 1 元给付，可以通过如下方式进行：

1) 支付利息．在未来的 n 年内，连续给付个体 (x) 生存年金，连续给付率为利息力 δ．这种给付是一种给付率为 δ 的 n 年期连续生存年金；

2) 1 元的给付．若个体 (x) 在 n 年内死亡，则在死亡时刻给付 1 元，否则在 n 年末给付 1 元．对个体 (x) 的 1 元给付，等价于以速率 $\bar{P}(\bar{A}_{x:\overline{n}|})$ 连续给付个体 (x) 期限为 n 年的生存年金．

前面 1) 和 2) 的总的给付等价于对 (x) 连续支付 n 年期生存年金，支付率为

$$\delta + \bar{P}(\bar{A}_{x:\overline{n}|}).$$

这种给付方式给付额的精算现值为 1.

由于按两种方式给付的连续生存年金的精算现值相等，所以对应的连续支付率相同，即

$$\bar{P}(\bar{A}_{x:\overline{n}|}) + \delta = \frac{1}{\bar{a}_{x:\overline{n}|}}.$$

8.4.4 结论 8.4.1 中 (2) 的含义

个体 (x) 借款 $\bar{A}_{x:\overline{n}|}$ 元，以趸缴的方式来购买 n 年期生死合险．假设借款利率与净保费计算中使用的利率相同．个体 (x) 可通过下面的方式来还贷：

1) 利息的支付．在 n 年内若个体 (x) 生存则连续支付利息，支付率为 $\delta \bar{A}_{x:\overline{n}|}$．这是一支付率为 $\delta \bar{A}_{x:\overline{n}|}$ 的 n 年期生存年金；

2) 本金的返还．若个体 (x) 在 n 年内死亡，则在死亡时刻返还借款额 $\bar{A}_{x:\overline{n}|}$ 元，否则在 n 年末还款 $\bar{A}_{x:\overline{n}|}$ 元．

在还款时刻，个体 (x) 同时得到了保险人给付的 1 元保险金．扣除还款额 $\bar{A}_{x:\overline{n}|}$ 元，个体 (x) 实际得到了 $1 - \bar{A}_{x:\overline{n}|}$ 元．这样，个体 (x) 支付了 n 年期连续生存年金，支付率为 $\delta \bar{A}_{x:\overline{n}|}$，而得到了给付额

$1-\overline{A}_{x:\overline{n}|}$ 元. 因此,个体(x)若得到 1 元的给付额,则需要以支付率 $\dfrac{\delta \overline{A}_{x:\overline{n}|}}{1-\overline{A}_{x:\overline{n}|}}$ 来连续支付 n 年期生存年金. 也就是说,连续支付的年均衡净保费等于 $\dfrac{\delta \overline{A}_{x:\overline{n}|}}{1-\overline{A}_{x:\overline{n}|}}$,即

$$\overline{P}(\overline{A}_{x:\overline{n}|}) = \dfrac{\delta \overline{A}_{x:\overline{n}|}}{1-\overline{A}_{x:\overline{n}|}}.$$

8.4.5 签单损失量的方差

签单损失量和签单时的保费有关,保险人收取的保费不同,则未来的损失也不相同. 下面主要针对由平衡准则确定的净保费来讨论. 注意:本章的部分习题涉及到保费为非净保费的情况,在处理这类问题时需要同净保费的情况区别开.

结论 8.4.2 假设保险金额为 1 元,保费按照年均衡净保费来缴纳.

(1) 在 x 岁签单的 n 年期生死合险,保险人签单损失量 L 的方差为

$$\mathrm{var}(L) = \dfrac{{}^2\overline{A}_{x:\overline{n}|} - (\overline{A}_{x:\overline{n}|})^2}{(\delta \overline{a}_{x:\overline{n}|})^2};$$

(2) 在 x 岁签单的终身寿险保单,保险人签单损失量 L 的方差为

$$\mathrm{var}(L) = \dfrac{{}^2\overline{A}_x - (\overline{A}_x)^2}{(\delta \overline{a}_x)^2}.$$

证明 只证明(1),(2)的证明类似. 由 L 的表示式,知

$$\begin{aligned} L &= v^{T(x)\wedge n} - \overline{P}(\overline{A}_{x:\overline{n}|}) \overline{a}_{\overline{T(x)\wedge n}|} \\ &= v^{T(x)\wedge n} - \dfrac{1-v^{T(x)\wedge n}}{\delta} \overline{P}(\overline{A}_{x:\overline{n}|}) \\ &= v^{T(x)\wedge n}\left(1 + \dfrac{\overline{P}(\overline{A}_{x:\overline{n}|})}{\delta}\right) - \dfrac{\overline{P}(\overline{A}_{x:\overline{n}|})}{\delta}, \end{aligned}$$

所以 L 的方差

$$\operatorname{var}(L) = \operatorname{var}(v^{T(x)\wedge n})\left(1 + \frac{\overline{P}(\overline{A}_{x:\overline{n}|})}{\delta}\right)^2$$

$$= \operatorname{var}(v^{T(x)\wedge n})\left(1 + \frac{\overline{A}_{x:\overline{n}|}}{\delta\,\overline{a}_{x:\overline{n}|}}\right)^2$$

$$= \operatorname{var}(v^{T(x)\wedge n})\left(\frac{1}{\delta\,\overline{a}_{x:\overline{n}|}}\right)^2$$

$$= \frac{{}^2\overline{A}_{x:\overline{n}|} - (\overline{A}_{x:\overline{n}|})^2}{(\delta\,\overline{a}_{x:\overline{n}|})^2}.$$

例 8.4.3 在 x 岁投保的保额为 1 元的完全连续终身寿险,保费按年均衡净保费来缴纳.保险人的签单损失量记为 L.在常数死亡力假设下,计算 $\operatorname{var}(L)$.

解 利用结论 8.4.2,有
$$\operatorname{var}(L) = ({}^2\overline{A}_x - (\overline{A}_x)^2)/(\delta\,\overline{a}_x)^2$$

$$= \left(\frac{\mu}{\mu+2\delta} - \left(\frac{\mu}{\mu+\delta}\right)^2\right)\Big/\left(\frac{\delta}{\mu+\delta}\right)^2 = \frac{\mu}{\mu+2\delta}.$$

例 8.4.4 在 x 岁投保的保额为 1 元的完全连续终身寿险,保费按年均衡净保费来缴纳.保险人的签单损失量 L 满足
$$\frac{\operatorname{var}(v^T)}{\operatorname{var}(L)} = 0.36.$$

已知 $\overline{a}_x = 10$,计算年均衡净保费 $\overline{P}(\overline{A}_x)$.

解 利用结论 8.4.2,知
$$\operatorname{var}(L) = \operatorname{var}(v^{T(x)})\left(\frac{1}{\delta\,\overline{a}_x}\right)^2 = \operatorname{var}(v^{T(x)})\left(\frac{1}{1-\overline{A}_x}\right)^2,$$

亦即
$$\frac{\operatorname{var}(v^T)}{\operatorname{var}(L)} = (1-\overline{A}_x)^2 = 0.36.$$

可解得 $\overline{A}_x = 0.4$. 所以年均衡净保费
$$\overline{P}(\overline{A}_x) = \frac{\overline{A}_x}{\overline{a}_x} = \frac{0.4}{10} = 0.04.$$

§8.5 完全离散险种

本节讨论在每一年度初缴纳保费,死亡保额在死亡年度末给付

的险种——完全离散险种的净保费.

8.5.1 基本模型

下面我们以定期寿险为例来讨论. 投保年龄为 x 岁, 保额为 1 元的 n 年期寿险, 年均衡净保费记为 $P^1_{x:\overline{n}|}$. 对于这一保单, 保险人未来给付额的现值可以表示为 $v^{K+1}I_{\{T(x)<n\}}$, 投保人缴纳保费的现值为 $P^1_{x:\overline{n}|}\ddot{a}_{\overline{(K(x)+1)\wedge n|}}$. 所以保险人的签单损失量

$$L = v^{K+1}I_{\{T(x)<n\}} - P^1_{x:\overline{n}|}\ddot{a}_{\overline{(K(x)+1)\wedge n|}}.$$

由 $E(L)=0$, 推出

$$A^1_{x:\overline{n}|} - P^1_{x:\overline{n}|}\ddot{a}_{x:\overline{n}|} = 0,$$

解得

$$P^1_{x:\overline{n}|} = \frac{A^1_{x:\overline{n}|}}{\ddot{a}_{x:\overline{n}|}}.$$

即年均衡净保费是保险人给付额的精算现值与保费缴纳期对应的生存年金的精算现值的比值.

用类似方法可以得到下面公式:

终身寿险: $P_x = \dfrac{A_x}{\ddot{a}_x}$;

n 年期生死合险: $P_{x:\overline{n}|} = \dfrac{A_{x:\overline{n}|}}{\ddot{a}_{x:\overline{n}|}}$;

缴费期为 h 年的终身寿险: $_hP_x = \dfrac{A_x}{\ddot{a}_{x:\overline{h}|}}$;

缴费期为 h 年的 n 年期寿险: $_hP^1_{x:\overline{n}|} = \dfrac{A^1_{x:\overline{n}|}}{\ddot{a}_{x:\overline{h}|}}$;

n 年期生存保险: $P_{x:\overline{n}|}^{1} = \dfrac{A_{x:\overline{n}|}^{1}}{\ddot{a}_{x:\overline{n}|}}$;

延期 n 年的终身生存年金: $P(_{n|}\ddot{a}_x) = \dfrac{_{n|}\ddot{a}_x}{\ddot{a}_{x:\overline{n}|}}$.

例 8.5.1 已知

$$_{k|}q_x = c(0.96)^{k+1}, \quad k=0,1,2,\cdots,$$

其中 $c=0.04/0.96$, 利率 $i=0.06$. 计算年均衡净保费 P_x.

解 根据已知条件,可计算精算现值

$$A_x = \sum_{k=0}^{\infty} v^{k+1}{}_{k|}q_x = \sum_{k=0}^{\infty}(1+0.06)^{-(k+1)}c(0.96)^{k+1}$$

$$= c\sum_{k=0}^{\infty}\left(\frac{0.96}{1+0.06}\right)^{k+1} = \frac{0.04}{0.96}\frac{0.96/1.06}{1-(0.96/1.06)} = 0.40.$$

所以

$$\ddot{a}_x = \frac{1-A_x}{d} = \frac{1-0.40}{0.06/1.06} = 10.60,$$

年均衡净保费

$$P_x = \frac{A_x}{\ddot{a}_x} = \frac{0.40}{10.60} = 0.038.$$

8.5.2 计算公式

下面给出计算净保费的几个公式.

结论 8.5.1 (1) n 年期生死合险的年均衡净保费 $P_{x:\overline{n}|}$ 与 $\ddot{a}_{x:\overline{n}|}$ 及 $A_{x:\overline{n}|}$ 关系如下:

$$P_{x:\overline{n}|} = \frac{1}{\ddot{a}_{x:\overline{n}|}} - d, \quad P_{x:\overline{n}|} = \frac{dA_{x:\overline{n}|}}{1-A_{x:\overline{n}|}};$$

(2) 终身寿险的年均衡净保费 P_x 与 $\ddot{a}_x$ 及 A_x 的关系如下:

$$P_x = \frac{1}{\ddot{a}_x} - d, \quad P_x = \frac{dA_x}{1-A_x}.$$

证明 类似结论 8.4.1 的证明.

例 8.5.2 证明: $P_{x:\overline{n}|} = {}_nP_x + P_{x:\overline{n}|}^{1}(1-A_{x+n})$.

证明 根据生死合险与生存保险和死亡保险的关系,有

$$A_{x:\overline{n}|} = A_{x:\overline{n}|}^{1} + A_{x:\overline{n}|}^{1} = A_{x:\overline{n}|}^{1} + A_x - {}_{n|}A_x$$

$$= A_{x:\overline{n}|}^{1} + A_x - A_{x:\overline{n}|}^{1}A_{x+n} = A_x + A_{x:\overline{n}|}^{1}(1-A_{x+n}),$$

两边同除以 $\ddot{a}_{x:\overline{n}|}$,便得

$$P_{x:\overline{n}|} = {}_nP_x + P_{x:\overline{n}|}^{1}(1-A_{x+n}).$$

例 8.5.3 在 30 岁签单的完全离散的 10 年期寿险,保险金额为 1 元. 如果被保险人活过了 10 年,则保险人在第 10 年末返还其所缴纳的全部保费(不计利息). 已知

$$A_{30:\overline{10|}} = 0.60, \quad A_{30:\overline{10|}}^{\ 1} = 0.47, \quad d = 0.05,$$

计算年均衡净保费.

解 设年均衡净保费为 P. 利用已知条件,计算得

$$\ddot{a}_{30:\overline{10|}} = \frac{1 - A_{30:\overline{10|}}}{d} = \frac{1 - 0.60}{0.05} = 8,$$

及

$$A_{30:\overline{10|}}^{1} = A_{30:\overline{10|}} - A_{30:\overline{10|}}^{\ 1} = 0.60 - 0.47 = 0.13.$$

根据平衡准则,

$$P\ddot{a}_{30:\overline{10|}} = A_{30:\overline{10|}}^{1} + 10P A_{30:\overline{10|}}^{\ 1},$$

解得年均衡净保费

$$P = \frac{A_{30:\overline{10|}}^{1}}{\ddot{a}_{30:\overline{10|}} - 10A_{30:\overline{10|}}^{\ 1}} = \frac{0.13}{8 - 4.7} = 0.039.$$

8.5.3 签单损失量的方差

讨论签单损失量的方差,可以得到下面结论.

结论 8.5.2 (1) 在 x 岁签单的保额为 1 元的完全离散 n 年期生死合险,保费为年均衡净保费,则保险人签单损失量 L 的方差为

$$\text{var}(L) = \frac{{}^{2}A_{x:\overline{n|}} - (A_{x:\overline{n|}})^2}{(d\ \ddot{a}_{x:\overline{n|}})^2};$$

(2) 在 x 岁签单的保额为 1 元的完全离散终身寿险,保费为年均衡净保费,L 表示签单损失量,则

$$\text{var}(L) = \frac{{}^{2}A_x - (A_x)^2}{(d\ \ddot{a}_x)^2}.$$

证明 我们只证明(1). 利用

$$L = v^{(K(x)+1)\wedge n} - \ddot{a}_{\overline{(K(x)+1)\wedge n|}} P_{x:\overline{n|}}$$

$$= v^{(K(x)+1)\wedge n}\left(1 + \frac{P_{x:\overline{n|}}}{d}\right) - \frac{P_{x:\overline{n|}}}{d},$$

得到

$$\text{var}(L) = \text{var}(v^{(K(x)+1)\wedge n})\left(1 + \frac{P_{x:\overline{n|}}}{d}\right)^2$$

$$= \operatorname{var}(v^{(K(x)+1)\wedge n})\left(\frac{1}{d\,\ddot{a}_{x:\overline{n}|}}\right)^2$$

$$= \frac{{}^2A_{x:\overline{n}|} - (A_{x:\overline{n}|})^2}{(d\,\ddot{a}_{x:\overline{n}|})^2}.$$

例 8.5.4 在例 8.5.1 的条件下,计算 $\operatorname{var}(L)$.

解 先计算

$${}^2A_x = \sum_{k=0}^{\infty} v^{2(k+1)} {}_{k|}q_x = \sum_{k=0}^{\infty} (1.06)^{-2(k+1)} c(0.96)^{k+1}$$

$$= 0.2445.$$

再利用结论 8.5.2 及例 8.5.1 的结果,知

$$\operatorname{var}(L) = \frac{{}^2A_x - (A_x)^2}{(d\,\ddot{a}_x)^2} = \frac{0.2445 - 0.1600}{[0.06 \times 10.60/1.06]^2}$$

$$= 0.2347.$$

§8.6 半连续险种

利用与前几节相同的方法,可以得到下面一些半连续险种年净保费的计算公式:

终身寿险: $P(\overline{A}_x) = \dfrac{\overline{A}_x}{\ddot{a}_x}$;

n 年期寿险: $P(\overline{A}^1_{x:\overline{n}|}) = \dfrac{\overline{A}^1_{x:\overline{n}|}}{\ddot{a}_{x:\overline{n}|}}$;

n 年期生死合险: $P(\overline{A}_{x:\overline{n}|}) = \dfrac{\overline{A}_{x:\overline{n}|}}{\ddot{a}_{x:\overline{n}|}}$;

缴费期为 h 年的终身寿险: ${}_hP(\overline{A}_x) = \dfrac{\overline{A}_x}{\ddot{a}_{x:\overline{h}|}}$;

缴费期为 h 年的 n 年期寿险: ${}_hP(\overline{A}^1_{x:\overline{n}|}) = \dfrac{\overline{A}^1_{x:\overline{n}|}}{\ddot{a}_{x:\overline{h}|}}$;

延期 n 年的终身生存年金: $P({}_{n|}\overline{a}_x) = \dfrac{{}_{n|}\overline{a}_x}{\ddot{a}_{x:\overline{n}|}}$.

在一定的假设下,半连续险种的净保费可利用完全离散险种的净保

费来计算.

结论 8.6.1 在每一年龄年 UDD 假设下,有

$$P(\overline{A}^1_{x:\overline{n}|}) = \frac{i}{\delta} P^1_{x:\overline{n}|}.$$

证明 根据 UDD 假设,知

$$P(\overline{A}^1_{x:\overline{n}|}) = \frac{\overline{A}^1_{x:\overline{n}|}}{\ddot{a}_{x:\overline{n}|}} = \frac{i}{\delta} \frac{A^1_{x:\overline{n}|}}{\ddot{a}_{x:\overline{n}|}} = \frac{i}{\delta} P^1_{x:\overline{n}|}.$$

例 8.6.1 已知每一年龄年 UDD 假设成立. 给定

$$i = 0.04, \quad {}_nE_x = 0.600, \quad \overline{A}_{x:\overline{n}|} = 0.804,$$

计算 $1000P(\overline{A}_{x:\overline{n}|})$.

解 由已知条件,有

$$\overline{A}^1_{x:\overline{n}|} = \overline{A}_{x:\overline{n}|} - {}_nE_x = 0.804 - 0.600 = 0.204,$$

利用 UDD 假设,

$$A^1_{x:\overline{n}|} = \overline{A}^1_{x:\overline{n}|} \frac{\delta}{i} = 0.204 \times \frac{\ln(1.04)}{0.04} = 0.200.$$

所以有

$$\ddot{a}_{x:\overline{n}|} = \frac{1 - A_{x:\overline{n}|}}{d} = \frac{1 - 0.2 - 0.6}{0.04/1.04} = 5.2,$$

则年净保费

$$1000P(\overline{A}_{x:\overline{n}|}) = 1000 \frac{\overline{A}_{x:\overline{n}|}}{\ddot{a}_{x:\overline{n}|}} = 1000 \times \frac{0.804}{5.2} = 154.62.$$

§8.7 每年缴费 m 次的险种

本节讨论每一保单年度缴纳 m 次保费的险种. 注意这类险种与前面定义的完全离散险种在保费缴纳方式上的差异, 对完全离散险种投保人是在每年年初缴纳保费, 而本节讨论的是投保人在每年的每个区间初缴纳保费.

在 x 岁投保的保额为 1 元的终身寿险保单, 假设保险金在死亡保单年度末给付, 年均衡净保费记为 $P_x^{(m)}$. 这里投保人缴纳的年净保

费 $P_x^{(m)}$ 是分 m 次来缴纳,每次缴纳额为 $\dfrac{P_x^{(m)}}{m}$。对于在死亡时刻给付保险金的终身寿险,年均衡净保费记为 $P^{(m)}(\overline{A}_x)$。

每年缴纳 m 次保费,保费缴纳期为 h 年的年净保费 $_hP_{x:\overline{n}|}^{(m)}$ 与每年缴纳一次保费的年均衡净保费 $_hP_{x:\overline{n}|}$ 之间关系如下:

结论 8.7.1 每年缴费 m 次的年净保费 $_hP_{x:\overline{n}|}^{(m)}$ 与年均衡净保费 $_hP_{x:\overline{n}|}$ 之间的关系为

$$_hP_{x:\overline{n}|}^{(m)} = \frac{_hP_{x:\overline{n}|}\ \ddot{a}_{x:\overline{h}|}}{\ddot{a}_{x:\overline{h}|}^{(m)}}.$$

证明 根据净保费的计算公式,有

$$_hP_{x:\overline{n}|}^{(m)} = \frac{A_{x:\overline{n}|}}{\ddot{a}_{x:\overline{h}|}^{(m)}} = \frac{A_{x:\overline{n}|}}{\ddot{a}_{x:\overline{h}|}} \times \frac{\ddot{a}_{x:\overline{h}|}}{\ddot{a}_{x:\overline{h}|}^{(m)}} = \frac{_hP_{x:\overline{n}|}\ \ddot{a}_{x:\overline{h}|}}{\ddot{a}_{x:\overline{h}|}^{(m)}},$$

结论 8.7.2 设在每一年龄年 UDD 假设成立,年均衡净保费满足

$$P_x^{(m)} = \frac{P_x}{\alpha(m) - \beta(m)(d + P_x)},$$

其中 $\alpha(m) = \dfrac{id}{i^{(m)}d^{(m)}}$, $\beta(m) = \dfrac{i - i^{(m)}}{i^{(m)}d^{(m)}}$。

证明 在每一年龄年 UDD 假设下,有

$$\ddot{a}_x^{(m)} = \alpha(m)\ddot{a}_x - \beta(m).$$

再利用 $P_x + d = \dfrac{1}{\ddot{a}_x}$,得到年净保费

$$P_x^{(m)} = \frac{A_x}{\ddot{a}_x^{(m)}} = \frac{A_x}{\alpha(m)\ddot{a}_x - \beta(m)}$$

$$= \frac{P_x}{\alpha(m) - \beta(m)/\ddot{a}_x} = \frac{P_x}{\alpha(m) - \beta(m)(d + P_x)}.$$

例 8.7.1 在 50 岁投保的保额为 1000 元的 20 年期生死合险保单,利率为 $i = 6\%$。设在每一年龄年 UDD 假设成立。已知

$$\ddot{a}_{50:\overline{20}|} = 11.291832, \quad _{20}E_{50} = 0.23047353.$$

在死亡的保单年度末给付死亡保险金的情况下,计算年均衡净保费和每年支付两次的年净保费。

解 生死合险的精算现值

$$A_{50:\overline{20|}} = 1 - d\,\ddot{a}_{50:\overline{20|}} = 1 - \frac{0.06}{1.06}(11.291832)$$
$$= 0.36084.$$

又可计算

$$\alpha(2) = \frac{id}{i^{(2)}d^{(2)}} = \frac{0.06(0.06/1.06)}{2(1.06^{0.5}-1)2(1-1.06^{-0.5})}$$
$$= 1.0002122$$

及

$$\beta(2) = \frac{i - i^{(2)}}{i^{(2)}d^{(2)}} = \frac{0.06 - 2(1.06^{0.5}-1)}{2(1.06^{0.5}-1)2(1-1.06^{-0.5})}$$
$$= 0.25739075.$$

所以年均衡净保费

$$P_{50:\overline{20|}} = \frac{A_{50:\overline{20|}}}{\ddot{a}_{50:\overline{20|}}} = \frac{0.36084}{11.291832} = 0.03196,$$

每年缴纳两次的年净保费

$$P^{(2)}_{50:\overline{20|}} = \frac{A_{50:\overline{20|}}}{\ddot{a}^{(2)}_{50:\overline{20|}}} = \frac{A_{50:\overline{20|}}}{\alpha(2)\ddot{a}_{50:\overline{20|}} - \beta(2)(1 - {}_{20}E_{50})}$$
$$= \frac{0.36084}{1.0002122 \times 11.291832 - 0.25739075(1 - 0.23047353)}$$
$$= 0.032519.$$

§8.8 多生命模型

下面通过一个例子来说明多生命模型净保费的计算.

例 8.8.1 个体$(x),(y)$的一种完全连续的寿险保单,保费连续支付至第一个死亡个体的死亡时刻. 1元死亡保险金在最后死亡个体的死亡时刻给付. 已知个体(x)和(y)相互独立,

$$\mu(x+t) = \mu(y+t) = 0.06, \quad t > 0; \quad \delta = 0.04.$$

计算年均衡净保费.

解 根据已知条件,得到

$${}_tp_x = e^{-0.06t}, \quad {}_tp_y = e^{-0.06t},$$

及

$$_tp_{xy} = e^{-0.12t}, \quad \mu_{xy}(t) = \mu_x(t) + \mu_y(t) = 0.12,$$

所以可计算

$$\bar{a}_{xy} = \int_0^\infty v^t{}_tp_{xy}\mathrm{d}t = \int_0^\infty e^{-0.04t-0.12t}\mathrm{d}t = \frac{1}{0.16},$$

及

$$\bar{A}_{xy} = 1 - \delta\bar{a}_{xy} = 1 - \frac{0.04}{0.16} = 0.75.$$

再由

$$\bar{A}_x = \frac{0.06}{0.06+0.04} = 0.6, \quad \bar{A}_y = \frac{0.06}{0.06+0.04} = 0.6,$$

得到

$$\bar{A}_{\overline{xy}} = \bar{A}_x + \bar{A}_y - \bar{A}_{xy} = 0.6 + 0.6 - 0.75 = 0.45.$$

因而可计算年均衡净保费

$$P = \frac{\bar{A}_{\overline{xy}}}{\bar{a}_{xy}} = 0.45 \times 0.16 = 0.072.$$

§8.9 多元衰减模型

下面通过几个例子来说明多元衰减模型净保费的计算.

例 8.9.1 对 x 岁的个体连续给付生存年金,年金从个体 $x+n$ 岁时开始支付,给付率为 1. 在 n 年延期时间内,个体 (x) 在死亡($J=1$)后,或在退职($J=2$)后,保险人立即返还个体所缴纳的净保费及利息(以保费计算中的利率来计算). 已知保费缴纳期为 n 年. 计算年均衡净保费.

解 记年均衡净保费为 P. 若个体 (x) 在未来的 n 年内死亡或退职,则个体在死亡或退职时刻得到给付额的现值为 $P\bar{s}_{\overline{T}|}v^T = P\bar{a}_{\overline{T}|}$, 而个体缴纳保费的现值为 $P\bar{a}_{\overline{T}|}$; 若在未来的 n 年内个体没有死亡或退职发生,则个体 (x) 得到的年金给付额的现值为 $v^n\bar{a}_{\overline{T-n}|}$, 个体缴纳保费的现值为 $P\bar{a}_{\overline{n}|}$. 综合上面所述的两种情况,保险人未来损失量为

$$L = (P\bar{a}_{\overline{T}|} - P\bar{a}_{\overline{T}|})I_{\{T<n\}} + (v^n\bar{a}_{\overline{T-n}|} - P\bar{a}_{\overline{n}|})I_{\{T\geq n\}}$$

$$= (v^n \bar{a}_{\overline{T-n}|} - P\bar{a}_{\overline{n}|})I_{\{T \geqslant n\}}.$$

利用平衡准则,有

$$E(L) = E[L|T(x) \geqslant n]P(T(x) \geqslant n)$$
$$= E(v^n \bar{a}_{\overline{T(x+n)}|} - P\bar{a}_{\overline{n}|})P(T(x) \geqslant n)$$
$$= (v^n \bar{a}_{x+n} - P\bar{a}_{\overline{n}|})_n p_x^{(\tau)} = 0.$$

从而可得到年均衡净保费

$$P = \frac{v^n \bar{a}_{x+n}}{\bar{a}_{\overline{n}|}} = \frac{\bar{a}_{x+n}}{(1+i)^n \bar{a}_{\overline{n}|}} = \frac{\bar{a}_{x+n}}{\bar{s}_{\overline{n}|}}.$$

例 8.9.2 针对前面 §7.4 的例子,我们使用 $P_{\overline{x}:\overline{3}|}^2$ 来表示考虑退保因素的二元衰减模型的年均衡净保费. 由于给付额(对死亡与退保的给付)的精算现值为 621.0011,所以可计算年均衡净保费

$$1000P_{\overline{x}:\overline{3}|}^2 = \frac{621.0011}{\ddot{a}_{x:\overline{2}|}} = \frac{621.0011}{2.1661} = 286.69,$$

即在衰减模型下的年均衡保费为 286.69 元.

§8.10 精算实务中净保费的计算方法

下面给出在精算实务中净保费的计算方法.

8.10.1 完全离散险种的净保费

生存保险的年均衡净保费

$$P_{x:\frac{1}{\overline{n}|}} = \frac{A_{x:\frac{1}{\overline{n}|}}}{\ddot{a}_{x:\overline{n}|}} = \frac{v^n {}_n p_x}{\sum_{j=0}^{n-1} v^j {}_j p_x} = \frac{v^{x+n} l_{x+n}}{\sum_{j=0}^{n-1} v^{x+j} l_{x+j}} = \frac{v^{x+n} l_{x+n}}{\sum_{j=x}^{n+x-1} v^j l_j}.$$

同样,定期寿险的年均衡净保费

$$P_{x:\overline{n}|}^1 = \frac{A_{x:\overline{n}|}^1}{\ddot{a}_{x:\overline{n}|}} = \frac{\sum_{j=x}^{x+n-1} v^{j+1} d_j}{\sum_{j=x}^{n+x-1} v^j l_j}.$$

根据前面的公式,可以计算出生存保险和死亡保险的年均衡净保费.

表 8.1 是利用上面公式计算的结果. 生命表采用 CL93,选取利

表 8.1 利用 CL93 计算的 20 年期保额为 1000 元的保费,利率按 0.025 计算 ($n=20, i=0.025$)

x	$1000q_x$	l_x	d_x	$l_x v^x$	$d_x v^{x+1}$	死亡保险对应的算子	$A^1_{x:\overline{n}|}$	$P^1_{x:\overline{n}|}$	生存保险对应的算子	$_nE_x$	$P_{x:\overline{n}|}^{1}$
0	2.909	1000.0000	2.9090	1000.0000	2.8380	1	0.013404535	0.000847	0	0.600501726	0.037935
1	2.016	997.0910	2.0101	972.7717	1.9133	1	0.011330800	0.000714	0	0.601785128	0.037938
2	1.470	995.0809	1.4628	947.1323	1.3583	1	0.010090212	0.000635	0	0.602528025	0.037936
3	1.114	993.6181	1.1069	922.6732	1.0028	1	0.009356192	0.000589	0	0.602944382	0.037931
4	0.872	992.5112	0.8655	899.1662	0.7649	1	0.008948524	0.000563	0	0.603153837	0.037925
5	0.702	991.6457	0.6961	876.4703	0.6003	1	0.008761449	0.000551	0	0.603226278	0.037918
6	0.579	990.9496	0.5738	854.4927	0.4827	1	0.008729794	0.000549	0	0.603204547	0.037912
7	0.489	990.3758	0.4843	833.1688	0.3975	1	0.008813275	0.000554	0	0.603114618	0.037906
8	0.421	989.8915	0.4167	812.4501	0.3337	1	0.008987466	0.000565	0	0.602971006	0.037900
9	0.374	989.4748	0.3701	792.3005	0.2891	1	0.009235210	0.000581	0	0.602784610	0.037894
10	0.346	989.1047	0.3422	772.6870	0.2608	1	0.009543528	0.000600	0	0.602562099	0.037888
11	0.339	988.7625	0.3352	753.5802	0.2492	1	0.009905324	0.000623	0	0.602304716	0.037882
12	0.356	988.4273	0.3519	734.9509	0.2553	1	0.010304715	0.000648	0	0.602021536	0.037876
13	0.396	988.0754	0.3913	716.7701	0.2769	1	0.010724879	0.000675	0	0.601721021	0.037869
14	0.457	987.6842	0.4514	699.0109	0.3117	1	0.011148983	0.000702	0	0.601411614	0.037860
15	0.529	987.2328	0.5222	681.6502	0.3518	1	0.011562969	0.000728	0	0.601099338	0.037851
16	0.602	986.7105	0.5940	664.6728	0.3904	1	0.011964735	0.000754	0	0.600781790	0.037839
17	0.670	986.1165	0.6607	648.0709	0.4236	1	0.012357788	0.000778	0	0.600454768	0.037825
18	0.724	985.4558	0.7135	631.8407	0.4463	1	0.012755247	0.000804	0	0.600106871	0.037808
19	0.762	984.7424	0.7504	615.9836	0.4579	1	0.013179416	0.000830	0	0.599721324	0.037787

(续表)

x	$1000q_x$	l_x	d_x	$l_x v^x$	$d_x v^{x+1}$	死亡保险对应的算子	$A^1_{x:\overline{n}|}$	$P^1_{x:\overline{n}|}$	生存保险对应的算子	$_nE_x$	$P_{x:\overline{n}|}^{1}$
20	0.778	983.9920	0.7655	600.5017	0.4558	0	0.013655090	0.000860	1	0.599280192	0.037763
21	0.784	983.2265	0.7708	585.3995	0.4478	0	0.014218341	0.000896	0	0.598757213	0.037734
22	0.780	982.4556	0.7663	570.6737	0.4343	0	0.014886419	0.000938	0	0.598141208	0.037700
23	0.767	981.6893	0.7530	556.3206	0.4163	0	0.015682907	0.000989	0	0.597415096	0.037661
24	0.752	980.9363	0.7377	542.3355	0.3979	0	0.016630867	0.001049	0	0.596562528	0.037616
25	0.738	980.1987	0.7234	528.7099	0.3807	0	0.017745102	0.001119	0	0.595573280	0.037566
26	0.728	979.4753	0.7131	515.4339	0.3661	0	0.019047821	0.001202	0	0.594428935	0.037509
27	0.727	978.7622	0.7116	502.4963	0.3564	0	0.020554440	0.001298	0	0.593117264	0.037446
28	0.730	978.0507	0.7140	489.8838	0.3489	0	0.022273856	0.001407	0	0.591631018	0.037374
29	0.743	977.3367	0.7262	477.5866	0.3462	0	0.024223409	0.001531	0	0.589956663	0.037295
30	0.773	976.6105	0.7549	465.5919	0.3511	0	0.026421205	0.001672	0	0.588078025	0.037207
31	0.809	975.8556	0.7895	453.8849	0.3582	0	0.028872727	0.001828	0	0.585989322	0.037110
32	0.855	975.0661	0.8337	442.4563	0.3691	0	0.031606283	0.002004	0	0.583666339	0.037002
33	0.910	974.2325	0.8866	431.2956	0.3829	0	0.034642896	0.002199	0	0.581091336	0.036883
34	0.976	973.3459	0.9500	420.3933	0.4003	0	0.037998065	0.002415	0	0.578253027	0.036753
35	1.057	972.3959	1.0278	409.7395	0.4225	0	0.041694448	0.002654	0	0.575132620	0.036609
36	1.146	971.3681	1.1132	399.3233	0.4465	0	0.045756978	0.002917	0	0.571708111	0.036452
37	1.249	970.2549	1.2118	389.1373	0.4742	0	0.050234634	0.003209	0	0.567936805	0.036278
38	1.366	969.0431	1.3237	379.1719	0.5053	0	0.055151477	0.003530	0	0.563799897	0.036088
39	1.497	967.7193	1.4487	369.4185	0.5395	0	0.060538786	0.003884	0	0.559272037	0.035879

(续表)

x	$1000q_x$	l_x	d_x	l_xv^x	d_xv^{x+1}	死亡保险对应的算子	$A^1_{x,\overline{n}|}$	$P^1_{x,\overline{n}|}$	生存保险对应的算子	$_nE_x$	$P_{x,\overline{n}|}^{\ 1}$
40	1.650	966.2707	1.5943	359.8688	0.5793	0	0.066442626	0.004273	0	0.554313939	0.035650
41	1.812	964.6763	1.7480	350.5122	0.6196	0	0.072880930	0.004700	0	0.548912661	0.035399
42	1.993	962.9283	1.9191	341.3435	0.6637	0	0.079901534	0.005168	0	0.543030833	0.035125
43	2.193	961.0092	2.1075	332.3543	0.7111	0	0.087563007	0.005683	0	0.536617891	0.034826
44	2.409	958.9017	2.3100	323.5371	0.7604	0	0.095908293	0.006247	0	0.529640509	0.034499
45	2.658	956.5917	2.5426	314.8855	0.8166	0	0.104980064	0.006865	0	0.522068004	0.034142
46	2.933	954.0491	2.7982	306.3888	0.8767	0	0.114792477	0.007540	0	0.513893139	0.033756
47	3.231	951.2509	3.0735	298.0392	0.9395	0	0.125430024	0.008279	0	0.505041577	0.033335
48	3.558	948.1774	3.3736	289.8305	1.0061	0	0.136944216	0.009087	0	0.495475484	0.032877
49	3.925	944.8038	3.7084	281.7554	1.0789	0	0.149388833	0.009970	0	0.485154176	0.032379
50	4.322	941.0954	4.0674	273.8044	1.1545	0	0.162791613	0.010934	0	0.474060763	0.031840
51	4.770	937.0280	4.4696	265.9717	1.2377	0	0.177193316	0.011984	0	0.462170178	0.031257
52	5.263	932.5584	4.9081	258.2468	1.3260	0	0.192631698	0.013127	0	0.449454380	0.030628
53	5.790	927.6503	5.3711	250.6221	1.4157	0	0.209153251	0.014371	0	0.435580432	0.029950
54	6.367	922.2792	5.8722	243.0937	1.5100	0	0.226793842	0.015725	0	0.421431899	0.029220
55	7.005	916.4071	6.4194	235.6546	1.6105	0	0.245556250	0.017194	0	0.406121570	0.028437
56	7.735	909.9876	7.0388	228.2964	1.7228	0	0.265467713	0.018790	0	0.389935110	0.027599
57	8.524	902.9489	7.6967	221.0054	1.8379	0	0.286502609	0.020517	0	0.372902405	0.026704
58	9.386	895.2522	8.4028	213.7771	1.9576	0	0.308626849	0.022383	0	0.355074117	0.025752
59	10.35	886.8493	9.1780	206.6055	2.0860	0	0.331814248	0.024399	0	0.336489085	0.024743
60	11.38	877.6713	9.9861	199.4803	2.2143	0	0.355597227	0.026569	0	0.317241582	0.023678

率 $i=0.025$.

8.10.2 半连续险种的净保费

在每一年龄年 UDD 假设下,半连续险种净保费的计算可以转化为完全离散险种净保费的计算问题. 如,对于定期寿险,可按下面公式

$$P(\overline{A}^1_{x:\overline{n}|}) = P^1_{x:\overline{n}|} \frac{i}{\delta}$$

来转化.

8.10.3 每年缴纳数次保费的情况

每年缴纳数次保费的年净保费,也可以转化为完全离散险种净保费的计算问题.

设在每一年龄年 UDD 假设成立.

对于 n 年期生死合险,每年支付 m 次的年净保费 $P^{(m)}_{x:\overline{n}|}$ 可以根据

$$P^{(m)}_{x:\overline{n}|} = \frac{P_{x:\overline{n}|}}{\alpha(m) - \beta(m)(d + P^1_{x:\overline{n}|})} \tag{8.10.1}$$

来计算. 在这里,

$$\alpha(m) = \frac{id}{i^{(m)}d^{(m)}}, \quad \beta(m) = \frac{i - i^{(m)}}{i^{(m)}d^{(m)}}.$$

对于 n 年期寿险,保险金在死亡保单年度末给付的情况下,每年支付 m 次的年净保费 $P^{1(m)}_{x:\overline{n}|}$ 可以根据

$$P^{1(m)}_{x:\overline{n}|} = \frac{P^1_{x:\overline{n}|}}{\alpha(m) - \beta(m)(d + P^1_{x:\overline{n}|})} \tag{8.10.2}$$

来计算. 在死亡后立即给付保险金额的情况下,每年支付 m 次的年净保费 $P^{(m)}(\overline{A}^1_{x:\overline{n}|})$ 可根据

$$P^{(m)}(\overline{A}^1_{x:\overline{n}|}) = \frac{i}{\delta} P^{1(m)}_{x:\overline{n}|} \tag{8.10.3}$$

来计算,其中年净保费 $P^{1(m)}_{x:\overline{n}|}$ 可根据(8.10.2)式来计算.

公式(8.10.1)~(8.10.3)的证明留作习题.

习 题 八

1. 若 $\delta=0$,证明: $\overline{P}(\overline{A}_x) = 1/\mathring{e}_x$.

2. 证明: $\left(1 + \dfrac{d\bar{a}_x}{dx}\right)\overline{P}(\overline{A}_x) - \dfrac{d}{dx}\overline{A}_x = \mu(x)$.

3. 已知 $\delta=0.05, \overline{A}_x = 0.06, {}^2\overline{A}_x = 0.0040$. 由 100 个年龄为 x 岁个体组成的生存群中,个体均购买完全连续的终身寿险保单,保单的死亡保险金为 1000 元.每年每个个体缴纳保费为 3.50 元.记 L_{Agg} 为保险人对这个保单组的总的签单损失量. 求 L_{Agg} 的期望、方差.

4. 投保年龄为 x 岁的完全离散终身寿险保单,保额为 1 元.每年年初缴纳的保费为 G.
   (1) L 为在 $G=P_x$ 时保险人的签单损失量;
   (2) L^* 为 G 满足 $E(L^*)=-0.20$ 时保险人的签单损失量;
   (3) $\text{var}(L)=0.30$,
计算 $\text{var}(L^*)$.

5. 假设利率 $i=0.06$.有 100 个年龄为 90 岁的个体,个体均购买保险金额为 1000 元的完全离散终身寿险保单,死亡保额在死亡年度末支付.每个个体在每一年度初缴纳保费 $1000P_{90}$. 已知对 $x=90,91,92,93$,有 $l_x = 100, 72, 39, 0$.试分析资金流的情况,并说明保险人在第三年末收支平衡.(假设个体的死亡人数严格遵循生命表规律).

6. 已知 $i=0.06, \ddot{a}_{35} = 15.39262$. 在每一年龄年 UDD 假设成立,计算在 35 岁投保,保额为 1 元的半连续终身寿险的年均衡净保费.

7. 投保年龄为 x 岁,保额为 1 元的完全离散 2 年期寿险,L 为保险人的签单损失量,年保费按年均衡净保费来缴纳.已知 $q_x = 0.10, q_{x+1} = 0.20, v = 0.90$.计算 $\text{var}(L)$.

8. 投保年龄为 49 岁的单位保额的完全离散终身寿险保单,L 表示保险人的签单损失量.已知
$A_{49} = 0.29224$, ${}^2A_{49} = 0.11723$, $i = 0.05$, $\text{var}(L) = 0.10$.

计算 $E(L)$.

9. 给定

$$_{k|}q_x = \frac{0.90^{k+1}}{9}, \quad k = 0,1,2,\cdots,$$

利率 $i=0.08$,在每一年龄年死亡力为常数.计算保额为 1000 元的完全连续终身寿险与完全离散终身寿险的均衡净保费的差

$$1000(\overline{P}(\overline{A}_x) - P_x).$$

10. 给定利率 $i=0.05, A_x=0.40, {}^2A_x=0.20$. 在年龄 x 岁投保的完全离散终身寿险,每年的保费为 0.05 乘以保单的保险金额. L 为保额为 1 元时保险人的签单损失量. 已知某保险公司有 145 个这种类型的保单,其中 1 元保额的有 135 个保单,10 元保额的有 10 个保单.

(1) 计算 $E(L), \mathrm{var}(L)$；

(2) 计算总体损失量的期望和方差；

(3) 利用正态近似,求保险人总损失量超过 45 的概率.

11. 投保年龄为 25 岁,保额为 1000 元的完全离散终身寿险,个体所在生存群的死亡力为参数 $w=100$ 的 de Moivre 死亡力.利率 $i=0.05$.

(1) 计算 $1000A_{25}$；

(2) 求每年被保险人需缴纳的最低保费为多少,使得保险人的签单损失量为正的概率小于 0.25.

12. 证明：(1) ${}_{20}P^1_{x:\overline{30|}} - P^1_{x:\overline{20|}} = {}_{20}P({}_{20|10}A_x)$；

(2) 在每一年龄年 UDD 假设下,证明(8.10.1)~(8.10.3)式.

13. 给定

$${}_{15}P_{45} = 0.038, \quad P_{45:\overline{15|}} = 0.056, \quad A_{60} = 0.625.$$

计算 $P^1_{45:\overline{15|}}$.

14. 投保年龄为 x 岁的终身寿险,保险金在死亡年度末给付,第一年的保额为 1 元,保费在每年年初缴纳.净保费及保额每年以 0.04 的比率增长.利率为 4%.计算第一个保单年度的净保费.正确的结果是(   ).

(A) $\dfrac{v^2}{1+e_x}$；   (B) $\dfrac{v}{1+e_x}$；   (C) $\dfrac{1}{1+e_x}$；

(D) $\dfrac{1+i}{1+e_x}$; (E) $\dfrac{(1+i)^2}{1+e_x}$.

15. 已知

$$A_x = 0.19, \quad {}^2A_x = 0.064, \quad d = 0.057.$$

π_x 是投保年龄为 x 岁,保额为 1 元的完全离散终身寿险的年保费,$\pi_x = 0.019$. 求保险人需承保的签单年龄为 x 岁的保单数目最低为多少时,使得保险人总损失量为正的概率小于 0.05. 已知正态分布 0.95 分位点为 1.645. 正确的结果是( ).

(A) 21; (B) 22; (C) 23;
(D) 24; (E) 25.

16. 55 岁的个体延期 10 年的期初生存年金,每年年初给付 1 元,在延期期间内个体在每年年初缴纳净保费. 在延期期间内若死亡发生,则在死亡保单年度末保险人返还个体所缴纳的保费,不计利息. 已知

$$\ddot{a}_{55:\overline{10|}} = 8, \quad \ddot{a}_{55} = 12, \quad (IA)^1_{55:\overline{10|}} = 2.5.$$

求年均衡净保费. 正确的结果是( ).

(A) 0.54; (B) 0.6675; (C) 0.7273;
(D) 1.1129; (E) 1.4546.

17. 已知在每一年龄年 UDD 假设成立. 给定

$$i = 0.04, \quad {}_nE_x = 0.600, \quad \overline{A}_{x:\overline{n|}} = 0.804.$$

计算 $1000 P(\overline{A}_{x:\overline{n|}})$. 正确的结果是( ).

(A) 153; (B) 155; (C) 157;
(D) 159; (E) 161.

18. 对于个体(30)的 10 年期保险,保额为 10000 元,死亡保险金在死亡年度末给付. 给定

$$A^1_{30:\overline{10|}} = 0.015, \quad \ddot{a}_{30:\overline{10|}} = 8, \quad {}_{10}E_{30} = 0.604, \quad i = 0.05.$$

已知在每一年龄年 UDD 假设成立. 计算每年缴纳 12 次与每年缴纳 2 次的年净保费的差 $1000(P^{(12)}_{30:\overline{10|}} - P^{(2)}_{30:\overline{10|}})$. 正确的结果是( ).

(A) 0.05; (B) 0.10; (C) 0.15;
(D) 0.20; (E) 0.25.

19. 投保年龄为 49 岁,保额为 1 元的完全离散终身寿险,使用

L 表示保险人的签单损失量. 每年的保费都相同. 给定

$A_{49} = 0.29224$, $\quad ^2A_{49} = 0.11723$, $\quad i = 0.05$, $\quad \text{var}(L) = 0.10$.

计算 $E(L)$. 正确的结果是( ).

(A) -1.22;   (B) -0.60;   (C) -0.25;

(D) -0.15;   (E) 0.00.

20. $L(\pi)$ 是某投保年龄为 30 岁的完全离散终身寿险保单的保险人签单损失量, 保额为 10000 元, 年保费为 π 元. 给定

$l_{30} = 9501382$, $\quad l_{77} = 4828285$, $\quad l_{78} = 4530476$, $\quad i = 0.06$.

计算最低保费 π', 使得 $L(\pi')$ 为正的概率小于 0.5. 正确的结果是( ).

(A) 34.6;   (B) 36.6;   (C) 36.8;

(D) 39.0;   (E) 39.1.

21. 个体 (x), (y) 投保了一完全离散的寿险保单, 保险金于第二个死亡个体死亡年度末给付. 两个个体都生存时每年净保费为 110 元, 当一个死亡个体死亡后净保费降低到每年 40 元. 给定

$i = 1/19$, $\quad \ddot{a}_x = 8$, $\quad a_y = 6$, $\quad A_{xy} = 0.80$,

计算保险金额. 正确的结果是( ).

(A) 1100;   (B) 1200;   (C) 1300;

(D) 1450;   (E) 1600.

22. 一个完全离散的最后生存者 $(\overline{xx})$ 的寿险, 保额为 1 元, 年净保费在第一个个体死亡后降低 25%. 已知

$A_x = 0.40$, $\quad A_{xx} = 0.55$, $\quad \ddot{a}_x = 10.0$.

计算签单时的年均衡净保费. 正确的结果是( ).

(A) 0.019;   (B) 0.020;   (C) 0.022;

(D) 0.024;   (E) 0.025.

23. 个体 (x) 的完全连续, 保额为 1 元的终身寿险, 年均衡净保费为 π, L 表示保费缴纳率为 π 时保险人的签单损失量, L^* 为保费为 1.25π 时保险人的签单损失量. 给定

$\bar{a}_x = 5.0$, $\quad \delta = 0.08$, $\quad \text{var}(L) = 0.5625$.

计算 L^* 的期望与标准差的和. 正确的结果是( ).

(A) 0.59；　　　(B) 0.71；　　　(C) 0.86；
(D) 0.89；　　　(E) 1.01.

24. 个体(80)的递减终身寿险,若死亡在未来的第 k 年内发生,死亡保险金为 $20-k+1, k=1,2,\cdots,20$. 利率为 $i=0.06$.

(1) 对于某一生命表, $q_{80}=0.2$, 趸缴净保费为 13 元；

(2) 对于另外一生命表, 除 $q_{80}=0.1$ 外, 其他的数据与上一生命表中的皆相同. 趸缴净保费为 P 元.
计算 P. 正确的结果是( ).

(A) 11.1；　　　(B) 11.4；　　　(C) 11.7；
(D) 12.0；　　　(E) 12.3.

第 25 至 27 题的条件皆为: π 是投保年龄为 45 岁的单位保额半连续终身寿险的年保费, $L(\pi)$ 是保险人的签单损失量. 已知在每一年龄年 UDD 假设成立,

$$A_{45}=0.25191, \quad \ddot{a}_{45}=15.709843,$$

$l_{45}=9164070, \quad l_{77}=4828285, \quad l_{78}=4530476, \quad i=0.05$.

25. 计算年均衡净保费 π_a. 正确的结果是( ).

(A) 0.0155；　　(B) 0.0158；　　(C) 0.0161；
(D) 0.0164；　　(E) 0.0167.

26. 计算 $T(45)$ 的中位数. 正确的结果是( ).

(A) 31.83；　　(B) 32.00；　　(C) 32.50；
(D) 32.63；　　(E) 32.83.

27. 使用 π 表示 $L(\pi)$ 的中位数. 正确的结果是( ).

(A) $0.2015-16.5928\pi$；　　(B) $0.2015-16.8027\pi$；
(C) $0.1998-16.8027\pi$；　　(D) $0.1998-16.5928\pi$；
(E) $0.1998-16.0025\pi$.

第 28~31 题的条件皆为: $L(\pi)$ 是个体(25)的完全离散终身寿险的签单损失量, 保额为 1000 元, 每年的保费为 π 元. 个体所在生存群的死亡力服从 de Moivre 假设, 参数 $w=100$. 利率 $i=0.05$.

28. $1000A_{25}$ 接近于( ).

(A) 250；　　　(B) 260；　　　(C) 270；
(D) 280；　　　(E) 300.

29. 计算年均衡净保费 π_a. 正确的结果是( ).

(A) 15.71; (B) 15.96; (C) 16.21;
(D) 16.46; (E) 16.71.

30. 计算最低保费 π_b 的值,使得损失量 $L(\pi_b)$ 为正的概率小于 0.25. 正确的结果是( ).

(A) 29.80; (B) 31.20; (C) 33.20;
(D) 36.10; (E) 39.10.

31. $E(L(\pi_b))$ 接近于( ).

(A) -195; (B) -205; (C) -215;
(D) -225; (E) -250.

第九章 费用负荷保费

§9.1 引 言

上一章讨论了在平衡准则下所确定的净保费.如果投保人按照净保费水平来缴纳保费,在签单时刻保险人得到的投保人所缴纳净保费的精算现值恰等于保险人对受益人给付额的精算现值.而在保险操作中,保险人除要支付保险金外,还需要支付其他的费用,如:签单的费用、保单的维持费用等.因此,净保费并未完整的刻画保险人的风险成本.本章将在考虑保险人费用支出这一因素的基础上,讨论费用负荷保费(在净保费的基础上附加上保险费用的保费部分)的计算.费用负荷保费是保险人的风险成本.

本章将分别在考虑退保因素和不考虑退保因素两种模型下进行讨论. §9.2介绍保险经营中的费用分类. §9.3在不考虑退保因素下,利用平衡准则来计算费用负荷保费. §9.4在考虑退保因素的二元衰减模型下讨论费用负荷保费的计算.

§9.2 保险费用

在保险人运作过程中,需要支付一系列的费用,在这里我们所说的费用不包括保险人给付的保险金部分.

保险人支出的费用可以划分为下面两类:投资费用和保险费用.

在保险人运作中,将收取的保费的一部分用于投资,部分投资收益通过在保费计算过程中以保费计息的方式给付被保险人.在投资过程中,保险人需要支出用于投资的设计、管理等与投资相关的费用,这部分费用称为**投资费用**.投资费用这一部分与保险定价及准备金计算不直接建立联系,而是在确定计算保费使用的利率时,将投资费用从投资的收益中扣除.

§9.2 保险费用

除投资费用以外的其他费用,统称为**保险费用**.保险人在保单的各个时期要支付各类不同的费用.如,在签单前,保险人需要对被保险人的身体健康状况等进行检查,并确定被保险人的风险等级,从而支出核保费用.签单时,保险人需要支付保单的纸张费用等,也需要支付营销员的佣金.签单后,保险人需要支付保单的维持费用,如保单的保存、保费缴纳的通知、保费的收取等费用.当保险事故发生时,需要核查事故是否属于保险人负责的给付范围,并支出有关的理赔费用.

一般的,可将保险费用分为下面几类：

签单第一年的费用：核保、签发新保单及与第一年保费相关的营销费用.

续年费用：对有效保单的维持与服务的费用以及续年的营销费用.

理赔费用：与理赔相关的费用.

管理费用：雇员的薪金等费用.

按照保险费用与保费、保额等的关系,可将保险费用划分为三个类别：

第一类：随保费变化的费用,如代理人费用、保费的课税等；

第二类：随保险金额变化的费用,如核保费用；

第三类：随保单数量而变化的费用,如签单的费用.

在实用中经常考虑每千元保额的费用情况,此时可将第二类与第三类的费用合在一起.

表 9.1 给出某一险种的每千元保额的费用数据.

表 9.1 每千元保额的费用情况

费用的类型	第一年		续 年	
	保费的百分比	常数(元)	保费的百分比	常数(元)
佣金	10%	—	2%	—
基本的费用	4%	3	—	1
税	2%	—	2%	—
签单及风险分类	2%	4	—	—
保单维持费用	2%	1	2%	1
总计	20%	8	6%	2

由上面的表 9.1 可以看出，第一保单年度的费用远高于续年的费用.

保费设计要考虑不同类别的保单之间费用的公平分配，每一保单承担其自身发生的费用. 费用分析是保险公司成本分析的重要部分.

§9.3 费用负荷保费

§7.4 给出了一个三年期生死合险的例子，$i=0.15$，在假设
$$q_x = 0.1, \quad q_{x+1} = 0.1111, \quad q_{x+2} = 0.5$$
下得到了 $\ddot{a}_{x:\overline{3}|} = 2.387531$，由此可计算年均衡净保费
$$P_{x:\overline{3}|} = \frac{1}{\ddot{a}_{x:\overline{3}|}} - d = 0.28841,$$
及
$$A_{x:\overline{3}|} = 1 - d\ddot{a}_{x:\overline{3}|} = 0.688583.$$

下面利用平衡准则来确定费用负荷保费. 费用数据见表 9.1. 设费用负荷保费为 G，则投保人缴纳的费用负荷保费的精算现值为
$$\ddot{a}_{x:\overline{3}|} G,$$
保险人支出（费用，保险金额等）的精算现值为
$$1000 A_{x:\overline{3}|} + 0.06 G \ddot{a}_{x:\overline{3}|} + 2 \ddot{a}_{x:\overline{3}|} + 6 + 0.14 G.$$
利用平衡准则，两者相等：
$$\ddot{a}_{x:\overline{3}|} G = 1000 A_{x:\overline{3}|} + 0.06 G \ddot{a}_{x:\overline{3}|} + 2 \ddot{a}_{x:\overline{3}|} + 6 + 0.14 G,$$
解得
$$G = \frac{1000 A_{x:\overline{3}|} + 2 \ddot{a}_{x:\overline{3}|} + 6}{0.94 \ddot{a}_{x:\overline{3}|} - 0.14} = 332.35(\text{元}).$$
按照平衡准则可确定费用部分
$$E = \frac{0.06 G \ddot{a}_{x:\overline{3}|} + 2 \ddot{a}_{x:\overline{3}|} + 6 + 0.14 G}{\ddot{a}_{x:\overline{3}|}} = 43.94(\text{元}).$$

其中，43.94 元是费用的部分，288.41 元是净保费的部分，两者之和 332.35 元为费用负荷保费.

例 9.3.1 缴费期为 20 年的完全离散终身寿险保单，保额为 1000 元. 已知
$$\ddot{a}_x = 16.25, \quad \ddot{a}_{x:\overline{10}|} = 8.00, \quad \ddot{a}_{x:\overline{20}|} = 12.00, \quad A_x = 0.1.$$

保险人支出费用如下表所示.利用平衡准则,计算每千元保额的费用负荷保费.

	第1年	第2~10年	第11年及以后各年
每个保单(元)	50	20	20
保费的百分比	110%	10%	5%

解 费用负荷保费 G 满足

$$G\ddot{a}_{x:\overline{20|}} = 1000A_x + 30 + 20\ddot{a}_x$$
$$+ (G + 0.05G\ddot{a}_{x:\overline{20|}} + 0.05G\ddot{a}_{x:\overline{10|}}),$$

所以

$$G = \frac{1000A_x + 30 + 20\ddot{a}_x}{\ddot{a}_{x:\overline{20|}} - 1 - 0.05\ddot{a}_{x:\overline{20|}} - 0.05\ddot{a}_{x:\overline{10|}}}$$

$$= 1000\frac{A_x}{10} + 35.50 = 45.50.$$

§9.4 包含退保的情况

下面继续讨论§9.3的例子.这里我们考虑退保因素的影响.

设退保发生在每年年末.对应的衰减概率在§7.4给出.衰减的因素为死亡与退保,分别以(1)和(2)表示.已知

$$q_x^{(1)} = 0.1, \quad q_{x+1}^{(1)} = 0.1111, \quad q_{x+2}^{(1)} = 0.5.$$
$$q_x^{(2)} = 0.1, \quad q_{x+1}^{(2)} = 0.1111.$$

§8.9 计算出衰减模型下的年均衡保费为 $1000P_{x:\overline{3|}}^2 = 286.69$ 元,对应的保费缴纳期的年金为 $\ddot{a}_{x:\overline{3|}} = 2.1661$,死亡与退保的给付额的精算现值为 621.0011. 保险费用表见表9.1.

设费用负荷保费为 G,则根据平衡准则,有

$$621.0011 + 0.14G + 2.1661(0.06G + 2) + 6 = 2.1661G,$$

解得费用负荷保费

$$G = \frac{621.0011 + 6 + 2 \times 2.1661}{2.1661 - 0.06 \times 2.1661 - 0.14}$$

$$= \frac{631.3333}{1.896134} = 332.96 \text{ 元}.$$

因此,每年的费用部分为

$$332.96 - 286.69 = 46.27 \text{元}.$$

在费用负荷保费 332.96 元中,费用部分为 46.27 元,净保费部分为 286.69 元.

习 题 九

1. 在 x 岁投保的半连续终身寿险保单,保额为 2000 元. 费用如下表所示. 除理赔费用在年末支付外,其他费用均在年初支付. 根据平衡准则给出费用负荷保费的计算公式.

费用	保费的百分比	每个保单(元)	每 1000 元保额(元)
第一年	87%	40.50	5.00
续年	11.5%(2~9 年)	6	0.50
	8.5%(10~15 年)	2	0.50
	6%(16 年以上)	2	0.40
理赔费用	0	18.0	0.10

2. 投保年龄为 x 岁的完全离散三年期生死合险,保额为 1000 元. 费用负荷保费按照平衡准则来确定. 费用在每年年初支付. 给定 $1000P_{x:\overline{3}|} = 323.12$, $q_x = 1/8$, $q_{x+1} = 1/7$, $i = 0.10$. 费用如下表所示. 计算费用负荷保费.

费用	保费的百分比	每个保单(元)
第一年	30%	8
续年	10%	4

第四部分 净准备金理论

在签单时，投保人所缴纳净保费的精算现值等于保险人未来给付额的精算现值. 而当保单持续一段时间后，投保人未来缴纳的净保费可能不足以满足保险人未来给付的需要. 因此，保险人为了能够支付有效保单未来的索赔，则需要一些资金的储备，这笔资金就是保险人提取的准备金. 保险人提取准备金的额度、未来收取的保费及两者的投资收益，应足以支付未来保险金的给付.

保险人需适度提取准备金. 准备金过低将不足以保证保险人未来的给付，反之过高的提取准备金会使得保险人的剩余资金过少，不利于保险人的资金周转. 因此，适当的准备金水平有利于保险人经营的稳定及资金的合理运用.

准备金的计算需要基于生命表和利率来进行，可以采用不同于保费计算中所使用的利率和生命表. 利率和生命表的选择依据于保险监管部门的规定，同时也和具体产品的特点有关. 本书恒假定准备金的计算与保费的计算使用相同的生命表和利率.

本部分只考虑净准备金，即保险人用于未来给付保险金的那部分准备金，不考虑保险费用的因素. 我们讨论的重点是在保单年度末的净准备金，对分数年龄的净准备金只做初步介绍.

第十章讨论一般的完全离散险种的净准备金. 第十一章讨论一些具体的完全离散险种的净准备金. 第十二章讨论完全连续险种的净准备金. 第十三章针对半连续险种、每年缴纳数次保费的险种及生存年金来讨论. 其中第十章中使用了稍复杂的概率论推导，对此掌握有一定困难的读者，可以在理解其主要结论的基础上，直接接触第十一章的内容. 第十一章至第十三章，皆是针对一些具体险种，这几章中所讨论的净准备金理论有些共同点，希望读者能仔细体会. 在本书编写过程中,对第十一章中完全离散险种净准备金理论的介绍较为详尽,而对后几章则较简略.希望读者能认真阅读第十一章的内容,这样会有利于对后几章内容的理解.

第十章 完全离散险种的净准备金

§10.1 引 言

本章针对一般完全离散险种,讨论如何建立保险人的未来损失量模型,并给出净准备金的定义及不同保单年度之间净准备金的递推公式,同时讨论未来损失量方差的计算方法.

§10.2 建立保险人的未来损失量模型. §10.3 给出净准备金的定义及计算方法. §10.4 讨论保单年度的资金变化. §10.5 证明关于损失量方差的 Hattendorf 定理. §10.6 讨论分数年龄(非整数年龄)的净准备金.

§10.2 未来损失量模型

本节分三部分,先介绍基本模型,然后对每一年度保险人资金的变化给出描述,最后介绍保险人未来损失量模型.

本章中 h,k 表示非负整数,x 为整数.

我们首先介绍保单年度与投保时刻的关系. 假设签单的时刻为 $t=0$,则第一个保单年度是指时间段 $0 \leqslant t < 1$,第二个保单年度是指时间段 $1 \leqslant t < 2$,依此类推. 从下面的图形可以看出保单年度和未来时间之间的关系.

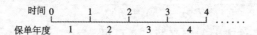

10.2.1 模型的表示法

假设个体在 x 岁签单,并且

(1) 死亡保险金在死亡的保单年度末给付. 第 j 个保单年度死

亡保险金记为 b_j.

(2) 保费在每年度初缴纳. 在第 j 个保单年度保费为 π_{j-1}.

本章将在上述模型下进行讨论. 注意：在这里没有考虑生存给付的情况，也并未要求 π_j 为由平衡准则确定的净保费.

个体 (x) 在第 $h+1$ 个保单年度内死亡这一事件可以表示为 $h \leqslant T(x) < h+1$，即 $K(x) = h$，在这里认为在 h 时刻死亡的个体 (x) 是在第 $h+1$ 个保单年度内死亡. 个体 (x) 在第 h 个保单年度末还生存这一事件可以表示为 $T(x) \geqslant h$，亦即 $K(x) \geqslant h$. 在本书中会经常使用 $K(x) \geqslant h$ 和 $K(x) = h$ 来表示个体 (x) 的生存状况，根据前面的论述，前者 $K(x) \geqslant h$ 表示的是个体 (x) 在第 h 个保单年度末仍生存，后者 $K(x) = h$ 表示的是个体 (x) 在第 $h+1$ 个保单年度内死亡.

定理 10.2.1 对非负函数 g，有

(1) $E[g(T(x)) | K(x) \geqslant h] = E(g(T(x+h)+h))$；

(2) 若 $E[g(T(x))^2 | K(x) \geqslant h] < \infty$，则

$$\mathrm{var}[g(T(x)) | K(x) \geqslant h] = \mathrm{var}(g(T(x+h)+h)).$$

证明 (1) 利用条件期望的定义，有

$$E[g(T(x)) | K(x) \geqslant h] = \frac{E\{g(T(x)) I_{\{K(x) \geqslant h\}}\}}{P(K(x) \geqslant h)}$$

$$= \frac{\int_0^\infty g(t) I_{\{t \geqslant h\}} \, {}_t p_x \mu_x(t) \mathrm{d}t}{{}_h p_x} = \frac{\int_h^\infty g(t) \, {}_t p_x \mu_x(t) \mathrm{d}t}{{}_h p_x}$$

$$= \frac{\int_0^\infty g(t+h) \, {}_{t+h} p_x \mu_x(t+h) \mathrm{d}t}{{}_h p_x}$$

$$= \int_0^\infty g(t+h) \, {}_t p_{x+h} \mu_{x+h}(t) \mathrm{d}t$$

$$= E(g(T(x+h)+h)).$$

(2) 由条件方差的定义及(1)，可得

$$\mathrm{var}[g(T(x)) | K(x) \geqslant h]$$

$$= E[g(T(x))^2 | K(x) \geqslant h] - (E[g(T(x)) | K(x) \geqslant h])^2$$

$$= E[g(T(x+h)+h)^2] - (E[g(T(x+h)+h)])^2$$

$$= \mathrm{var}(g(T(x+h)+h)).$$

定理证毕.

在本章中会经常用到定理 10.2.1,希望大家能认真理解定理的含义.

10.2.2 保单年度的资金变化

在第 $h+1$ 个保单年度,保险人一方面在被保险人发生保险事故时要负责给付保险金,另一方面也可以得到有效保单的投保人缴纳的保费.本节将刻画保单年度保险人的净支出额度,即保险人的给付额与保费收入的差额.考虑到保费缴纳时刻与保险金给付时刻的不同,我们定义

$$C_h = vb_{h+1}I_{\{K(x)=h\}} - \pi_h I_{\{K(x)\geqslant h\}}, \quad h = 0,1,2,\cdots.$$
(10.2.1)

则 C_h 表示第 $h+1$ 个保单年度在时刻 h 保险人的资金损失的现值,表示式中的第一项 $vb_{h+1}I_{\{K(x)=h\}}$ 是在此保单年度保险人给付额的现值,第二项 $\pi_h I_{\{K(x)\geqslant h\}}$ 是在此保单年度被保险人缴纳保费的现值.

由 C_h 的定义,易证对 $h\geqslant j$,有

$$C_h I_{\{K(x)\geqslant j\}} = C_h I_{\{h>K(x)\geqslant j\}} + C_h I_{\{K(x)\geqslant h\}} = C_h I_{\{K(x)\geqslant h\}} = C_h.$$

可分为下面三种情况来讨论 C_h:

(1) 被保险人 (x) 在第 $h+1$ 个保单年度末仍生存,即 $K(x)>h$. 在此年度保险人未给付保险金额,投保人在年初已缴纳保费 π_h,所以 $C_h = -\pi_h$;

(2) 被保险人 (x) 在第 $h+1$ 个保单年度内死亡,即 $K(x)=h$. 在此年度初投保人已缴纳保费 π_h,在年度末保险人给付保险金 b_{h+1},因此有 $C_h = vb_{h+1} - \pi_h$.

(3) 被保险人 (x) 在第 $h+1$ 个保单年度前已经死亡,即 $K(x)<h$. 此时保险合同已终止,故有 $C_h = 0$.

C_h 有下面的性质.(关于条件期望的定义及性质,见附录一).

定理 10.2.2 关于 C_h 有下述结论:

$$E(C_h|K(x)\geqslant h) = vb_{h+1}\,q_{x+h} - \pi_h;$$

$$E(C_h) = (vb_{h+1}q_{x+h} - \pi_h)\,_h p_x;$$

$$\mathrm{var}(C_h|K(x)\geqslant h) = (vb_{h+1})^2 q_{x+h}\, p_{x+h},$$

其中 $K(x)\geqslant h$ 表示个体 (x) 在第 h 个保单年度末生存这一事件.

证明 利用(10.2.1)中 C_h 的定义及定理 10.2.1,有

$$\begin{aligned}E(C_h|K(x)\geqslant h) &= vb_{h+1}E[I_{\{K(x)=h\}}|K(x)\geqslant h] - \pi_h \\ &= vb_{h+1}E(I_{\{K(x+h)=0\}}) - \pi_h \\ &= vb_{h+1}q_{x+h} - \pi_h.\end{aligned}$$

又当 $K(x)<h$ 时,$C_h=0$. 所以

$$\begin{aligned}E(C_h) &= E(C_h I_{\{K(x)\geqslant h\}}) + E(C_h I_{\{K(x)<h\}}) \\ &= E(C_h|K(x)\geqslant h)P(K(x)\geqslant h) \\ &= (vb_{h+1}q_{x+h} - \pi_h)\,_h p_x.\end{aligned}$$

最后,利用条件方差的性质(见附录一)及定理 10.2.1,有

$$\begin{aligned}\mathrm{var}(C_h|K(x)\geqslant h) &= \mathrm{var}(vb_{h+1}I_{\{K(x)=h\}}|K(x)\geqslant h) \\ &= \mathrm{var}(vb_{h+1}I_{\{K(x+h)=0\}}) \\ &= (vb_{h+1})^2 p_{x+h}\, q_{x+h}.\end{aligned}$$

例 10.2.1 在 20 岁签单的完全离散终身寿险,保险金额为 1 元,年保费为年均衡净保费. 个体来自服从参数为 120 的 de Moivre 生存群. 利率 $i=0.05$. 计算 $E(C_h)$,$\mathrm{var}(C_h|K(20)\geqslant h)$.

解 易证 $T(x+h)$ 服从 $[0,120-x-h]$ 上的均匀分布. 所以有

$$A_{20} = \sum_{j=0}^{\infty} v^{j+1}\,_j p_{20}\, q_{20+j} = \sum_{j=0}^{99} 1.05^{-(j+1)} \frac{1}{100}$$

$$= \frac{1-1.05^{-100}}{100(1-1.05^{-1})1.05} = 0.1984791,$$

年均衡净保费

$$P_{20} = \frac{dA_{20}}{1-A_{20}} = \frac{0.05(0.1984791)/1.05}{1-0.1984791} = 0.01179.$$

再利用定理 10.2.2,可计算 C_h 的期望

$$\begin{aligned}E(C_h) &= (vq_{20+h} - P_{20})\,_h p_{20} \\ &= \left(\frac{1}{1.05}\frac{1}{100-h} - 0.01179\right)\frac{100-h}{100},\end{aligned}$$

C_h 的条件方差

$$\mathrm{var}(C_h|K(20)\geqslant h) = v^2 p_{20+h}\, q_{20+h}$$

$$= \left(\frac{1}{1.05}\right)^2 \frac{100-h-1}{100-h} \frac{1}{100-h}.$$

10.2.3 损失量的表示

对于在 x 岁投保的寿险保单,在第 h 个保单年度末保险人未来损失量记为 $_hL$,即在 h 时刻保险人对个体 (x) 未来给付额的现值减去未来投保人缴纳保费的现值. 注意,在此 h 时刻被保险人下一年度的保费 π_h 未缴纳. 故 $_hL$ 可以表示为

$$_hL = \left(b_{K(x)+1}v^{K(x)+1-h} - \sum_{j=h}^{K(x)} \pi_j v^{j-h}\right) I_{\{K(x) \geq h\}}, \quad h = 0,1,2,\cdots.$$

注意当 $h=0$ 时,有

$$_0L = b_{K(x)+1}v^{K(x)+1} - \sum_{j=0}^{K(x)} \pi_j v^j,$$

$_0L$ 表示的是保险人的签单损失量,即保险人在签单前的未来损失量.

可以将 $_hL$ 分解为各个保单年度的净损失的组合,有

$$\begin{aligned}
_hL &= \sum_{j=h}^{\infty} b_{j+1}v^{j+1-h} I_{\{K(x)=j\}} - \sum_{j=h}^{\infty} \pi_j v^{j-h} I_{\{K(x) \geq j\}} \\
&= \sum_{j=h}^{\infty} (b_{j+1}v^{j+1-h} I_{\{K(x)=j\}} - \pi_j v^{j-h} I_{\{K(x) \geq j\}}) \\
&= \sum_{j=h}^{\infty} v^{j-h} (v b_{j+1} I_{\{K(x)=j\}} - \pi_j I_{\{K(x) \geq j\}}) \\
&= \sum_{j=h}^{\infty} v^{j-h} C_j,
\end{aligned}$$

且

$$_hL = \sum_{j=h}^{\infty} v^{j-h} C_j = \sum_{j=h+1}^{\infty} v^{j-h} C_j + C_h = C_h + v_{h+1}L.$$

注意有

$$_hL I_{\{K(x) \geq j\}} = {_hL} I_{\{K(x) \geq h\}} = {_hL}, \quad h \geq j,$$

则有下面的定理.

定理 10.2.3 对 $h = 0,1,\cdots,$

$$_hL = \sum_{j=h}^{\infty} v^{j-h} C_j = C_h + v_{h+1}L;$$

$$E(_hL|K(x) \geqslant h) = \sum_{j=0}^{\infty} b_{h+j+1} v^{j+1} {}_{j|}q_{x+h} - \sum_{j=0}^{\infty} \pi_{h+j} v^j {}_jp_{x+h}.$$

证明 只需证明第二式成立.

$$E(_hL|K(x) \geqslant h) = E\Big[\sum_{j=h}^{\infty} v^{j-h} C_j \Big| K(x) \geqslant h\Big]$$

$$= \sum_{j=h}^{\infty} v^{j-h} E(C_j|K(x) \geqslant h)$$

$$= \sum_{j=h}^{\infty} v^{j-h} E(C_j I_{\{K(x) \geqslant h\}})/P(K(x) \geqslant h)$$

$$= \sum_{j=h}^{\infty} v^{j-h} E(C_j I_{\{K(x) \geqslant j\}})/P(K(x) \geqslant h)$$

$$= \sum_{j=h}^{\infty} v^{j-h} E(C_j|K(x) \geqslant j) P(K(x) \geqslant j|K(x) \geqslant h).$$

再利用定理 10.2.2, 得

$$E(_hL|K(x) \geqslant h) = \sum_{j=h}^{\infty} v^{j-h}(vb_{j+1} q_{x+j} - \pi_j) {}_{j-h}p_{x+h}$$

$$= \sum_{j=h}^{\infty} v^{j-h} v b_{j+1} q_{x+j} {}_{j-h}p_{x+h} - \sum_{j=h}^{\infty} v^{j-h} \pi_j {}_{j-h}p_{x+h}$$

$$= \sum_{j=0}^{\infty} v^{j+1} b_{h+j+1} {}_{j|}q_{x+h} - \sum_{j=0}^{\infty} \pi_{h+j} v^j {}_jp_{x+h}.$$

定理证毕.

对于在 x 岁投保的保单,等式 $_hL=C_h+v_{h+1}L$ 说明在不同保单年度末保险人未来损失量的递推关系,即在时刻 h 的未来损失量 $_hL$ 等于下一保单年度(第 $h+1$ 个保单年度)保险人的损失量 C_h 加上下一保单年度末(第 $h+1$ 个保单年度末)的未来损失量 $_{h+1}L$ 的现值 $v_{h+1}L$.

§10.3 净准备金的定义

本节首先定义净准备金,然后给出不同保单年度净准备金之间的递推公式,并对递推公式的含义进行解释.

10.3.1 净准备金的定义及基本公式

保险人在第 h 个保单年度末的净准备金记为 $_hV$,它表示的是未来损失量 $_hL$ 在 $K(x) \geqslant h$ 条件下的期望,即
$$_hV = E(_hL | K(x) \geqslant h).$$
其中 $K(x) \geqslant h$ 表示个体 (x) 在第 h 个保单年度末仍生存.对于在此保单年度末死亡的个体,保险合同已终止,在理论上不需再考虑净准备金,所以上面净准备金的定义是在 $K(x) \geqslant h$ 的条件下进行的.

我们有下面的命题.

命题 10.3.1
$$_hV = \sum_{j=0}^{\infty} b_{h+j+1} v^{j+1} {}_{j|}q_{x+h} - \sum_{j=0}^{\infty} \pi_{h+j} v^j {}_jp_{x+h}.$$

证明 由净准备金的定义及定理 10.2.3 可证得.

命题 10.3.1 的净准备金公式右边第一项 $\sum_{j=0}^{\infty} b_{h+j+1} v^{j+1} {}_{j|}q_{x+h}$ 是保险人未来给付额的精算现值,第二项 $\sum_{j=0}^{\infty} \pi_{h+j} v^j {}_jp_{x+h}$ 是投保人未来缴纳保费的精算现值,两个精算现值的差值为净准备金 $_hV$.

例 10.3.1 在 x 岁签单的单位保额终身寿险,保费于每年年初缴纳,保额在死亡年度末给付.设 $\pi_j = \pi(1+r)^j$.利用平衡准则,求 π 及净准备金 $_hV, h = 0, 1, 2, \cdots$.

解 利用平衡准则,有
$$\sum_{j=0}^{\infty} v^{j+1} {}_{j|}q_x = \sum_{j=0}^{\infty} \pi(1+r)^j v^j {}_jp_x = \pi \sum_{j=0}^{\infty} \left(\frac{1+r}{1+i}\right)^j {}_jp_x,$$
可解得
$$\pi = \frac{\sum_{j=0}^{\infty} v^{j+1} {}_{j|}q_x}{\sum_{j=0}^{\infty} \left(\frac{1+r}{1+i}\right)^j {}_jp_x} = \frac{A_x}{\sum_{j=0}^{\infty} \left(\frac{1+r}{1+i}\right)^j {}_jp_x}.$$
对于前面得到的 π,有
$$_hV = \sum_{j=0}^{\infty} v^{j+1} {}_{j|}q_{x+h} - \sum_{j=0}^{\infty} \pi(1+r)^{j+h} v^j {}_jp_{x+h}$$

$$= A_{x+h} - (1+r)^h \sum_{j=0}^{\infty} \pi \left(\frac{1+r}{1+i}\right)^j {}_j p_{x+h}.$$

定理 10.3.2 下面递推关系成立:
$${}_h V = v b_{h+1} q_{x+h} - \pi_h + v \, {}_{h+1}V p_{x+h}, \quad h = 0,1,2,\cdots;$$
(10.3.1)

在平衡准则下,即在 ${}_0V=0$ 的条件下,有
$${}_k V = \sum_{h=0}^{k-1} (\pi_h - v b_{h+1} q_{x+h}) \frac{(1+i)^{k-h}}{{}_{k-h}p_{x+h}}, \quad k = 1,2,\cdots.$$
(10.3.2)

证明 利用定理 10.2.3,得到
$${}_h V = E({}_h L | K(x) \geqslant h) = E[(C_h + v \, {}_{h+1}L) | K(x) \geqslant h]$$
$$= E(C_h | K(x) \geqslant h) + v E({}_{h+1}L | K(x) \geqslant h)$$
$$= v b_{h+1} q_{x+h} - \pi_h + v E({}_{h+1}L I_{\{K(x) \geqslant h\}})/P(K(x) \geqslant h)$$
$$= v b_{h+1} q_{x+h} - \pi_h + v E({}_{h+1}L I_{\{K(x) \geqslant h+1\}})/P(K(x) \geqslant h)$$
$$= v b_{h+1} q_{x+h} - \pi_h + v E({}_{h+1}L | K(x) \geqslant h+1)$$
$$\cdot \frac{P(K(x) \geqslant h+1)}{P(K(x) \geqslant h)}$$
$$= v b_{h+1} q_{x+h} - \pi_h + v E({}_{h+1}L | K(x) \geqslant h+1) \frac{{}_{h+1}p_x}{{}_h p_x}$$
$$= v b_{h+1} q_{x+h} - \pi_h + v \, {}_{h+1}V p_{x+h},$$

即(10.3.1)式成立.

(10.3.1)式可整理为
$$v \, {}_{h+1}V p_{x+h} - {}_h V = \pi_h - v b_{h+1} q_{x+h},$$

两边同乘以 $\dfrac{(1+i)^{k-h}}{{}_{k-h}p_{x+h}}$, $k > h$, 得到

$$\frac{(1+i)^{k-h}}{{}_{k-h}p_{x+h}} (v \, {}_{h+1}V p_{x+h} - {}_h V) = (\pi_h - v b_{h+1} q_{x+h}) \frac{(1+i)^{k-h}}{{}_{k-h}p_{x+h}},$$

即
$$(1+i)^{k-h-1} \frac{{}_{h+1}V}{{}_{k-h-1}p_{x+h+1}} - (1+i)^{k-h} \frac{{}_h V}{{}_{k-h}p_{x+h}}$$
$$= (\pi_h - v b_{h+1} q_{x+h}) \frac{(1+i)^{k-h}}{{}_{k-h}p_{x+h}}.$$

对 $h=0,1,\cdots,k-1$ 求和,得

$$\sum_{h=0}^{k-1}\left\{(1+i)^{k-h-1}\frac{{}_{h+1}V}{{}_{k-h-1}p_{x+h+1}}-(1+i)^{k-h}\frac{{}_hV}{{}_{k-h}p_{x+h}}\right\}$$

$$=\sum_{h=0}^{k-1}(\pi_h-vb_{h+1}\,q_{x+h})\frac{(1+i)^{k-h}}{{}_{k-h}p_{x+h}}.$$

再由 ${}_0V=0$，上式左边可整理为

$$\sum_{h=0}^{k-1}\left\{(1+i)^{k-h-1}\frac{{}_{h+1}V}{{}_{k-h-1}p_{x+h+1}}-(1+i)^{k-h}\frac{{}_hV}{{}_{k-h}p_{x+h}}\right\}$$

$$={}_kV-(1+i)^k\frac{{}_0V}{{}_kp_x}={}_kV,$$

即

$${}_kV=\sum_{h=0}^{k-1}(\pi_h-vb_{h+1}\,q_{x+h})\frac{(1+i)^{k-h}}{{}_{k-h}p_{x+h}}.$$

(10.3.2)式成立. 定理证毕.

10.3.2　等式(10.3.1)的含义

可将式(10.3.1)整理为

$$\pi_h+{}_hV=v(b_{h+1}-{}_{h+1}V)q_{x+h}+v\,{}_{h+1}V. \qquad (10.3.3)$$

下面对这个等式的含义加以解释.

对在第 h 个保单年度末仍生存的个体 (x)，保险人的净准备金为 ${}_hV$ 元，个体 (x) 在第 $h+1$ 个保单年度初缴纳了保费 π_h 元，二者之和为 ${}_hV+\pi_h$. 在第 $h+1$ 个保单年度初，可以分配这笔资金如下：

(1) 在第 $h+1$ 个保单年度末，个体 (x) 拥有这笔资金的一部分 ${}_{h+1}V$，贴现到年初为 $v\,{}_{h+1}V$.

(2) 若个体在第 $h+1$ 个保单年度内死亡，则可得到额外给付额 $b_{h+1}-{}_{h+1}V$ 元，额外给付额的精算现值为 $v(b_{h+1}-{}_{h+1}V)q_{x+h}$.

这样，在第 $h+1$ 年末生存的个体在此年度末可享有净准备金 ${}_{h+1}V$ 元，而在此保单年度死亡的个体在年末得到了

$$b_{h+1}-{}_{h+1}V+{}_{h+1}V=b_{h+1} \text{ 元},$$

即死亡保险金额. (1)和(2)二者精算现值之和

$$v(b_{h+1}-{}_{h+1}V)q_{x+h}+v\,{}_{h+1}V$$

等于第 $h+1$ 个保单年度初的资金总额 ${}_hV+\pi_h$，即(10.3.3)式成立.

由上面的解释可以看出，保险人在第 $h+1$ 个保单年度给付的不

确定性是由死亡的不确定性引起的,对于死亡的个体需要额外给付 $b_{h+1}-{}_{h+1}V$,因此称 $b_{h+1}-{}_{h+1}V$ 为第 $h+1$ 个保单年度的**风险净额**,即保单年度的风险净额为此保单年度死亡保险金与年末净准备金的差额。

10.3.3 等式(10.3.2)的含义

可将(10.3.2)式改写为

$$l_{x+k}\,{}_kV = \sum_{h=0}^{k-1}(\pi_h - vb_{h+1}q_{x+h})l_{x+h}(1+i)^{k-h}$$
$$= \sum_{h=0}^{k-1}(l_{x+h}\pi_h - vb_{h+1}d_{x+h})(1+i)^{k-h}. \quad (10.3.4)$$

我们在确定生存模型下来解释上式。x 岁的 l_x 个人投保,在后续各年死亡人数分别为 d_{x+h},$h=0,1,\cdots,k-1$。在第 $h+1$ 个保单年度,共有 l_{x+h} 个个体缴纳保费,缴纳总额为 $l_{x+h}\pi_h$ 元,在这一年度死亡人数为 d_{x+h},死亡给付总额为 $b_{h+1}d_{x+h}$ 元,因此本年度投保人缴纳保费的剩余额为 $l_{x+h}\pi_h - vb_{h+1}d_{x+h}$ 元。这笔资金累计到第 k 年末,总的额度为

$$(l_{x+h}\pi_h - vb_{h+1}d_{x+h})(1+i)^{k-h}.$$

考虑到签单后的 k 年内不同年度的保费剩余,如将各年度的剩余累计到第 k 个保单年度末,得到总的保费剩余为

$$\sum_{h=0}^{k-1}(l_{x+h}\pi_h - vb_{h+1}d_{x+h})(1+i)^{k-h}.$$

在第 k 年末共有 l_{x+k} 人生存,这样每个生存的个体平均享有的剩余保费的额度为

$$\frac{\sum_{h=0}^{k-1}(l_{x+h}\pi_h - vb_{h+1}d_{x+h})(1+i)^{k-h}}{l_{x+k}},$$

这便是第 k 个保单年度末的净准备金 ${}_kV$。

注意(10.3.4)式成立的条件是 ${}_0V=0$,即保费是在平衡准则下确定的净保费。

公式(10.3.2)是以保险人过去的收入与支出的差异来计算准备金,这种方法亦称为**过去法**或**后溯法**。命题 10.3.1 则是以保险人未

来的支出与收入的差异来解释准备金,此方法称为**将来法**.

10.3.4 几个例子

在前面的模型中没有考虑生存给付的情况.但对有关生存给付的讨论基本原理是相同的,下面通过一个例子来说明.

例 10.3.2 对 x 岁的个体给付延期 n 年的生存年金,年金从个体 $x+n$ 岁开始给付,在每年年初给付 1 元.在年金延期期间,在个体死亡的年度末给付个体死亡保险金,死亡保险金额等于当年年末的净准备金.利用平衡准则计算每年的均衡净保费及年末的净准备金.

解 设每年净保费为 π.

对 $h=0,2,\cdots,n-1$,有 $b_{h+1}={}_{h+1}V$.利用定理 10.3.2,得

$$_hV = vq_{x+h}\ _{h+1}V - \pi + vp_{x+h}\ _{h+1}V = v\ _{h+1}V - \pi,$$

因此
$$\pi = v\ _{h+1}V - {}_hV.$$

两边乘以 v^h 得

$$v^h\pi = v^{h+1}\ _{h+1}V - v^h\ _hV.$$

对 $h=0,1,2,\cdots,k-1$ 求和,其中 $k\leqslant n$,得

$$\pi\ddot{a}_{\overline{k}|} = v^k\ _kV - {}_0V. \qquad (10.3.5)$$

注意当 $k=n$ 时,

$$v^n\ _nV - {}_0V = \pi\ddot{a}_{\overline{n}|}. \qquad (10.3.6)$$

由于保费计算采用平衡准则,所以有

$$_0V = 0,$$

又根据净准备金的定义,有

$$_nV = \ddot{a}_{x+n}.$$

再利用(10.3.6),

$$\pi = v^n\frac{\ddot{a}_{x+n}}{\ddot{a}_{\overline{n}|}}.$$

利用(10.3.5),得

$$_kV = \pi\ddot{s}_{\overline{k}|}, \quad k=1,2,\cdots,n-1.$$

当 $k\geqslant n$ 时,易见 $_kV = \ddot{a}_{x+k}$.

例 10.3.3 50 岁的个体投保 5 年期死亡险,保险金额为 1000 元,保险金在死亡年底给付. 投保人每年缴纳相同数额的净保费,利率为 6%. 已知

$$l_{50} = 89509.00, \quad l_{51} = 88979.11, \quad l_{52} = 88407.68,$$
$$l_{53} = 87791.26, \quad l_{54} = 87126.20, \quad l_{55} = 86408.60.$$

现在这类保单共有 1500 个,其中 750 个保单恰好已投保两年时间,500 个保单已投保三年,250 个保单已投保四年. 这些保单中保险金额有 1000 元和 3000 元两种,且在每保单年度两种面值的保单数目相同. 计算现在总的净准备金.

解 (1) 先计算年均衡净保费. 死亡险的精算现值为

$$A^1_{50:\overline{5}|} = v\frac{d_{50}}{l_{50}} + v^2\frac{d_{51}}{l_{50}} + v^3\frac{d_{52}}{l_{50}} + v^4\frac{d_{53}}{l_{50}} + v^5\frac{d_{54}}{l_{50}}$$
$$= 0.02892499,$$

生存年金的精算现值为

$$\ddot{a}_{50:\overline{5}|} = 1 + v\frac{l_{51}}{l_{50}} + v^2\frac{l_{52}}{l_{50}} + v^3\frac{l_{53}}{l_{50}} + v^4\frac{l_{54}}{l_{50}}$$
$$= 4.41137118.$$

所以年均衡净保费为

$$P^1_{50:\overline{5}|} = \frac{A^1_{50:\overline{5}|}}{\ddot{a}_{50:\overline{5}|}} = 0.00655692.$$

详细的计算过程可见表 10.1.

表 10.1

x	l_x	d_x	v^{x-50+1}	$d_x v^{x-50+1}$	$l_x v^{x-50}$
50	89509.00	529.89	0.943396	499.896226	89509.000000
51	88979.11	571.43	0.889996	508.570666	83942.556604
52	88407.68	616.42	0.839619	517.558118	78682.520470
53	87791.26	665.06	0.792094	526.789812	73711.234778
54	87126.20	717.60	0.747258	536.232465	69012.110922

(2) 净准备金的计算. 每千元保额的净准备金记为 $_hV$. 可利用下面的递推公式来计算,

§10.3 净准备金的定义

$$_hV + 1000P^1_{50:\overline{5}|} = 1000vq_{50+h} + v\,_{h+1}Vp_{50+h}, \quad h = 0,1,2,3,4.$$

两边同乘以 $l_{50+h}(1+i)$，整理得

$$l_{50+h}(_hV + 1000P^1_{50:\overline{5}|})(1+i) - 1000d_{50+h} = _{h+1}Vl_{50+h+1},$$

即

$$_{h+1}V = \frac{l_{50+h}(_hV + 1000P^1_{50:\overline{5}|})(1+i) - 1000d_{50+h}}{l_{50+h+1}},$$

其中 $_0V = 0$。

每一年度净准备金的计算过程见表 10.2. 其中，第 1 列的 $h+1$ 表示保单年度. 第 2 列为第 $h+1$ 个保单年度初预计的保费收入总额，即

$$(2)_{h+1} = l_{50+h}1000P^1_{50:\overline{5}|}.$$

第 3 列为第 $h+1$ 个保单年度末预计的死亡给付总额，即

$$(3)_{h+1} = 1000d_{50+h}.$$

第 4 列为第 $h+1$ 个保单年度末的保险人剩余资金总额，即

$$(4)_{h+1} = (l_{50+h}\,_hV + l_{50+h}1000P^1_{50:\overline{5}|})(1+i) - 1000d_{50+h},$$

亦即

$$(4)_{h+1} = \{(4)_h + (2)_{h+1}\} * (1+i) - (3)_{h+1},$$

其中 $(4)_0 = 0$. 第 5 列为第 $h+1$ 个保单年度末的净准备金 $_{h+1}V$，即

$$(5)_{h+1} = _{h+1}V = \frac{l_{50+h}(_hV + 1000P^1_{50:\overline{5}|})(1+i) - 1000d_{50+h}}{l_{50+h+1}}$$

$$= \frac{(4)_{h+1}}{l_{50+h+1}}.$$

表 10.2

保单年度 $h+1$ $(1)_{h+1}$	预计年初的保费收入 $(2)_{h+1}$	预计的死亡给付额（年末）$(3)_{h+1}$	预计的年末资金总额 $(4)_{h+1}$	年末净准备金 $(5)_{h+1}$
1	586903.07	529890	92227.2542	1.0365
2	583428.6253	571430	144765.2322	1.6375
3	579681.8063	616420	151493.8608	1.7256
4	575639.9916	665060	105701.8836	1.2132
5	571279.2485	717600	0.0000	0.0000

(3) 保单组总的净准备金为

$375(1+3) \times {}_2V + 250(1+3) \times {}_3V + 125(1+3) \times {}_4V = 4788.$

§10.4 保单年度的资金变化

本节进一步分析保单年度的资金变化情况,其中考虑了净准备金变化的影响. 定义

$$\Lambda_h = vb_{h+1}I_{\{K(x)=h\}} + v_{h+1}VI_{\{K(x)\geqslant h+1\}}$$
$$- (\pi_h + {}_hV)I_{\{K(x)\geqslant h\}}, \quad h=0,1,2,\cdots.$$

则 Λ_h 与 C_h 有下面的关系:

$$\Lambda_h = C_h + v_{h+1}VI_{\{K(x)\geqslant h+1\}} - {}_hVI_{\{K(x)\geqslant h\}}. \quad (10.4.1)$$

上式中的 C_h 在 §10.2 已经讨论过,它表示保险人第 $h+1$ 个保单年度的损失额在时刻 h 的现值,后边部分

$$v_{h+1}VI_{\{K(x)\geqslant h+1\}} - {}_hVI_{\{K(x)\geqslant h\}}$$

表示的是净准备金的变化.

由(10.4.1)式知, Λ_h 可以表示为另一种形式:

$$\Lambda_h = v(b_{h+1} - {}_{h+1}V)I_{\{K(x)=h\}}$$
$$- (\pi_h + {}_hV - v_{h+1}V)I_{\{K(x)\geqslant h\}}. \quad (10.4.2)$$

等式右边第一项是对死亡个体额外给付的风险净额的现值,只有个体死亡发生时才负责给付. 对于生存到第 h 个保单年度末的个体,等式右边第二项是一个确定的额度 $\pi_h + {}_hV - v_{h+1}V$.

注意: $\Lambda_h I_{\{K(x)\geqslant j\}} = \Lambda_h I_{\{K(x)\geqslant h\}} = \Lambda_h, h \geqslant j.$

结论 10.4.1 对非负整数 h,j,g,有

(1) ${}_hL = \sum_{j=h}^{\infty} v^{j-h}\Lambda_j + {}_hVI_{\{K(x)\geqslant h\}}, h=0,1,2,\cdots;$

(2) $E(\Lambda_h | K(x) \geqslant g) = 0, h \geqslant g;$

(3) $E(\Lambda_h) = 0;$

(4) $\text{var}(\Lambda_h | K(x) \geqslant h) = [v(b_{h+1} - {}_{h+1}V)]^2 p_{x+h} q_{x+h};$

(5) 对 $h > j \geqslant g$,有

$$\text{cov}(\Lambda_h, \Lambda_j | K(x) \geqslant g) = 0.$$

证明 (1) 由等式(10.4.1)及定理 10.2.3,知

§10.4 保单年度的资金变化

$$_hL = \sum_{j=h}^{\infty} v^{j-h} C_j$$

$$= \sum_{j=h}^{\infty} v^{j-h}(\Lambda_j - v\,_{j+1}VI_{\{K(x)\geqslant j+1\}} + \,_jVI_{\{K(x)\geqslant j\}})$$

$$= \sum_{j=h}^{\infty} v^{j-h}\Lambda_j - \sum_{j=h}^{\infty}(v^{j+1-h}\,_{j+1}VI_{\{K(x)\geqslant j+1\}} - v^{j-h}\,_jVI_{\{K(x)\geqslant j\}})$$

$$= \sum_{j=h}^{\infty} v^{j-h}\Lambda_j + \,_hVI_{\{K(x)\geqslant h\}}.$$

(2) 利用 Λ_h 的表达式(10.4.2),有

$$E(\Lambda_h|K(x)\geqslant g) = E(\Lambda_h I_{\{K(x)\geqslant g\}})/P(K(x)\geqslant g)$$

$$= E(\Lambda_h I_{\{K(x)\geqslant h\}})/P(K(x)\geqslant g)$$

$$= E[\{v(b_{h+1} - \,_{h+1}V)I_{\{K(x)=h\}}$$

$$\quad - (\pi_h + \,_hV - v\,_{h+1}V)I_{\{K(x)\geqslant h\}}\}|K(x)\geqslant h]$$

$$\quad \cdot P(K(x)\geqslant h|K(x)\geqslant g)$$

$$= E[v(b_{h+1} - \,_{h+1}V)I_{\{K(x+h)=0\}}$$

$$\quad - (\pi_h + \,_hV - v\,_{h+1}V)]\,_{h-g}p_{x+g}$$

$$= [v(b_{h+1} - \,_{h+1}V)q_{x+h} - (\pi_h + \,_hV - v\,_{h+1}V)]\,_{h-g}p_{x+g}$$

$$= (vb_{h+1}\,q_{x+h} - \pi_h - \,_hV + vp_{x+h}\,_{h+1}V)\,_{h-g}p_{x+g}.$$

再由定理 10.3.2,得(2)成立.

(3) 当 $h > K(x)$ 时,$\Lambda_h = 0$,所以

$$E(\Lambda_h) = E[\Lambda_h I_{\{K(x)\geqslant h\}}] + E[\Lambda_h I_{\{K(x)<h\}}]$$

$$= E(\Lambda_h|K(x)\geqslant h)P(K(x)\geqslant h) = 0.$$

(4) 当 $K(x)\geqslant h$ 时,由(10.4.2)式知

$$\Lambda_h = (vb_{h+1} - v\,_{h+1}V)I_{\{K(x)=h\}} + v\,_{h+1}V - (\pi_h + \,_hV),$$

所以有

$$\text{var}(\Lambda_h|K(x)\geqslant h) = \text{var}[(vb_{h+1} - v\,_{h+1}V)I_{\{K(x)=h\}}|K(x)\geqslant h]$$

$$= (vb_{h+1} - v\,_{h+1}V)^2 \text{var}(I_{\{K(x)=h\}}|K(x)\geqslant h)$$

$$= (vb_{h+1} - v\,_{h+1}V)^2 \text{var}(I_{\{K(x+h)=0\}})$$

$$= (vb_{h+1} - v\,_{h+1}V)^2 p_{x+h}\,q_{x+h}.$$

(5) 设 $h > j \geqslant g$.

当 $h \leqslant K(x)$ 时，由 $h > j \geqslant g$ 及 $K(x) \geqslant h$，可得 $K(x) > j$. 所以
$$\Lambda_j = v_{j+1}V - \pi_j - {}_jV.$$
因此
$$\Lambda_h \Lambda_j = (v_{j+1}V - \pi_j - {}_jV)\Lambda_h. \qquad (10.4.3)$$
当 $h > K(x)$ 时，有
$$\Lambda_h = 0.$$
因此，亦有(10.4.3)式成立.

根据(2)的结果，
$$E(\Lambda_h | K(x) \geqslant g) = 0, \quad h \geqslant g.$$
故利用(10.4.3)式，有
$$\begin{aligned}
&\mathrm{cov}(\Lambda_h, \Lambda_j | K(x) \geqslant g) \\
&= E(\Lambda_h \Lambda_j | K(x) \geqslant g) \\
&\quad - E(\Lambda_h | K(x) \geqslant g) E(\Lambda_j | K(x) \geqslant g) \\
&= E[(v_{j+1}V - \pi_j - {}_jV)\Lambda_h | K(x) \geqslant g] \\
&= (v_{j+1}V - \pi_j - {}_jV) E(\Lambda_h | K(x) \geqslant g) = 0.
\end{aligned}$$
(5)成立. 结论证毕.

结论 10.4.1 说明对于在第 g 个保单年度末仍生存的个体，在未来不同保单年度的 Λ_h 和 Λ_j 互不相关.

例 10.4.1 在例 10.3.3 中，计算 $\mathrm{var}(\Lambda_h | K(50) \geqslant h), h = 0, 1, 2, 3, 4$. 保额为 1000 元.

解 利用公式
$$\mathrm{var}(\Lambda_h | K(50) \geqslant h) = [v(1000 - {}_{h+1}V)]^2 p_{50+h} q_{50+h},$$
$$h = 0, 1, 2, 3, 4$$
可将计算过程及结果列入表 10.3.

表 10.3

h	保单年度 $h+1$	p_{50+h}	$\mathrm{var}(\Lambda_h | K(50) \geqslant h)$
0	1	0.994080	5226.703653
1	2	0.993578	5660.329698
2	3	0.993028	6140.958191
3	4	0.992425	6674.840467
4	5	0.991764	7269.928218

§10.5 未来损失量的方差

下面我们讨论如何通过递推方式来计算未来损失量 $_hL$ 的方差 $\mathrm{var}(_hL)$。

定理 10.5.1 (Hattendorf 定理) 下面结论成立:

(1) $\mathrm{var}(_hL|K(x){\geqslant}h) = \sum_{j=h}^{\infty} v^{2(j-h)} \mathrm{var}(\Lambda_j|K(x){\geqslant}h);$

(10.5.1)

(2) $\mathrm{var}(_hL|K(x){\geqslant}h)$
$= \mathrm{var}(\Lambda_h|K(x){\geqslant}h)$
$+ v^2 \mathrm{var}[(_{h+1}L - {}_{h+1}VI_{\{K(x){\geqslant}h+1\}})|K(x){\geqslant}h];$

(10.5.2)

(3) $\mathrm{var}[(_jL - {}_jVI_{\{K(x){\geqslant}j\}})|K(x){\geqslant}h]$
$= \mathrm{var}(_jL|K(x){\geqslant}j)_{j-h}p_{x+h}, \quad j{\geqslant}h;$ (10.5.3)

(4) $\mathrm{var}(_hL|K(x){\geqslant}h)$
$= \mathrm{var}(\Lambda_h|K(x){\geqslant}h) + v^2 p_{x+h} \mathrm{var}(_{h+1}L|K(x){\geqslant}h+1);$

(10.5.4)

(5) $\mathrm{var}(_hL|K(x){\geqslant}h)$
$= \sum_{j=h}^{\infty} v^{2(j-h)} [v(b_{j+1} - {}_{j+1}V)]^2 {}_{j-h}p_{x+h} \, p_{x+j} \, q_{x+j}.$

(10.5.5)

证明 对 $j{\geqslant}h$, 利用结论 10.4.1 中的 (1), (3) 和 (4), 有

$$\mathrm{var}[(_jL - {}_jVI_{\{K(x){\geqslant}j\}})|K(x){\geqslant}h]$$

$$= \mathrm{var}\left[\sum_{l=j}^{\infty} v^{l-j} \Lambda_l \Big| K(x){\geqslant}h\right]$$

$$= \sum_{l=j}^{\infty} v^{2(l-j)} \mathrm{var}(\Lambda_l | K(x){\geqslant}h). \quad (10.5.6)$$

在 (10.5.6) 式中, 令 $j=h$, 便得 (10.5.1) 式成立.

又由 (10.5.6) 式及 $E(\Lambda_l|K(x){\geqslant}h)=0$, 知

$$\text{var}[(_jL - {}_jVI_{\{K(x)\geqslant j\}})|K(x)\geqslant h]$$
$$= \sum_{l=j}^{\infty} v^{2(l-j)} E[(\Lambda_l)^2 | K(x) \geqslant h]$$
$$= \sum_{l=j}^{\infty} v^{2(l-j)} E[(\Lambda_l)^2 | K(x) \geqslant j] P(K(x) \geqslant j | K(x) \geqslant h)$$
$$= \sum_{l=j}^{\infty} v^{2(l-j)} E[(\Lambda_l)^2 | K(x) \geqslant j]_{j-h} p_{x+h}$$
$$= \left\{ \sum_{l=j}^{\infty} v^{2(l-j)} \text{var}(\Lambda_l | K(x) \geqslant j) \right\}_{j-h} p_{x+h}.$$

再利用(10.5.1)式,可得
$$\text{var}[(_jL - {}_jVI_{\{K(x)\geqslant j\}})|K(x)\geqslant h] = \text{var}(_jL|K(x)\geqslant j)_{j-h} p_{x+h}.$$
即(10.5.3)式成立.

由(10.5.1)式,知
$$\text{var}[{}_hL|K(x)\geqslant h]$$
$$= E[(\Lambda_h)^2|K(x)\geqslant h] + \sum_{l=h+1}^{\infty} v^{2(l-h)} E[(\Lambda_l)^2|K(x)\geqslant h]$$
$$= E[(\Lambda_h)^2|K(x)\geqslant h]$$
$$\quad + v^2 \sum_{l=h+1}^{\infty} v^{2(l-h-1)} E[(\Lambda_l)^2|K(x)\geqslant h].$$
$$= \text{var}(\Lambda_h|K(x)\geqslant h) + v^2 \sum_{l=h+1}^{\infty} v^{2(l-h-1)} \text{var}(\Lambda_l|K(x)\geqslant h).$$

再利用(10.5.6)式中 $j=h+1$ 时的结论,可得(10.5.2)式成立.

由(10.5.3)式中 $j=h+1$ 时的等式以及(10.5.2)式,可得(10.5.4)式成立.

利用(10.5.4)式和结论 10.4.1,可得(10.5.5)式成立. 定理证毕.

(10.5.1)式说明未来损失量的方差可以分解为在各保单年度 Λ_h 的条件方差之和,(10.5.4)式给出了不同保单年度末未来损失量的方差的递推关系.

例 10.5.1 在例 10.3.3 中,令 $_hL$ 表示千元保额的未来损失量.
(1) 利用 Hattendorf 定理来计算

§10.5 未来损失量的方差

$\text{var}(_hL|K(50)\geqslant h)$, $h=0,1,2,3,4$.

(2) 计算保单组未来损失量的方差(假设个体相互独立);

(3) 计算所需资金的最低额度为多少时,保险人未来满足给付的概率为 95%.

解 (1) 可以利用

$$\text{var}(_hL|K(50)\geqslant h)$$
$$= \text{var}(\Lambda_h|K(50)\geqslant h) + v^2 p_{50+h}\text{var}(_{h+1}L|K(50)\geqslant h+1),$$
$$h=0,1,2,3,4$$

递推计算.

先利用下式

$$\text{var}(_4L|K(50)\geqslant 4) = \text{var}(\Lambda_4|K(50)\geqslant 4)$$

计算 $\text{var}(_4L|K(50)\geqslant 4)$. 然后计算

$$\text{var}(_3L|K(50)\geqslant 3),$$

$\text{var}(_3L|K(50)\geqslant 3)=\text{var}(\Lambda_3|K(50)\geqslant 3)+v^2 p_{53}\text{var}(_4L|K(50)\geqslant 4)$.

随后可计算 $\text{var}(_2L|K(50)\geqslant 2)$ 及 $\text{var}(_1L|K(50)\geqslant 1)$.

计算过程见表 10.4.

表 10.4

h	0	1	2	3	4
保单年度 $h+1$	1	2	3	4	5
p_{50+h}	0.994080	0.993578	0.993028	0.992425	0.991764
$\text{var}(\Lambda_h\|K(50)\geqslant h)$	5226.7037	5660.3297	6140.9582	6674.8405	7269.9282
$\text{var}(_hL\|K(50)\geqslant h)$	24093.9352	21325.4673	17715.1163	13096.0358	7269.9282
保单数目	0	750	500	250	0
对应的方差	0	66431686.25	32740089.55	9087410.27	0
总的准备金	0	2456.21	1725.61	606.60	0

(2) 根据个体的相互独立性,可计算损失量的方差

$$375\times\text{var}(_2L|K(50)\geqslant 2) + 375\times 3^2\times\text{var}(_2L|K(50)\geqslant 2)$$
$$+ 250(1+3^2)\times\text{var}(_3L|K(50)\geqslant 3)$$
$$+ 125(1+3^2)\times\text{var}(_4L|K(50)\geqslant 4)$$
$$= 1.0826\times 10^8.$$

(3) 在例 10.3.3 中已计算出总净准备金为 4788 元. 设总的损

失量为 Z,则

$$P(Z>u) = P\left(\frac{Z-E(Z)}{\sqrt{\operatorname{var}(Z)}} > \frac{u-E(Z)}{\sqrt{\operatorname{var}(Z)}}\right) = 0.05,$$

根据中心极限定理,知

$$\frac{u-E(Z)}{\sqrt{\operatorname{var}(Z)}} = \frac{u-4788}{\sqrt{1.0826\times 10^8}} \approx 1.645,$$

得 $u \approx 21904$ 元. 它即为所求资金的最低额度.

§10.6 分数年龄的净准备金

本节讨论分数年龄(非整数年龄)的净准备金,即在每一保单年度中的净准备金. 首先讨论每年缴纳一次保费的情况,然后对每年缴纳数次保费的情况进行讨论.

10.6.1 每年缴纳一次保费

下面讨论完全离散险种分数年龄的净准备金,假设每年缴纳一次保费.

设 $h=0,1,2,\cdots$, $0<s<1$. 对个体 x 岁时所签的保单,在 $h+s$ 时刻保险人未来损失量为

$$_{h+s}L = v^{K(x)+1-h-s} b_{K(x)+1} I_{\{T(x)\geqslant h+s\}} - \sum_{j=h+1}^{K(x)} v^{j-h-s}\pi_j I_{\{K(x)\geqslant j\}}.$$

(10.6.1)

在 $h+s$ 时刻的净准备金 $_{h+s}V$ 定义为

$$_{h+s}V = E(_{h+s}L | T(x)\geqslant h+s).$$

我们有

结论 10.6.1 分数年龄的净准备金 $_{h+s}V$ 与年末净准备金 $_{h+1}V$ 有如下关系:

$$_{h+s}V = v^{1-s} b_{h+1}\,_{1-s}q_{x+h+s} + v^{1-s}\,_{h+1}V\,_{1-s}p_{x+h+s}. \quad (10.6.2)$$

证明 根据(10.6.1)式,有

$$_{h+s}L = v^{K(x)+1-h-s} b_{K(x)+1} I_{\{T(x)\geqslant h+s\}} - \sum_{j=h+1}^{K(x)} v^{j-h-s}\pi_j I_{\{K(x)\geqslant j\}}$$

§10.6 分数年龄的净准备金

$$= v^{K(x)+1-h-s}b_{K(x)+1}(I_{\{T(x)\geqslant h+1\}} + I_{\{h+1>T(x)\geqslant h+s\}})$$
$$- \sum_{j=h+1}^{K(x)} v^{j-h-s}\pi_j I_{\{K(x)\geqslant j\}}$$
$$= v^{1-s}\left(v^{K(x)-h}b_{K(x)+1}I_{\{T(x)\geqslant h+1\}} - \sum_{j=h+1}^{K(x)} v^{j-h-1}\pi_j I_{\{K(x)\geqslant j\}}\right)$$
$$+ v^{K(x)+1-h-s}b_{K(x)+1}I_{\{h+1>T(x)\geqslant h+s\}}. \qquad (10.6.3)$$

又有
$$E\left[v^{1-s}\left(v^{K(x)-h}b_{K(x)+1}I_{\{T(x)\geqslant h+1\}}\right.\right.$$
$$\left.\left.- \sum_{j=h+1}^{K(x)} v^{j-h-1}\pi_j I_{\{K(x)\geqslant j\}}\right) \bigg| T(x) \geqslant h+s\right]$$
$$= E\left[v^{1-s}\left(v^{K(x)+1-h-1}b_{K(x)+1}I_{\{T(x)\geqslant h+1\}}\right.\right.$$
$$\left.\left.- \sum_{j=h+1}^{K(x)} v^{j-h-1}\pi_j I_{\{K(x)\geqslant j\}}\right) \bigg| T(x) \geqslant h+s\right]$$
$$= E\left[v^{1-s}\left(v^{K(x)+1-h-1}b_{K(x)+1}I_{\{T(x)\geqslant h+1\}}\right.\right.$$
$$\left.\left.- \sum_{j=h+1}^{K(x)} v^{j-h-1}\pi_j I_{\{K(x)\geqslant j\}}\right)I_{\{T(x)\geqslant h+s\}}\right]\bigg/ P(T(x)\geqslant h+s)$$
$$= E\left[v^{1-s}\left(v^{K(x)+1-h-1}b_{K(x)+1}I_{\{T(x)\geqslant h+1\}}\right.\right.$$
$$\left.\left.- \sum_{j=h+1}^{K(x)} v^{j-h-1}\pi_j I_{\{K(x)\geqslant j\}}\right)I_{\{K(x)\geqslant h+1\}}\right]\bigg/ P(T(x)\geqslant h+s)$$
$$= E\left[v^{1-s}\left(v^{K(x)+1-h-1}b_{K(x)+1}I_{\{T(x)\geqslant h+1\}}\right.\right.$$
$$\left.\left.- \sum_{j=h+1}^{K(x)} v^{j-h-1}\pi_j I_{\{K(x)\geqslant j\}}\right) \bigg| K(x) \geqslant h+1\right]{}_{1-s}p_{x+h+s}$$
$$= v^{1-s}{}_{h+1}V \cdot {}_{1-s}p_{x+h+s}, \qquad (10.6.4)$$

及
$$E[v^{K(x)+1-h-s}b_{K(x)+1}I_{\{h+1>T(x)\geqslant h+s\}}|T(x)\geqslant h+s]$$
$$= v^{1-s}b_{h+1}{}_{1-s}q_{x+h+s}. \qquad (10.6.5)$$

综合(10.6.3)～(10.6.5)式,可得

$$_{h+s}V = E(_{h+s}L | T(x) \geqslant h+s)$$
$$= v^{1-s} b_{h+1} {}_{1-s}q_{x+h+s} + v^{1-s} {}_{h+1}V {}_{1-s}p_{x+h+s}.$$

结论证毕.

等式(10.6.2)的右边第一项 $v^{1-s} b_{h+1} {}_{1-s}q_{x+h+s}$ 表示保险人对 $x+h+s$ 岁时还生存的个体,在年龄段 $[x+h+s, x+h+1)$ 上死亡给付额的精算现值, $v^{1-s} {}_{h+1}V {}_{1-s}p_{x+h+s}$ 表示保险人在第 $h+1$ 个保单年度末净准备金的精算现值.

结论 10.6.2 分数年龄的净准备金 $_{h+s}V$ 与 $_hV$, $_{h+1}V$ 关系如下:

$$v^s {}_s p_{x+h}\, {}_{h+s}V = (_hV + \pi_h) \frac{{}_{s|1-s}q_{x+h}}{q_{x+h}} + {}_{h+1}V v p_{x+h} \left(1 - \frac{{}_{s|1-s}q_{x+h}}{q_{x+h}}\right). \tag{10.6.6}$$

证明 由净准备金的递推关系知
$$v b_{h+1} q_{x+h} + v\, {}_{h+1}V p_{x+h} = {}_hV + \pi_h,$$

化简得
$$v b_{h+1} = \frac{{}_hV + \pi_h - v\, {}_{h+1}V p_{x+h}}{q_{x+h}},$$

代入(10.6.2)式中,
$$_{h+s}V = \frac{{}_hV + \pi_h - v\, {}_{h+1}V p_{x+h}}{q_{x+h}}(_{1-s}q_{x+h+s} v^{-s})$$
$$+ v^{1-s} {}_{h+1}V {}_{1-s}p_{x+h+s}.$$

两边同乘以 $v^s {}_s p_{x+h}$,整理得(10.6.6)式. 证毕.

结论 10.6.3 设在年龄段 $[x+h, x+h+1)$ UDD 假设成立,有
$$v^s {}_s p_{x+h}\, {}_{h+s}V = (1-s)(_hV + \pi_h) + s\, {}_{h+1}V v p_{x+h}. \tag{10.6.7}$$

证明 在年龄段 $[x+h, x+h+1)$ UDD 假设下,有
$$\frac{{}_{s|1-s}q_{x+h}}{q_{x+h}} = \frac{(1-s)d_{x+h}}{l_{x+h}} \Big/ \frac{d_{x+h}}{l_{x+h}} = 1 - s,$$

再利用(10.6.6)式,得(10.6.7)式. 结论证毕.

利用近似
$$v^s {}_s p_{x+h} \approx 1, \quad v p_{x+h} \approx 1$$

及公式(10.6.7),可以得到近似公式
$$_{h+s}V \approx (_hV + \pi_h)(1-s) + s\, {}_{h+1}V$$
$$= (1-s)\, {}_hV + s\, {}_{h+1}V + (1-s)\pi_h, \tag{10.6.8}$$

其中 $(1-s)\pi_h$ 被称为未获保费.

10.6.2 每年缴纳数次保费的情况

下面以每年缴纳两次保费为例介绍分数年龄的净准备金. 每半年缴纳一次保费,年保费为 $\pi_h, h=0,1,\cdots$,死亡给付在死亡的保单年度末进行. 在时刻 $h+s$ 的净准备金记为 $_{h+s}V^{(2)}$.

(1) 先讨论 $0<s<0.5$ 的情况.

易得

$$_{h+s}V^{(2)} = v^{1-s}b_{h+1}(_{1-s}q_{x+h+s}) + v^{1-s}(_{h+1}V^{(2)})_{1-s}p_{x+h+s}$$
$$- \frac{\pi_h}{2}v^{0.5-s}(_{0.5-s}p_{x+h+s}).$$

(关于每年缴纳数次保费的年末净准备金的计算,见第十三章.)两边同乘以 $_sp_{x+h}v^s$,得

$$_sp_{x+h}v^s{}_{h+s}V^{(2)} = vb_{h+1}(_{s|1-s}q_{x+h}) + v(_{h+1}V^{(2)})p_{x+h}$$
$$- \frac{\pi_h}{2}v^{0.5}{}_{0.5}p_{x+h}. \tag{10.6.9}$$

又对于年末的净准备金,由递推公式

$$_hV^{(2)} = b_{h+1}vq_{x+h} + {}_{h+1}V^{(2)}vp_{x+h} - \frac{\pi_h}{2}(1+v^{0.5}{}_{0.5}p_{x+h}),$$

得到

$$vb_{h+1} = \frac{{}_hV^{(2)} - {}_{h+1}V^{(2)}vp_{x+h} + \frac{\pi_h}{2}(1+v^{0.5}{}_{0.5}p_{x+h})}{q_{x+h}},$$

将上式代入(10.6.9)式,得到

$$_sp_{x+h}v^s{}_{h+s}V^{(2)} = \left({}_hV^{(2)} + \frac{\pi_h}{2}\right)\frac{{}_{s|1-s}q_{x+h}}{q_{x+h}}$$
$$+ \left[v(_{h+1}V^{(2)})p_{x+h} - \frac{\pi_h}{2}v^{0.5}{}_{0.5}p_{x+h}\right]\left(1 - \frac{{}_{s|1-s}q_{x+h}}{q_{x+h}}\right).$$

在 UDD 假设下,上式可简化为

$$_sp_{x+h}v^s{}_{h+s}V^{(2)} = \left({}_hV^{(2)} + \frac{\pi_h}{2}\right)(1-s)$$
$$+ \left[v(_{h+1}V^{(2)})p_{x+h} - \frac{\pi_h}{2}v^{0.5}{}_{0.5}p_{x+h}\right]s.$$

由 $q_{x+h} \approx 1, i \approx 0$,可得近似公式

$$_{h+s}V^{(2)} \approx {}_hV^{(2)}(1-s) + s_{h+1}V^{(2)} + \pi_h\left(\frac{1}{2} - s\right).$$

(2) 当 $\frac{1}{2} < s < 1$ 时,同样方法可得

$$_{h+s}V^{(2)} \approx {}_hV^{(2)}(1-s) + s_{h+1}V^{(2)} + \pi_h(1-s).$$

对于一般的每年缴纳数次保费的情况,可做类似处理.下面通过一个例子来说明.

例 10.6.1 一个在 8 月 1 日签单的个体 (x) 的终身寿险,假设每年缴纳四次保费,每年的净保费相同.死亡给付在死亡的保单年度末进行.给出在第 7 个保单年度后的 12 月 31 日的净准备金近似计算公式.

解 签单的时间为 8 月 1 日,所以保单持续的分数年龄的时间长为 7/12.利用净准备金的近似计算公式,知

$$_{7+5/12}V^{(4)} \approx \frac{7}{12}{}_7V^{(4)} + \frac{5}{12}{}_8V^{(4)} + \frac{P_x^{(4)}}{4}\cdot\frac{1}{3}$$
$$= \frac{7}{12}{}_7V^{(4)} + \frac{5}{12}{}_8V^{(4)} + \frac{P_x^{(4)}}{12}.$$

习 题 十

1. 证明:对 $j < h$,有
$$\text{cov}(C_j, C_h) = (\pi_h - vb_{h+1}q_{x+h})\,_hp_x(\pi_j\,_jq_x + vb_{j+1}\,_jp_x\,q_{x+j}).$$

2. 证明并解释
$$_sp_{x+h}\,_{h+s}V + v^{1-s}\,_sq_{x+h}b_{h+1} = (1+i)^s(_hV + \pi_h), \quad 0 < s < 1.$$

3. 个体 (x) 的三年期生死合险保单,保额为 3 元,死亡保险金在死亡的保单年度末给付,年均衡净保费为 0.94 元.前两年年底的净准备金分别为 0.66,1.56.计算

$$q_x, \ q_{x+1}, \ \text{var}(_0L), \ \text{var}(_1L|K(x) \geqslant 1).$$

4. 在个体年龄 x 岁时签单的完全离散终身寿险,每年保费相同,$i = 0.05, q_{x+h-1} = 0.004, \ddot{a}_x = 16.2$,且有

$$_{h-1}V + \pi_h = 200.$$

第 h 年的风险净额为 1295. 计算第 h 个保单年度末的净准备金.

5. 对于例 10.3.3, 假设 1500 个保单都是 5 年期的生死合险保单. 计算保单组的总的净准备金及总的损失量的方差. 假设生存保险金与死亡保险金相等.

6. 个体 (x) 的缴费期为 10 年的完全离散终身寿险保单, 保额为 1000 元. 已知

$$i = 0.06, \quad q_{x+9} = 0.01262,$$

年均衡净保费为 32.88 元, 第 9 年底的净准备金为 322.87 元. 计算 $1000P_{x+10}$. 正确的结果是( ).

(A) 31.52;   (B) 31.92;   (C) 32.32;

(D) 32.72;   (E) 33.12.

7. 某个体 (50) 的三年期完全离散生死合险保单, 保额为 10000 元. 已知

$$i = 0.03, \quad 1000q_{50} = 8.32, \quad 1000q_{51} = 9.11,$$

$$_1V = 3209, \quad _2V = 6539,$$

$_0L$ 是保险人的签单损失量. 计算 $\mathrm{var}(_0L)$. 正确的结果是( ).

(A) 277000;   (B) 303000;   (C) 357000;

(D) 403000;   (E) 454000.

8. 在 70 岁投保特殊的 20 年期死亡险, 死亡保险金在死亡的保单年度末给付. 死亡保险金为 1000 元再加上在本年度末的净准备金.

$$q_{70+k} = 0.03, k = 0,1,2,\cdots; \quad i = 0.07.$$

计算此险种的趸交净保费为( ).

(A) 216;   (B) 267;   (C) 318;

(D) 369;   (E) 420.

第十一章 一些完全离散险种的净准备金

§11.1 引 言

上一章讨论了一般的完全离散险种的净准备金.本章针对一些具体险种——终身寿险和生死合险等来进一步讨论.

§11.2 以终身寿险为例,建立未来损失量模型,给出净准备金的基本公式及损失量方差的计算方法. §11.3 讨论生死合险的净准备金. §11.4 对终身寿险的净准备金进行更深入地讨论. §11.5 介绍净准备金递推公式的应用. §11.6 给出精算实务中生存保险净准备金和死亡保险净准备金的计算方法.

§11.2 未来损失量及净准备金

假设在 x 岁投保的完全离散终身寿险,死亡保险金为 1 元,每年缴纳年均衡净保费 P_x 元,则在第 k 个保单年度末保险人未来损失量可以表示为

$$_kL_x = (v^{K(x)-k+1} - P_x \ddot{a}_{\overline{K(x)-k+1|}})I_{\{K(x) \geqslant k\}}.$$

第 k 个保单年度末的净准备金记为 $_kV_x$,则根据净准备金的定义,有

$$_kV_x = E(_kL_x | K(x) \geqslant k).$$

再利用定理 10.2.1,得到

$$\begin{aligned}_kV_x &= E(_kL_x | K(x) \geqslant k) \\ &= E[(v^{K(x)-k+1} - P_x \ddot{a}_{\overline{K(x)-k+1|}})I_{\{K(x) \geqslant k\}} | K(x) \geqslant k] \\ &= E(v^{K(x+k)+1} - P_x \ddot{a}_{\overline{K(x+k)+1|}}) \\ &= A_{x+k} - P_x \ddot{a}_{x+k}.\end{aligned}$$

上式中的 A_{x+k} 是保险人未来给付额的精算现值, $P_x \ddot{a}_{x+k}$ 是投保人未来缴纳保费的精算现值,两个精算现值的差便为在第 k 年底的净准

备金.

关于损失量 $_kL_x$ 的方差,有下面的结论.

结论 11.2.1 $\quad \mathrm{var}(_kL_x|K(x)\geqslant k) = \dfrac{^2A_{x+k} - (A_{x+k})^2}{(d\ddot{a}_x)^2}.$

证明 由于
$$_kL_x = (v^{K(x)+1-k} - P_x \ddot{a}_{\overline{K(x)+1-k}|})I_{\{K(x)\geqslant k\}}$$
$$= \left\{v^{K(x)+1-k}\left(1 + \dfrac{P_x}{d}\right) - \dfrac{P_x}{d}\right\}I_{\{K(x)\geqslant k\}},$$

可得
$$\mathrm{var}(_kL_x|K(x)\geqslant k)$$
$$= \mathrm{var}\left[\left\{v^{K(x)+1-k}\left(1+\dfrac{P_x}{d}\right) - \dfrac{P_x}{d}\right\}I_{\{K(x)\geqslant k\}}\bigg|K(x)\geqslant k\right]$$
$$= \mathrm{var}\left\{v^{K(x+k)+1}\left(1+\dfrac{P_x}{d}\right) - \dfrac{P_x}{d}\right\}$$
$$= \mathrm{var}(v^{K(x+k)+1})\left(1+\dfrac{P_x}{d}\right)^2$$
$$= \dfrac{^2A_{x+k} - (A_{x+k})^2}{(d\ddot{a}_x)^2}.$$

结论证毕.

下面给出一些完全离散险种的净准备金的精算表示法及所对应的计算公式:

n 年期死亡险:将此险种的第 k 个保单年度末的净准备金记为 $_kV^1_{x:\overline{n}|}$,则有下面的计算公式:
$$_kV^1_{x:\overline{n}|} = A^1_{x+k:\overline{n-k}|} - P^1_{x:\overline{n}|}\ddot{a}_{x+k:\overline{n-k}|}, \quad k < n.$$

保费缴纳期为 h 年的终身寿险:将此险种的第 k 个保单年度末的净准备金记为 $^h_kV_x$,则有
$$^h_kV_x = \begin{cases} A_{x+k} - {_hP_x}\ddot{a}_{x+k:\overline{h-k}|}, & k < h, \\ A_{x+k}, & k \geqslant h. \end{cases}$$

n 年期生存保险:将此险种的第 k 个保单年度末的净准备金记为 $_kV_{x:\overline{n}|}^{\ 1}$,则有
$$_kV_{x:\overline{n}|}^{\ 1} = \begin{cases} A_{x+k:\overline{n-k}|}^{\ 1} - P_{x:\overline{n}|}^{\ 1}\ddot{a}_{x+k:\overline{n-k}|}, & k < n, \\ 1, & k = n. \end{cases}$$

延期 n 年的期初生存年金：将此险种的第 k 个保单年度末的净准备金记为 ${}_kV({}_{n|}\ddot{a}_x)$，则有

$${}_kV({}_{n|}\ddot{a}_x) = \begin{cases} {}_{n-k|}\ddot{a}_{x+k} - P({}_{n|}\ddot{a}_x)\,\ddot{a}_{x+k:\overline{n-k}|}, & k < n, \\ \ddot{a}_{x+k}, & k \geqslant n. \end{cases}$$

§11.3 生死合险的净准备金

本节介绍 n 年期生死合险的净准备金的一些计算公式，并给出证明。

当 $k < n$ 时，我们有

结论 11.3.1 保费差公式：

$${}_kV_{x:\overline{n}|} = (P_{x+k:\overline{n-k}|} - P_{x:\overline{n}|})\,\ddot{a}_{x+k:\overline{n-k}|}.$$

证明 利用

$$A_{x+k:\overline{n-k}|} = P_{x+k:\overline{n-k}|}\,\ddot{a}_{x+k:\overline{n-k}|},$$

可得

$$\begin{aligned}{}_kV_{x:\overline{n}|} &= A_{x+k:\overline{n-k}|} - P_{x:\overline{n}|}\,\ddot{a}_{x+k:\overline{n-k}|} \\ &= P_{x+k:\overline{n-k}|}\,\ddot{a}_{x+k:\overline{n-k}|} - P_{x:\overline{n}|}\,\ddot{a}_{x+k:\overline{n-k}|} \\ &= (P_{x+k:\overline{n-k}|} - P_{x:\overline{n}|})\,\ddot{a}_{x+k:\overline{n-k}|}.\end{aligned}$$

证毕.

结论 11.3.2 缴清保险公式：

$${}_kV_{x:\overline{n}|} = \left(1 - \frac{P_{x:\overline{n}|}}{P_{x+k:\overline{n-k}|}}\right) A_{x+k:\overline{n-k}|}.$$

证明 利用保费差公式，有

$$\begin{aligned}{}_kV_{x:\overline{n}|} &= (P_{x+k:\overline{n-k}|} - P_{x:\overline{n}|})\,\ddot{a}_{x+k:\overline{n-k}|} \\ &= \left(1 - \frac{P_{x:\overline{n}|}}{P_{x+k:\overline{n-k}|}}\right)\ddot{a}_{x+k:\overline{n-k}|}\,P_{x+k:\overline{n-k}|} \\ &= \left(1 - \frac{P_{x:\overline{n}|}}{P_{x+k:\overline{n-k}|}}\right) A_{x+k:\overline{n-k}|}.\end{aligned}$$

结论 11.3.3 后溯公式：

$${}_kV_{x:\overline{n}|} = P_{x:\overline{n}|}\,\ddot{s}_{x:\overline{k}|} - {}_k\kappa_x,$$

§11.3 生死合险的净准备金

其中

$$_k\kappa_x = \frac{A^1_{x:\overline{k|}}}{_kE_x}$$

称为保险累积成本.

证明 利用定理 10.3.2，有

$$\begin{aligned}_kV_{x:\overline{n|}} &= \sum_{h=0}^{k-1}(P_{x:\overline{n|}} - vq_{x+h})\frac{(1+i)^{k-h}}{_{k-h}p_{x+h}}\\ &= \sum_{h=0}^{k-1}(P_{x:\overline{n|}} - vq_{x+h})\frac{v^h\,{_hp_x}}{v^k\,{_kp_x}}\\ &= \sum_{h=0}^{k-1}P_{x:\overline{n|}}\frac{v^h\,{_hp_x}}{v^k\,{_kp_x}} - \sum_{h=0}^{k-1}vq_{x+h}\frac{v^h\,{_hp_x}}{v^k\,{_kp_x}}\\ &= P_{x:\overline{n|}}\ddot{s}_{x:\overline{k|}} - {_k\kappa_x}.\end{aligned}$$

注 对于定期寿险，下面的后溯公式亦成立：

$$_kV^1_{x:\overline{n|}} = P^1_{x:\overline{n|}}\ddot{s}_{x:\overline{k|}} - {_k\kappa_x}.$$

证明方法与结论 11.3.3 类似.

关于生死合险的净准备金，还有其他计算方法. 通过下面的结论给出计算公式.

结论 11.3.4 如下各净准备金公式成立：

$$_kV_{x:\overline{n|}} = 1 - \frac{\ddot{a}_{x+k:\overline{n-k|}}}{\ddot{a}_{x:\overline{n|}}};$$

$$_kV_{x:\overline{n|}} = \frac{P_{x+k:\overline{n-k|}} - P_{x:\overline{n|}}}{P_{x+k:\overline{n-k|}} + d};$$

$$_kV_{x:\overline{n|}} = \frac{A_{x+k:\overline{n-k|}} - A_{x:\overline{n|}}}{1 - A_{x:\overline{n|}}}.$$

证明 先证明结论中第一式. 将

$$P_{x:\overline{n|}} = \frac{1}{\ddot{a}_{x:\overline{n|}}} - d$$

代入下式，

$$\begin{aligned}_kV_{x:\overline{n|}} &= A_{x+k:\overline{n-k|}} - P_{x:\overline{n|}}\ddot{a}_{x+k:\overline{n-k|}}\\ &= 1 - d\ddot{a}_{x+k:\overline{n-k|}} - \left(\frac{1}{\ddot{a}_{x:\overline{n|}}} - d\right)\ddot{a}_{x+k:\overline{n-k|}}\end{aligned}$$

$$= 1 - \frac{\ddot{a}_{x+k:\overline{n-k}|}}{\ddot{a}_{x:\overline{n}|}}.$$

结论中第一式成立.

将

$$\frac{1}{\ddot{a}_{x:\overline{n}|}} = P_{x:\overline{n}|} + d, \quad \frac{1}{\ddot{a}_{x+k:\overline{n-k}|}} = P_{x+k:\overline{n-k}|} + d$$

代入结论中第一式,得

$$_kV_{x:\overline{n}|} = \frac{P_{x+k:\overline{n-k}|} - P_{x:\overline{n}|}}{P_{x+k:\overline{n-k}|} + d}.$$

结论中第二式成立.

将

$$P_{x:\overline{n}|} = \frac{dA_{x:\overline{n}|}}{1 - A_{x:\overline{n}|}}, \quad P_{x+k:\overline{n-k}|} = \frac{dA_{x+k:\overline{n-k}|}}{1 - A_{x+k:\overline{n-k}|}}$$

代入结论中第二式,整理后得到

$$_kV_{x:\overline{n}|} = \frac{A_{x+k:\overline{n-k}|} - A_{x:\overline{n}|}}{1 - A_{x:\overline{n}|}},$$

即第三式成立.

本节未给出各净准备金公式的实际含义. 我们将在下一节结合终身寿险来逐一予以解释.

§11.4 终身寿险的净准备金

利用§11.3的方法可以得到终身寿险的净准备金公式.

结论 11.4.1 终身寿险的净准备金公式,其中 k 为非负整数.

(1) 保费差公式:
$$_kV_x = (P_{x+k} - P_x)\ddot{a}_{x+k};$$

(2) 缴清保险公式:
$$_kV_x = \left(1 - \frac{P_x}{P_{x+k}}\right)A_{x+k};$$

(3) 后溯公式:
$$_kV_x = P_x \ddot{s}_{x:\overline{k}|} - {_k\kappa_x}.$$

§11.4 终身寿险的净准备金

结论 11.4.1 给出了计算净准备金的三种不同方法. (1)和(2)是从未来的角度来考虑准备金,而(3)则是从过去的角度来考虑. 下面我们从不同角度解释这三个公式的含义.

在 x 岁签单的终身寿险,投保人需每年缴纳净保费 P_x 元. 当个体 (x) 活至第 k 个保单年度末时,保险人对个体 (x) 未来需承担的保险责任,与对在 $x+k$ 岁投保保额为 1 元的终身寿险的个体所负保险责任相同. 而在 $x+k$ 岁投保时个体每年需缴纳净保费 P_{x+k} 元,而个体 (x) 每年只缴纳了 P_x 元.

(1) 个体 (x) 每年"少"缴纳了 $P_{x+k} - P_x$ 元,总计少缴纳保费的精算现值为

$$(P_{x+k} - P_x)\ddot{a}_{x+k}.$$

这部分少缴纳的额度便是保险人在第 k 个保单年度末的净准备金 $_kV_x$;

(2) 在 $x+k$ 岁投保的个体每年缴纳净保费 P_{x+k} 元,保险人对其给付额的精算现值为 A_{x+k}. 而个体 (x) 实际每年只缴纳了 P_x 元,这样的保费水平下可得到对应的保险人给付额的精算现值为

$$\frac{P_x}{P_{x+k}}A_{x+k}.$$

而实际上保险人对个体 (x) 给付额的精算现值为 A_{x+k}. 两者之间的差额

$$\left(1 - \frac{P_x}{P_{x+k}}\right)A_{x+k}$$

便是保险人在第 k 个保单年度末的净准备金 $_kV_x$;

(3) 个体 (x) 已经投保了 k 年,其缴纳保费的累积总额 $P_x\ddot{s}_{x:\overline{k}|}$ 与保险累计成本 $_k\kappa_x$ 的差额为个体 (x) 的保费剩余,这一剩余的额度等于第 k 个保单年度末的净准备金 $_kV_x$.

下面的净准备金公式成立:

结论 11.4.2 如下公式成立:

$$_kV_x = 1 - \frac{\ddot{a}_{x+k}}{\ddot{a}_x}, \quad _kV_x = \frac{P_{x+k} - P_x}{P_{x+k} + d}, \quad _kV_x = \frac{A_{x+k} - A_x}{1 - A_x}.$$

例 11.4.1 在 30 岁签单,保额为 1 元的完全离散终身寿险,已

知

$$\mathrm{var}(_{10}L\,|\,K(30) \geqslant 10) = y + v^2 \mathrm{var}(_{11}L\,|\,K(30) \geqslant 11) p_{40}$$

及

$$q_{40} = 0.00278, \quad \ddot{a}_{30} = 18.0577, \quad \ddot{a}_{41} = 16.6323.$$

利率 $i = 0.05$. 计算 y.

解 利用 Hattendorf 定理, 有

$$\mathrm{var}(_{10}L\,|\,K \geqslant 10) = v^2 p_{40} q_{40} (1 - {}_{11}V_{30})^2 + v^2 p_{40} \mathrm{var}(_{11}L\,|\,K \geqslant 11).$$

所以有

$$y = v^2 p_{40} q_{40} (1 - {}_{11}V_{30})^2.$$

将 ${}_{11}V_{30} = 1 - \dfrac{\ddot{a}_{41}}{\ddot{a}_{30}}$ 代入上式, 得到

$$y = v^2 p_{40} q_{40} \left(\frac{\ddot{a}_{41}}{\ddot{a}_{30}}\right)^2 = \left(\frac{1}{1.05}\right)^2 (0.00278)(0.99722)\left(\frac{16.6223}{18.0577}\right)^2$$

$$= 0.00213.$$

例 11.4.2 证明

$$P_x = P^1_{x:\overline{n}|} + P_{x:\frac{1}{n}|}\, {}_nV_x.$$

证明 将下面两个后溯公式相减,

$${}_nV_x = P_x \ddot{s}_{x:\overline{n}|} - {}_n\kappa_x,$$

$${}_nV^1_{x:\overline{n}|} = P^1_{x:\overline{n}|} \ddot{s}_{x:\overline{n}|} - {}_n\kappa_x,$$

得

$${}_nV_x - {}_nV^1_{x:\overline{n}|} = (P_x - P^1_{x:\overline{n}|}) \ddot{s}_{x:\overline{n}|}.$$

再利用 ${}_nV^1_{x:\overline{n}|} = 0$ 及 $\ddot{s}_{x:\overline{n}|} = \dfrac{\ddot{a}_{x:\overline{n}|}}{{}_nE_x}$, 得

$$P_x = P^1_{x:\overline{n}|} + \frac{1}{\ddot{s}_{x:\overline{n}|}}\, {}_nV_x = P^1_{x:\overline{n}|} + \frac{{}_nE_x}{\ddot{a}_{x:\overline{n}|}}\, {}_nV_x$$

$$= P^1_{x:\overline{n}|} + P_{x:\frac{1}{n}|}\, {}_nV_x.$$

例 11.4.3 已知

$$P_{45} = 0.014, \quad P_{45:\frac{1}{20|}} = 0.022, \quad P_{45:\overline{20|}} = 0.030.$$

计算第 20 年末的净准备金 ${}_{20}V_{45}$.

解 死亡险的净保费

$$P^1_{45:\overline{20}|} = P_{45:\overline{20}|} - P_{45:\frac{1}{20|}} = 0.030 - 0.022 = 0.008.$$

利用例 11.4.2 的结果,有

$$P_{45} = P^1_{45:\overline{20}|} + P_{45:\frac{1}{20|}} \,_{20}V_{45},$$

可得净准备金

$$_{20}V_{45} = \frac{P_{45} - P^1_{45:\overline{20}|}}{P_{45:\frac{1}{20|}}} = \frac{0.014 - 0.008}{0.022} = 0.2727.$$

§11.5 递 推 公 式

由第十章中的定理 10.3.2,可得到不同保单年度下净准备金的递推公式. 如,对于终身寿险,有

$$_kV_x + P_x = vq_{x+k} + vp_{x+k}\,_{k+1}V_x.$$

对于其他一些特殊险种,也可以得到相应的递推公式.

下面通过几个例子来应用净准备金递推公式.

例 11.5.1 已知

$$i = 0.04, \quad _{23}^{20}V_{15} = 0.585, \quad _{24}^{20}V_{15} = 0.600.$$

计算 p_{38}.

解 利用净准备金递推公式,有

$$_{23}^{20}V_{15}(1+i) = q_{38}(1 - _{24}^{20}V_{15}) + _{24}^{20}V_{15}.$$

可计算死亡概率

$$q_{38} = \frac{_{23}^{20}V_{15}(1+i) - _{24}^{20}V_{15}}{1 - _{24}^{20}V_{15}} = \frac{0.585(1+0.04) - 0.600}{1 - 0.600}$$

$$= 0.021.$$

所以 $\quad p_{38} = 1 - q_{38} = 1 - 0.021 = 0.979.$

例 11.5.2 在 40 岁签单的特殊的完全离散终身寿险,每年净保费为 P_{20} 元. 已知 $_kV = {_k}V_{20}$, $k = 0, 1, \cdots, 19$,以及 $_{11}V = {_{11}}V_{20} = 0.08154$. 死亡概率之间有如下关系:

$$q_{40+k} = q_{20+k} + 0.01, \quad k = 0, 1, \cdots, 19,$$

且 $q_{30} = 0.008427$. 计算第 11 个保单年度的死亡保险金额 b_{11}.

解 在 20 岁签单的终身寿险,净准备金有如下递推关系:
$$_{10}V_{20} + P_{20} = vq_{30} + vp_{30}\ _{11}V_{20}.$$
对于在 40 岁签单的特殊终身寿险,净准备金满足
$$_{10}V + P_{20} = vq_{50}b_{11} + vp_{50}\ _{11}V.$$
利用 $_{10}V = {_{10}V_{20}}$,由上两式可得
$$vq_{30} + vp_{30}\ _{11}V_{20} = vq_{50}b_{11} + vp_{50}\ _{11}V,$$
即
$$q_{30} + p_{30}\ _{11}V_{20} = q_{50}b_{11} + p_{50}\ _{11}V.$$
将已知条件代入,得到
$$0.008427 + (1 - 0.008427)0.08154$$
$$= (0.01 + 0.008427)b_{11}$$
$$+ (1 - 0.01 - 0.008427)0.08154,$$
解得第 11 个保单年度的死亡保险金额
$$b_{11} = 0.50159.$$

§11.6 净准备金的计算方法及现金流分析

下面以生存保险与定期死亡保险为例,分析保单组的现金流,并给出净准备金的计算方法.

我们采用 CL93 生命表,选取利率 $i = 0.025$,保险期限为 20 年,保险金额为 1000 元,假设死亡给付在死亡的保单年度末进行.

20 年期的生存保险和死亡保险的净保费值见表 11.1 和表 11.2,计算方法参见第八章.

表 11.1 计算基础

保险金额	1000 元
保险期限	20 年
利率	0.025
生命表	CL93
年龄	20 岁

表 11.2 净保费(元)

	趸交	每年缴纳一次
生存保险	599.280192	37.762651
死亡保险	13.655090	0.860453

11.6.1 生存保险

由 1000 个 20 岁的被保险人组成的保单组,个体均投保 20 年期的生存保险,生存保险金为 1000 元. 根据表 11.2 的计算结果,每个投保人每年应缴纳净保费 $1000 P_{20:\overline{20}|} = 37.762651$ 元. 我们假设群体的死亡规律完全依照生命表 CL93.

对 $n=1,\cdots,20$,有下面递推公式:

$$p_{20+n-1} 1000 \,_nV_{20:\overline{20}|} = 1000(_{n-1}V_{20:\overline{20}|} + P_{20:\overline{20}|})(1+i).$$

将

$$p_{20+n-1} = \frac{l_{20+n}}{l_{20+n-1}}$$

代入,得到

$$1000 \,_nV_{20:\overline{20}|} = \frac{l_{20+n-1} 1000(_{n-1}V_{20:\overline{20}|} + P_{20:\overline{20}|})(1+i)}{l_{20+n}}.$$

利用上式从 $n=1$ 开始递推计算,初始值 $1000 \,_0V_{20:\overline{20}|} = 0$. 可计算得到各保单年度末的净准备金 $1000 \,_nV_{20:\overline{20}|}$,计算结果见表 11.3.

表 11.3 生存保险的现金流表

保单年度 n $(1)_n$	年初的生存人数 $(2)_n$	年内的死亡人数 $(3)_n$	每年初收到的保费 $(4)_n$	每年年末的资金总额 $(5)_n$	年末的净准备金 $(6)_n$
1	1000.000	0.778	37762.651	38706.718	38.737
2	999.222	0.783	37733.272	78350.990	78.474
3	998.439	0.779	37703.689	118956.046	119.235
4	997.660	0.765	37674.280	160546.084	161.046
5	996.895	0.750	37645.384	203146.255	203.932
6	996.145	0.735	37617.075	246782.413	247.920
7	995.410	0.725	37589.313	291481.020	293.038
8	994.685	0.723	37561.948	337269.043	339.318

(续表)

保单年度 n $(1)_n$	年初的生存人数 $(2)_n$	年内的死亡人数 $(3)_n$	每年初收到的保费 $(4)_n$	每年年末的资金总额 $(5)_n$	年末的净准备金 $(6)_n$
9	993.962	0.726	37534.641	384173.776	386.790
10	993.236	0.738	37507.241	432223.042	435.490
11	992.498	0.767	37479.373	481444.975	485.459
12	991.731	0.802	37450.401	531867.760	536.737
13	990.929	0.847	37420.104	583520.061	589.366
14	990.082	0.901	37388.110	636430.875	643.392
15	989.181	0.965	37354.086	690629.585	698.866
16	988.215	1.045	37317.629	746145.894	755.843
17	987.171	1.131	37278.184	803009.681	814.379
18	986.039	1.232	37235.463	861251.272	874.537
19	984.808	1.345	37188.956	920901.234	936.387
20	983.463	1.472	37138.156	981990.375	1000.000

表 11.3 的第 1 列 n 代表保单年度，$n=1,2,\cdots,20$. 第 2 列表示第 n 个保单年度初生存的人数 l_{20+n-1}，其中 $l_{20}=1000$. 第 3 列表示第 n 个保单年度内死亡的人数 d_{20+n-1}. 第 4 列表示第 n 个保单年度初收到的净保费 $l_{20+n-1}1000P_{20:\overline{20}|}$，即

$$(4)_n = (2)_n \times 1000P_{20:\overline{20}|}.$$

第 5 列是在第 n 个保单年度末的资金总额

$$l_{20+n-1}1000({}_{n-1}V_{20:\overline{20}|} + P_{20:\overline{20}|})(1+i),$$

可以按照下面的递推公式来计算，

$$(5)_n = \{(4)_n + (5)_{n-1}\} \times (1+i),$$

$(5)_0=0$. 第 6 列是第 n 个保单年度末的净准备金 $1000\,{}_nV_{20:\overline{20}|}$，使用下面公式来计算：

$$(6)_n = \frac{(5)_n}{(2)_{n+1}},$$

其中 $(2)_{21}=(2)_{20}-(3)_{20}$.

表 11.3 中给出了净准备金 $1000\,{}_nV_{20:\overline{20}|}$ $(n=1,2,\cdots,20)$ 的数值. 从表中的数值可以看出，随着保单年度的增加净准备金的值也在

增加,在第20年末净准备金$1000\ _{20}V_{20:\overline{20}|}^{1}=1000$. 另外,从资金方面来看,在第20年底,资金总额为981990.375元,而此时生存的个体数目为$983.463-1.472=981.991$人,平均每个生存的个体可得到1000元,因此在第20年末保险人在这个保单组中收支平衡.

11.6.2 死亡保险

同样,由1000个年龄为20岁个体组成的20年期死亡保险的保单组,保险金额为1000元,假设保险金额在死亡的保单年度末给付.根据前面表11.2的结果,每个投保人每年需要缴纳均衡净保费$1000P_{20:\overline{20}|}^{1}=13.655090$元.假设群体的死亡规律完全依照生命表CL93.

对$n=1,\cdots,20$,有下面递推公式:

$$p_{20+n-1}1000\ _{n}V_{20:\overline{20}|}^{1}$$
$$=1000(_{n-1}V_{20:\overline{20}|}^{1}+P_{20:\overline{20}|}^{1})(1+i)-1000q_{20+n-1},$$

即

$$1000\ _{n}V_{20:\overline{20}|}^{1}=\frac{l_{20+n-1}1000(_{n-1}V_{20:\overline{20}|}^{1}+P_{20:\overline{20}|}^{1})(1+i)-1000d_{20+n-1}}{l_{20+n}}.$$

从$n=1$开始计算,初始值$1000\ _{0}V_{20:\overline{20}|}^{1}=0$. 计算的净准备金结果见表11.4.

表11.4 死亡保险的现金流分析

保单年度 n $(1)_n$	年初的生存人数 $(2)_n$	年内的死亡人数 $(3)_n$	每年初收到的保费总额 $(4)_n$	每年死亡的给付总额 $(5)_n$	每年年末的资金总额 $(6)_n$	年末的净准备金 $(7)_n$
1	1000.000	0.778	860.453	778.000	103.964	0.104
2	999.222	0.783	859.783	783.390	204.451	0.205
3	998.439	0.779	859.109	778.782	311.368	0.312
4	997.660	0.765	858.439	765.205	433.847	0.435
5	996.895	0.750	857.781	749.665	574.254	0.576
6	996.145	0.735	857.136	735.155	732.019	0.735
7	995.410	0.725	856.503	724.658	903.577	0.908
8	994.685	0.723	855.880	723.136	1080.308	1.087

(续表)

保单年度 n (1)$_n$	年初的生存人数 (2)$_n$	年内的死亡人数 (3)$_n$	每年初收到的保费总额 (4)$_n$	每年死亡的给付总额 (5)$_n$	每年年末的资金总额 (6)$_n$	年末的净准备金 (7)$_n$
9	993.962	0.726	855.258	725.592	1258.362	1.267
10	993.236	0.738	854.633	737.975	1427.845	1.439
11	992.498	0.767	853.998	767.201	1571.688	1.585
12	991.731	0.802	853.338	802.311	1683.341	1.699
13	990.929	0.847	852.648	847.244	1752.145	1.770
14	990.082	0.901	851.919	900.974	1768.190	1.788
15	989.181	0.965	851.143	965.440	1719.377	1.740
16	988.215	1.045	850.313	1044.544	1589.388	1.610
17	987.171	1.131	849.414	1131.298	1368.475	1.388
18	986.039	1.232	848.440	1231.563	1040.775	1.057
19	984.808	1.345	847.381	1345.248	590.112	0.600
20	983.463	1.472	846.223	1472.244	0.000	0.000

表 11.4 的前 4 列与表 11.3 的相同. 第 5 列表示在第 n 个保单年度对死亡给付的总额 $1000d_{20+n-1}$, 可利用下面的公式来计算:

$$(5)_n = (3)_n \times 1000.$$

第 6 列表示在第 n 个保单年度末保险人的总资金额

$$l_{20+n-1}1000(_{n-1}V^1_{20:\overline{20}|} + P^1_{20:\overline{20}|})(1+i) - 1000d_{20+n-1},$$

有 $(6)_n = \{(4)_n + (6)_{n-1}\} \times (1+i) - (5)_n,$

上式中取 $(6)_0 = 0$. 表中第 7 列表示第 n 个保单年度末的净准备金 $1000\,_nV^1_{20:\overline{20}|}$, 即

$$(7)_n = \frac{(6)_n}{(2)_{n+1}},$$

其中 $(2)_{21} = (2)_{20} - (3)_{20}$.

从表中的结果可以看出, 随着保单年度的增加, 净准备金随之增加, 并在第 14 个保单年度末达到最大值 $1000\,_{14}V^1_{20:\overline{20}|} = 1.788$ 元, 然后净准备金呈下降趋势, 最后 $1000\,_{20}V^1_{20:\overline{20}|} = 0$. 从现金流的角度看, 在第 20 年底保险人在这个保单组中收入与支出保持平衡.

习题 十 一

1. 在 68 岁投保特殊的完全离散 20 年期生死合险,给定

$$\ddot{a}_{68} = 9.686158, \quad \ddot{a}_{70} = 9.075861, \quad \ddot{a}_{77} = 6.973059,$$
$$q_{73} = 0.0433, \quad _{15|}q_{68} = 0.0441, \quad l_{73} = 5920515,$$
$$l_{77} = 4828285, \quad l_{68} = 7018508.$$

利率 $i = 0.05$,净保费为

$$\pi_k = 1000 P_{68}, \quad k = 0, 1, \cdots, 19, \quad k \neq 5, \quad \text{且 } \pi_5 > 0.$$

死亡保险金为

$$b_{k+1} = 1000, \quad k + 1 = 1, 2, \cdots, 14, 15, 17, 18, 19, 20$$

且 $b_{16} > 0$. 另外,已知生存保险金为 1000,

$$1000 P_{68} = 55.62, \quad \ddot{a}_{68:\overline{20|}} = 9.351599,$$
$$1000 A_{68:\overline{20|}} = 554.69, \quad \ddot{a}_{85:\overline{3|}} = 2.521820.$$

计算

(1) $_{17}V$, $_2V$;

(2) 给定 $_5V = 157.00$, $_6V = 292.00$,计算 π_5;

(3) 若 $\pi_5 = 270$,计算 b_{16}, $_9V$.

2. 已知 $P_x = \dfrac{4}{11}$, $_2V_x = 0.50$, $\ddot{a}_{x+2} = 1.1$. 计算利率 i.

3. 已知 $_{10}V_{25} = 0.10$, $_{10}V_{35} = 0.20$. 计算 $_{20}V_{25}$.

4. 给定

$$\ddot{a}_{40} = 14.81661, \quad \ddot{a}_{45} = 14.11209, \quad \ddot{a}_{60} = 11.14535,$$
$$\ddot{a}_{45:\overline{5|}} = 4.42893, \quad \ddot{a}_{40:\overline{10|}} = 7.69664,$$
$$l_{40} = 49066, \quad l_{45} = 48281, \quad l_{46} = 45303.60.$$

计算 $1000\,_{20}V_{40}$, $1000\,_{5}^{10}V_{40}$, $1000\,_{20}^{10}V_{40}$.

5. 个体在 82 岁投保的完全离散 4 年期寿险,保额为 1000 元. 给定 $i = 0$, $q_{84} = 0.12$, $q_{85} = 0.13$. 年均衡净保费为 120 元. 计算 $\text{var}(_2L | K \geqslant 2)$.

6. 在年龄 x 岁投保的完全离散 3 年期生死合险,保险金额为

1000元. 利率 $i=0.06$. 对 $y=x, x+1, x+2$, 有 $l_y=100, 90, 81$. 给定条件

$$1000 P_{x:\overline{3}|} = 332.51.$$

计算 $1000({}_2 V_{x:\overline{3}|} - {}_1 V_{x:\overline{3}|})$.

第 7 至 10 题的条件皆为：在年龄 x 岁投保的完全离散 3 年期生死合险, 保险金额为 3 元. ${}_k L$ 为第 k 个保单年度末保险人的未来损失量. 已知

$$i=0.10, \quad q_x=0.009, \quad 3 P_{x:\overline{3}|} = 0.834.$$

7. 计算 q_{x+1}. 正确的结果是（　　）.

(A) 0.007；　　(B) 0.011；　　(C) 0.015；

(D) 0.019；　　(E) 0.023.

8. 计算个体 (x) 在接下来的一年内死亡的情况下 ${}_0 L$ 的值. 正确值是（　　）.

(A) 0.08；　　(B) 0.23；　　(C) 0.63；

(D) 1.25；　　(E) 1.89.

9. 计算 $\mathrm{var}({}_1 L | K(x) \geqslant 1)$. 正确的结果是（　　）.

(A) 0.011；　　(B) 0.016；　　(C) 0.021；

(D) 0.026；　　(E) 0.031.

10. 计算 $\mathrm{var}(\Lambda_0)$. 正确的结果是（　　）.

(A) 0.016；　　(B) 0.024；　　(C) 0.033；

(D) 0.042；　　(E) 0.054.

第十二章 完全连续险种的净准备金

§12.1 引 言

本章讨论完全连续险种的未来损失量模型,并给出净准备金公式.

§12.2建立完全连续模型,并给出净准备金的定义及计算公式. §12.3以终身寿险为例讨论净准备金的计算. §12.4通过一个例子解释各种净准备金公式的综合运用.

§12.2 基 本 模 型

考虑下面的模型:在 x 岁投保的寿险,假设保费连续缴纳,死亡保险金额在死亡后立即给付. 我们采用下面的表示法:

(1) 在时刻 t 给付的死亡保险金额记为 b_t;

(2) 保费连续缴纳,设时刻 t 的保费缴纳率为 π_t,

则在时刻 t 保险人在这个保单的未来损失量为

$$_tL = \left(b_{T(x)} v^{T(x)-t} - \int_t^{T(x)} \pi_s v^{s-t} \mathrm{d}s \right) I_{\{T(x) \geqslant t\}}. \quad (12.2.1)$$

时刻 t 的净准备金 $_t\overline{V}$ 定义为

$$_t\overline{V} = E(_tL | T(x) \geqslant t), \quad t > 0.$$

注意,这里并未要求 t 为整数.

结论 12.2.1 净准备金有表示式:

$$_t\overline{V} = \int_0^\infty [b_{t+s} \mu_x(t+s) - \pi_{t+s}] v^s \,_s p_{x+t} \mathrm{d}s.$$

证明 利用定理 10.2.1 及净准备金的定义,得到

$$_t\overline{V} = E\left[\left\{ \left(b_{T(x)} v^{T(x)-t} - \int_t^\infty I_{\{s<T(x)\}} \pi_s v^{s-t} \mathrm{d}s \right) I_{\{T(x) \geqslant t\}} \right\} \bigg| T(x) \geqslant t \right]$$

$$= E\Big[b_{T(x+t)+t}v^{T(x+t)} - \int_t^\infty I_{\{s-t<T(x+t)\}}\pi_s v^{s-t}\mathrm{d}s\Big]$$

$$= \int_0^\infty b_{t+s}v^s {}_sp_{x+t}\mu_x(t+s)\mathrm{d}s - \int_t^\infty \pi_s v^{s-t} {}_{s-t}p_{x+t}\mathrm{d}s$$

$$= \int_0^\infty [b_{t+s}\mu_x(t+s) - \pi_{t+s}]v^s {}_sp_{x+t}\mathrm{d}s.$$

结论证毕.

例 12.2.1 证明：

$$\frac{\mathrm{d}}{\mathrm{d}t}({}_t\overline{V}) = \pi_t + [\delta + \mu_x(t)]{}_t\overline{V} - b_t\mu_x(t).$$

证明 利用结论 12.2.1, 有

$${}_t\overline{V} = \int_0^\infty [b_{t+s}\mu_x(t+s) - \pi_{t+s}]v^s {}_sp_{x+t}\mathrm{d}s$$

$$= \frac{\int_0^\infty [b_{t+s}\mu_x(t+s) - \pi_{t+s}]v^s {}_sp_{x+t}v^t {}_tp_x\mathrm{d}s}{v^t {}_tp_x}$$

$$= \frac{\int_0^\infty [b_{t+s}\mu_x(t+s) - \pi_{t+s}]v^{s+t} {}_{s+t}p_x\mathrm{d}s}{v^t {}_tp_x}$$

$$= \frac{\int_t^\infty [b_s\mu_x(s) - \pi_s]v^s {}_sp_x\mathrm{d}s}{v^t {}_tp_x}.$$

上式可整理为

$$v^t {}_tp_x {}_t\overline{V} = \int_t^\infty [b_s\mu_x(s) - \pi_s]v^s {}_sp_x\mathrm{d}s.$$

两边对 t 求导,左边的导数为

$$\frac{\mathrm{d}}{\mathrm{d}t}(v^t {}_tp_x {}_t\overline{V}) = -\delta v^t {}_tp_x {}_t\overline{V} - v^t {}_tp_x \mu_x(t){}_t\overline{V} + v^t {}_tp_x \frac{\mathrm{d}}{\mathrm{d}t}({}_t\overline{V})$$

$$= v^t {}_tp_x {}_t\overline{V}[-\delta - \mu_x(t)] + v^t {}_tp_x \frac{\mathrm{d}}{\mathrm{d}t}({}_t\overline{V}),$$

右边的导数为

$$-[b_t\mu_x(t) - \pi_t]v^t {}_tp_x.$$

左边的导数和右边的导数相等,即

$$v^t{}_tp_x {}_t\overline{V}[-\delta - \mu_x(t)] + v^t{}_tp_x \frac{\mathrm{d}}{\mathrm{d}t}({}_t\overline{V}) = -[b_t\mu_x(t) - \pi_t]v^t{}_tp_x,$$

两边同除以 $v^t{}_tp_x$，整理得

$$\frac{\mathrm{d}{}_t\overline{V}}{\mathrm{d}t} = \pi_t + [\delta + \mu_x(t)]{}_t\overline{V} - b_t\mu_x(t).$$

例 12.2.2 一个在 40 岁投保的完全连续的 25 年期寿险，保险金额为

$$b_t = 1000\,\overline{a}_{\overline{25-t}|}.$$

已知

$$\overline{A}_{50:\overline{15}|} = 0.60, \quad i = 0.05.$$

每一时刻的保费缴纳率为 200. 计算第 10 个保单年度末的净准备金 ${}_{10}\overline{V}$.

解 在第 10 年底，保险人未来给付额的现值为

$$Z = v^{T(50)}1000\,\overline{a}_{\overline{25-T(50)-10}|}I_{\{T(50)<15\}},$$

所以给付额的精算现值为

$$E(Z) = \int_0^{15} v^t \times 1000 \frac{1-v^{15-t}}{\delta}{}_tp_{50}\mu_{50}(t)\mathrm{d}t$$

$$= \frac{1000}{\delta}\left\{\int_0^{15} v^t{}_tp_{50}\mu_{50}(t)\mathrm{d}t - \int_0^{15} v^{15}{}_tp_{50}\mu_{50}(t)\mathrm{d}t\right\}$$

$$= \frac{1000}{\delta}\{\overline{A}^1_{50:\overline{15}|} - v^{15}{}_{15}q_{50}\}$$

$$= \frac{1000}{\delta}\{\overline{A}^1_{50:\overline{15}|} - v^{15}(1 - {}_{15}p_{50})\}$$

$$= \frac{1000}{\delta}(\overline{A}^1_{50:\overline{15}|} + {}_{15}E_{50} - v^{15})$$

$$= \frac{1000}{\delta}(\overline{A}_{50:\overline{15}|} - v^{15})$$

$$= \frac{1000}{\ln(1.05)}(0.6 - 1.05^{-15}) = 2439.$$

保险人未来所收取保费的精算现值为

$$200\,\overline{a}_{50:\overline{15}|} = 200 \times \frac{1-\overline{A}_{50:\overline{15}|}}{\delta} = 1640.$$

因此在第 10 个保单年度末的净准备金为

$$_{10}\overline{V} = 2439 - 1640 = 799.$$

§12.3 终身寿险的净准备金

本节以终身寿险为例建立损失量模型,并介绍净准备金的计算方法及损失量方差的计算.

12.3.1 损失量与净准备金

在 x 岁投保的终身寿险,死亡保险金为 1 元,年均衡净保费记为 $\overline{P}(\overline{A}_x)$. 保险人对个体 (x) 在时刻 t 的未来损失量为

$$_tL = (v^{T(x)-t} - \overline{P}(\overline{A}_x)\,\overline{a}_{\overline{T(x)-t|}})I_{\{T(x)\geqslant t\}}.$$

在时刻 t 的净准备金记为 $_t\overline{V}(\overline{A}_x)$,则易得

$$_t\overline{V}(\overline{A}_x) = E(_tL|T(x)\geqslant t) = \overline{A}_{x+t} - \overline{P}(\overline{A}_x)\,\overline{a}_{x+t}.$$

结论 12.3.1 损失量 $_tL$ 的方差

$$\mathrm{var}(_tL|T(x)\geqslant t) = \frac{^2\overline{A}_{x+t} - (\overline{A}_{x+t})^2}{(\delta\,\overline{a}_x)^2}.$$

12.3.2 终身寿险的净准备金公式

本节给出一些终身寿险的净准备金计算公式,证明方法与完全离散的情况相同,本节不再证明.

结论 12.3.2 净准备金的计算公式如下:

(1) 保费差公式:

$$_t\overline{V}(\overline{A}_x) = (\overline{P}(\overline{A}_{x+t}) - \overline{P}(\overline{A}_x))\,\overline{a}_{x+t}.$$

(2) 缴清保险公式:

$$_t\overline{V}(\overline{A}_x) = \left(1 - \frac{\overline{P}(\overline{A}_x)}{\overline{P}(\overline{A}_{x+t})}\right)\overline{A}_{x+t}.$$

(3) 后溯公式:

$$_t\overline{V}(\overline{A}_x) = \overline{P}(\overline{A}_x)\,\overline{s}_{x:\overline{t}|} - {}_t\overline{\kappa}_x,$$

其中,连续情况下的精算累计成本 $_t\overline{\kappa}_x$ 定义为

$$_t\overline{\kappa}_x = \frac{\overline{A}^1_{x:\overline{t}|}}{_tE_x}.$$

(4) $_tV(\overline{A}_x) = 1 - \dfrac{\overline{a}_{x+t}}{\overline{a}_x}$, $\quad _tV(\overline{A}_x) = \dfrac{\overline{P}(\overline{A}_{x+t}) - \overline{P}(\overline{A}_x)}{\overline{P}(\overline{A}_{x+t}) + \delta}$,

$$_tV(\overline{A}_x) = \dfrac{\overline{A}_{x+t} - \overline{A}_x}{1 - \overline{A}_x}.$$

例 12.3.1 在 30 岁投保的完全连续终身寿险,保额为 1 元. 保费按照平衡准则来确定. L 表示保险人的签单损失量. 已知
$$\overline{A}_{50} = 0.7, \quad ^2\overline{A}_{30} = 0.3, \quad \mathrm{var}(L) = 0.2.$$
计算第 20 年末的净准备金 $_{20}\overline{V}(\overline{A}_{30})$.

解 由
$$\mathrm{var}(L) = \dfrac{^2\overline{A}_{30} - (\overline{A}_{30})^2}{(\delta\,\overline{a}_{30})^2} = \dfrac{^2\overline{A}_{30} - (\overline{A}_{30})^2}{(1 - \overline{A}_{30})^2}$$
$$= \dfrac{0.3 - (\overline{A}_{30})^2}{(1 - \overline{A}_{30})^2} = 0.2,$$

解得
$$\overline{A}_{30} = 0.5.$$
因此净准备金
$$_{20}\overline{V}(\overline{A}_{30}) = \dfrac{\overline{A}_{50} - \overline{A}_{30}}{1 - \overline{A}_{30}} = \dfrac{0.7 - 0.5}{1 - 0.5} = 0.40.$$

§12.4 一个例子

下面通过一个例子来说明各种净准备金公式的综合使用.

例 12.4.1 个体 (x) 的 5 年期完全连续定期寿险保单,利息力 $\delta = 0.10$,下面的 A,B,C,D,E 五个图形坐标尺度相同. 横轴是时间 t,竖轴为死亡力 $\mu_x(t)$,求在第 2 年末在下面哪种死亡力假设下所得到的净准备金最高? 保费为年均衡净保费.

解 A,B,C,D,E 五个图形(见下页)反映了不同死亡力的变化趋势,我们分别记对应的死亡力为
$$\mu_x^A(t), \quad \mu_x^B(t), \quad \mu_x^C(t), \quad \mu_x^D(t), \quad \mu_x^E(t),$$
对应的净准备金记为
$$_t\overline{V}^A, \quad _t\overline{V}^B, \quad _t\overline{V}^C, \quad _t\overline{V}^D, \quad _t\overline{V}^E.$$
其他的符号,按同样的表示法. 假设保额为 1 元.

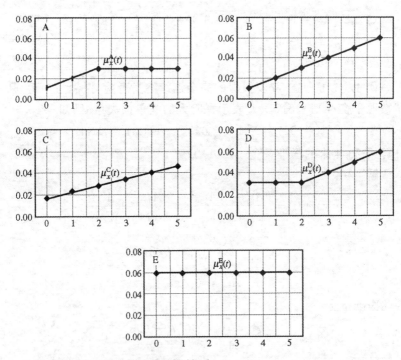

从图形可以看出有下面的关系:

$\mu_x^A(t) < \mu_x^B(t), t > 2$; $\mu_x^A(2) = \mu_x^B(2)$; $\mu_x^A(t) = \mu_x^B(t), t < 2$;

$\mu_x^B(t) > \mu_x^C(t), t > 2$; $\mu_x^B(2) = \mu_x^C(2)$; $\mu_x^B(t) < \mu_x^C(t), t < 2$;

$\mu_x^B(t) = \mu_x^D(t), t > 2$; $\mu_x^B(2) = \mu_x^D(2)$; $\mu_x^B(t) < \mu_x^D(t), t < 2$;

$\mu_x^E(t) = \mu_x^E(0) = \mu_x^B(5)$.

根据公式

$$\overline{A}_{x:\overline{5}|}^1 = \overline{A}_{x:\overline{5}|} - A_{x:\overline{5}|}^{\ \ 1} = 1 - \delta\,\bar{a}_{x:\overline{5}|} - A_{x:\overline{5}|}^{\ \ 1}$$
$$= 1 - \delta\int_0^5 e^{-\delta t} e^{-\int_0^t \mu_x(s)ds} dt - e^{-5\delta} e^{-\int_0^5 \mu_x(s)ds}$$

及

$$\bar{a}_{x:\overline{5}|} = \int_0^5 e^{-\delta t} e^{-\int_0^5 \mu_x(s)ds} dt,$$

易得

$$(\overline{A}_{x:\overline{5}|}^1)^A < (\overline{A}_{x:\overline{5}|}^1)^B, \quad \bar{a}_{x:\overline{5}|}^A > \bar{a}_{x:\overline{5}|}^B.$$

再根据净保费的计算公式,可得
$$\overline{P}^{\mathrm{A}}(\overline{A}^1_{x:\overline{5}|}) < \overline{P}^{\mathrm{B}}(\overline{A}^1_{x:\overline{5}|}).$$

同样有
$$\overline{P}^{\mathrm{B}}(\overline{A}^1_{x:\overline{5}|}) < \overline{P}^{\mathrm{D}}(\overline{A}^1_{x:\overline{5}|}), \quad \overline{P}^{\mathrm{E}}(\overline{A}^1_{x:\overline{5}|}) = \mu_x^{\mathrm{E}}(0).$$

(1) 证明 $_2\overline{V}^{\mathrm{A}} < {_2\overline{V}^{\mathrm{B}}}$ 成立.

根据图形可知
$$\overline{s}^{\mathrm{A}}_{x:\overline{2}|} = \overline{s}^{\mathrm{B}}_{x:\overline{2}|}, \quad {_2\overline{\kappa}^{\mathrm{A}}_x} = {_2\overline{\kappa}^{\mathrm{B}}_x}.$$

再利用 $\overline{P}^{\mathrm{A}}(\overline{A}^1_{x:\overline{5}|}) < \overline{P}^{\mathrm{B}}(\overline{A}^1_{x:\overline{5}|})$ 及后溯公式
$$_2\overline{V}^{\mathrm{A}} = \overline{P}^{\mathrm{A}}(\overline{A}^1_{x:\overline{5}|})\, \overline{s}^{\mathrm{A}}_{x:\overline{2}|} - {_2\overline{\kappa}^{\mathrm{A}}_x},$$
$$_2\overline{V}^{\mathrm{B}} = \overline{P}^{\mathrm{B}}(\overline{A}^1_{x:\overline{5}|})\, \overline{s}^{\mathrm{B}}_{x:\overline{2}|} - {_2\overline{\kappa}^{\mathrm{B}}_x},$$

可得 $_2\overline{V}^{\mathrm{A}} < {_2\overline{V}^{\mathrm{B}}}$.

(2) 证明 $_2\overline{V}^{\mathrm{D}} < {_2\overline{V}^{\mathrm{B}}}$ 成立.

根据图形,可知
$$(\overline{A}^1_{x+2:\overline{3}|})^{\mathrm{D}} = (\overline{A}^1_{x+2:\overline{3}|})^{\mathrm{B}}, \quad \overline{a}^{\mathrm{D}}_{x+2:\overline{3}|} = \overline{a}^{\mathrm{B}}_{x+2:\overline{3}|}.$$

再利用 $\overline{P}^{\mathrm{B}}(\overline{A}^1_{x:\overline{5}|}) < \overline{P}^{\mathrm{D}}(\overline{A}^1_{x:\overline{5}|})$ 及
$$_2\overline{V}^{\mathrm{B}} = (\overline{A}^1_{x+2:\overline{3}|})^{\mathrm{B}} - \overline{P}^{\mathrm{B}}(\overline{A}^1_{x:\overline{5}|})\, \overline{a}^{\mathrm{B}}_{x+2:\overline{3}|},$$
$$_2\overline{V}^{\mathrm{D}} = (\overline{A}^1_{x+2:\overline{3}|})^{\mathrm{D}} - \overline{P}^{\mathrm{D}}(\overline{A}^1_{x:\overline{5}|})\, \overline{a}^{\mathrm{D}}_{x+2:\overline{3}|},$$

可得 $_2\overline{V}^{\mathrm{D}} < {_2\overline{V}^{\mathrm{B}}}$.

(3) 证明 $_2\overline{V}^{\mathrm{E}} = 0$.

此时,由于 $\overline{P}^{\mathrm{E}}(\overline{A}^1_{x:\overline{5}|}) = \mu_x^{\mathrm{E}}(0)$,根据结论 12.2.1,可计算得
$$_t\overline{V}^{\mathrm{E}} = \int_0^\infty \left[\mu_x^{\mathrm{E}}(t) - \mu_x^{\mathrm{E}}(t)\right] v^s {_s p_{x+t}} \mathrm{d}s = 0.$$

(4) 我们构造一个新的 C^*,满足

$\mu_x^{\mathrm{C}^*}(t) = \mu_x^{\mathrm{B}}(t),\, t > 2;\quad \mu_x^{\mathrm{C}^*}(2) = \mu_x^{\mathrm{C}}(2);\quad \mu_x^{\mathrm{C}^*}(t) = \mu_x^{\mathrm{C}}(t),\, t < 2.$

根据前面(2)的讨论知 $_2\overline{V}^{\mathrm{C}^*} < {_2\overline{V}^{\mathrm{B}}}$. 再根据(1)的方法知
$$_2\overline{V}^{\mathrm{C}} < {_2\overline{V}^{\mathrm{C}^*}}.$$

综合以上的结果,可知按 B 假设计算得到的净准备金值最大.

习题十二

1. 已知 $l_x = 100 - x, 0 < x < 100$. 利率 $i = 6\%$. 计算
$\bar{P}(\bar{A}_{35})$, $_t\bar{V}(\bar{A}_{35})$, $\text{var}(_tL|T(35) > t)$, $t = 0, 10, 20$.

2. 已知
$$_t\bar{\kappa}_x = 0.30, \quad _tE_x = 0.45, \quad \bar{A}_{x+t} = 0.52,$$
计算 $_t\bar{V}(\bar{A}_x)$.

3. 已知
$$1000\,_t\bar{V}(\bar{A}_x) = 100, \quad 1000\bar{P}(\bar{A}_x) = 10.50, \quad \delta = 0.03.$$
计算 $\bar{a}_{x+t}$. 正确的结果是(　　).

(A) 21;　　　　(B) 22;　　　　(C) 25;

(D) 26;　　　　(E) 27.

第十三章 半连续险种、每年缴纳数次保费的险种及年金的净准备金

§13.1 引　　言

本章主要讨论前几章中未涉及到的其他一些险种的净准备金.

§13.2 介绍半连续险种的净准备金. §13.3 讨论每年缴纳数次保费险种的净准备金. §13.4 通过一个例子介绍生存年金净准备金的计算.

§13.2 半连续险种的净准备金

在 x 岁投保的 n 年期生死合险,保费缴纳期为 h 年,假设死亡保险金在死亡后立即给付. 第 k 个保单年度末的净准备金记为 $_k^h V(\overline{A}_{x:\overline{n}|})$. 当保费缴纳期与保险期限相同时,即 $h=n$ 时,净准备金记为 $_k V(\overline{A}_{x:\overline{n}|})$.

令 $k<n$. 与前面几章的讨论类似,可得

$$_k^h V(\overline{A}_{x:\overline{n}|}) = \begin{cases} \overline{A}_{x+k:\overline{n-k}|} - {}_h P(\overline{A}_{x:\overline{n}|}) \ddot{a}_{x+k:\overline{h-k}|}, & k<h, \\ \overline{A}_{x+k:\overline{n-k}|}, & k\geqslant h. \end{cases}$$

类似地,对于 n 年期死亡险,有

$$_k^h V(\overline{A}^1_{x:\overline{n}|}) = \begin{cases} \overline{A}^1_{x+k:\overline{n-k}|} - {}_h P(\overline{A}^1_{x:\overline{n}|}) \ddot{a}_{x+k:\overline{h-k}|}, & k<h, \\ \overline{A}^1_{x+k:\overline{n-k}|}, & k\geqslant h. \end{cases}$$

对于终身寿险,有

$$_k^h V(\overline{A}_x) = \begin{cases} \overline{A}_{x+k} - {}_h P(\overline{A}_x) \ddot{a}_{x+k:\overline{h-k}|}, & k<h, \\ \overline{A}_{x+k}, & k\geqslant h. \end{cases}$$

半连续险种的净准备金,可以转化为完全连续险种的净准备金

来计算. 有下面的结论.

结论 13.2.1 已知在每一年龄年 UDD 假设成立, 则在第 k 个保单年度末的净准备金满足

$$_kV(\overline{A}^1_{x:\overline{n}|}) = \frac{i}{\delta}\,_kV^1_{x:\overline{n}|},\quad k<n,$$

$$_kV(\overline{A}_x) = \frac{i}{\delta}\,_kV_x.$$

证明 我们只证明前一个等式, 后一个等式的证明类似.

由在每一年龄年 UDD 假设成立, 知

$$\begin{aligned}_kV(\overline{A}^1_{x:\overline{n}|}) &= \overline{A}^1_{x+k:\overline{n-k}|} - P(\overline{A}^1_{x:\overline{n}|})\ddot{a}_{x+k:\overline{n-k}|}\\ &= \frac{i}{\delta}A^1_{x+k:\overline{n-k}|} - \frac{i}{\delta}P^1_{x:\overline{n}|}\ddot{a}_{x+k:\overline{n-k}|}\\ &= \frac{i}{\delta}(A^1_{x+k:\overline{n-k}|} - P^1_{x:\overline{n}|}\ddot{a}_{x+k:\overline{n-k}|})\\ &= \frac{i}{\delta}\,_kV^1_{x:\overline{n}|}.\end{aligned}$$

例 13.2.1 证明:

$$_kV(\overline{A}_{x:\overline{n}|}) = \frac{i}{\delta}\,_kV^1_{x:\overline{n}|} + V_{x:\frac{1}{n}|}.$$

证明 利用

$$P(\overline{A}_{x:\overline{n}|}) = P(\overline{A}^1_{x:\overline{n}|}) + P_{x:\frac{1}{n}|}$$

及

$$\overline{A}_{x:\overline{n}|} = \overline{A}^1_{x:\overline{n}|} + A_{x:\frac{1}{n}|},$$

可得

$$\begin{aligned}_kV(\overline{A}_{x:\overline{n}|}) &= \overline{A}_{x+k:\overline{n-k}|} - P(\overline{A}_{x+k:\overline{n-k}|})\ddot{a}_{x+k:\overline{n-k}|}\\ &= {}_kV(\overline{A}^1_{x:\overline{n}|}) + {}_kV_{x:\frac{1}{n}|}.\end{aligned}$$

再利用结论 13.2.1, 得

$$_kV(\overline{A}_{x:\overline{n}|}) = \frac{i}{\delta}\,_kV^1_{x:\overline{n}|} + V_{x:\frac{1}{n}|}.$$

§13.3 每年缴纳数次保费的险种的净准备金

下面讨论每年缴纳 m 次保费情况下的保单年度末净准备金的计算.

§13.3 每年缴纳数次保费的险种的净准备金

我们以完全离散 n 年期生死合险为例来讨论. 假设保费缴纳期为 h 年,每年的净保费总额为 ${}_hP_{x:\overline{n}|}^{(m)}$,每次缴纳保费 $\frac{{}_hP_{x:\overline{n}|}^{(m)}}{m}$. 第 k 个保单年度末的净准备金记为 ${}_k^hV_{x:\overline{n}|}^{(m)}$. 当保费缴纳期等于保险期限,即 $h=n$ 时,净准备金记为 ${}_kV_{x:\overline{n}|}^{(m)}$. 则对 $k<n$,有

$$_k^hV_{x:\overline{n}|}^{(m)} = \begin{cases} A_{x+k:\overline{n-k}|} - {}_hP_{x:\overline{n}|}^{(m)}\ddot{a}_{x+k:\overline{h-k}|}^{(m)}, & k<h, \\ A_{x+k:\overline{n-k}|}, & k\geq h. \end{cases}$$

对应于在死亡后立即给付的生死合险,净准备金记为

$$_k^hV^{(m)}(\overline{A}_{x:\overline{n}|}).$$

结论 13.3.1 在每一年龄年 UDD 假设下,有

$$_kV_{x:\overline{n}|}^{(m)} - {}_kV_{x:\overline{n}|} = \beta(m)P_{x:\overline{n}|}^{(m)}{}_kV_{x:\overline{n}|}^1,$$

其中 $\beta(m) = \frac{i-i^{(m)}}{i^{(m)}d^{(m)}}$.

证明 在每一年龄年 UDD 假设下,有

$$\ddot{a}_{x:\overline{n}|}^{(m)} = \alpha(m)\ddot{a}_{x:\overline{n}|} - \beta(m)(1 - {}_nE_x)$$

$$= \alpha(m)\ddot{a}_{x:\overline{n}|} - \beta(m)(1 - A_{x:\overline{n}|} + A_{x:\overline{n}|}^1)$$

$$= \alpha(m)\ddot{a}_{x:\overline{n}|} - \beta(m)(d\ddot{a}_{x:\overline{n}|} + A_{x:\overline{n}|}^1)$$

$$= (\alpha(m) - d\beta(m))\ddot{a}_{x:\overline{n}|} - \beta(m)A_{x:\overline{n}|}^1, \quad (13.3.1)$$

其中 $\alpha(m) = \frac{id}{i^{(m)}d^{(m)}}$.

类似地,有

$$\ddot{a}_{x+k:\overline{n-k}|}^{(m)} = (\alpha(m) - d\beta(m))\ddot{a}_{x+k:\overline{n-k}|} - \beta(m)A_{x+k:\overline{n-k}|}^1. \quad (13.3.2)$$

将(13.3.1)代入下式,

$$\ddot{a}_{x+k:\overline{n-k}|}\frac{\ddot{a}_{x:\overline{n}|}^{(m)}}{\ddot{a}_{x:\overline{n}|}} - \ddot{a}_{x+k:\overline{n-k}|}^{(m)}$$

$$= \ddot{a}_{x+k:\overline{n-k}|}\left\{\alpha(m) - d\beta(m) - \beta(m)\frac{A_{x:\overline{n}|}^1}{\ddot{a}_{x:\overline{n}|}}\right\} - \ddot{a}_{x+k:\overline{n-k}|}^{(m)}$$

$$= \{\ddot{a}_{x+k:\overline{n-k}|}(\alpha(m) - d\beta(m)) - \ddot{a}_{x+k:\overline{n-k}|}^{(m)}\}$$

$$\quad - \beta(m)\frac{A_{x:\overline{n}|}^1\ddot{a}_{x+k:\overline{n-k}|}}{\ddot{a}_{x:\overline{n}|}},$$

再将(13.3.2)式代入上式,得到

$$\ddot{a}_{x+k:\overline{n-k|}}\frac{\ddot{a}_{x:\overline{n|}}^{(m)}}{\ddot{a}_{x:\overline{n|}}} - \ddot{a}_{x+k:\overline{n-k|}}^{(m)}$$

$$= \beta(m)A^1_{x+k:\overline{n-k|}} - \beta(m)\frac{A^1_{x:\overline{n|}}\ddot{a}_{x+k:\overline{n-k|}}}{\ddot{a}_{x:\overline{n|}}}$$

$$= \beta(m)\left(A^1_{x+k:\overline{n-k|}} - \frac{A^1_{x:\overline{n|}}\ddot{a}_{x+k:\overline{n-k|}}}{\ddot{a}_{x:\overline{n|}}}\right)$$

$$= \beta(m)(A^1_{x+k:\overline{n-k|}} - P^1_{x:\overline{n|}}\ddot{a}_{x+k:\overline{n-k|}})$$

$$= \beta(m)\,_kV^1_{x:\overline{n|}}. \tag{13.3.3}$$

又

$$_kV^{(m)}_{x:\overline{n|}} - {}_kV_{x:\overline{n|}} = A_{x+k:\overline{n-k|}} - P^{(m)}_{x:\overline{n|}}\ddot{a}^{(m)}_{x+k:\overline{n-k|}}$$

$$\qquad - (A_{x+k:\overline{n-k|}} - P_{x:\overline{n|}}\ddot{a}_{x+k:\overline{n-k|}})$$

$$= P_{x:\overline{n|}}\ddot{a}_{x+k:\overline{n-k|}} - P^{(m)}_{x:\overline{n|}}\ddot{a}^{(m)}_{x+k:\overline{n-k|}}$$

$$= P^{(m)}_{x:\overline{n|}}\ddot{a}_{x+k:\overline{n-k|}}\frac{\ddot{a}^{(m)}_{x:\overline{n|}}}{\ddot{a}_{x:\overline{n|}}} - P^{(m)}_{x:\overline{n|}}\ddot{a}^{(m)}_{x+k:\overline{n-k|}}$$

$$= P^{(m)}_{x:\overline{n|}}\left(\ddot{a}_{x+k:\overline{n-k|}}\frac{\ddot{a}^{(m)}_{x:\overline{n|}}}{\ddot{a}_{x:\overline{n|}}} - \ddot{a}^{(m)}_{x+k:\overline{n-k|}}\right),$$

利用(13.3.3)式的结果,得

$$_kV^{(m)}_{x:\overline{n|}} - {}_kV_{x:\overline{n|}} = \beta(m)P^{(m)}_{x:\overline{n|}}\,_kV^1_{x:\overline{n|}},$$

结论证毕.

在每一年龄年 UDD 假设下,令结论 13.3.1 中的 $n\to\infty$,可得终身寿险的净准备金计算公式:

$$_kV^{(m)}_x = (1 + \beta(m)P^{(m)}_x)\,_kV_x.$$

例 13.3.1 已知在每一年龄年 UDD 假设成立,利率 $i=0.05$,
$A_{35} = 0.17092$, $1000\,_5V_{35} = 44.71$.
计算 $_5V^{(4)}_{35} - {}_5V_{35}$.

解 根据给定的条件,可计算

$$\alpha(4) = \frac{id}{i^{(4)}d^{(4)}} = 1.00019, \quad \beta(4) = \frac{i - i^{(4)}}{i^{(4)}d^{(4)}} = 0.38272,$$

因此

$$\ddot{a}_{35}^{(4)} = \alpha(4)\ddot{a}_{35} - \beta(4) = \alpha(4)\frac{1-A_{35}}{d} - \beta(4)$$

$$= 17.031204.$$

所以年净保费

$$P_{35}^{(4)} = \frac{A_{35}}{\ddot{a}_{35}^{(4)}} = \frac{0.17092}{17.031204} = 0.010036.$$

利用结论 13.3.1,有

$$_5V_{35}^{(4)} - {}_5V_{35} = \beta(4)P_{35}^{(4)}{}_5V_{35}$$

$$= 0.38272(0.010036)0.04471$$

$$= 0.000172.$$

§13.4 生存年金的净准备金

下面通过一个例子来说明如何计算生存年金的净准备金.

例 10.4.1 给付个体(40)延期 10 年的连续生存年金,年金给付率为 1,均衡净保费在延期期间连续支付. 已知

$$\mu(x) = 0.03, x \geqslant 0; \quad \delta = 0.05.$$

计算年均衡净保费 $\overline{P}(_{10|}\bar{a}_{40})$ 以及第 7 个保单年度末的净准备金 $_7V(_{10|}\bar{a}_{50})$.

解 根据假设,

$$\bar{a}_{40} = \bar{a}_{50} = \frac{1}{\mu + \delta} = 12.5,$$

$$_{10}E_{40} = e^{-10\mu}e^{-10\delta} = e^{-0.8}.$$

则年均衡净保费

$$\overline{P}(_{10|}\bar{a}_{40}) = \frac{_{10|}\bar{a}_{40}}{\bar{a}_{40:\overline{10|}}} = \frac{_{10|}\bar{a}_{40}}{\bar{a}_{40} - {}_{10|}\bar{a}_{40}} = \frac{_{10}E_{40}\bar{a}_{50}}{\bar{a}_{40} - {}_{10}E_{40}\bar{a}_{50}}$$

$$= \frac{e^{-0.8}12.5}{12.5 - e^{-0.8}12.5} = 0.8160.$$

精算终值

$$\bar{s}_{50:\overline{7}|} = \frac{\bar{a}_{50:\overline{7}|}}{v^7\,_7p_{50}} = \frac{\int_0^7 e^{-(\mu+\delta)t}dt}{e^{-7(\mu+\delta)}} = 9.3834.$$

根据后溯公式，可计算净准备金

$$_7V(_{10|}\bar{a}_{50}) = \bar{P}(_{10|}\bar{a}_{50})\,\bar{s}_{50:\overline{7}|} = 0.8160(9.3834) = 7.6569.$$

习 题 十 三

1. 对于某个体(57)的延期定期生存年金，给定 $\mu=0.04, \delta=0.06$。保费在前两年连续缴纳，缴纳率为 $\bar{P}$，年金在每年年初支付。年金支付时刻与支付数额如下：

第 4 年，10；第 5 年，8；第 6 年，6；第 7 年，4；第 8 年，2；其他年不予支付。

(1) 计算缴纳保费的精算现值。

(2) 计算第 3 年末的净准备金。

(3) 运用平衡准则，计算 $\bar{P}$。

(4) 用 $\bar{P}$ 表示签单损失量的标准差。

2. 在例 13.3.1 的条件下，计算 $_5V_{35}^{(6)}$。

3. 利用 CL93 及利率 $i=0.025$，计算 $_5V(\bar{A}_{30:\overline{10}|})$ 及 $_5V^{(m)}(\bar{A}_{30:\overline{10}|})$。

第 4 至 6 题的条件皆为：给付某个体(30)特殊的延期生存年金。此年金提供如下给付：

(1) 延期 20 年的终身生存年金，连续给付，给付率为 1000；

(2) 若个体在 20 年内死亡，则在死亡时刻返还个体所缴纳的保费(不计利息)。保费缴纳期为 20 年，连续缴纳。

4. π 为每年的净保费，则 π 等于( )。

(A) $\dfrac{1000\,_{20|}\bar{a}_{30}}{\bar{a}_{30:\overline{20}|} + (\bar{I}\bar{A})^1_{30:\overline{20}|}}$；

(B) $\dfrac{1000\,\bar{a}_{30}}{\bar{a}_{30} - \bar{a}_{30:\overline{20}|}}$；

(C) $\dfrac{1000\,\bar{a}_{30:\overline{20}|}}{\bar{a}_{30:\overline{20}|} - (\bar{I}\bar{A})^1_{30:\overline{20}|}}$；

(D) $\dfrac{1000\,_{20|}\bar{a}_{30}}{\bar{a}_{30:\overline{20}|} - (\bar{I}\bar{A})^1_{30:\overline{20}|}}$；

(E) $\dfrac{1000\,_{20|}\bar{a}_{30} + (\bar{I}\bar{A})^1_{30:\overline{20}|}}{\bar{a}_{30:\overline{20}|}}$。

5. 下面哪一表达式为第10年底的净准备金？(   ).

(A) $1000 \,_{10|}\bar{a}_{40} - \pi \bar{a}_{40} + \pi(\bar{I}\,\bar{A})_{40\,:\,\overline{10|}}^{1}$；

(B) $10\pi \bar{A}_{40\,:\,\overline{10|}}^{1} + 1000 \,_{10|}\bar{a}_{40} - \pi \bar{a}_{40} + \pi(\bar{I}\,\bar{A})_{40\,:\,\overline{10|}}^{1}$；

(C) $(10+\pi)(\bar{I}\,\bar{A})_{40\,:\,\overline{10|}}^{1} + 1000\,\bar{a}_{50} - \pi \bar{a}_{40\,:\,\overline{10|}}$；

(D) $\pi(\bar{I}\,\bar{A})_{40\,:\,\overline{10|}}^{1} + 1000 \,_{10|}\bar{a}_{40} - \pi \bar{a}_{40\,:\,\overline{10|}}$；

(E) $10\pi \bar{A}_{40\,:\,\overline{10|}}^{1} + \pi(\bar{I}\,\bar{A})_{40\,:\,\overline{10|}}^{1} + 1000 \,_{10|}\bar{a}_{40} - \pi \bar{a}_{40\,:\,\overline{10|}}$.

6. 下面的哪个表达式是第10年底的净准备金公式？(   ).

(A) $\pi \bar{s}_{30\,:\,\overline{20|}} - \pi(\bar{I}\,\bar{A})_{30\,:\,\overline{10|}}^{1} / \,_{10}E_{40}$；

(B) $\pi \bar{s}_{30\,:\,\overline{10|}} - \pi(\bar{I}\,\bar{A})_{30\,:\,\overline{10|}}^{1} / \,_{10}E_{30}$；

(C) $\pi \bar{s}_{30\,:\,\overline{10|}} - (\,_{10|}\bar{a}_{30} + \pi(\bar{I}\,\bar{A})_{30\,:\,\overline{10|}}^{1}) / \,_{10}E_{30}$；

(D) $\pi \bar{s}_{30\,:\,\overline{10|}}$；

(E) $\pi \bar{s}_{30\,:\,\overline{20|}} - \pi \bar{A}_{30\,:\,\overline{10|}}^{1} / \,_{10}E_{30}$.

附录一 利息理论基础知识与概率论基本公式

§1 利息理论基础知识

1.1 利率的基本概念

1.1.1 利率的定义

初始时刻 $t=0$ 的 K 个单位的货币,累计到 $t>0$ 时刻的价值,称为在 t 时刻的**累计值**,记为 $a(t)$. 则 $a(0)=K$.

第 n 年的**年利率** $i_n, n \geqslant 1$ 定义为

$$i_n = \frac{a(n) - a(n-1)}{a(n-1)}.$$

则有 $\quad a(n) = (1 + i_n)a(n-1), \quad n \geqslant 1.$

因此有

$$a(n) = K(1+i_1)(1+i_2)\cdots(1+i_n).$$

特别的,若每年的年利率 i_n 都相同,记 i_n 为 i,则有

$$a(n) = K(1+i)^n.$$

下面我们的讨论都是针对每年的年利率都相同的情况.

1.1.2 贴现因子,贴现率,利息力

设年利率为 i.

贴现因子记为 v,定义为

$$v = \frac{1}{1+i}.$$

贴现率记为 d,定义为

$$d = \frac{i}{1+i}.$$

利息力记为 δ,定义为

$$\delta = \ln(1+i).$$

根据贴现因子和利息力的定义,可得

$$v = e^{-\delta}.$$

对正整数 m,记

$$i^{(m)} = m((1+i)^{1/m} - 1), \quad d^{(m)} = m(1 - v^{1/m}),$$

称 $i^{(m)}$ 为**名义利率**,$d^{(m)}$ 为**名义贴现率**.则易得

$$1 + i^{(m)}/m = (1 - d^{(m)}/m)^{-1}.$$

下面通过一个例子来说明利率和贴现率的区别和联系. 一个借款人借款 1 元, 借款的利率为 i, 借款于年末偿还. 借款者有两种付息方式可选择:

(1) 在借款时先付利息 d 元, 于年末再偿还 1 元借款. 则借款人在借款时实际得到了 $(1-d)$ 元. 这一额度, 在一年末的累积额为

$$(1-d) \times (1+i) = \frac{1}{1+i} \times (1+i) = 1,$$

即借款额.

(2) 在年末还款时付利息 i 元和 1 元的借款. 则借款人实际偿还了 $(1+i)$ 元. 使用数学来表示, 即为 1 元的额度, 在一年末的累积额为

$$1 \times (1+i) = 1 + i.$$

1.1.3 复利计息

复利是一种特殊的计息方式. 按照这种计息方式, 对投入的本金按照一定的利率计算利息, 并将所计算的利息并入本金, 在随后计算利息时将这笔利息作为本金一起计算, 即所谓利上加利.

我们可以使用下面的数学式子来表示. 对于年利率为 i 的复利计息方式, 一个单位的资金在未来 $t > 0$ 时刻的精算终值为

$$a(t) = (1+i)^t.$$

下面我们讨论的都是复利计息的情况.

1.1.4 现值

未来给付额的现在价值, 称为此给付额的**现值**.

考虑 n 年末给付 c 元, 设其现值为 x. 假设每年的利率为 i, 根据

$$x(1+i)^n = c$$

得到现值

$$x = c\frac{1}{(1+i)^n} = cv^n.$$

1.1.5 终值

现在的资金,累计到未来时刻 t 的总额,称为 t 时刻的**终值**.

如现在的 b 元资金,年利率为 i,则在 n 年末的终值为

$$b(1+i)^n.$$

1.2 年金

年金是指在一定期限内等间隔的一系列给付(或领取).一般多以一年为给付的时间间隔,故称之为**年金**.在实际中,年金的给付不仅限于以年为给付单位,也可以按月、按季来给付,理论上可以有年金连续给付的情况.

在年金的启动时刻,如果年金在未来是否给付是确定的,则称其为**确定年金**.可按不同的方式来对确定年金分类,下面介绍几种常见的分类方式:

(1) 按照年金给付的间隔划分.可分为一年给付一次、一年给付数次的年金.理论上,可有年金连续给付的情况,即在每一时刻都发生给付.

(2) 按照在每一给付周期的给付时刻来划分.在每个给付周期末给付的年金称为**期末年金**,在每个给付周期初给付的年金称为**期初年金**.

(3) 按照年金给付的期限划分.若年金给付的期限是固定的,则称之为**定期年金**;若年金的给付是永久的,则称之为**永久年金**.

(4) 按年金启动的时间划分.年金给付从即时启动的称为**即期年金**.延期一段时间后才启动的称为**延期年金**.

下面介绍几种常见的确定年金.

1.2.1 每年给付一次的期初年金

考虑在每一年年初给付 1 元,给付期限为 n 年的确定年金.根据 1.1.4 节的讨论,知在第一年年初给付的 1 元,现值为 1;在第二年年初给付的 1 元,现值为 v;依此类推,在第 n 年年初给付的 1 元,现值为 v^{n-1}.使用 $\ddot{a}_{\overline{n}|}$ 来表示这种 n 年期期初年金的累积现值,即

$$\ddot{a}_{\overline{n}|} = 1 + v + \cdots + v^{n-1} = \frac{1-v^n}{d},$$

化简得
$$d\,\ddot{a}_{\overline{n}|} + v^n = 1.$$

此年金在 n 年末的累积终值使用 $\ddot{s}_{\overline{n}|}$ 来表示,则有

$$\ddot{s}_{\overline{n}|} = (1+i)^n + (1+i)^{n-1} + \cdots + (1+i) = \frac{(1+i)^n - 1}{d}.$$

1.2.2 每年给付一次的期末年金

考虑在每一年年末给付 1 元,年利率为 i 给付期限为 n 年的确定年金. 这种年金的累积现值使用 $a_{\overline{n}|}$ 来表示,则有

$$a_{\overline{n}|} = v + \cdots + v^{n-1} + v^n = \frac{1-v^n}{i},$$

即
$$i a_{\overline{n}|} + v^n = 1.$$

使用 $s_{\overline{n}|}$ 来表示这种年金在 n 年末的累积终值,则有

$$s_{\overline{n}|} = (1+i)^{n-1} + (1+i)^{n-2} + \cdots + 1 = \frac{(1+i)^n - 1}{i}.$$

1.2.3 每年分 m 次给付的期初年金

我们考虑每年划分为 m 个等间隔的区间的情况. 每年给付 1 元,分 m 次给付. 在每个区间的区间初给付 $\frac{1}{m}$ 元,给付期限为 n 年. 这种年金的累积现值使用 $\ddot{a}_{\overline{n}|}^{(m)}$ 来表示,则有

$$\ddot{a}_{\overline{n}|}^{(m)} = [1 + v^{1/m} + v^{2/m} + \cdots + v^{n-1/m}]\frac{1}{m} = \frac{1-v^n}{d^{(m)}}.$$

年金的累积终值使用 $\ddot{s}_{\overline{n}|}^{(m)}$ 来表示,则有

$$\ddot{s}_{\overline{n}|}^{(m)} = \frac{(1+i)^n - 1}{d^{(m)}}.$$

1.2.4 每年分 m 次给付的期末年金

考虑每年划分为 m 个等间隔的区间. 每年给付 1 元,分 m 次给付. 年利率为 i,年金在每个区间的区间末给付 $\frac{1}{m}$ 元,给付期限为 n 年. 这种确定年金的累积现值使用 $a_{\overline{n}|}^{(m)}$ 来表示,则有

$$a_{\overline{n}|}^{(m)} = [v^{1/m} + v^{2/m} + \cdots + v^{n-1/m} + v^n] \times \frac{1}{m} = \frac{1-v^n}{i^{(m)}},$$

其中 $i^{(m)} = m\{(1+i)^{\frac{1}{m}} - 1\}$.

年金的累积终值使用 $s_{\overline{n}|}^{(m)}$ 来表示,则有

$$s_{\overline{n}|}^{(m)} = a_{\overline{n}|}^{(m)}(1+i)^n = \frac{(1+i)^n - 1}{i^{(m)}}.$$

1.2.5 延期期初年金

考虑在延期 m 年后才开始给付的确定年金,每一年年初给付 1 元,给付期限为 n 年.这种年金的累积现值使用 ${}_{m|}\ddot{a}_{\overline{n}|}$ 来表示,则有

$${}_{m|}\ddot{a}_{\overline{n}|} = v^m(1 + v + \cdots + v^{n-1}) = v^m \frac{1-v^n}{d},$$

其中 d 为贴现率.

1.2.6 延期期末年金

考虑在延期 m 年后才开始给付的确定年金,每一年年末给付 1 元,给付期限为 n 年,年利率为 i.这种年金的现值使用 ${}_{m|}a_{\overline{n}|}$ 来表示,则有

$${}_{m|}a_{\overline{n}|} = v^m(v + \cdots + v^{n-1} + v^n) = v^m \frac{1-v^n}{i}.$$

1.2.7 连续生存年金

对于前面介绍的每年给付 m 次的确定年金,令每年给付的次数 m 趋于 ∞,则得到连续生存年金.给付期为 n 年的连续年金的累积现值记为 $\bar{a}_{\overline{n}|}$,终值记为 $\bar{s}_{\overline{n}|}$.则由 $a_{\overline{n}|}^{(m)}$ 的表达式知

$$\bar{a}_{\overline{n}|} = \lim_{m\to\infty} a_{\overline{n}|}^{(m)} = \lim_{n\to\infty} \frac{1-v^n}{i^{(m)}} = \frac{1-v^n}{\delta}.$$

也可以从另一个角度来看连续生存年金.

我们给出连续给付率的概念.设到 t 时刻给付的连续年金的资金总额为 $F(t)$(不考虑利息的因素).则在 t 时刻的年金给付率 $f(t)$ 定义为 $F(t)$ 的导数,即

$$f(t) = \frac{\mathrm{d}F(t)}{\mathrm{d}t}.$$

考虑每个时刻都给付的连续生存年金,给付率为 $f(t)=1$,给付期限为 n 年.则在 $[t, t+\Delta t]$ 内给付的总额的现值近似为

$$v^t f(t)\Delta t = v^t \Delta t.$$

因此,根据积分的定义可以得到连续年金的累积现值为

$$\bar{a}_{\overline{n}|} = \int_0^n v^s \mathrm{d}s = \frac{1-v^n}{\delta}.$$

上式可变化为 $\delta \bar{a}_{\overline{n}|} + v^n = 1$，易得

$$\bar{s}_{\overline{n}|} = \frac{(1+i)^n - 1}{\delta},$$

$\bar{s}_{\overline{n}|}$ 表示 $\bar{a}_{\overline{n}|}$ 对应的精算终值.

1.2.8 永久年金

令前面的年金期限 $n \to \infty$，便得到相应的永久年金的结论. 下面将主要的结论列出：

$$\bar{a}_{\overline{\infty}|} = \frac{1}{\delta}, \quad \ddot{a}_{\overline{\infty}|} = \frac{1}{d}, \quad a_{\overline{\infty}|} = \frac{1}{i}.$$

注 在本书中，对于年金的累积现值，简称为年金的现值.

§2 概率论基本公式

2.1 关于随机变量矩的定理

对非负随机变量 X，记

$$s(t) = P(X > t), \quad F(t) = P(X \leqslant t).$$

定理 1 对非负随机变量 X 及正整数 n，若 $E(X^n) < \infty$，则

$$E(X^n) = \int_0^\infty n t^{n-1} s(t) dt.$$

证明 由 $E(X^n) = \int_0^\infty t^n dF(t) < \infty$，可推得 $\int_M^\infty t^n dF(t) \to 0$，当 $M \to \infty$ 时. 由

$$\int_M^\infty t^n dF(t) \geqslant \int_M^\infty M^n dF(t) = M^n s(M),$$

得 $M^n s(M) \to 0, M \to \infty$. 因此，选取 M 为 F 的连续点，有

$$\begin{aligned}
E(X^n) &= \int_0^\infty t^n dF(t) = \lim_{M \to \infty} \int_0^M t^n dF(t) = -\lim_{M \to \infty} \int_0^M t^n ds(t) \\
&= -\lim_{M \to \infty} \left([t^n s(t)] \Big|_0^M - \int_0^M n t^{n-1} s(t) dt \right) \\
&= \lim_{M \to \infty} [-M^n s(M)] + \lim_{M \to \infty} \int_0^M n t^{n-1} s(t) dt \\
&= \int_0^\infty n t^{n-1} s(t) dt.
\end{aligned}$$

2.2 条件期望与条件方差

设 X 为随机变量. 对于满足某种性质的集合 B, $P(B)>0$, 条件期望 $E(X|B)$ 定义为

$$E(X|B) = \frac{E(XI_B)}{P(B)}.$$

条件方差 $\text{var}(X|B)$ 定义为

$$\text{var}(X|B) = E(X^2|B) - (E(X|B))^2.$$

协方差 $\text{cov}(X,Y|B)$ 定义为

$$\text{cov}(X,Y|B) = E[(X - E(X|B))(Y - E(Y|B))|B].$$

下面的定理 2 给出的是条件期望与条件方差的性质.

定理 2 (1) 对常数 a,b,
$$E[(aX + bY)|B] = aE(X|B) + bE(Y|B);$$
(2) $\text{var}[(X+Y)|B] = \text{var}(X|B) + \text{var}(Y|B) + 2\text{cov}(X,Y|B);$
(3) 若 $\text{cov}(X,Y|B) = 0$, 则
$$\text{var}[(X+Y)|B] = \text{var}(X|B) + \text{var}(Y|B);$$
(4) $E(XI_B|B) = E(X|B)$, $\text{var}(XI_B|B) = \text{var}(X|B);$
(5) 对常数 C, 有
$$\text{var}(C|B) = 0;$$
(6) $\text{var}[(X+YI_B)|B] = \text{var}[(X+Y)|B].$

证明 (1) 根据条件期望的定义, 有
$$E[(aX + bY)|B] = \frac{E((aX+bY)I_B)}{P(B)} = \frac{aE(XI_B) + bE(YI_B)}{P(B)}$$
$$= aE(X|B) + bE(Y|B);$$

(2) 据条件方差的定义,
$$\text{var}[(X+Y)|B] = E[(X+Y)^2|B] - (E[(X+Y)|B])^2$$
$$= E(X^2|B) + E(Y^2|B) + 2E(XY|B) - (E(X|B))^2$$
$$\quad - (E(Y|B))^2 - 2E(X|B)E(Y|B)$$
$$= \text{var}(X|B) + \text{var}(Y|B) + 2\text{cov}(X,Y|B);$$

同样方法, 可验证其他公式成立.

附录二 生 命 表

附表 2.1 中国人寿保险业经验生命表 （1990～1993）（男）

年龄 (x)	死亡概率 q_x	生存人数 l_x	死亡人数 d_x	生存人年数 L_x	T_x	期望寿命 $\overset{\circ}{e}_x$
0	0.003037	1 000 000	3 037	998 482	73 641 337	73.64
1	0.002157	996 963	2 150	995 888	72 642 855	72.86
2	0.001611	994 813	1 603	994 011	71 646 967	72.02
3	0.001250	993 210	1 242	992 589	70 652 956	71.14
4	0.001000	991 968	992	991 472	69 660 367	70.22
5	0.000821	990 976	814	990 570	68 668 894	69.29
6	0.000690	990 163	683	989 821	67 678 325	68.35
7	0.000593	989 480	587	989 186	66 688 504	67.40
8	0.000520	988 893	514	988 636	65 699 317	66.44
9	0.000468	988 379	463	988 147	64 710 682	65.47
10	0.000437	987 916	432	987 700	63 722 534	64.50
11	0.000432	987 484	427	987 271	62 734 834	63.53
12	0.000458	987 058	452	986 832	61 747 563	62.56
13	0.000516	986 606	509	986 351	60 760 731	61.59
14	0.000603	986 097	595	985 799	59 774 380	60.62
15	0.000706	985 502	696	985 154	58 788 581	59.65
16	0.000812	984 806	800	984 406	57 803 427	58.70
17	0.000907	984 007	892	983 560	56 819 020	57.74
18	0.000981	983 114	964	982 632	55 835 460	56.79
19	0.001028	982 150	1 010	981 645	54 852 828	55.85
20	0.001049	981 140	1 029	980 625	53 871 183	54.91
21	0.001048	980 111	1 027	979 597	52 890 558	53.96
22	0.001030	979 084	1 008	978 579	51 910 961	53.02
23	0.001003	978 075	981	977 585	50 932 381	52.07
24	0.000972	977 094	950	976 619	49 954 797	51.13
25	0.000945	976 144	922	975 683	48 978 178	50.18

(续表)

年龄 (x)	死亡概率 q_x	生存人数 l_x	死亡人数 d_x	生存人年数 L_x	T_x	期望寿命 $\mathring{e}_x$
26	0.000925	975 222	902	974 771	48 002 494	49.22
27	0.000915	974 320	892	973 874	47 027 723	48.27
28	0.000918	973 428	894	972 982	46 053 849	47.31
29	0.000933	972 535	907	972 081	45 080 868	46.35
30	0.000963	971 627	936	971 160	44 108 787	45.40
31	0.001007	970 692	977	970 203	43 137 627	44.44
32	0.001064	969 714	1 032	969 198	42 167 424	43.48
33	0.001136	968 682	1 100	968 132	41 198 226	42.53
34	0.001222	967 582	1 182	966 991	40 230 094	41.58
35	0.001321	966 400	1 277	965 761	39 263 103	40.63
36	0.001436	965 123	1 386	964 430	38 297 341	39.68
37	0.001565	963 737	1 508	962 983	37 332 911	38.74
38	0.001710	962 229	1 645	961 406	36 369 928	37.80
39	0.001872	960 583	1 798	959 684	35 408 522	36.86
40	0.002051	958 785	1 966	957 802	34 448 838	35.93
41	0.002250	956 819	2 153	955 742	33 491 036	35.00
42	0.002470	954 666	2 358	953 487	32 535 294	34.08
43	0.002713	952 308	2 584	951 016	31 581 807	33.16
44	0.002981	949 724	2 831	948 309	30 630 791	32.25
45	0.003276	946 893	3 102	945 342	29 682 482	31.35
46	0.003601	943 791	3 399	942 092	28 737 140	30.45
47	0.003958	940 393	3 722	938 532	27 795 048	29.56
48	0.004352	936 670	4 076	934 632	26 856 516	28.67
49	0.004784	932 594	4 462	930 363	25 921 884	27.80
50	0.005260	928 133	4 882	925 692	24 991 521	26.93
51	0.005783	923 251	5 339	920 581	24 065 829	26.07
52	0.006358	917 911	5 836	914 993	23 145 248	25.22
53	0.006991	912 075	6 376	908 887	22 230 255	24.37
54	0.007686	905 699	6 961	902 218	21 321 368	23.54
55	0.008449	898 738	7 593	894 941	20 419 149	22.72
56	0.009288	891 144	8 277	887 006	19 524 208	21.91
57	0.010210	882 867	9 014	878 360	18 637 202	21.11

(续表)

年龄 (x)	死亡概率 q_x	生存人数 l_x	死亡人数 d_x	生存人年数 L_x	生存人年数 T_x	期望寿命 $\mathring{e}_x$
58	0.011222	873 853	9 806	868 950	17 758 842	20.32
59	0.012333	864 047	10 656	858 719	16 889 892	19.55
60	0.013553	853 391	11 566	847 608	16 031 173	18.79
61	0.014892	841 825	12 536	835 556	15 183 565	18.04
62	0.016361	829 288	13 568	822 504	14 348 009	17.30
63	0.017972	815 720	14 660	808 390	13 525 504	16.58
64	0.019740	801 060	15 813	793 154	12 717 114	15.88
65	0.021677	785 247	17 022	776 736	11 923 961	15.18
66	0.023800	768 225	18 284	759 084	11 147 224	14.51
67	0.026125	749 942	19 592	740 146	10 388 141	13.85
68	0.028671	730 349	20 940	719 879	9 647 995	13.21
69	0.031457	709 410	22 316	698 252	8 928 116	12.59
70	0.034504	687 094	23 707	675 240	8 229 864	11.98
71	0.037835	663 386	25 099	650 837	7 554 624	11.39
72	0.041474	638 287	26 472	625 051	6 903 788	10.82
73	0.045446	611 815	27 805	597 912	6 278 737	10.26
74	0.049779	584 010	29 071	569 474	5 680 825	9.73
75	0.054501	554 939	30 245	539 816	5 111 350	9.21
76	0.059644	524 694	31 295	509 047	4 571 534	8.71
77	0.065238	493 399	32 188	477 305	4 062 487	8.23
78	0.071317	461 211	32 892	444 765	3 585 182	7.77
79	0.077916	428 319	33 373	411 632	3 140 418	7.33
80	0.085069	394 946	33 598	378 147	2 728 786	6.91
81	0.092813	361 348	33 538	344 579	2 350 639	6.51
82	0.101184	327 810	33 169	311 226	2 006 060	6.12
83	0.110218	294 641	32 475	278 404	1 694 834	5.75
84	0.119951	262 166	31 447	246 443	1 416 430	5.40
85	0.130418	230 719	30 090	215 674	1 169 987	5.07
86	0.141651	200 629	28 419	186 420	954 313	4.76
87	0.153681	172 210	26 465	158 977	767 893	4.46
88	0.166534	145 745	24 271	133 609	608 916	4.18
89	0.180233	121 473	21 893	110 526	475 307	3.91

(续表)

年龄 (x)	死亡概率 q_x	生存人数 l_x	死亡人数 d_x	生存人年数 L_x	T_x	期望寿命 $\mathring{e}_x$
90	0.194795	99 580	19 398	89 881	364 781	3.66
91	0.210233	80 182	16 857	71 754	274 900	3.43
92	0.226550	63 325	14 346	56 152	203 146	3.21
93	0.243742	48 979	11 938	43 010	146 994	3.00
94	0.261797	37 041	9 697	32 192	103 985	2.81
95	0.280694	27 344	7 675	23 506	71 793	2.63
96	0.300399	19 668	5 908	16 714	48 287	2.46
97	0.320871	13 760	4 415	11 552	31 573	2.29
98	0.342055	9 345	3 196	7 747	20 020	2.14
99	0.363889	6 148	2 237	5 030	12 274	2.00
100	0.386299	3 911	1 511	3 156	7 244	1.85
101	0.409200	2 400	982	1 909	4 088	1.70
102	0.432503	1 418	613	1 111	2 179	1.54
103	0.456108	805	367	621	1 068	1.33
104	0.479911	438	210	333	446	1.02
105	1.000000	228	228	114	114	0.50

附表 2.2 中国人寿保险业经验生命表 (1990～1993)(女)

年龄 (x)	死亡概率 q_x	生存人数 l_x	死亡人数 d_x	生存人年数 L_x	生存人年数 T_x	期望寿命 $\mathring{e}_x$
0	0.002765	1 000 000	2 765	998 618	77 762 282	77.76
1	0.001859	997 235	1 854	996 308	76 763 665	76.98
2	0.001314	995 381	1 308	994 727	75 767 357	76.12
3	0.000966	994 073	960	993 593	74 772 630	75.22
4	0.000734	993 113	729	992 748	73 779 037	74.29
5	0.000573	992 384	569	992 100	72 786 288	73.34
6	0.000458	991 815	454	991 588	71 794 189	72.39
7	0.000375	991 361	372	991 175	70 802 600	71.42
8	0.000315	990 989	312	990 833	69 811 425	70.45
9	0.000274	990 677	271	990 541	68 820 592	69.47
10	0.000249	990 406	247	990 282	67 830 050	68.49
11	0.000240	990 159	238	990 040	66 839 768	67.50
12	0.000248	989 921	246	989 799	65 849 728	66.52
13	0.000269	989 676	266	989 543	64 859 929	65.54
14	0.000302	989 410	299	989 260	63 870 386	64.55
15	0.000341	989 111	337	988 942	62 881 126	63.57
16	0.000382	988 774	378	988 585	61 892 183	62.59
17	0.000421	988 396	416	988 188	60 903 599	61.62
18	0.000454	987 980	449	987 756	59 915 411	60.64
19	0.000481	987 531	475	987 294	58 927 655	59.67
20	0.000500	987 056	494	986 810	57 940 361	58.70
21	0.000511	986 563	504	986 311	56 953 552	57.73
22	0.000517	986 059	510	985 804	55 967 241	56.76
23	0.000519	985 549	511	985 293	54 981 437	55.79
24	0.000519	985 037	511	984 782	53 996 144	54.82
25	0.000519	984 526	511	984 271	53 011 362	53.84
26	0.000520	984 015	512	983 759	52 027 092	52.87
27	0.000525	983 503	516	983 245	51 043 333	51.90
28	0.000533	982 987	524	982 725	50 060 087	50.93
29	0.000546	982 463	536	982 195	49 077 362	49.95
30	0.000566	981 927	556	981 649	48 095 167	48.98
31	0.000592	981 371	581	981 081	47 113 518	48.01

(续表)

年龄 (x)	死亡概率 q_x	生存人数 l_x	死亡人数 d_x	生存人年数 L_x	T_x	期望寿命 $\mathring{e}_x$
32	0.000625	980 790	613	980 484	46 132 438	47.04
33	0.000666	980 177	653	979 851	45 151 954	46.07
34	0.000714	979 524	699	979 175	44 172 104	45.10
35	0.000772	978 825	756	978 447	43 192 929	44.13
36	0.000838	978 069	820	977 659	42 214 482	43.16
37	0.000914	977 250	893	976 803	41 236 823	42.20
38	0.001001	976 356	977	975 868	40 260 020	41.23
39	0.001098	975 379	1 071	974 844	39 284 152	40.28
40	0.001208	974 308	1 177	973 720	38 309 308	39.32
41	0.001331	973 131	1 295	972 483	37 335 589	38.37
42	0.001468	971 836	1 427	971 123	36 363 105	37.42
43	0.001620	970 409	1 572	969 623	35 391 983	36.47
44	0.001790	968 837	1 734	967 970	34 422 360	35.53
45	0.001979	967 103	1 914	966 146	33 454 390	34.59
46	0.002188	965 189	2 112	964 133	32 488 244	33.66
47	0.002420	963 077	2 331	961 912	31 524 111	32.73
48	0.002677	960 747	2 572	959 461	30 562 199	31.81
49	0.002962	958 175	2 838	956 756	29 602 738	30.89
50	0.003277	955 337	3 131	953 771	28 645 982	29.99
51	0.003627	952 206	3 454	950 479	27 692 211	29.08
52	0.004014	948 752	3 808	946 848	26 741 732	28.19
53	0.004442	944 944	4 197	942 845	25 794 884	27.30
54	0.004916	940 746	4 625	938 434	24 852 039	26.42
55	0.005440	936 122	5 093	933 576	23 913 605	25.55
56	0.006020	931 029	5 605	928 227	22 980 029	24.68
57	0.006661	925 424	6 164	922 342	22 051 802	23.83
58	0.007370	919 260	6 775	915 873	21 129 460	22.99
59	0.008154	912 485	7 440	908 765	20 213 587	22.15
60	0.009022	905 045	8 165	900 962	19 304 822	21.33
61	0.009980	896 880	8 951	892 404	18 403 860	20.52
62	0.011039	887 929	9 802	883 028	17 511 456	19.72
63	0.012209	878 127	10 721	872 766	16 628 428	18.94

(续表)

年龄 (x)	死亡概率 q_x	生存人数 l_x	死亡人数 d_x	生存人年数 L_x	生存人年数 T_x	期望寿命 $\mathring{e}_x$
64	0.013502	867 406	11 712	861 550	15 755 662	18.16
65	0.014929	855 694	12 775	849 307	14 894 112	17.41
66	0.016505	842 919	13 912	835 963	14 044 805	16.66
67	0.018244	829 007	15 124	821 445	13 208 842	15.93
68	0.020162	813 883	16 410	805 678	12 387 397	15.22
69	0.022278	797 473	17 766	788 590	11 581 719	14.52
70	0.024610	779 707	19 189	770 113	10 793 129	13.84
71	0.027180	760 518	20 671	750 183	10 023 016	13.18
72	0.030009	739 848	22 202	728 747	9 272 833	12.53
73	0.033123	717 645	23 771	705 760	8 544 086	11.91
74	0.036549	693 875	25 360	681 195	7 838 326	11.30
75	0.040313	668 514	26 950	655 040	7 157 132	10.71
76	0.044447	641 565	28 516	627 307	6 502 092	10.13
77	0.048984	613 049	30 030	598 034	5 874 785	9.58
78	0.053958	583 019	31 459	567 290	5 276 751	9.05
79	0.059405	551 561	32 765	535 178	4 709 461	8.54
80	0.065364	518 795	33 911	501 840	4 174 283	8.05
81	0.071876	484 885	34 852	467 459	3 672 443	7.57
82	0.078981	450 033	35 544	432 261	3 204 984	7.12
83	0.086722	414 489	35 945	396 517	2 772 722	6.69
84	0.095145	378 544	36 017	360 536	2 376 206	6.28
85	0.104291	342 527	35 723	324 666	2 015 670	5.88
86	0.114207	306 805	35 039	289 285	1 691 004	5.51
87	0.124933	271 766	33 952	254 789	1 401 719	5.16
88	0.136511	237 813	32 464	221 581	1 146 930	4.82
89	0.148980	205 349	30 593	190 053	925 349	4.51
90	0.162374	174 756	28 376	160 568	735 296	4.21
91	0.176721	146 380	25 868	133 446	574 728	3.93
92	0.192046	120 512	23 144	108 940	441 282	3.66
93	0.208364	97 368	20 288	87 224	332 342	3.41
94	0.225680	77 080	17 395	68 382	245 118	3.18
95	0.243992	59 685	14 563	52 403	176 736	2.96

(续表)

年龄 (x)	死亡概率 q_x	生存人数 l_x	死亡人数 d_x	生存人年数 L_x	T_x	期望寿命 $\mathring{e}_x$
96	0.263285	45 122	11 880	39 182	124 333	2.76
97	0.283531	33 242	9 425	28 529	85 151	2.56
98	0.304690	23 817	7 257	20 189	56 621	2.38
99	0.326708	16 560	5 410	13 855	36 433	2.20
100	0.349518	11 150	3 897	9 201	22 578	2.02
101	0.373037	7 253	2 706	5 900	13 376	1.84
102	0.397173	4 547	1 806	3 644	7 476	1.64
103	0.421820	2 741	1 156	2 163	3 832	1.40
104	0.446863	1 585	708	1 231	1 669	1.05
105	1.000000	877	877	438	438	0.50

附表 2.3　中国人寿保险业经验生命表　(1990～1993)(混合表)

年龄 (x)	死亡概率 q_x	生存人数 l_x	死亡人数 d_x	生存人年数 L_x	T_x	期望寿命 $\overset{\circ}{e}_x$
0	0.002909	1 000 000	2 909	998 546	75 673 158	75.67
1	0.002016	997 091	2 010	996 086	74 674 612	74.89
2	0.001470	995 081	1 463	994 349	73 678 526	74.04
3	0.001114	993 618	1 107	993 065	72 684 177	73.15
4	0.000872	992 511	865	992 078	71 691 112	72.23
5	0.000702	991 646	696	991 298	70 699 034	71.29
6	0.000579	990 950	574	990 663	69 707 736	70.34
7	0.000489	990 376	484	990 134	68 717 074	69.38
8	0.000421	989 892	417	989 683	67 726 940	68.42
9	0.000374	989 475	370	989 290	66 737 257	67.45
10	0.000346	989 105	342	988 934	65 747 967	66.47
11	0.000339	988 763	335	988 595	64 759 033	65.50
12	0.000356	988 427	352	988 251	63 770 438	64.52
13	0.000396	988 075	391	987 880	62 782 187	63.54
14	0.000457	987 684	451	987 458	61 794 307	62.56
15	0.000529	987 233	522	986 972	60 806 849	61.59
16	0.000602	986 711	594	986 414	59 819 877	60.63
17	0.000670	986 117	661	985 786	58 833 463	59.66
18	0.000724	985 456	713	985 099	57 847 677	58.70
19	0.000762	984 742	750	984 367	56 862 578	57.74
20	0.000778	983 992	766	983 609	55 878 211	56.79
21	0.000784	983 226	771	982 841	54 894 602	55.83
22	0.000780	982 456	766	982 072	53 911 761	54.87
23	0.000767	981 689	753	981 313	52 929 688	53.92
24	0.000752	980 936	738	980 568	51 948 375	52.96
25	0.000738	980 199	723	979 837	50 967 808	52.00
26	0.000728	979 475	713	979 119	49 987 971	51.04
27	0.000727	978 762	712	978 406	49 008 852	50.07
28	0.000730	978 051	714	977 694	48 030 446	49.11
29	0.000743	977 337	726	976 974	47 052 752	48.14
30	0.000773	976 611	755	976 233	46 075 779	47.18
31	0.000809	975 856	789	975 461	45 099 545	46.22

(续表)

年龄 (x)	死亡概率 q_x	生存人数 l_x	死亡人数 d_x	生存人年数 L_x	生存人年数 T_x	期望寿命 $\mathring{e}_x$
32	0.000855	975 066	834	974 649	44 124 085	45.25
33	0.000910	974 232	887	973 789	43 149 435	44.29
34	0.000976	973 346	950	972 871	42 175 646	43.33
35	0.001057	972 396	1 028	971 882	41 202 775	42.37
36	0.001146	971 368	1 113	970 812	40 230 893	41.42
37	0.001249	970 255	1 212	969 649	39 260 082	40.46
38	0.001366	969 043	1 324	968 381	38 290 433	39.51
39	0.001497	967 719	1 449	966 995	37 322 051	38.57
40	0.001650	966 271	1 594	965 474	36 355 056	37.62
41	0.001812	964 676	1 748	963 802	35 389 583	36.69
42	0.001993	962 928	1 919	961 969	34 425 781	35.75
43	0.002193	961 009	2 107	959 955	33 463 812	34.82
44	0.002409	958 902	2 310	957 747	32 503 856	33.90
45	0.002658	956 592	2 543	955 320	31 546 110	32.98
46	0.002933	954 049	2 798	952 650	30 590 789	32.06
47	0.003231	951 251	3 073	949 714	29 638 139	31.16
48	0.003558	948 177	3 374	946 491	28 688 425	30.26
49	0.003925	944 804	3 708	942 950	27 741 935	29.36
50	0.004322	941 095	4 067	939 062	26 798 985	28.48
51	0.004770	937 028	4 470	934 793	25 859 923	27.60
52	0.005263	932 558	4 908	930 104	24 925 130	26.73
53	0.005790	927 650	5 371	924 965	23 995 026	25.87
54	0.006367	922 279	5 872	919 343	23 070 061	25.01
55	0.007005	916 407	6 419	913 197	22 150 718	24.17
56	0.007735	909 988	7 039	906 468	21 237 520	23.34
57	0.008524	902 949	7 697	899 101	20 331 052	22.52
58	0.009386	895 252	8 403	891 051	19 431 952	21.71
59	0.010349	886 849	9 178	882 260	18 540 901	20.91
60	0.011378	877 671	9 986	872 678	17 658 640	20.12
61	0.012508	867 685	10 853	862 259	16 785 962	19.35
62	0.013779	856 832	11 806	850 929	15 923 704	18.58
63	0.015167	845 026	12 817	838 618	15 072 775	17.84

(续表)

年龄 (x)	死亡概率 q_x	生存人数 l_x	死亡人数 d_x	生存人年数 L_x	T_x	期望寿命 $\overset{\circ}{e}_x$
64	0.016672	832 209	13 875	825 272	14 234 157	17.10
65	0.018275	818 335	14 955	810 857	13 408 885	16.39
66	0.020107	803 380	16 154	795 303	12 598 028	15.68
67	0.022111	787 226	17 406	778 523	11 802 725	14.99
68	0.024315	769 820	18 718	760 461	11 024 202	14.32
69	0.026701	751 102	20 055	741 074	10 263 741	13.66
70	0.029296	731 046	21 417	720 338	9 522 667	13.03
71	0.032152	709 630	22 816	698 222	8 802 329	12.40
72	0.035305	686 814	24 248	674 690	8 104 107	11.80
73	0.038746	662 566	25 672	649 730	7 429 417	11.21
74	0.042465	636 894	27 046	623 371	6 779 688	10.64
75	0.046582	609 848	28 408	595 644	6 156 316	10.09
76	0.051078	581 440	29 699	566 591	5 560 672	9.56
77	0.055926	551 742	30 857	536 313	4 994 081	9.05
78	0.061236	520 885	31 897	504 936	4 457 768	8.56
79	0.066958	488 988	32 742	472 617	3 952 832	8.08
80	0.073092	456 246	33 348	439 572	3 480 215	7.63
81	0.079823	422 898	33 757	406 020	3 040 642	7.19
82	0.087192	389 141	33 930	372 176	2 634 622	6.77
83	0.095102	355 211	33 781	338 321	2 262 446	6.37
84	0.103653	321 430	33 317	304 771	1 924 126	5.99
85	0.112976	288 113	32 550	271 838	1 619 354	5.62
86	0.123047	255 563	31 446	239 840	1 347 516	5.27
87	0.133927	224 117	30 015	209 109	1 107 676	4.94
88	0.145631	194 101	28 267	179 968	898 567	4.63
89	0.158079	165 834	26 215	152 727	718 599	4.33
90	0.171599	139 619	23 959	127 640	565 873	4.05
91	0.185702	115 661	21 478	104 922	438 233	3.79
92	0.200967	94 182	18 928	84 719	333 311	3.54
93	0.217252	75 255	16 349	67 080	248 592	3.30
94	0.234450	58 906	13 810	52 000	181 512	3.08
95	0.253233	45 095	11 420	39 385	129 512	2.87

(续表)

年龄 (x)	死亡概率 q_x	生存人数 l_x	死亡人数 d_x	生存人年数 L_x	T_x	期望寿命 $\mathring{e}_x$
96	0.272344	33 676	9 171	29 090	90 127	2.68
97	0.292664	24 504	7 172	20 918	61 037	2.49
98	0.314651	17 333	5 454	14 606	40 118	2.31
99	0.336441	11 879	3 997	9 881	25 512	2.15
100	0.358080	7 882	2 823	6 471	15 632	1.98
101	0.381455	5 060	1 930	4 095	9 161	1.81
102	0.405397	3 130	1 269	2 495	5 066	1.62
103	0.429801	1 861	800	1 461	2 570	1.38
104	0.454556	1 061	482	820	1 109	1.05
105	1.000000	579	579	289	289	0.50

附表 2.4 中国人寿保险业经验生命表 (1990~1993)
养老金业务男表 (1990~1993)

年龄 (x)	死亡概率 q_x	生存人数 l_x	死亡人数 d_x	生存人年数 L_x	T_x	期望寿命 $\overset{\circ}{e}_x$
0	0.002733	1 000 000	2 733	998 633	74 911 910	74.91
1	0.001941	997 267	1 936	996 299	73 913 277	74.12
2	0.001450	995 331	1 443	994 609	72 916 978	73.26
3	0.001125	993 888	1 118	993 329	71 922 369	72.36
4	0.000900	992 769	893	992 323	70 929 041	71.45
5	0.000739	991 876	733	991 510	69 936 718	70.51
6	0.000621	991 143	615	990 835	68 945 209	69.56
7	0.000534	990 528	529	990 263	67 954 373	68.60
8	0.000468	989 999	463	989 767	66 964 110	67.64
9	0.000421	989 536	417	989 327	65 974 343	66.67
10	0.000393	989 119	389	988 924	64 985 016	65.70
11	0.000389	988 730	384	988 538	63 996 091	64.73
12	0.000412	988 345	407	988 142	63 007 554	63.75
13	0.000464	987 938	459	987 709	62 019 412	62.78
14	0.000543	987 479	536	987 211	61 031 703	61.81
15	0.000635	986 943	627	986 630	60 044 492	60.84
16	0.000731	986 316	721	985 956	59 057 862	59.88
17	0.000816	985 595	805	985 193	58 071 907	58.92
18	0.000883	984 791	869	984 356	57 086 714	57.97
19	0.000925	983 921	910	983 466	56 102 358	57.02
20	0.000944	983 011	928	982 547	55 118 891	56.07
21	0.000943	982 083	926	981 620	54 136 344	55.12
22	0.000927	981 157	910	980 702	53 154 725	54.18
23	0.000903	980 247	885	979 805	52 174 023	53.23
24	0.000875	979 362	857	978 934	51 194 218	52.27
25	0.000851	978 506	832	978 089	50 215 284	51.32
26	0.000833	977 673	814	977 266	49 237 195	50.36
27	0.000824	976 859	804	976 457	48 259 928	49.40
28	0.000826	976 055	806	975 652	47 283 471	48.44
29	0.000840	975 249	819	974 839	46 307 819	47.48

(续表)

年龄 (x)	死亡概率 q_x	生存人数 l_x	死亡人数 d_x	生存人年数 L_x	生存人年数 T_x	期望寿命 $\overset{\circ}{e}_x$
30	0.000867	974 430	845	974 007	45 332 980	46.52
31	0.000906	973 585	882	973 144	44 358 973	45.56
32	0.000958	972 703	931	972 237	43 385 829	44.60
33	0.001022	971 771	994	971 274	42 413 592	43.65
34	0.001100	970 778	1 068	970 244	41 442 318	42.69
35	0.001189	969 710	1 153	969 134	40 472 074	41.74
36	0.001292	968 557	1 252	967 931	39 502 940	40.79
37	0.001409	967 305	1 362	966 624	38 535 009	39.84
38	0.001539	965 943	1 487	965 200	37 568 385	38.89
39	0.001685	964 456	1 625	963 644	36 603 185	37.95
40	0.001846	962 831	1 777	961 943	35 639 541	37.02
41	0.002025	961 054	1 946	960 081	34 677 598	36.08
42	0.002223	959 108	2 132	958 042	33 717 517	35.16
43	0.002442	956 976	2 337	955 808	32 759 475	34.23
44	0.002683	954 639	2 561	953 359	31 803 668	33.31
45	0.002948	952 078	2 807	950 675	30 850 309	32.40
46	0.003241	949 271	3 076	947 733	29 899 634	31.50
47	0.003562	946 194	3 371	944 509	28 951 902	30.60
48	0.003917	942 824	3 693	940 978	28 007 392	29.71
49	0.004306	939 131	4 044	937 109	27 066 415	28.82
50	0.004734	935 088	4 427	932 874	26 129 306	27.94
51	0.005205	930 661	4 844	928 239	25 196 431	27.07
52	0.005722	925 817	5 298	923 168	24 268 192	26.21
53	0.006292	920 519	5 792	917 623	23 345 024	25.36
54	0.006917	914 728	6 328	911 564	22 427 401	24.52
55	0.007604	908 400	6 908	904 946	21 515 837	23.69
56	0.008359	901 492	7 536	897 725	20 610 891	22.86
57	0.009189	893 957	8 215	889 849	19 713 166	22.05
58	0.010100	885 742	8 946	881 269	18 823 317	21.25
59	0.011100	876 796	9 732	871 930	17 942 048	20.46
60	0.012198	867 064	10 576	861 776	17 070 118	19.69
61	0.013403	856 488	11 479	850 748	16 208 342	18.92

(续表)

年龄 (x)	死亡概率 q_x	生存人数 l_x	死亡人数 d_x	生存人年数 L_x	生存人年数 T_x	期望寿命 $\mathring{e}_x$
62	0.014725	845 009	12 443	838 787	15 357 593	18.17
63	0.016175	832 566	13 467	825 833	14 518 806	17.44
64	0.017766	819 099	14 552	811 823	13 692 973	16.72
65	0.019509	804 547	15 696	796 699	12 881 150	16.01
66	0.021420	788 851	16 897	780 402	12 084 451	15.32
67	0.023513	771 954	18 151	762 879	11 304 049	14.64
68	0.025804	753 803	19 451	744 078	10 541 170	13.98
69	0.028311	734 352	20 790	723 957	9 797 092	13.34
70	0.031054	713 562	22 159	702 482	9 073 135	12.72
71	0.034052	691 403	23 543	679 631	8 370 653	12.11
72	0.037327	667 860	24 929	655 395	7 691 021	11.52
73	0.040901	642 931	26 297	629 782	7 035 626	10.94
74	0.044801	616 634	27 626	602 821	6 405 843	10.39
75	0.049051	589 008	28 891	574 563	5 803 022	9.85
76	0.053680	560 117	30 067	545 083	5 228 460	9.33
77	0.058714	530 050	31 121	514 489	4 683 376	8.84
78	0.064185	498 929	32 024	482 917	4 168 887	8.36
79	0.070124	466 905	32 741	450 534	3 685 971	7.89
80	0.076562	434 163	33 240	417 543	3 235 437	7.45
81	0.083532	400 923	33 490	384 178	2 817 894	7.03
82	0.091066	367 433	33 461	350 703	2 433 716	6.62
83	0.099196	333 973	33 129	317 408	2 083 013	6.24
84	0.107956	300 844	32 478	284 605	1 765 605	5.87
85	0.117376	268 366	31 500	252 616	1 481 000	5.52
86	0.127486	236 866	30 197	221 768	1 228 384	5.19
87	0.138313	206 669	28 585	192 377	1 006 617	4.87
88	0.149881	178 084	26 691	164 738	814 240	4.57
89	0.162210	151 393	24 557	139 114	649 502	4.29
90	0.175316	126 835	22 236	115 717	510 388	4.02
91	0.189210	104 599	19 791	94 704	394 671	3.77
92	0.203895	84 808	17 292	76 162	299 967	3.54
93	0.219368	67 516	14 811	60 111	223 805	3.31

(续表)

年龄 (x)	死亡概率 q_x	生存人数 l_x	死亡人数 d_x	生存人年数 L_x	生存人年数 T_x	期望寿命 $\overset{\circ}{e}_x$
94	0.235617	52 705	12 418	46 496	163 694	3.11
95	0.252625	40 287	10 177	35 198	117 198	2.91
96	0.270359	30 109	8 140	26 039	82 000	2.72
97	0.288784	21 969	6 344	18 797	55 961	2.55
98	0.307850	15 625	4 810	13 220	37 164	2.38
99	0.327500	10 815	3 542	9 044	23 944	2.21
100	0.347669	7 273	2 529	6 009	14 900	2.05
101	0.368280	4 744	1 747	3 871	8 892	1.87
102	0.389253	2 997	1 167	2 414	5 021	1.68
103	0.410497	1 830	751	1 455	2 607	1.42
104	0.431920	1 079	466	846	1 153	1.07
105	1.000000	613	613	306	306	0.50

附表 2.5　中国人寿保险业经验生命表（1990~1993）
养老金业务女表（1990~1993）

年龄 (x)	死亡概率 q_x	生存人数 l_x	死亡人数 d_x	生存人年数 L_x	T_x	期望寿命 $\mathring{e}_x$
0	0.002489	1 000 000	2 489	998 756	78 937 766	78.94
1	0.001673	997 512	1 669	996 677	77 939 010	78.13
2	0.001183	995 843	1 178	995 254	76 942 333	77.26
3	0.000869	994 665	865	994 232	75 947 079	76.35
4	0.000661	993 800	657	993 472	74 952 847	75.42
5	0.000516	993 144	512	992 888	73 959 375	74.47
6	0.000412	992 631	409	992 427	72 966 487	73.51
7	0.000338	992 222	335	992 055	71 974 060	72.54
8	0.000284	991 887	281	991 747	70 982 005	71.56
9	0.000247	991 606	245	991 484	69 990 259	70.58
10	0.000224	991 362	222	991 251	68 998 775	69.60
11	0.000216	991 140	214	991 032	68 007 524	68.62
12	0.000223	990 925	221	990 815	67 016 492	67.63
13	0.000242	990 704	240	990 584	66 025 677	66.65
14	0.000272	990 464	269	990 330	65 035 092	65.66
15	0.000307	990 195	304	990 043	64 044 763	64.68
16	0.000344	989 891	340	989 721	63 054 720	63.70
17	0.000379	989 551	375	989 364	62 064 999	62.72
18	0.000409	989 176	404	988 974	61 075 635	61.74
19	0.000433	988 772	428	988 558	60 086 661	60.77
20	0.000450	988 344	445	988 121	59 098 103	59.80
21	0.000460	987 899	454	987 672	58 109 982	58.82
22	0.000465	978 445	459	987 215	57 122 310	57.85
23	0.000467	986 985	461	986 755	56 135 095	56.88
24	0.000467	986 524	461	986 294	55 148 340	55.90
25	0.000467	986 063	461	985 833	54 162 046	54.93
26	0.000468	985 603	461	985 372	53 176 213	53.95
27	0.000473	985 142	465	984 909	52 190 840	52.98
28	0.000480	984 676	472	984 440	51 205 932	52.00
29	0.000491	984 204	484	983 962	50 221 492	51.03

(续表)

年龄 (x)	死亡概率 q_x	生存人数 l_x	死亡人数 d_x	生存人年数 L_x	生存人年数 T_x	期望寿命 $\mathring{e}_x$
30	0.000509	983 720	501	983 470	49 237 530	50.05
31	0.000533	983 219	524	982 957	48 254 060	49.08
32	0.000563	982 695	553	982 419	47 271 103	48.10
33	0.000599	982 142	589	981 848	46 288 684	47.13
34	0.000643	981 554	631	981 238	45 306 836	46.16
35	0.000695	980 923	682	980 582	44 325 598	45.19
36	0.000754	980 241	739	979 872	43 345 016	44.22
37	0.000823	979 502	806	979 099	42 365 144	43.25
38	0.000901	978 696	882	978 256	41 386 045	42.29
39	0.000988	977 815	966	977 332	40 407 789	41.32
40	0.001087	976 848	1 062	976 317	39 430 458	40.36
41	0.001198	975 786	1 169	975 202	38 454 140	39.41
42	0.001321	974 617	1 288	973 974	37 478 938	38.46
43	0.001458	973 330	1 419	972 620	36 504 965	37.51
44	0.001611	971 911	1 566	971 128	35 532 344	36.56
45	0.001781	970 345	1 728	969 481	34 561 217	35.62
46	0.001969	968 617	1 907	967 663	33 591 736	34.68
47	0.002178	966 709	2 105	965 657	32 624 073	33.75
48	0.002409	964 604	2 324	963 442	31 658 416	32.82
49	0.002666	962 280	2 565	960 997	30 694 975	31.90
50	0.002949	959 715	2 830	958 299	29 733 977	30.98
51	0.003264	956 884	3 124	955 322	28 775 678	30.07
52	0.003613	953 760	3 446	952 038	27 820 356	29.17
53	0.003998	950 315	3 799	948 415	26 868 318	28.27
54	0.004424	946 516	4 188	944 422	25 919 903	27.38
55	0.004896	942 328	4 614	940 021	24 975 481	26.50
56	0.005418	937 714	5 081	935 174	24 035 460	25.63
57	0.005995	932 634	5 591	929 838	23 100 286	24.77
58	0.006633	927 043	6 149	923 968	22 170 448	23.92
59	0.007339	920 894	6 758	917 515	21 246 479	23.07
60	0.008120	914 136	7 423	910 424	20 328 965	22.24
61	0.008982	906 713	8 144	902 641	19 418 540	21.42

(续表)

年龄 (x)	死亡概率 q_x	生存人数 l_x	死亡人数 d_x	生存人年数 L_x	生存人年数 T_x	期望寿命 $\overset{\circ}{e}_x$
62	0.009935	898 569	8 927	894 105	18 515 899	20.61
63	0.010988	889 642	9 775	884 754	17 621 794	19.81
64	0.012152	879 866	10 692	874 520	16 737 040	19.02
65	0.013436	869 174	11 678	863 335	15 862 520	18.25
66	0.014855	857 496	12 738	851 127	14 999 185	17.49
67	0.016420	844 758	13 871	837 823	14 148 058	16.75
68	0.018146	830 888	15 077	823 349	13 310 236	16.02
69	0.020050	815 810	16 357	807 632	12 486 887	15.31
70	0.022149	799 453	17 707	790 600	11 679 255	14.61
71	0.024462	781 746	19 123	772 185	10 888 655	13.93
72	0.027008	762 623	20 597	752 325	10 116 470	13.27
73	0.029811	742 026	22 120	730 966	9 364 146	12.62
74	0.032892	719 906	23 681	708 065	8 633 180	11.99
75	0.036282	696 225	25 260	683 595	7 925 114	11.38
76	0.040002	670 965	26 840	657 545	7 241 519	10.79
77	0.044086	644 125	28 397	629 926	6 583 975	10.22
78	0.048562	615 728	29 901	600 778	5 954 048	9.67
79	0.053465	585 827	31 321	570 167	5 353 271	9.14
80	0.058828	554 506	32 620	538 196	4 783 104	8.63
81	0.064688	521 886	33 760	505 006	4 244 908	8.13
82	0.071083	488 126	34 697	470 777	3 739 902	7.66
83	0.078050	453 428	35 390	435 733	3 269 125	7.21
84	0.085631	418 038	35 797	400 140	2 833 392	6.78
85	0.093862	382 242	35 878	364 303	2 433 252	6.37
86	0.102786	346 364	35 601	328 563	2 068 949	5.97
87	0.112440	310 762	34 942	293 291	1 740 386	5.60
88	0.122860	275 820	33 887	258 877	1 447 095	5.25
89	0.134082	241 933	32 439	225 714	1 188 218	4.91
90	0.146137	209 494	30 615	194 187	962 505	4.59
91	0.159049	178 879	28 451	164 654	768 318	4.30
92	0.172841	150 429	26 000	137 429	603 664	4.01
93	0.187528	124 428	23 334	112 762	466 235	3.75

(续表)

年龄 (x)	死亡概率 q_x	生存人数 l_x	死亡人数 d_x	生存人年数 L_x	生存人年数 T_x	期望寿命 $\overset{\circ}{e}_x$
94	0.203112	101 095	20 534	90 828	353 474	3.50
95	0.219593	805 61	17 691	71 716	262 646	3.26
96	0.236957	628 71	14 898	55 422	190 930	3.04
97	0.255178	479 73	12 242	41 852	135 508	2.82
98	0.274221	35 731	9 798	30 832	93 656	2.62
99	0.294037	25 933	7 625	22 120	62 824	2.42
100	0.314566	18 308	5 759	15 428	40 704	2.22
101	0.335733	12 549	4 213	10 442	25 275	2.01
102	0.357456	8 336	2 980	6 846	14 833	1.78
103	0.379638	5 356	2 033	4 339	7 987	1.49
104	0.402177	3 323	1 336	2 655	3 648	1.10
105	1.000000	1 986	1 986	993	993	0.50

附表 2.6　中国人寿保险业经验生命表 （1990～1993）
养老金业务混合表 （1990～1993）

年龄 (x)	死亡概率 q_x	生存人数 l_x	死亡人数 d_x	生存人年数 L_x	T_x	期望寿命 $\overset{\circ}{e}_x$
0	0.002618	1 000 000	2 618	99 8691	76 917 626	76.92
1	0.001814	997 382	1 810	996 477	75 918 935	76.12
2	0.001323	995 572	1 317	994 914	74 922 458	75.26
3	0.001003	994 255	997	993 757	73 927 544	74.35
4	0.000785	993 258	780	992 869	72 933 787	73.43
5	0.000632	992 479	627	992 165	71 940 919	72.49
6	0.000521	991 852	517	991 593	70 948 753	71.53
7	0.000440	991 335	436	991 117	69 957 160	70.57
8	0.000379	990 899	375	990 711	68 966 043	69.60
9	0.000337	990 523	333	990 356	67 975 333	68.63
10	0.000311	990 190	308	990 036	66 984 976	67.65
11	0.000305	989 881	302	989 730	65 994 941	66.67
12	0.000320	989 579	317	989 421	65 005 210	65.69
13	0.000356	989 262	353	989 086	64 015 790	64.71
14	0.000411	988 910	407	988 706	63 026 704	63.73
15	0.000476	988 503	471	988 268	62 037 997	62.76
16	0.000542	988 032	535	987 765	61 049 729	61.79
17	0.000603	987 497	595	987 199	60 061 965	60.82
18	0.000652	986 902	643	986 580	59 074 765	59.86
19	0.000686	986 259	676	985 920	58 088 185	58.90
20	0.000700	985 582	690	985 237	57 102 265	57.94
21	0.000706	984 892	695	984 545	56 117 028	56.98
22	0.000702	984 197	691	983 852	55 132 483	56.02
23	0.000690	983 506	679	983 167	54 148 632	55.06
24	0.000677	982 827	665	982 495	53 165 465	54.09
25	0.000664	982 162	652	981 836	52 182 970	53.13
26	0.000655	981 510	643	981 188	51 201 135	52.17
27	0.000654	980 867	642	980 546	50 219 946	51.20
28	0.000657	980 225	644	979 903	49 239 401	50.23
29	0.000669	979 581	655	979 253	48 259 498	49.27

(续表)

年龄 (x)	死亡概率 q_x	生存人数 l_x	死亡人数 d_x	生存人年数 L_x	T_x	期望寿命 $\overset{\circ}{e}_x$
30	0.000696	978 926	681	978 585	47 280 244	48.30
31	0.000728	978 245	712	977 889	46 301 659	47.33
32	0.000770	977 533	752	977 156	45 323 770	46.37
33	0.000819	976 780	800	976 380	44 346 614	45.40
34	0.000878	975 980	857	975 552	43 370 234	44.44
35	0.000951	975 123	928	974 659	42 394 682	43.48
36	0.001031	974 195	1 005	973 693	41 420 023	42.52
37	0.001124	973 191	1 094	972 644	40 446 330	41.56
38	0.001229	972 097	1 195	971 499	39 473 686	40.61
39	0.001347	970 902	1 308	970 247	38 502 187	39.66
40	0.001485	969 593	1 440	968 874	37 531 940	38.71
41	0.001631	968 154	1 579	967 364	36 563 066	37.77
42	0.001794	966 575	1 734	965 708	35 595 702	36.83
43	0.001974	964 841	1 904	963 889	34 629 994	35.89
44	0.002168	962 937	2 088	961 893	33 666 105	34.96
45	0.002392	960 849	2 299	959 700	32 704 212	34.04
46	0.002640	958 550	2 530	957 285	31 744 513	33.12
47	0.002908	956 020	2 780	954 630	30 787 227	32.20
48	0.003202	953 240	3 052	951 714	29 832 597	31.30
49	0.003533	950 188	3 357	948 509	28 880 883	30.39
50	0.003890	946 831	3 683	944 990	27 932 374	29.50
51	0.004293	943 148	4 049	941 124	26 987 384	28.61
52	0.004737	939 000	4 448	936 875	26 046 261	27.74
53	0.005211	934 651	4 870	932 216	25 109 386	26.86
54	0.005730	929 780	5 328	927 117	24 177 170	26.00
55	0.006305	924 453	5 828	921 538	23 250 053	25.15
56	0.006962	918 624	6 395	915 427	22 328 515	24.31
57	0.007672	912 229	6 998	908 730	21 413 088	23.47
58	0.008447	905 231	7 647	901 408	20 504 358	22.65
59	0.009314	897 584	8 360	893 404	19 602 950	21.84
60	0.010240	889 224	9 106	884 671	18 709 546	21.04
61	0.011257	880 118	9 908	875 164	17 824 875	20.25

(续表)

年龄 (x)	死亡概率 q_x	生存人数 l_x	死亡人数 d_x	生存人年数 L_x	生存人年数 T_x	期望寿命 $\overset{\circ}{e}_x$
62	0.012401	870 211	10 792	864 815	16 949 711	19.48
63	0.013650	859 419	11 731	853 553	16 084 896	18.72
64	0.015005	847 688	12 719	841 328	15 231 343	17.97
65	0.016448	834 968	13 733	828 102	14 390 015	17.23
66	0.018096	821 235	14 861	813 804	13 561 913	16.51
67	0.019900	806 374	16 047	798 350	12 748 108	15.81
68	0.021884	790 327	17 295	781 679	11 949 758	15.12
69	0.024031	773 032	18 577	763 744	11 168 078	14.45
70	0.026366	754 455	19 892	744 509	10 404 335	13.79
71	0.028937	734 563	21 256	723 935	9 659 826	13.15
72	0.031775	713 307	22 665	701 975	8 935 891	12.53
73	0.034871	690 642	24 084	678 600	8 233 916	11.92
74	0.038219	666 558	25 475	653 821	7 555 316	11.33
75	0.041924	641 084	26 877	627 645	6 901 495	10.77
76	0.045970	614 207	28 235	600 089	6 273 849	10.21
77	0.050333	585 972	29 494	571 225	5 673 760	9.68
78	0.055112	556 478	30 669	541 143	5 102 535	9.17
79	0.060262	525 809	31 686	509 966	4 561 392	8.67
80	0.065783	494 123	32 505	477 870	4 051 426	8.20
81	0.071841	461 618	33 163	445 036	3 573 556	7.74
82	0.078473	428 455	33 622	411 644	3 128 520	7.30
83	0.085592	394 833	33 794	377 936	2 716 876	6.88
84	0.093288	361 038	33 680	344 198	2 338 940	6.48
85	0.101678	327 358	33 285	310 715	1 994 742	6.09
86	0.110742	294 073	32 566	277 790	1 684 027	5.73
87	0.120534	261 506	31 520	245 746	1 406 237	5.38
88	0.131068	229 986	30 144	214 914	1 160 491	5.05
89	0.142271	199 842	28 432	185 626	945 577	4.73
90	0.154439	171 410	26 472	158 174	759 951	4.43
91	0.167132	144 938	24 224	132 826	601 777	4.15
92	0.180870	120 714	21 834	109 797	468 951	3.88
93	0.195527	98 881	19 334	89 214	359 153	3.63

(续表)

年龄 (x)	死亡概率 q_x	生存人数 l_x	死亡人数 d_x	生存人年数 L_x	生存人年数 T_x	期望寿命 $\overset{\circ}{e}_x$
94	0.211005	79 547	16 785	71 154	269 940	3.39
95	0.227910	62 762	14 304	55 610	198 785	3.17
96	0.245110	48 458	11 878	42 519	143 175	2.95
97	0.263398	36 580	9 635	31 763	100 656	2.75
98	0.283186	26 945	7 631	23 130	68 893	2.56
99	0.302797	19 315	5 848	16 391	45 763	2.37
100	0.322272	13 466	4 340	11 296	29 373	2.18
101	0.343310	9 126	3 133	7 560	18 076	1.98
102	0.364857	5 993	2 187	4 900	10 517	1.75
103	0.388021	3 807	1 472	3 070	5 617	1.48
104	0.409100	2 334	955	1 857	2 547	1.09
105	1.000000	1 379	1 379	690	690	0.50

附录三 多元衰减表

年龄(x)	$l_x^{(\tau)}$	$d_x^{(d)}$	$d_x^{(w)}$	$d_x^{(i)}$	$d_x^{(r)}$	S_x
30	100 000	100	19 990	—	—	1.00
31	79 910	80	14 376	—	—	1.06
32	65 454	72	9 858	—	—	1.13
33	55 524	61	5 702	—	—	1.20
34	49 761	60	3 971	—	—	1.28
35	45 730	64	2 693	46	—	1.36
36	42 927	64	1 927	43	—	1.44
37	40 893	65	1 431	45	—	1.54
38	39 352	71	1 181	47	—	1.63
39	38 053	72	989	49	—	1.74
40	36 943	78	813	52	—	1.85
41	36 000	83	720	54	—	1.96
42	35 143	91	633	56	—	2.09
43	34 363	96	550	58	—	2.22
44	33 659	104	505	61	—	2.36
45	32 989	112	462	66	—	2.51
46	32 349	123	421	71	—	2.67
47	31 734	133	413	79	—	2.84
48	31 109	143	373	87	—	3.02
49	30 506	156	336	95	—	3.21
50	29 919	168	299	102	—	3.41
51	29 350	182	293	112	—	3.63
52	28 763	198	259	121	—	3.86
53	28 185	209	251	132	—	4.10
54	27 593	226	218	143	—	4.35

(续表)

年龄(x)	$l_x^{(\tau)}$	$d_x^{(d)}$	$d_x^{(w)}$	$d_x^{(i)}$	$d_x^{(r)}$	S_x
55	27 006	240	213	157	—	4.62
56	26 396	259	182	169	—	4.91
57	25 786	276	178	183	—	5.21
58	25 149	297	148	199	—	5.53
59	24 505	316	120	213	—	5.86
60	23 856	313	—	—	3 552	6.21
61	19 991	298	—	—	1 587	6.56
62	18 106	284	—	—	2 692	6.93
63	15 130	271	—	—	1 350	7.31
64	13 509	257	—	—	2 006	7.70
65	11 246	204	—	—	4 448	8.08
66	6 594	147	—	—	1 302	8.48
67	5 145	119	—	—	1 522	8.91
68	3 504	83	—	—	1 381	9.35
69	2 040	49	—	—	1 004	9.82
70	987	17	—	—	970	10.31

注:摘自《Actuarial Mathematics》。

习题答案、解答与提示

习 题 一

1. 假设 $b \neq 0, c > 0$，死亡力应该满足的条件是：

$$\begin{cases} \mu(x) \geqslant 0, \ \forall \ x \geqslant 0, \\ \int_0^\infty \mu(x) \mathrm{d}x = \infty, \end{cases}$$

故应有：① $b > 0, c > 1$ 且 $a \geqslant -b$ 或 ② $0 < c < 1$ 且 $a \geqslant -b, a > 0$ 或 ③ $c = 1$, $a > -b$.

生存函数为

$$s(x) = \mathrm{e}^{-\int_0^x \mu(t)\mathrm{d}t} = \mathrm{e}^{-\int_0^x (a+bc^t)\mathrm{d}t}$$

$$= \begin{cases} \mathrm{e}^{-ax - \frac{b}{\ln c}(c^x - 1)}, & c \neq 1, \\ \mathrm{e}^{-(a+b)x}, & c = 1 \end{cases} \quad (x \geqslant 0),$$

密度函数为 $f(x) = s(x)u(x)$.

2. $s(x) = \mathrm{e}^{-2x^4} \ (x \geqslant 0)$ 满足：

$$\begin{cases} s(0) = 1, \\ s(x) \text{ 单调下降, 右连续,} \\ s(x) \to 0, \ x \to \infty \text{ 时,} \end{cases}$$

故可作为生存函数，且对 $x \geqslant 0$，

$$\mu(x) = \frac{f(x)}{s(x)} = -\frac{s'(x)}{s(x)} = 8x^3,$$

$$f(x) = s(x)\mu(x) = 8x^3 \mathrm{e}^{-2x^4},$$

$$F(x) = 1 - s(x) = 1 - \mathrm{e}^{-2x^4}.$$

3. 有 $s(x) = \mathrm{e}^{-\int_0^x \mu(t)\mathrm{d}t} = \dfrac{1}{(x+1)^5}$，所以

$$\mathring{e}_0 = \int_0^\infty s(x)\mathrm{d}x = \int_0^\infty \frac{1}{(x+1)^5}\mathrm{d}x = \frac{1}{4},$$

$$e_0 = \sum_{n \geqslant 1} s(n) = \sum_{n \geqslant 1} \frac{1}{(n+1)^5}.$$

因为 $E(K(0)^2) = \sum\limits_{n \geqslant 1}(2n-1)s(n) = \sum\limits_{n \geqslant 1} \dfrac{2n-1}{(n+1)^5}$，所以

$$\operatorname{var}(K(0)) = E(K(0)^2) - [E(K(0))]^2 = \sum_{n \geqslant 1} \frac{2n-1}{(n+1)^5} - e_0^2.$$

4. 用定义 $s(x) = e^{-\int_0^x \mu(t)dt}$ 直接证明.

5. $\mathring{e}_x = \int_0^\infty t \cdot \lambda e^{-\lambda t} dt = \frac{1}{\lambda}$, 且

$$P(T(x) \leqslant t) = \int_0^t f(s)ds = 1 - e^{-\lambda t}.$$

令 $1 - e^{-\lambda t} = \frac{1}{2}$, 知中位数为 $\frac{1}{\lambda}\ln 2$.

因为 $f(t)$ 单调下降趋向于 0, 所以众数为 0.

6. 因为 $\mu(x) = \frac{5}{x+1}$, $x > 0$, 所以

$${}_x p_{10} = e^{-\int_0^x \mu(10+t)dt} = \left(\frac{11}{11+x}\right)^5,$$

可得

$$\mathring{e}_{10} = \int_0^\infty {}_x p_{10} dx = \frac{11}{4},$$

$$e_{10} = \sum_{x \geqslant 1} {}_x p_{10} = \sum_{x \geqslant 1} \left(\frac{11}{11+x}\right)^5.$$

因为 $E(K^2(0)) = \sum_{x \geqslant 1} (2x-1) {}_x p_{10} = \sum_{x \geqslant 1} \left(\frac{11}{11+x}\right)^5 (2x-1)$, 所以

$$\operatorname{var}(K(0)) = E[K^2(0)] - (E[K(0)])^2$$

$$= \sum_{x \geqslant 1} \left(\frac{11}{11+x}\right)^5 (2x-1) - \left(\sum_{x \geqslant 1} \left(\frac{11}{11+x}\right)^5\right)^2.$$

7. ${}_{2|2} q_{20} = {}_2 p_{20} {}_2 q_{22} = e^{-0.02}(1 - e^{-0.02}) \approx 0.0194,$

${}_5 p_{20} = e^{-\int_0^5 \mu(20+t)dt} = e^{-0.05} \approx 0.9512.$

8. 因为对 $t > 0$, ${}_t p_x = e^{-\int_0^t \mu(x+s)ds} = e^{-\frac{1}{3}t^3}$, 所以 $f_{T(x)}(t) = -\frac{d_t p_x}{dt} = t^2 e^{-\frac{1}{3}t^3}.$

9. 证明 $\frac{d}{dx} \mathring{e}_x = \frac{d}{dx}\left(\int_0^\infty e^{-\int_x^{x+t} \mu(s)ds} dt\right) = \int_0^\infty \left(\frac{d}{dx} e^{-\int_x^{x+t} \mu(s)ds}\right) dt$

$$= \int_0^\infty e^{-\int_x^{x+t} \mu(s)ds} (\mu(x) - \mu(x+t)) dt$$

$$= \mu(x) \int_0^\infty e^{-\int_x^{x+t} \mu(s)ds} dt - \int_0^\infty {}_t p_x \mu(x+t) dt$$

$$= \mu(x) \mathring{e}_x - 1.$$

10. 解 ${}_{17} p_{19} = \frac{s(36)}{s(19)} = \frac{8}{9}$, ${}_{15} q_{36} = 1 - {}_{15} p_{36} = 1 - \frac{s(51)}{s(36)} = \frac{1}{8}$,

$$\mu(36) = -\frac{s'(36)}{s(36)} = \frac{1}{128}.$$

11. 令 $k_1 + k_2 + k_3 + k_4 = l_0$. 因为

$$P(_3\mathscr{D}_0 = k_1, {}_3\mathscr{D}_3 = k_2, {}_3\mathscr{D}_6 = k_3, {}_3\mathscr{D}_9 = k_4)$$
$$= C_{l_0}^{k_1}\, {}_3q_0^{k_1}\, C_{l_0-k_1}^{k_2}\, {}_{3|3}q_0^{k_2}\, C_{l_0-k_1-k_2}^{k_3}\, {}_{6|3}q_0^{k_3} \times C_{l_0-k_1-k_2-k_3}^{k_4}\, {}_{9|3}q_0^{k_4}$$
$$= \frac{l_0!}{k_1!k_2!k_3!k_4!}\, {}_3q_0^{k_1}\, {}_{3|3}q_0^{k_2}\, {}_{6|3}q_0^{k_3} \cdot {}_{9|3}q_0^{k_4},$$

所以 $(_3\mathscr{D}_0, {}_3\mathscr{D}_3, {}_3\mathscr{D}_6, {}_3\mathscr{D}_9)$ 服从多项分布.

(1) 令 T_i 表示第 i 个个体的寿命,则

$$E(_3\mathscr{D}_0) = E\left[\sum_{i=1}^{l_0} I_{\{0 \leqslant T_i \leqslant 3\}}\right] = l_0 \cdot {}_3q_0 = \frac{1}{4}l_0,$$

$$E(_3\mathscr{D}_3) = E\left[\sum_{i=1}^{l_0} I_{\{3 \leqslant T_i \leqslant 6\}}\right] = l_0 \cdot {}_{3|3}q_0 = \frac{1}{4}l_0.$$

同理 $E(_3\mathscr{D}_6) = E(_3\mathscr{D}_9) = \frac{1}{4}l_0$.

(2) $\mathrm{var}(_3\mathscr{D}_0) = l_0 \cdot {}_3q_0 \cdot {}_3p_0 = \frac{3}{16}l_0,$

$\mathrm{var}(_3\mathscr{D}_3) = l_0 \cdot {}_{3|3}q_0 (1 - {}_{3|3}q_0) = \frac{3}{16}l_0.$

同理 $\mathrm{var}(_3\mathscr{D}_6) = \mathrm{var}(_3\mathscr{D}_9) = \frac{3}{16}l_0.$

(3) 因为

$$\mathrm{cov}(_3\mathscr{D}_0, {}_3\mathscr{D}_3) = E(_3\mathscr{D}_0\, {}_3\mathscr{D}_3) - E(_3\mathscr{D}_0) E(_3\mathscr{D}_3)$$

$$= E\left[\sum_{i=1}^{l_0} I_{\{0 \leqslant T_i < 3\}} \sum_{j=1}^{l_0} I_{\{3 \leqslant T_j < 6\}}\right] - \left(\frac{1}{4}l_0\right)^2$$

$$= E\left[\sum_{i=1}^{l_0} \sum_{j \neq i} I_{\{0 \leqslant T_i < 3\}} I_{\{3 \leqslant T_j < 6\}}\right] - \frac{l_0^2}{16}$$

$$= l_0(l_0 - 1) E(I_{\{0 \leqslant T_1 < 3\}}) E(I_{\{3 \leqslant T_2 < 6\}}) - \frac{1}{16}l_0^2$$

$$= l_0(l_0 - 1) \frac{1}{4} \times \frac{1}{4} - \frac{1}{16}l_0^2 = -\frac{1}{16}l_0.$$

所以 $_3\mathscr{D}_0, {}_3\mathscr{D}_3$ 的相关系数为 $\dfrac{\mathrm{cov}(_3\mathscr{D}_0, {}_3\mathscr{D}_3)}{\sqrt{\mathrm{var}(_3\mathscr{D}_0)\mathrm{var}(_3\mathscr{D}_3)}} = -\dfrac{1}{3}.$

同理可知:每两个随机变量的相关系数均为 $-\dfrac{1}{3}$.

12. 证明 (1) 有 $q_x = 1 - \dfrac{l_{x+1}}{l_x} = \dfrac{l_x - l_{x+1}}{l_x},$

$$\mu(x) = -\frac{l'_x}{l_x} = \lim_{\Delta t \to 0} \frac{1}{l_x} \frac{l_x - l_{x+\Delta t}}{\Delta t}$$

当 l_{x+t} 为 t 的凸函数时,
$$l_{x+\Delta t} \leqslant \Delta t l_{x+1} + (1-\Delta t)l_x = l_x - \Delta t(l_x - l_{x+1}),$$
所以
$$\mu(x) \geqslant \lim_{\Delta t \to 0} \frac{1}{l_x} \cdot \frac{\Delta t(l_x - l_{x+1})}{\Delta t} = q_x.$$

(2) 当 l_{x+t} 为 t 的凹函数时, $l_{x+\Delta t} \geqslant l_x - \Delta t(l_x - l_{x+1})$,所以
$$\mu(x) \leqslant \lim_{\Delta t \to 0} \frac{1}{l_x} \cdot \frac{\Delta t(l_x - l_{x+1})}{\Delta t} = q_x.$$

13. 解 $_{15}p_{35} = \frac{l_{50}}{l_{35}} = \frac{928133}{966400} \approx 0.96,$

$$_{35}q_{65} = 1 - {}_{35}p_{65} = 1 - \frac{l_{100}}{l_{65}} = 1 - \frac{3911}{785247} \approx 0.995.$$

14. 证明 在常数死亡力假设中, $\mu_x(t) = \mu$, $_tp_x = e^{-\mu}$,所以
$$a(x) = \frac{\int_0^1 t \cdot {}_tp_x \mu_x(t) dt}{q_x} = \frac{\int_0^1 t \cdot e^{-\mu t} \cdot \mu \, dt}{1 - e^{-\mu}}$$
$$\xrightarrow{\text{积分}} \frac{(1 - e^{-\mu})/\mu - e^{-\mu}}{1 - e^{-\mu}}.$$

因为 $q_x = 1 - e^{-\mu}$,将其代入 $a(x)$,得
$$a(x) = \frac{\dfrac{q_x}{-\ln(1-q_x)} + q_x - 1}{q_x}.$$

注意到: $[\ln(1-q_x)]^{-1} = -\left[q_x + \frac{1}{2}q_x^2 + \frac{1}{3}q_x^3 + o(q_x^3)\right]^{-1}$,即可推得
$$a(x) \approx \frac{1}{2} - \frac{1}{12}q_x.$$

15. 证明 在 Balducci 假设下, $_tp_x = \dfrac{p_x}{1-(1-t)q_x}$, $\mu_x(t) = \dfrac{q_x}{1-(1-t)q_x}$,所以
$$a(x) = \frac{1}{q_x}\int_0^1 t \cdot \left(\frac{p_x}{1-(1-t)q_x}\right) \cdot \left(\frac{q_x}{1-(1-t)q_x}\right) dt$$
$$= \frac{1}{q_x}\int_0^1 t \cdot \frac{p_x q_x}{(p_x + tq_x)^2} dt$$
$$= \frac{1}{q_x}\left[\int_0^1 \frac{p_x}{p_x + tq_x} dt - \int_0^1 \frac{p_x^2}{(p_x + tq_x)^2} dt\right]$$
$$\xrightarrow{\text{积分}} -\frac{p_x}{q_x^2}(q_x + \ln p_x),$$

即
$$a(x) = -\frac{p_x}{q_x^2}(q_x + \ln(1-q_x)).$$

同第 14 题,有

$$\ln(1-q_x) = -\left[q_x + \frac{1}{2}q_x^2 + \frac{1}{3}q_x^3 + o(q_x^3)\right],$$

所以 $a(x) \approx \frac{1}{2} - \frac{1}{6}q_x$.

16. (1) **证明** UDD 假设下, ${}_tq_x = t \cdot q_x$, 所以

$$m_x = \frac{q_x}{\int_0^1 {}_tp_x \mathrm{d}t} = \frac{q_x}{\int_0^1 (1 - {}_tq_x)\mathrm{d}t} = \frac{q_x}{1 - \frac{1}{2}q_x} \Longrightarrow \text{结论}.$$

(2) **解** 常数死亡力假设下,

$$m_x = \frac{q_x}{\int_0^1 {}_tp_x \mathrm{d}t} = \frac{q_x}{\int_0^1 (p_x)^t \mathrm{d}t} = \frac{q_x}{(p_x - 1)/\ln p_x} = -\ln(1 - q_x).$$

(3) **解** Balducci 假设下,

$$\int_0^1 {}_tp_x \mathrm{d}t = \int_0^1 \frac{p_x}{1 - (1-t)q_x} \mathrm{d}t = \frac{p_x}{q_x}(-\ln p_x),$$

所以 $m_x = \dfrac{q_x^2}{(q_x-1)\ln(1-q_x)}$.

(4) **解** 因为 $l_x = 100 - x$, 所以

$${}_{10}q_{50} = \frac{l_{50} - l_{60}}{l_{50}} = \frac{1}{5}, \quad {}_tp_{50} = \frac{l_{50+t}}{l_{50}} = 1 - \frac{t}{50},$$

所以 $\quad {}_{10}m_{50} = \dfrac{{}_{10}q_{50}}{\int_0^{10} {}_tp_{50}\mathrm{d}t} = \dfrac{\frac{1}{5}}{\int_0^{10}\left(1 - \frac{t}{50}\right)\mathrm{d}t} = \dfrac{1}{45}$.

17. **解** 设原有死亡力为 $\mu_{50}(t)$, 新的死亡力为 $\mu'_{50}(t)$, 有

$$\mu'_{50}(t) = \mu_{50}(t) + 0.03(1-t), \quad 0 < t < 1$$

$$p_{50} = \mathrm{e}^{-\int_0^1 \mu'_{50}(t)\mathrm{d}t} = \mathrm{e}^{-\int_0^1 [\mu_{50}(t) + 0.03(1-t)]\mathrm{d}t}$$

$$= \mathrm{e}^{-\int_0^1 \mu_{50}(t)\mathrm{d}t} \cdot \mathrm{e}^{-\int_0^1 0.03(1-t)\mathrm{d}t}$$

$$= (1 - 0.006) \cdot \mathrm{e}^{-0.015} \approx 0.98.$$

18. **证明** ① 有

$$a(x) = \frac{\int_0^1 t \cdot {}_tp_x \mu_x(t)\mathrm{d}t}{q_x} = \frac{\int_0^1 t \dfrac{l_{x+t}}{l_x} \mu_x(t)\mathrm{d}t}{d_x/l_x}$$

$$= \frac{\int_0^1 tl_{x+t}\mu_x(t)\mathrm{d}t}{d_x} = -\frac{\int_0^1 t\mathrm{d}l_{x+t}}{d_x}$$

$$= \frac{-l_{x+1} + \int_0^1 l_{x+t}\mathrm{d}t}{d_x} = \frac{-l_{x+1} + L_x}{d_x},$$

所以 $a(x)d_x = L_x - l_{x+1}$.

② $T_x = \int_0^\infty l_{x+s}ds = \int_0^1 l_{x+s}ds + \int_1^2 l_{x+s}ds + \cdots$

$\quad = \int_0^1 l_{x+s}ds + \int_0^1 l_{x+1+s}ds + \cdots$

$\quad = \sum_{k=0}^\infty L_{x+k}$.

19—22. 略.

23. A.   24. D.   25. A.   26. A.   27. C.   28. B.   29. B.

30. D.   31. E.   32. A.   33. A.   34. C.   35. B.

习 题 二

1. 解 对 $s>0, t>0$, 有

$$F_{T(x),T(y)}(s,t) = P(T(x) \leqslant s, T(y) \leqslant t)$$
$$= P(T(x) \leqslant s)P(T(y) \leqslant t)$$
$$= \int_0^s \frac{n-2}{(1+u)^{n-1}}du \int_0^t \frac{n-2}{(1+v)^{n-1}}dv$$
$$= \left(1 - \frac{1}{(1+s)^{n-2}}\right)\left(1 - \frac{1}{(1+t)^{n-2}}\right),$$

$$S_{T(x),T(y)}(s,t) = P(T(x) > s, T(y) > t)$$
$$= P(T(x) > s)P(T(y) > t)$$
$$= \int_s^\infty \frac{n-2}{(1+u)^{n-1}}du \int_t^\infty \frac{n-2}{(1+v)^{n-1}}dv$$
$$= (1+s)^{-(n-2)}(1+t)^{-(n-2)}.$$

2. 解 $\int_0^n {}_tp_{xx}\mu_{xx}(t)dt = \int_0^n d\,{}_tp_{xx} = -{}_tp_{xx}\Big|_0^n = 1 - {}_np_{xx} = {}_nq_{xx}.$

3. 解 (1) ${}_np_x{}_np_y$;   (2) ${}_np_x + {}_np_y - 2\,{}_np_x{}_np_y$;

(3) ${}_np_x + {}_np_y - {}_np_x{}_np_y$;   (4) $1 - {}_np_x{}_np_y$;

(5) $1 - {}_np_x{}_np_y$;   (6) $1 - {}_np_x - {}_np_y + {}_np_x{}_np_y.$

4. 证 $P(T(x) \geqslant n, T(y) \geqslant n-1) = {}_np_x{}_{n-1}p_y = {}_np_x{}_np_y{}_{-1}/p_{y-1} = {}_np_{x:y-1}/p_{y-1}.$

5. 证明 ${}_tp_{\overline{xy}} = 1 - {}_tq_{\overline{xy}} = 1 - {}_tq_x{}_tq_y = {}_tp_x + {}_tp_y - {}_tp_x{}_tp_y$

$\quad = {}_tp_x{}_tp_y + {}_tp_x(1 - {}_tp_y) + {}_tp_y(1 - {}_tp_x).$

6. 解 $_{5|}q_{\overline{50:60}} = {}_5p_{\overline{50:60}} - {}_6p_{\overline{50:60}}$

$\quad = (1 - {}_5q_{50}\,{}_5q_{60}) - (1 - {}_6q_{50}\,{}_6q_{60}) = 0.01048.$

7. 解 有

$$_{25}p_{25:50} = {}_{25}p_{25}\,{}_{25}p_{50} = {}_{50}p_{25} = {}_{15}p_{25}\,{}_{35}p_{40} = 0.3,$$

又因为 $_{15}p_{25}=0.9$,所以 $_{35}p_{40}=\frac{1}{3}$.

8. 解 ① 由 $\mu_x=\frac{1}{100-x}$,推出 $s(x)=\frac{100-x}{100}$, $_tp_x=\frac{100-x-t}{100-x}$, $x+t<100$,所以

$$_{10}p_{40:50}= {}_{10}p_{40}\,{}_{10}p_{50}={}_{20}p_{40}=\frac{2}{3}\approx 0.667.$$

② $_{10}p_{\overline{40:50}}={}_{10}p_{40}+{}_{10}p_{50}-{}_{10}p_{40:50}=\frac{29}{30}\approx 0.967.$

③ $\mathring{e}_{40:50}=\int_0^\infty {}_tp_{40}\cdot {}_tp_{50}\mathrm{d}t=\int_0^{50}\left(1-\frac{t}{60}\right)\left(1-\frac{t}{50}\right)\mathrm{d}t=\frac{325}{18}\approx 18.056.$

④ 因为 $E(T^2(40:50))=\int_0^{50}2t\cdot\left(1-\frac{t}{60}\right)\left(1-\frac{t}{50}\right)\mathrm{d}t$,所以

$$\mathrm{var}(T(40:50))=E(T^2(40:50))-\mathring{e}_{40:50}^2=\frac{51875}{324}\approx 160.11.$$

⑤ 因为 $\mathring{e}_{40}=30$, $\mathring{e}_{50}=25$,所以

$$\mathring{e}_{\overline{40:50}}=\mathring{e}_{40}+\mathring{e}_{50}-\mathring{e}_{40:50}=\frac{665}{18}\approx 37.$$

又因为

$$E(T^2(\overline{40:50}))=\int_0^\infty 2t\,{}_tp_{\overline{40:50}}\mathrm{d}t$$

$$=\int_0^{50}2t(1-{}_tq_{\overline{40:50}})\mathrm{d}t+\int_{50}^{60}2t\cdot{}_tp_{40}\mathrm{d}t,$$

所以 $\mathrm{var}(T(\overline{40:50}))=E(T^2(\overline{40:50}))-\mathring{e}_{\overline{40:50}}^2=\frac{59075}{324}\approx 182.33.$

⑥ $\mathrm{cov}(T(40:50),T(\overline{40:50}))=(\mathring{e}_{40}-\mathring{e}_{40:50})(\mathring{e}_{50}-\mathring{e}_{40:50})$

$$=\frac{26875}{324}\approx 82.95.$$

9. 证明 $P((30)$ 与 (40) 在同一年死亡)

$$=\sum_{k=0}^\infty P(K(30)=K(40)=k)=\sum_{k=0}^\infty {}_{k|}q_{30}\,{}_{k|}q_{40}$$

$$=\sum_{k=0}^\infty ({}_kp_{30}-{}_{k+1}p_{30})({}_kp_{40}-{}_{k+1}p_{40})$$

$$=\sum_{k=0}^\infty ({}_kp_{30}\,{}_kp_{40}-{}_kp_{30}\,{}_{k+1}p_{40}-{}_{k+1}p_{30}\,{}_kp_{40}+{}_{k+1}p_{30}\,{}_{k+1}p_{40})$$

$$=\left(\sum_{k=0}^\infty {}_kp_{30}\,{}_kp_{40}\right)+\left(-p_{40}\left(1+\sum_{k=1}^\infty {}_kp_{30:41}\right)\right)$$

$$-p_{30}\left(1+\sum_{k=1}^\infty {}_kp_{31:40}\right)+p_{30}p_{40}\left(1+\sum_{k=1}^\infty {}_kp_{31:41}\right)$$

$$=(1+e_{30:40})-p_{40}(1+e_{30:41})-p_{30}(1+e_{31:40})$$

$+p_{30:40}(1+e_{31:41})$.

10. 解 设 A,B 分别表示两个年龄为 3 岁的个体,则

$$_5q_{A:B}=1-{_5p_{A:B}}=1-{_5p_A}{_5p_B}=1-e^{-\int_3^8 \mu^A(x)dx - \int_3^8 \mu^B(x)dx}$$

$$=1-\frac{2}{7}\left(\frac{9}{10}\right)^5 \approx 0.83.$$

11. 证明 用 (ww) 代替 (xy) 时,$C^x+C^y=2C^w$,即 $C^{x-y}+1=2C^{w-y}$,所以

$$\ln(1+C^{x-y})=\ln 2+(w-y)\ln C,$$

令 $m=x-y$,则 $w-y=\dfrac{\ln(1+C^m)-\ln 2}{\ln C}$.

12. $P(T(xy)\leqslant t|T(x)<1,T(y)<1)=1-\dfrac{P(1>T(x)>t,1>T(y)>t)}{P(T(x)<1,T(y)<1)}$

$$=2t-t^2\neq t,\ 0<t<1.$$

13. (1) 证明

① $_{s+t}p_{xy}={_{s+t}p_x}{_{s+t}p_y}={_sp_x}{_tp_{x+s}}\cdot{_sp_y}{_tp_{y+s}}={_sp_{xy}}{_tp_{x+s:y+s}}.$

② 略.

14. 解 $_{30}q^2_{40:50}=\int_0^{30} {_sp_{40}}\mu_{40}(s){_sq_{50}}ds.$

因为 $l_x=100-x$,所以 $_sp_{40}=\dfrac{60-s}{60}$,$\mu_{40}(s)=\dfrac{1}{60-s}$,$0<s<60.$

因为 $l_y=10000-y^2$,所以 $_sq_{50}=\dfrac{100s+s^2}{7500}$,

所以 $_{30}q^2_{40:50}=\int_0^{30}\dfrac{1}{60}\times\dfrac{100s+s^2}{7500}ds=0.12.$

15. A. **16.** A. **17.** B. **18.** C. **19.** A. **20.** C. **21.** B.
22. D. **23.** E.

习 题 三

1. 解 (1) 因为 $\mu_x^{(\tau)}(t)=\mu_x^{(1)}(t)+\mu_x^{(2)}(t)=\dfrac{1}{75-t}+\dfrac{2}{50-t}$,$0<t<50$,所以

$$_tp_x^{(\tau)}=e^{-\int_0^t \mu_x^{(\tau)}(s)ds}=\left(1-\dfrac{t}{75}\right)\left(1-\dfrac{t}{50}\right)^2,\ 0<t<50,$$

$$f_{T,J}(t,j)={_tp_x^{(\tau)}}\mu_x^{(j)}(t),\ j=1,2,$$

$$f_{T,J}(t,1)=\dfrac{1}{75}\left(1-\dfrac{t}{50}\right)^2,\ f_{T,J}(t,2)=2\left(1-\dfrac{t}{75}\right)\left(1-\dfrac{t}{50}\right)\bigg/50,$$

$0<t<50$.

(2) $q_x^{(1)}=\int_0^1 {_tp_x^{(\tau)}}\mu_x^{(1)}(t)dt=0.013$,$q_x^{(\tau)}=1-p_x^{(\tau)}=0.0524$,所以

$$q_x^{(2)}=q_x^{(\tau)}-q_x^{(1)}=0.039.$$

(3) $q'^{(1)}_x = 1 - e^{-\int_0^1 \mu_x^{(1)}(t)dt} = \frac{1}{75} \approx 0.0133$,

$q'^{(2)}_x = 1 - e^{-\int_0^1 \mu_x^{(2)}(t)dt} = \frac{99}{2500} \approx 0.0396$.

(4) $f_J(1) = \int_0^{50} f_{T,J}(t,1)dt = \frac{2}{9} \approx 0.222$,

$f_J(2) = 1 - f_J(1) = \frac{7}{9} \approx 0.778$.

(5) $f_{J|T}(1|1) = \frac{\mu_x^{(1)}(1)}{\mu_x^{(\tau)}(1)} \approx 0.2487$,

$f_{J|T}(2|1) = 1 - f_{J|T}(1|1) \approx 0.7513$.

(6) $m_x^{(1)} = \frac{q_x^{(1)}}{\int_0^1 {_t}p_x^{(\tau)}dt} = \frac{0.013}{0.9736} \approx 0.01342$,

$m_x^{(2)} = \frac{q_x^{(2)}}{\int_0^1 {_t}p_x^{(\tau)}dt} \approx 0.04041$,

所以 $m_x^{(\tau)} = m_x^{(1)} + m_x^{(2)} = 0.05383$.

2. 解 $\mu_x^{(\tau)}(t) = \mu_x^{(1)}(t) + \mu_x^{(2)}(t) = x + t + \frac{1}{1+x+t}$,

推出 ${_t}p_x^{(\tau)} = e^{-\int_0^t \mu_x^{(\tau)}(s)ds} = \frac{1+x}{1+x+t} e^{-\left(xt + \frac{1}{2}t^2\right)}$, 因此

$f_{T,J}(t,j) = {_t}p_x^{(\tau)} \mu_x^{(j)}(t)$,

$f_{T,J}(t,1) = \frac{(1+x)(x+t)}{(1+x+t)} e^{-\left(xt + \frac{1}{2}t^2\right)}$,

$f_{T,J}(t,2) = \frac{1+x}{(1+x+t)^2} e^{-\left(xt + \frac{1}{2}t^2\right)}$.

3. 解 因为 $\mu_x^{(\tau)}(t) = \mu_x^{(1)}(t) + \mu_x^{(2)}(t) = \frac{1+k}{60-t}$, $0 \leqslant t < 60$,

以及 $f_{J|T}(2|T=t) = \frac{\mu^{(2)}(t)}{\mu^{(\tau)}(t)} = \frac{k}{1+k} = 0.75$, 所以 $k=3$, 即

$$\mu_x^{(\tau)}(t) = \frac{4}{60-t},$$

从而有 ${_t}p_x^{(\tau)} = e^{-\int_0^t \mu_x^{(\tau)}(s)ds} = \left(1 - \frac{t}{60}\right)^4$,

$f_T(30) = {_{30}}p_x^{(\tau)} \mu_x^{(\tau)}(30) = \left(\frac{1}{2}\right)^4 \cdot \frac{4}{30} = \frac{1}{120}$.

4. 因为 $\mu_x^{(\tau)}(t) = \mu_x^{(1)}(t) + \mu_x^{(2)}(t) = \frac{1+t}{100}$, 所以

$${_t}p_x^{(\tau)} = e^{-\int_0^t \mu_x^{(\tau)}(s)ds} = e^{-\frac{1}{100}\left(t + \frac{1}{2}t^2\right)}.$$

① $f_{T,J}(t,j) = \mu_x^{(j)}(t) {_t}p_x^{(\tau)}(t)$, 所以

$$f_{T,J}(t,1)=\frac{t}{100}e^{-\frac{1}{100}\left(t+\frac{1}{2}t^2\right)}, \quad f_{T,J}(t,2)=\frac{1}{100}e^{-\frac{1}{100}\left(t+\frac{1}{2}t^2\right)}.$$

② $f_{J|T}(1|t)=\dfrac{\mu_x^{(1)}(t)}{\mu_x^{(\tau)}(t)}=\dfrac{t}{1+t}$, $f_{J|T}(2|t)=\dfrac{\mu_x^{(2)}(t)}{\mu_x^{(\tau)}(t)}=\dfrac{1}{1+t}$.

③ $f_J(1)=\int_0^\infty f_{T,J}(t,1)dt=1-\dfrac{\sqrt{2\pi}}{10}e^{\frac{1}{200}}\left(1-\Phi\left(\dfrac{1}{10}\right)\right)$,

$f_J(2)=\int_0^\infty f_{T,J}(t,2)dt=\dfrac{\sqrt{2\pi}}{10}e^{\frac{1}{200}}\left(1-\Phi\left(\dfrac{1}{10}\right)\right)$.

5. 解 ① $f_{T,J}(t,j)={}_tp_x^{(\tau)}\mu_x^{(j)}(t)=e^{-t\mu_x^{(\tau)}(0)}\mu_x^{(j)}(0)$,

$$f_J(j)=\int_0^\infty f_{T,J}(t,j)dt=\int_0^\infty e^{-t\mu_x^{(\tau)}(0)}\mu_x^{(j)}(0)dt=\dfrac{\mu_x^{(j)}(0)}{\mu_x^{(\tau)}(0)},$$

$f_T(t)={}_tp_x^{(\tau)}\mu_x^{(\tau)}(t)=e^{-t\mu_x^{(\tau)}(0)}\mu_x^{(\tau)}(0)$.

② 由①易知 $f_{T,J}(t,j)=f_T(t)f_J(j)$,所以 J 与 T 独立.

6. 解 $q_x^{(\tau)}=1-p_x^{(\tau)}=1-p_x'^{(1)}p_x'^{(2)}=q_x'^{(1)}+q_x'^{(2)}-q_x'^{(1)}q_x'^{(2)}$.

由已知得 $q_x'^{(1)}q_x'^{(2)}=0.18$. 又因为 $q_x'^{(2)}=2q_x'^{(1)}$,所以 $q_x'^{(1)}=0.3, q_x'^{(2)}=0.6$.

7. 解 因为 ${}_{1|}q_x^{(1)}=p_x^{(\tau)}q_{x+1}^{(1)}$,所以 $p_x^{(\tau)}=\dfrac{3}{4}$.

又因为 $p_x^{(\tau)}=p_x'^{(1)}p_x'^{(2)}=(1-q_x'^{(1)})(1-q_x'^{(2)})$,得到 $q_x'^{(1)}=\dfrac{1}{7}$.

8. 解 (1) 常数衰减力假设下,有 ${}_tp_x'^{(j)}=({}_tp_x^{(\tau)})^{q_x^{(j)}/q_x^{(\tau)}}$.

因为 $q_x^{(\tau)}=q_x^{(1)}+q_x^{(2)}=0.07$,所以 $p_x^{(\tau)}=0.93$.

$p_x'^{(1)}=(p_x^{(\tau)})^{q_x^{(1)}/q_x^{(\tau)}}=0.93^{\frac{0.02}{0.07}}\approx 0.9795$, 同理有 $p_x'^{(2)}\approx 0.9495$.

所以 $q_x'^{(2)}=1-p_x'^{(2)}=0.0505, q_x'^{(1)}=0.0205$.

(2) 每一年龄年衰减均匀分布假设下,有 ${}_tp_x'^{(j)}=({}_tp_x^{(\tau)})^{q_x^{(j)}/q_x^{(\tau)}}$.

同(1), $q_x'^{(1)}=0.0205, q_x^{(2)}=0.0505$.

9. 解 因为 ${}_tp_x'^{(j)}\mu_x^{(j)}(t)=\dfrac{d({}_tq_x'^{(j)})}{dt}=\dfrac{d(t\cdot q_x'^{(j)})}{dt}=q_x'^{(j)}, t\in(0,1)$,所以

$$q_x^{(j)}=\int_0^1 {}_sp_x^{(\tau)}\mu_x^{(j)}(s)ds=\int_0^1\left(\prod_{i=1}^m {}_sp_x'^{(i)}\right)\mu_x^{(j)}(s)ds$$

$$=\int_0^1 ({}_sp_x'^{(j)}\mu_x^{(j)}(s))\prod_{\substack{i=1\\i\neq j}}^m {}_sp_x'^{(i)}ds=q_x'^{(j)}\int_0^1 \prod_{\substack{i=1\\i\neq j}}^m (1-sq_x'^{(i)})ds.$$

10. 解 因为

$${}_tp_x^{(\tau)}={}_tp_x'^{(1)}\cdot {}_tp_x'^{(2)}=(1-{}_tq_x'^{(1)})(1-{}_tq_x'^{(2)})$$

$$= \begin{cases} (1 - 0.015t) \times 1, & 0 < t < \dfrac{1}{2}, \\ (1 - 0.015t) \times 0.97, & \dfrac{1}{2} \leqslant t \leqslant 1, \end{cases}$$

所以 $p_x^{(\tau)} = 0.97 \times 0.985 = 0.95545$。因为衰减原因(1)在每一年龄年衰减均匀分布，所以 $_tp_x'^{(1)} \mu_x^{(1)}(t) = q_x'^{(1)}$，因此有

$$q_x^{(1)} = \int_0^1 {_tp_x^{(\tau)}} \mu_x^{(1)}(t) dt$$

$$= \int_0^1 {_tp_x'^{(1)}} {_tp_x'^{(2)}} \mu_x^{(1)}(t) dt = q_x'^{(1)} \int_0^1 {_tp_x'^{(2)}} dt$$

$$= 0.015 \left(\frac{1}{2} \times 1 + \frac{1}{2} \times 0.97\right) = 0.014775,$$

所以 $q_x^{(2)} = q_x^{(\tau)} - q_x^{(1)} = 0.029775$。

11. 解 由题意知

$$_sq_x'^{(2)} = \begin{cases} 0, & s \in [0, 1/6), \\ \dfrac{2}{3} q_x'^{(2)}, & s \in [1/6, 2/3), \\ q_x'^{(2)}, & s \in [2/3, 1]. \end{cases}$$

所以 $q_x^{(1)} = q_x'^{(1)} \int_0^1 {_sp_x'^{(2)}} ds$

$$= q_x'^{(1)} \left[\int_0^{1/6} 1 ds + \int_{1/6}^{2/3} \left(1 - \frac{2}{3} q_x'^{(2)}\right) ds + \int_{2/3}^1 (1 - q_x'^{(2)}) ds\right] = 0.108.$$

又因为 $q_x^{(\tau)} = 1 - p_x^{(\tau)} = 1 - p_x'^{(1)} p_x'^{(2)} = 0.252$，所以

$$q_x^{(2)} = q_x^{(\tau)} - q_x^{(1)} = 0.144.$$

12. 解 由衰减力为常数，知

$$m_x^{(1)} = \mu_x^{(1)} = 0.1, \quad m_x'^{(2)} = \mu_x^{(2)} = 0.2,$$

所以 $_tp_x^{(\tau)} = e^{-\int_0^t \mu_x^{(\tau)}(s) ds} = e^{-0.3t}$，

$$q_x^{(1)} = \int_0^1 {_tp_x^{(\tau)}} \mu_x^{(1)}(t) dt = \int_0^1 e^{-0.3t} \cdot 0.1 dt = \frac{1}{3}(1 - e^{-0.3}).$$

13. 解 易知 $_tp_x^{(\tau)} = e^{-1.2t}$，所以

$$q_x^{(2)} = \int_0^1 {_tp_x^{(\tau)}} \mu_x^{(2)}(t) dt = \int_0^1 0.4 e^{-1.2t} dt = \frac{1}{3}(1 - e^{-1.2}) \approx 0.23.$$

14. 解 由 $_2p_{30}^{(\tau)} = l_{32}^{(\tau)}/l_{30}^{(\tau)} = \dfrac{562}{1000} = 0.562$，

$$p_{30}^{(\tau)} = p_{30}'^{(1)} p_{30}'^{(2)} = 0.9 \times 0.8 = 0.72,$$

所以 $p_{31}^{(\tau)} = \dfrac{_2p_{30}^{(\tau)}}{p_{30}^{(\tau)}} = 0.78$。

又因为 $_{1|}q_{30}^{(1)}=p_{30}^{(r)}q_{31}^{(1)}$，所以 $q_{31}^{(1)}=\dfrac{50}{720}=0.07$，最后有
$$q_{31}^{(2)}=q_{31}^{(r)}-q_{31}^{(1)}=0.22-0.07=0.15.$$

15. **解** 因为 $q_{65}^{(r)}=1-p_{65}^{(r)}=1-p_{65}'^{(1)}p_{62}'^{(2)}=1-0.9\times 0.4=0.64$，

所以有 $l_{66}^{(r)}=l_{65}^{(r)}(1-q_{65}^{(r)})=36$，
$$l_{67}^{(r)}=l_{66}^{(r)}-d_{66}^{(1)}-d_{66}^{(2)}=20.$$

由 $q_{67}^{(1)}=\dfrac{d_{67}^{(1)}}{l_{67}^{(r)}}=0.05$，$q_{67}^{(2)}=\dfrac{d_{67}^{(2)}}{l_{67}^{(r)}}=0.15$，可得到 $p_{67}^{(r)}=0.8$. 所以
$$p_{67}'^{(1)}=(p_{67}^{(r)})^{q_{67}^{(1)}/q_{67}^{(r)}}=0.8^{1/4}\approx 0.9457,$$
$$q_{67}'^{(1)}=0.0543.$$

16. **解** 因为 $q_{60}^{(r)}=\sum_{j=1}^{3}q_{60}^{(j)}=0.08$，

所以 $l_{61}^{(r)}=l_{60}^{(r)}(1-q_{60}^{(r)})=9200$，$l_{62}^{(r)}=l_{61}^{(r)}(1-q_{61}^{(r)})=8500.8$.

再由 $q_{62}^{(r)}=1-p_{62}^{(r)}=1-p_{62}'^{(1)}p_{62}'^{(2)}p_{62}'^{(3)}\approx 0.1488$ 知
$$l_{63}^{(r)}=l_{62}^{(r)}(1-q_{62}^{(r)})\approx 7236.$$

17. **解** 由题意知，
$$_{t}q_{61}'^{(3)}=q_{61}'^{(3)},\ t\in[0,1],\quad _{t}q_{61}'^{(2)}=0,\ t\in[0,1),$$
所以 $q_{61}^{(1)}=\int_0^1 {}_tp_{61}'^{(2)}\,{}_tp_{61}'^{(3)}q_{61}'^{(1)}\mathrm{d}t=q_{61}'^{(1)}(1-q_{61}'^{(3)})$.

因为 $q_{60}^{(r)}=1-p_{60}^{(r)}=1-p_{60}'^{(1)}p_{60}'^{(2)}p_{60}'^{(3)}=0.3034$，$l_{61}^{(r)}=l_{60}^{(r)}(1-q_{60}^{(r)})=69660$，

由 $p_{61}^{(r)}=\dfrac{l_{62}^{(r)}}{l_{61}^{(r)}}=0.6534=p_{61}'^{(1)}p_{61}'^{(2)}p_{61}'^{(3)}$ 推出 $q_{61}'^{(1)}=0.0925$，

所以根据前面的 $q_{61}^{(1)}$ 的等式得到 $q_{61}^{(1)}=0.0925(1-0.2)=0.074$.

18—19. 略.

20. D.   21. A.   22. C.   23. D.   24. D.   25. C.   26. C.
27. C.   28. B.

习 题 四

1. **解** $\overline{A}_x=\displaystyle\int_0^\infty e^{-\delta t}\,{}_tp_x\mu_x(t)\mathrm{d}t=\sum_{k=0}^{\infty}\int_k^{k+1}e^{-\delta t}\,{}_tp_x\mu_x(t)\mathrm{d}t$

$\geqslant \displaystyle\sum_{k=0}^{\infty}e^{-\delta(k+1)}\int_k^{k+1}{}_tp_x\mu_x(t)\mathrm{d}t$

$=\displaystyle\sum_{k=0}^{\infty}e^{-\delta(k+1)}\,{}_kp_x q_{x+k}=A_x.$

2. **证明** $\overline{A}_x=\displaystyle\int_0^\infty e^{-\delta t}\,{}_tp_x\mu_x(t)\mathrm{d}t=\int_0^\infty e^{-\delta t}\cdot e^{-\mu t}\cdot\mu\,\mathrm{d}t=\dfrac{\mu}{\mu+\delta}.$

3. **解** 因为 $_tp_x = e^{-\int_x^{x+t}\mu(s)ds} = \dfrac{1+x}{1+x+t}$,所以

$$\overline{A}_x = \int_0^\infty e^{-\delta t}\dfrac{1+x}{1+x+t}\cdot\dfrac{1}{1+x+t}dt = 1-\delta\int_0^\infty\dfrac{1+x}{1+x+t}e^{-\delta t}dt,$$

因此 $\dfrac{d\overline{A}_x}{dx} = -\delta\int_0^\infty\left[d\left(\dfrac{1+x}{1+x+t}e^{-\delta t}\right)\Big/dx\right]dt = -\delta\int_0^\infty e^{-\delta t}\dfrac{t}{(1+x+t)^2}dt.$

因为 $e^{-\delta t}\dfrac{t}{(1+x+t)^2}$ 在 $t\in(0,+\infty)$ 上恒大于 0 ($\delta>0$),所以 $\dfrac{d\overline{A}_x}{dx}<0$.

4. **解** 易知 $_tp_x = \dfrac{100-x-t}{100-x}$, $\mu_x(t) = \dfrac{1}{100-x-t}$,所以

$$\overline{A}^1_{40:\overline{25|}} = \int_0^{25}e^{-\delta t}{}_tp_{40}\mu_{40}(t)dt = \int_0^{25}e^{-0.05t}\times\dfrac{1}{60}dt$$

$$= \dfrac{1}{3}(1-e^{-1.25})\approx 0.238.$$

5. **解** ① $A_{40:\overline{25|}} = \sum_{k=0}^{24}v^{k+1}{}_kp_{40}q_{40+k} + v^{25}{}_{25}p_{40}$

$$= \sum_{k=0}^{24}v^{k+1}\cdot\dfrac{60-k}{60}\cdot\dfrac{1}{60-k} + v^{25}\cdot\dfrac{35}{60}$$

$$= \dfrac{1}{60}\sum_{k=0}^{24}v^{k+1} + v^{25}\cdot\dfrac{35}{60}\approx 0.407.$$

② $(IA)^1_{40:\overline{20|}} = \sum_{j=0}^{19}(j+1)v^{j+1}{}_{j|}q_{40} = \sum_{j=0}^{19}(j+1)v^{j+1}\dfrac{1}{60}$

$$= \dfrac{1}{60}\sum_{j=0}^{19}jv^{j+1} + \dfrac{1}{60}\sum_{j=0}^{19}v^{j+1}$$

$$\approx 0.286.$$

6. **证明** 因为

$$\overline{A}^1_{x:\overline{n|}} = \int_0^n e^{-\delta t}{}_tp_x\mu_x(t)dt = -\int_0^n e^{-\delta t}d\,{}_tp_x$$

$$= 1 - e^{-\delta n}{}_np_x - \delta\int_0^n{}_tp_x e^{-\delta t}dt,$$

所以

$$\dfrac{d\overline{A}^1_{x:\overline{n|}}}{dx} = -e^{-\delta n}\dfrac{d\,{}_np_x}{dx} - \delta\int_0^n e^{-\delta t}\dfrac{d\,{}_tp_x}{dx}dt$$

$$= -e^{-\delta n}{}_np_x(\mu(x)-\mu(x+n)) - \delta\int_0^n e^{-\delta t}{}_tp_x(\mu(x)-\mu(x+t))dt$$

$$= -\mu(x)\left(e^{-\delta n}{}_np_x + \delta\int_0^n e^{-\delta t}{}_tp_x dt\right) + \mu(x+n)e^{-\delta t}{}_np_x$$

$$\quad + \delta\int_0^n{}_tp_x\mu(x+t)e^{-\delta t}dt$$

$$= -\mu(x)A_{x:\overline{n}|}^{1} + \mu(x)\int_{0}^{n} {}_{t}p_{x}\mathrm{de}^{-\delta t} + \mu(x+n)A_{x:\overline{n}|}^{1} + \delta \overline{A}_{x:\overline{n}|}^{1}$$

$$= -\mu(x)A_{x:\overline{n}|}^{1} + \left[\mu(x)\,{}_{n}p_{x}\mathrm{e}^{-\delta n} - \mu(x) + \mu(x)\int_{0}^{n}\mathrm{e}^{-\delta t}\,{}_{t}p_{x}\mu(x+t)\mathrm{d}t\right]$$

$$+ \mu(x+n)A_{x:\overline{n}|}^{1} + \delta \overline{A}_{x:\overline{n}|}^{1}$$

$$= (\mu(x)+\delta)\overline{A}_{x:\overline{n}|}^{1} + \mu(x+n)A_{x:\overline{n}|}^{1} - \mu(x).$$

7. **证明** 注意到 $\dfrac{\mathrm{d}\overline{A}_{x}}{\mathrm{d}x} = \delta\overline{A}_{x} + \mu(x)(\overline{A}_{x}-1)$，所以

$$\int_{y}^{\infty}\mu(x)v^{x-y}(1-\overline{A}_{x})\mathrm{d}x = \int_{y}^{\infty}v^{x-y}\left(\delta\overline{A}_{x} - \frac{\mathrm{d}\overline{A}_{x}}{\mathrm{d}x}\right)\mathrm{d}x$$

$$= \int_{y}^{\infty}\mathrm{e}^{-\delta(x-y)}\delta\overline{A}_{x}\mathrm{d}x - \int_{y}^{\infty}\mathrm{e}^{-\delta(x-y)}\mathrm{d}\overline{A}_{x}$$

$$= -\int_{y}^{\infty}\overline{A}_{x}\mathrm{de}^{-\delta(x-y)} - \int_{y}^{\infty}\mathrm{e}^{-\delta(x-y)}\mathrm{d}\overline{A}_{x}$$

$$= -\overline{A}_{x}\mathrm{e}^{-\delta(x-y)}\Big|_{y}^{\infty} = \overline{A}_{y}.$$

8. **解** $\overline{A}_{x} = \displaystyle\int_{0}^{\infty}\mathrm{e}^{-\delta t}\cdot\dfrac{2}{10\sqrt{2\pi}}\mathrm{e}^{-\frac{t^{2}}{200}}\mathrm{d}t$

$$= 2\mathrm{e}^{\frac{1}{8}}\int_{0}^{\infty}\frac{1}{10\sqrt{2\pi}}\mathrm{e}^{-\frac{1}{2}\times\left(\frac{t+5}{10}\right)^{2}}\mathrm{d}t \quad \left(x = \frac{t+5}{10}\right)$$

$$= 2\mathrm{e}^{\frac{1}{8}}\int_{\frac{1}{2}}^{\infty}\frac{1}{\sqrt{2\pi}}\mathrm{e}^{-\frac{1}{2}x^{2}}\mathrm{d}x = 2\mathrm{e}^{\frac{1}{8}}\left(1-\Phi\left(\frac{1}{2}\right)\right) \approx 0.70,$$

$${}^{2}\overline{A}_{x} = \int_{0}^{\infty}\mathrm{e}^{-2\delta t}\cdot\frac{2}{10\sqrt{2\pi}}\mathrm{e}^{-\frac{t^{2}}{200}}\mathrm{d}t$$

$$= 2\mathrm{e}^{\frac{1}{2}}\int_{1}^{\infty}\frac{1}{\sqrt{2\pi}}\mathrm{e}^{-\frac{y^{2}}{2}}\mathrm{d}y = 2\mathrm{e}^{\frac{1}{2}}(1-\Phi(1)) \approx 0.52.$$

9. **解** $E(Z) = \displaystyle\sum_{k=0}^{9}v^{k+1}{}_{k}p_{x}\,q_{x+k}\times 1.06^{k} + {}_{10}p_{x}v^{10}$

$$= \sum_{k=0}^{9}1.06^{-(k+1)}\times\frac{1}{30}\times 1.06^{k} + \frac{20}{30}\times 1.06^{-10}$$

$$= \frac{1}{30}\times 10\times\frac{1}{1.06} + \frac{2}{3}\times 1.06^{-10} \approx 0.687,$$

$$P\left(Z = \frac{1}{1.06}\right) = P(K(30) < 10) = \frac{10}{30} = \frac{1}{3}.$$

同理 $E(Z^{2}) = \dfrac{1}{3}\times\left(\dfrac{1}{1.06}\right)^{2} + \dfrac{2}{3}\times\left(\dfrac{1}{1.06}\right)^{20} \approx 0.505$，所以

$$\mathrm{var}(Z) = E(Z^{2}) - (E(Z))^{2} \approx 0.033.$$

10. $(\overline{IA})_{x} = \displaystyle\int_{0}^{\infty}\mathrm{e}^{-\delta t}\times t\times\mathrm{e}^{-\mu t}\times\mu\mathrm{d}t$

$$= -\frac{\mu}{\mu+\delta}\int_0^\infty t\mathrm{d}\mathrm{e}^{-(\mu+\delta)t} = \frac{\mu}{\mu+\delta}\int_0^\infty \mathrm{e}^{-(\mu+\delta)t}\mathrm{d}t$$

$$= -\frac{\mu}{(\mu+\delta)^2}\mathrm{e}^{-(\mu+\delta)t}\Big|_0^\infty = \frac{\mu}{(\mu+\delta)^2},$$

$$E(b_T v^T) = \int_0^\infty t\mathrm{e}^{-\delta t}{}_t p_x \mu_x(t)\mathrm{d}t = \frac{\mu}{(\mu+\delta)^2},$$

$$E(b_T v^T)^2 = \int_0^\infty t^2 \mathrm{e}^{-2\delta t}{}_t p_x \mu_x(t)\mathrm{d}t = \frac{2\mu}{(2\delta+\mu)^3}.$$

11. C. 12. E. 13. C. 14. B. 15. D. 16. B. 17. B.
18. D. 19. A. 20. C. 21. A.

习 题 五

1. 证明
$$\ddot{a}_x^{(m)} = \sum_{k=0}^\infty \sum_{j=0}^{m-1} \frac{1}{m} v^{k+\frac{j}{m}} {}_{k+\frac{j}{m}} p_x$$

$$= \frac{1}{m}\sum_{k=0}^\infty \sum_{j=0}^{m-1}\left[\left(1-\frac{j}{m}\right)v^k {}_k p_x + \frac{j}{m} v^{k+1} {}_{k+1} p_x\right]$$

$$= \frac{1}{m}\sum_{k=0}^\infty m v^k {}_k p_x + \frac{1}{m}\sum_{k=0}^\infty \sum_{j=0}^{m-1} \frac{j}{m}(v^{k+1} {}_{k+1} p_x - v^k {}_k p_x)$$

$$= \sum_{k=0}^\infty v^k {}_k p_x + \frac{1}{m^2}\sum_{j=0}^{m-1} j \cdot \sum_{k=0}^\infty (v^{k+1} {}_{k+1} p_x - v^k {}_k p_x)$$

$$= \ddot{a}_x - \frac{1}{m^2} \cdot \frac{m(m-1)}{2}$$

$$= \ddot{a}_x - \frac{m-1}{2m}.$$

2. 证明 $\mathrm{var}(\bar{a}_{\overline{T|}}) = \dfrac{{}^2\overline{A}_x - (\overline{A}_x)^2}{\delta^2} = \dfrac{[1-2\delta({}^2\bar{a}_x)] - (1-\delta\bar{a}_x)^2}{\delta^2}$

$$= \frac{2(\bar{a}_x - {}^2\bar{a}_x)}{\delta} - (\bar{a}_x)^2.$$

3. 证明 由结论 5.3.2 知：$\dfrac{\mathrm{d}}{\mathrm{d}y}\bar{a}_y = (\mu(y)+\delta)\bar{a}_y - 1$，所以

$$\bar{a}_y \mu(y) = 1 + \frac{\mathrm{d}}{\mathrm{d}y}\bar{a}_y - \delta\bar{a}_y,$$

故

$$\int_x^w \mathrm{e}^{-\delta(y-x)}\bar{a}_y \mu(y)\mathrm{d}y$$

$$= \int_x^w \mathrm{e}^{-\delta(y-x)}\mathrm{d}y + \int_x^w \mathrm{e}^{-\delta(y-x)}\mathrm{d}\bar{a}_y - \delta\int_x^w \mathrm{e}^{-\delta(y-x)}\bar{a}_y\mathrm{d}y$$

$$= \mathrm{e}^{\delta x} \cdot \frac{1}{\delta}\mathrm{e}^{-\delta y}\Big|_w^x + \left(\bar{a}_y \mathrm{e}^{-\delta(y-x)}\Big|_x^w + \delta\int_x^w \bar{a}_y \mathrm{e}^{-\delta(y-x)}\mathrm{d}y\right)$$

$$- \delta \int_x^w e^{-\delta(y-x)} \bar{a}_y dy$$
$$= \frac{1 - e^{-\delta(w-x)}}{\delta} + \bar{a}_w e^{-\delta(w-x)} - \bar{a}_x$$
$$= \bar{a}_{\overline{w-x}|} - \bar{a}_x.$$

4. 略.

5. **证明** $a_{x:\overline{n}|} = \sum_{k=1}^{n} v^k {}_k p_x = v p_x \sum_{k=0}^{n-1} v^k {}_k p_{x+1} = {}_1 E_x \ddot{a}_{x+1:\overline{n}|}$,
$${}_{n|} a_x = a_x - a_{x:\overline{n}|} = (\ddot{a}_x - 1) - (\ddot{a}_{x:\overline{n}|} - 1 + {}_n p_x v^n)$$
$$= \ddot{a}_x - \ddot{a}_{x:\overline{n}|} - {}_n E_x = \frac{A_{x:\overline{n}|} - A_x}{d} - {}_n E_x,$$
$$v \ddot{a}_{x:\overline{n}|} - a_{x:\overline{n-1}|} = v \ddot{a}_{x:\overline{n}|} - \ddot{a}_{x:\overline{n}|} + 1 = (v-1) \frac{1 - A_{x:\overline{n}|}}{d} + 1$$
$$= \frac{(v+d-1) - (v-1) A_{x:\overline{n}|}}{d} = A_{x:\overline{n}|}.$$

6. **证明** 记 d_2 是 2 倍利息力对应的贴现率, 则有 ${}^2 \ddot{a}_x = \frac{1 - {}^2 A_x}{d_2}$. 又因为 $1 - d_2 = (1-d)^2$, 知 $d_2 = 2d - d^2$, 所以 ${}^2 A_x = 1 - (2d - d^2)^2 \ddot{a}_x$, 故
$$\text{var}(v^{K+1}) = {}^2 A_x - (A_x)^2$$
$$= 1 - (2d - d^2)^2 \ddot{a}_x - (1 - d \ddot{a}_x)^2$$
$$= 2d(\ddot{a}_x - {}^2 \ddot{a}_x) - d^2((\ddot{a}_x)^2 - {}^2 \ddot{a}_x),$$

因此
$$\text{var}(\ddot{a}_{\overline{K+1}|}) = \frac{1}{d^2} \text{var}(v^{K+1}) = \frac{2}{d}(\ddot{a}_x - {}^2 \ddot{a}_x) - ((\ddot{a}_x)^2 - {}^2 \ddot{a}_x).$$

7. **解** ① $\overline{A}_x = \frac{i}{\delta} A_x = \frac{i}{\delta}(1 - d \ddot{a}_x) = \frac{i}{\delta} - \frac{id}{\delta} \ddot{a}_x = \frac{i}{\delta} - \frac{i-d}{\delta} \ddot{a}_x.$

② $\overline{A}_{x:\overline{n}|} = \overline{A}^1_{x:\overline{n}|} + A_{x:\overline{n}|}^{1} = \frac{i}{\delta} A^1_{x:\overline{n}|} + A_{x:\overline{n}|}^{1} \neq \frac{i}{\delta} A_{x:\overline{n}|}.$

③ $(\overline{IA})_x = \frac{i}{\delta}\left((IA)_x - \left(\frac{1}{d} - \frac{1}{\delta}\right) A_x\right) \neq \frac{i}{\delta}(IA)_x$. (见例 4.9.1).

8. **解** 对男性 $\bar{a}_x = \frac{1 - \overline{A}_x}{\delta} = \frac{1 - 0.15}{0.1} = 8.5,$

对女性 $\bar{a}_x = \frac{1 - \overline{A}_x}{\delta} = 9.1,$

所以对随机抽取的个体 $\bar{a}_x = \frac{1}{2} \times 8.5 + \frac{1}{2} \times 9.1 = 8.8,$

对男性 ${}^2 \overline{A}_x = \delta^2 \text{var}(\bar{a}_{\overline{T}|}) + (\overline{A}_x)^2 = 0.0725,$

对女性 ${}^2 \overline{A}_x = 0.0481.$

对随机抽取的个体, 有 ${}^2 \overline{A}_x = \frac{1}{2} \cdot 0.0725 + \frac{1}{2} \cdot 0.0481 = 82.03.$

所以对随机抽取的个体有 $\mathrm{var}(\bar{a}_{\overline{T}|}) = \dfrac{^2\overline{A}_x - (\overline{A}_x)^2}{\delta^2} = 4.59.$

9. 解 $P(\bar{a}_{\overline{T}|} > 2) = P\left(\dfrac{1-\mathrm{e}^{-\delta T}}{\delta} > 2\right) = P\left(T > -\dfrac{\ln(1-2\delta)}{\delta}\right)$

$\qquad\qquad = P(T > 2.06) =\,_{2.06}p_x = \mathrm{e}^{-\int_0^{2.06}\mu(x+t)\mathrm{d}t}$

$\qquad\qquad = \mathrm{e}^{-2.06(-0.24/\ln 0.4)} \approx 0.583.$

10. 解 有 $E(Y) = \ddot{a}_{\overline{1}|}P(K=0) + \ddot{a}_{\overline{2}|}P(K=1) + \ddot{a}_{\overline{3}|}P(K \geqslant 2)$

$\qquad\qquad = 1 \times \dfrac{1}{80} + \left(1 + \dfrac{1}{1.05}\right) \times \dfrac{1}{80} + \left(1 + \dfrac{1}{1.05} + \dfrac{1}{1.05^2}\right) \times \dfrac{78}{80}$

$\qquad\qquad \approx 2.825,$

$E(Y^2) = (\ddot{a}_{\overline{1}|})^2 P(K=0) + (\ddot{a}_{\overline{2}|})^2 P(K=1) + (\ddot{a}_{\overline{3}|})^2 P(K \geqslant 2) \approx 8.032,$

所以 $\mathrm{var}(Y) = E(Y^2) - (E(Y))^2 \approx 0.051.$

11. A. **12.** D. **13.** E. **14.** D. **15.** D. **16.** D. **17.** A.
18. A. **19.** E. **20.** A. **21.** E. **22.** B. **23.** C. **24.** A.
25. C. **26.** E. **27.** D.

习 题 六

1. 解 由题意知：$_tp_{60} = \dfrac{40-t}{40}$，$_tp_{20} = \dfrac{80-t}{80}$. 所以有

$$_tp_{\overline{60:20}} =\,_tp_{60} +\,_tp_{20} -\,_tp_{60}\cdot\,_tp_{20} = \begin{cases} 1 - \dfrac{t^2}{3200}, & t \leqslant 40, \\ \dfrac{80-t}{80}, & 40 < t \leqslant 80. \end{cases}$$

所以

$$\bar{a}_{\overline{60:20}} = \int_0^\infty \mathrm{e}^{-\delta t}\,_tp_{\overline{60:20}}\mathrm{d}t$$

$$= \int_0^{40} \mathrm{e}^{-0.05t}\left(1 - \dfrac{t^2}{3200}\right)\mathrm{d}t + \int_{40}^{80} \mathrm{e}^{-0.05t}\dfrac{80-t}{80}\mathrm{d}t$$

$$= 15 + 10\mathrm{e}^{-2} + 5\mathrm{e}^{-4} \approx 16.445.$$

2. 解 (1) 由例 6.5.2 (2)的结果，令 $n \to \infty$ 得

$$\overline{A}_{xy}^1 = A\left(1 - \dfrac{2C^x}{C^x + C^y}\right)\bar{a}_{xy} + \dfrac{C^x}{C^x + C^y}\overline{A}_{xy}.$$

在上述式中取 $i = 0$，有 $\overline{A}_{xy} = 1$，$\overline{A}_{xy}^1 =\,_\infty q_{xy}^1$，$\bar{a}_{xy} = \mathring{e}_{xy}$，所以

$$_\infty q_{xy}^1 = A\left(1 - \dfrac{2C^x}{C^x + C^y}\right)\mathring{e}_{xy} + \dfrac{C^x}{C^x + C^y}.$$

再取 $x = 40, y = 50$，推出 $_\infty q_{40:50}^1 = 0.272.$

(2) 由(1)得

$$\overline{A}_{40:50}^{1} = A\left(1 - \frac{2C^x}{C^x + C^y}\right)\overline{a}_{40:50} + \frac{C^x}{C^x + C^y}\overline{A}_{40:50}$$
$$= 0.0036\overline{a}_{40:50} + 0.2\overline{A}_{40:50}.$$

3. 证明 (1) $\overline{A}_{xy}^{1} - \delta\overline{a}_{y|x} = \overline{A}_{xy}^{1} - \delta(\overline{a}_x - \overline{a}_{xy})$
$$= \overline{A}_{xy}^{1} - \delta\left(\frac{1-\overline{A}_x}{\delta} - \frac{1-\overline{A}_{xy}}{\delta}\right)$$
$$= \overline{A}_{xy}^{1} + \overline{A}_x - \overline{A}_{xy}$$
$$= \overline{A}_{xy}^{1} + (\overline{A}_{xy}^{1} + \overline{A}_{xy}^{2}) - \overline{A}_{xy}$$
$$= \overline{A}_{xy}^{2} + (\overline{A}_{xy}^{1} + \overline{A}_{xy}^{1}) - \overline{A}_{xy} = \overline{A}_{xy}^{2}.$$

(2) $\dfrac{\mathrm{d}}{\mathrm{d}x}\overline{a}_{y|x} = \dfrac{\mathrm{d}}{\mathrm{d}x}(\overline{a}_x - \overline{a}_{xy})$
$$= \frac{\mathrm{d}}{\mathrm{d}x}\int_0^\infty {}_tp_x e^{-\delta t}\mathrm{d}t - \frac{\mathrm{d}}{\mathrm{d}x}\int_0^\infty {}_tp_x{}_tp_y e^{-\delta t}\mathrm{d}t$$
$$= \int_0^\infty {}_tp_x(\mu(x) - \mu(x+t))e^{-\delta t}\mathrm{d}t$$
$$\quad - \int_0^\infty {}_tp_x{}_tp_y e^{-\delta t}(\mu(x) - \mu(x+t))\mathrm{d}t$$
$$= \mu(x)\overline{a}_x - \overline{A}_x - \left(\mu(x)\overline{a}_{xy} - \int_0^\infty {}_tp_x{}_tp_y \mu(x+t)e^{-\delta t}\mathrm{d}t\right)$$
$$= \mu(x)\overline{a}_x - \overline{A}_x - \mu(x)\overline{a}_{xy} + \overline{A}_{xy}^{1}$$
$$= \mu(x)\overline{a}_{y|x} - \overline{A}_{xy}^{2}.$$

(3) 同(1)有 $A_{xy}^{1} + A_{xy}^{1} = A_{xy}$,所以
$$A_{xy}^{1} - A_{xy}^{2} = A_{xy} - A_{xy}^{1} - A_{xy}^{2} = A_{xy} - A_y.$$

4. 证明 在 UDD 假设下,${}_tp_x\mu(x+t) = \dfrac{\mathrm{d}\,{}_tp_x}{\mathrm{d}t} = q_x$, $0 \leqslant t < 1$,所以
$$\overline{A}_{xy}^{1} = \int_0^\infty v^t\,{}_tp_x{}_tp_y\mu_x(t)\mathrm{d}t$$
$$= \sum_{k=0}^\infty \int_k^{k+1} v^t\,{}_tp_x{}_tp_y\mu_x(t)\mathrm{d}t$$
$$= \sum_{k=0}^\infty \int_0^1 v^{t+k}\,{}_kp_x{}_kp_y \cdot {}_tp_{x+k}{}_tp_{y+k}\mu(x+k+t)\mathrm{d}t$$
$$= \sum_{k=0}^\infty {}_kp_x{}_kp_y v^k \int_0^1 v^t q_{x+k}(1 - tq_{y+k})\mathrm{d}t$$
$$= \sum_{k=0}^\infty {}_kp_x{}_kp_y v^k q_{x+k}\int_0^1 v^t\mathrm{d}t$$
$$\quad - \sum_{k=0}^\infty {}_kp_x{}_kp_y v^k q_{x+k}\left(\int_0^1 v^t \cdot t\mathrm{d}t\right)q_{y+k}$$

$$= \sum_{k=0}^{\infty} {}_kp_x {}_kp_y v^k q_{x+k} \frac{1}{\delta} \frac{i}{1+i}$$

$$+ \sum_{k=0}^{\infty} {}_kp_x {}_kp_y v^k q_{x+k} q_{y+k} \frac{1}{\delta} \left(\frac{1}{1+i} - \frac{i}{\delta(1+i)} \right)$$

$$= \frac{i}{\delta} A_{xy}^1 + \frac{i}{2\delta} \left(1 - \frac{2}{\delta} + \frac{2}{i} \right) B.$$

注意：

$$A_{xy}^1 = \sum_{k=0}^{\infty} v^{k+1} {}_kp_{xy} \cdot q_{x+k:y+k}^1 = \sum_{k=0}^{\infty} v^{k+1} \cdot {}_kp_{xy} \int_0^1 {}_sp_{y+k} \cdot {}_sp_{x+k} \cdot \mu_{x+k}(s) \mathrm{d}s$$

$$= \sum_{k=0}^{+\infty} v^{k+1} {}_kp_{xy} \cdot q_{x+k} \left(1 - \frac{1}{2} q_{y+k} \right).$$

5. C.   **6.** D.   **7.** C.   **8.** C.   **9.** B.   **10.** C.   **11.** E.

习 题 七

1. 解 （1） $1\%\left(125000 + 125000(1+6\%) \times \frac{85}{90} \times v \right.$

$$\left. + 125000(1+6\%)^2 \times \frac{80}{90} \times v^2 \right) \approx 3541.67.$$

（2） $125000(1+6\%)^3 v^4 \times \frac{75}{90} \approx 98270.44.$

（3） $100000 \times \frac{2}{100} \times v + 100000(1+6\%) \times \frac{2}{100} \times v^2$

$$+ 100000(1+6\%)^2 \times \frac{3}{100} \times v^3 + 100000(1+6\%)^3 \times \frac{4}{100} \times v^4$$

$$+ 100000(1+6\%)^4 \times \frac{4}{100} \times v^5 \approx 14150.94.$$

（4） $100000 \times \frac{3}{100} \times v + 100000(1+6\%) \times \frac{3}{100} \times v^2$

$$+ 100000(1+6\%)^2 \times \frac{2}{100} \times v^3 + 100000(1+6\%)^3 \times \frac{1}{100} \times v^4$$

$$+ 100000(1+6\%)^4 \times \frac{1}{100} \times v^5 \approx 9433.96.$$

2. A.

习 题 八

1. 证明 $\bar{P}(\bar{A}_x) = \frac{\bar{A}_x}{\bar{a}_x} \xlongequal{\delta=0} \frac{1}{\bar{a}_x} = \frac{1}{\int_0^{\infty} v^t {}_tp_x \mathrm{d}t} = \frac{1}{\int_0^{\infty} {}_tp_x \mathrm{d}t} = \frac{1}{\overset{\circ}{e}_x}.$

2. 证明 利用

$$\frac{\mathrm{d}\bar{a}_x}{\mathrm{d}x} = (\mu(x) + \delta)\bar{a}_x - 1,$$

$$\frac{\mathrm{d}\overline{A}_x}{\mathrm{d}x} = (\mu(x)+\delta)\overline{A}_x - \mu(x), \quad \overline{P}(\overline{A}_x) = \overline{A}_x/\overline{a}_x,$$

有

$$\left(1+\frac{\mathrm{d}\overline{a}_x}{\mathrm{d}x}\right)\overline{P}(\overline{A}_x) = (\mu(x)+\delta)\overline{a}_x \times \frac{\overline{A}_x}{\overline{a}_x} = (\mu(x)+\delta)\overline{A}_x = \frac{\mathrm{d}\overline{A}_x}{\mathrm{d}x} + \mu(x),$$

所以

$$\left(1+\frac{\mathrm{d}\overline{a}_x}{\mathrm{d}x}\right)\overline{P}(\overline{A}_x) - \frac{\mathrm{d}}{\mathrm{d}x}\overline{A}_x = \mu(x).$$

3. **解** 记 $T_i(x)$ 为第 i 个个体的未来生存时间,

$$L_i = 1000v^{T_i(x)} - 3.5\overline{a}_{\overline{T_i(x)}|} = 1070v^{T_i(x)} - 70,$$

则有

$$L_{\mathrm{Agg}} = \sum_{i=1}^{100} E(L_i) = 100 \times 1070 \times \overline{A}_x - 100 \times 70 = -580,$$

$$\mathrm{var}(L_{\mathrm{Agg}}) = 100\mathrm{var}(L_i) = 100 \times 1070^2({}^2\overline{A}_x - \overline{A}_x^2) = 45796.$$

4. **解** $L = v^{K(x)+1} - P_x \ddot{a}_{\overline{K(x)+1}|}$, $L^* = v^{K(x)+1} - G\ddot{a}_{\overline{K(x)+1}|}$.

由 $E(L^*) = -0.2$,推出 $G = \dfrac{A_x + 0.2}{\ddot{a}_x}$. 又

$$\mathrm{var}(L^*) = \mathrm{var}\left(v^{K(x)+1} - \frac{1-v^{K(x)+1}}{d} \cdot G\right)$$

$$= \left(1+\frac{G}{d}\right)^2 \mathrm{var}(v^{K(x)+1}) = \left(\frac{1.2}{d\ddot{a}_x}\right)^2({}^2A_x - A_x^2)$$

$$= (1.2)^2 \mathrm{var}(L)$$

$$= 1.44 \times 0.3 = 0.432.$$

5. 略.

6. **解** $A_{35} = 1 - d\ddot{a}_{35} = 0.12872,$

$$P(\overline{A}_{35}) = \frac{\overline{A}_{35}}{\ddot{a}_{35}} = \frac{i}{\delta}\frac{A_{35}}{\ddot{a}_{35}} = 0.00861.$$

7. **解** 由 $A^1_{x:\overline{2}|} = vq_x + v^2 p_x q_{x+1} = 0.2358$, $\ddot{a}_{x:\overline{2}|} = 1 + vp_x = 1.81$,

所以年净保费 $P = A^1_{x:\overline{2}|} / \ddot{a}_{x:\overline{2}|} \approx 0.1303$,

易知 $E(L)=0$,故

$$E(L^2) = (v-P)^2 q_x + (v^2-P-vP)^2 p_x q_{x+1} + (1+v)^2 P^2 p_x p_{x+1} \approx 0.1603.$$

8. **解** 设每年保费为 P. 有 $E(L) = A_x - P\ddot{a}_x = A_x - P \cdot \dfrac{1-A_x}{d}.$

由 $\mathrm{var}(L) = \left(1+\dfrac{P}{d}\right)^2({}^2A_{49} - (A_{49})^2) = 0.1,$

推出 $P = 0.03679$,所以 $E(L) = -0.25457.$

9. **解** 由 ${}_{k|}q_x = \dfrac{0.90^{k+1}}{9}$ $(k=0,1,2,\cdots)$,得到 ${}_k p_x = \sum_{j=k}^{\infty} {}_{j|}q_x = 0.9^k (k=0,1,2,\cdots).$

所以
$$p_{x+k} = e^{-\mu(x+k)} = \frac{{}_{k+1}p_x}{{}_kp_x} = 0.9, \implies \mu(x+k) = -\ln 0.9.$$
故对任意 t, $\mu(x+t) = -\ln 0.9$, 从而有
$$A_x = \sum_{k=0}^{\infty} v^{k+1} {}_{k|}q_x = \frac{5}{9},$$
$\ddot{a}_x = \dfrac{1-A_x}{d} = 6$, 因此 $P_x = \dfrac{A_x}{\ddot{a}_x} = \dfrac{5}{54}.$

又在常数死亡力假设下, $\overline{P}(\overline{A}_x) = \mu = -\ln 0.9$, 所以
$$1000(\overline{P}(\overline{A}_x) - P_x) = 1000\left(-\ln 0.9 - \frac{5}{54}\right) \approx 12.7674.$$

10. 解 (1) $E(L) = A_x - P\ddot{a}_x = A_x - 0.05 \times \dfrac{1-A_x}{d} = -0.23,$
$$\text{var}(L) = 2.05^2({}^2A_x - (A_x)^2) = 0.1681.$$
(2) 记总体损失量为 $L_{\text{Agg}}.$
$$E(L_{\text{Agg}}) = 135 E(L) + 10 \times 10 E(L) = -54.05,$$
$$\text{var}(L_{\text{Agg}}) = 135\text{var}(L) + 10 \times 10^2 \text{var}(L) = 190.7935.$$
(3) $P(L_{\text{Agg}} > 45) = P\left(\dfrac{L_{\text{Agg}} - E(L_{\text{Agg}})}{\sqrt{\text{var}(L_{\text{Agg}})}} > \dfrac{45 + 54.05}{\sqrt{190.7935}}\right)$
$$\approx 1 - \Phi(7.17).$$

11. 解 (1) $A_{25} = \sum_{k=0}^{74} P(K(25)=k) v^{k+1} = \sum_{k=0}^{74} \dfrac{1}{75} v^{k+1} \approx 0.2598,$
所以 $1000 A_{25} = 259.8.$
(2) 设最低保费为 P, 因为
$$L = 1000 v^{K(25)+1} - P\ddot{a}_{\overline{K(25)+1|}} = (1000 + 21P) v^{K(25)+1} - 21P,$$
所以 $E(L) = (1000 + 21P) A_{25} - 21P$, 因此有
$$P(L>0) = P\left(K < \ln\left(\frac{21P}{1000+21P}\right)\Big/(-\ln(1.05)) - 1\right),$$
经计算知
$$P(K \leqslant 17) < 0.25, \quad P(K \leqslant 18) > 0.25,$$
所以根据 $\ln\left(\dfrac{21P}{1000+21P}\right)\Big/(-\ln(1.05)) - 1$ 关于 P 严格单调知最小的 P 应满足
$$\ln\left(\frac{21P}{1000+21P}\right)\Big/(-\ln(1.05)) - 1 = 18,$$
解得 $P = 31.19.$

12. 证明 (1) ${}_{20}P^1_{x:\overline{30|}} - P^1_{x:\overline{20|}} = \dfrac{A^1_{x:\overline{30|}}}{\ddot{a}_{x:\overline{20|}}} - \dfrac{A^1_{x:\overline{20|}}}{\ddot{a}_{x:\overline{20|}}} = {}_{20}P({}_{20|10}A_x).$

(2) ① 因为 $1 - {}_nE_x = 1 - (A_{x:\overline{n}|} - A^1_{x:\overline{n}|}) = d\,\ddot{a}_{x:\overline{n}|} + A^1_{x:\overline{n}|}$，所以

$$P^{(m)}_{x:\overline{n}|} = A_{x:\overline{n}|} / \ddot{a}^{(m)}_{x:\overline{n}|}$$

$$= A_{x:\overline{n}|} / [\alpha(m)\,\ddot{a}_{x:\overline{n}|} - \beta(m)(1 - {}_nE_x)]$$

$$= P_{x:\overline{n}|} \Big/ \Big[\alpha(m) - \beta(m)\frac{1 - {}_nE_x}{\ddot{a}_{x:\overline{n}|}}\Big]$$

$$= P_{x:\overline{n}|} / [\alpha(m) - \beta(m)(d + P^1_{x:\overline{n}|})].$$

② $P^{1(m)}_{x:\overline{n}|} = A^1_{x:\overline{n}|} / \ddot{a}^{(m)}_{x:\overline{n}|}$

$$= A^1_{x:\overline{n}|} / [\alpha(m)\,\ddot{a}_{x:\overline{n}|} - \beta(m)(1 - {}_nE_x)]$$

$$= P^1_{x:\overline{n}|} / [\alpha(m) - \beta(m)(d + P^1_{x:\overline{n}|})].$$

③ $P^{(m)}(\overline{A}^1_{x:\overline{n}|}) = \overline{A}^1_{x:\overline{n}|} / \ddot{a}^{(m)}_{x:\overline{n}|} = \frac{i}{\delta} A^1_{x:\overline{n}|} / \ddot{a}^{(m)}_{x:\overline{n}|} = \frac{i}{\delta} P^{1(m)}_{x:\overline{n}|}.$

13. 略.
14. B.　15. A.　16. C.　17. B.　18. D.　19. C.　20. C.
21. E.　22. C.　23. B.　24. E.　25. D.　26. E.　27. B.
28. B.　29. E.　30. B.　31. D.

习 题 九

1. **解**　设每年的费用负荷保费为 G. 投保人缴纳的费用负荷保费的精算现值为 $G\ddot{a}_x$，保险人支出的精算现值为：

$$2000\overline{A}_x + (0.06G\ddot{a}_x + 0.025G\,\ddot{a}_{x:\overline{15}|} + 0.03G\ddot{a}_{x:\overline{9}|} + 0.755G)$$
$$+ (2\ddot{a}_x + 4\ddot{a}_{x:\overline{9}|} + 34.5) + (0.8\ddot{a}_x + 0.2\ddot{a}_{x:\overline{15}|} + 9)$$
$$+ (18 + 0.2)A_x.$$

利用平衡准则，两者相等，所以

$$G = \frac{2000\overline{A}_x + (2\ddot{a}_x + 4\ddot{a}_{x:\overline{9}|} + 34.5) + (0.8\ddot{a}_x + 0.2\ddot{a}_{x:\overline{15}|} + 9) + (18 + 0.2)A_x}{\ddot{a}_x - (0.06\,\ddot{a}_x + 0.025\,\ddot{a}_{x:\overline{15}|} + 0.03\,\ddot{a}_{x:\overline{9}|} + 0.755)}.$$

2. **解**　设每年的费用负荷保费为 G. 投保人缴纳的费用负荷保费的精算现值为 $G\ddot{a}_{x:\overline{3}|}$，保险人支出的精算现值为

$$1000A_{x:\overline{3}|} + (0.1G\ddot{a}_{x:\overline{3}|} + 0.2G) + (4\ddot{a}_{x:\overline{3}|} + 4).$$

利用平衡准则，得

$$G = \frac{1000A_{x:\overline{3}|} + (4\ddot{a}_{x:\overline{3}|} + 4)}{\ddot{a}_{x:\overline{3}|} - (0.1\ddot{a}_{x:\overline{3}|} + 0.2)} \approx 402.32.$$

习 题 十

1. **证明**　因为

$$C_j = vb_{j+1}I_{\{K(x)=j\}} - \pi_j I_{\{K(x)\geqslant j\}},$$

$$C_h = vb_{h+1}I_{\{K(x)=h\}} - \pi_h I_{\{K(x)\geqslant h\}},$$

所以 $E(C_j) = vb_{j+1}\,_jp_x q_{x+j} - \pi_{jj}p_x$, $E(C_h) = vb_{h+1}\,_hp_x q_{x+h} - \pi_{hh}p_x$.

对 $j < h$,
$$E(C_j C_h) = E(v^2 b_{j+1} b_{h+1} I_{\{K(x)=j\}} I_{\{K(x)=h\}} - \pi_j I_{\{K(x)\geqslant j\}} vb_{h+1}I_{\{K(x)=h\}}$$
$$- vb_{j+1}I_{\{K(x)=j\}}\pi_h I_{\{K(x)\geqslant h\}} + \pi_j\pi_h I_{\{K(x)\geqslant j\}} I_{\{K(x)\geqslant h\}})$$
$$= 0 - \pi_j vb_{h+1}\,_hp_x q_{x+h} - 0 + \pi_j \pi_{hh}p_x,$$

所以 $\text{cov}(C_j, C_h) = E(C_j C_h) - E(C_j)E(C_h)$
$$= \pi_j \pi_{hh}p_x - \pi_j vb_{h+1}\,_hp_x q_{x+h} - (vb_{j+1}\,_jp_x q_{x+j} - \pi_{jj}p_x)$$
$$\times (vb_{h+1}\,_hp_x q_{x+h} - \pi_{hh}p_x)$$
$$= {_hp_x}\pi_j(\pi_h - vb_{h+1}q_{x+h}) + {_jp_x}(vb_{j+1}q_{x+j} - \pi_j)\,_hp_x(\pi_h - vb_{h+1}q_{x+h})$$
$$= {_hp_x}(\pi_h - vb_{h+1}q_{x+h})(\pi_j + vb_{j+1}\,_jp_x - \pi_{jj}p_x)$$
$$= {_hp_x}(\pi_h - vb_{h+1}q_{x+h})(\pi_{jj}q_x + vb_{j+1}\,_jp_x q_{x+j}).$$

2. 证明 由定理 10.3.2, 有
$$_{h+1}V = \frac{{_hV} - vb_{h+1}q_{x+h} + \pi_h}{vp_{x+h}}.$$

由结论 10.6.1 有
$$_{h+s}V = v^{1-s}b_{h+1\,1-s}q_{x+h+s} + v^{1-s}\cdot{_{h+1}V}\cdot{_{1-s}p_{x+h+s}}.$$

上式两边同乘 $_sp_{x+h}$,并将 $_{h+1}V$ 的等式代入,得
$$_sp_{x+h\,h+s}V = v^{1-s}b_{h+1\,s}p_{x+h\,1-s}q_{x+h+s} + (1+i)^s\,_hV - v^{1-s}b_{h+1}q_{x+h} + (1+i)^s\pi_h,$$

即 $_sp_{x+h\,h+s}V = -v^{1-s}b_{h+1\,s}q_{x+h} + (1+i)^s(\pi_h + {_hV}).$

(解释略).

3. 解 由 $_2V = 3v - \pi_h = 1.56$, 解得 $i = 0.2$. 由定义有 $b_h = 3$, $\pi_h = 0.94$, $_0V = 0$, $_1V = 0.66$, $_2V = 1.56$, $_3V = 3$.

由 $_1V + \pi_h = vb_2 q_{x+1} + v\,_2Vp_{x+1}$ 得到 $q_{x+1} = 0.25$.

由 $_0V + \pi_h = vb_1 q_x + v\,_1Vp_x$ 得到 $q_x = 0.2$.

故 $\text{var}(_0L) = \text{var}(_0L | K(x) \geqslant 0) = \sum_{j=0}^{2} v^{2j}[v(b_{j+1} - {_{j+1}V})]^2\,_jp_x p_{x+j} q_{x+j}$
$$= 0.7584,$$
$$\text{var}(_1L | K(x) \geqslant 1) = \sum_{j=1}^{2} v^{2(j-1)}[v(b_{j+1} - {_{j+1}V})]^2\,_{j-1}p_{x+1} p_{x+j} q_{x+j}$$
$$= v^2(b_2 - {_2V})^2 p_{x+1}q_{x+1}$$
$$= 0.27.$$

4. 解 因为 $b_h - {_hV} = 1295$, $\pi_h = \pi$, 因此

推得
$$\pi + {}_{h-1}V = v(b_h - {}_hV)q_{x+h-1} + v\,{}_hV,$$
$${}_hV = (\pi_h + {}_{h-1}V)(1+i) - (b_h - {}_hV)q_{x+h-1}$$
$$= 200 \times 1.05 - 1295 \times 0.004 = 204.82.$$

5. 略.

6. E.　　7. E.　　8. C.

习 题 十 一

1. **解** (1) 有
$${}_{17}V = 1000A_{85:\overline{3}|} - 55.62\ddot{a}_{85:\overline{3}|} = 739.65.$$
$${}_2V = 1000P_{68}\ddot{s}_{68:\overline{2}|} - {}_2\kappa_{68}1000$$
$$= 1000\left(1 - \frac{\ddot{a}_{70}}{\ddot{a}_{68}}\right) = 63.01.$$

(2) 由 ${}_5V + \pi_5 = vb_6 \cdot q_{73} + v\,{}_6Vp_{73}$，得
$$\pi_5 = \frac{1}{1.05}(1000-292)\times 0.0433 + \frac{1}{1.05}\times 292 - 157 = 150.2918.$$

(3) 由均衡准则：
$$1000P_{68}\ddot{a}_{68:\overline{20}|} + v^5\,{}_5p_{68}(\pi_5 - 1000P_{68})$$
$$= 1000A_{68:\overline{20}|} + (b_{16}-1000)v^{16}\,{}_{15|}q_{68}$$

得到　　　　　　　　$b_{16} = 6303.26.$

因为　　　　　　$\ddot{a}_{68} = \ddot{a}_{68:\overline{9}|} + v^9\,{}_9p_{68}\ddot{a}_{77}, \quad {}_9p_{68} = \frac{l_{77}}{l_{68}},$

得　　　　　　　　　$\ddot{a}_{68:\overline{9}|} = 6.59.$

在第9个保单年度末，保费累计的精算终值为：
$$[55.62 \cdot \ddot{a}_{68:\overline{9}|} + (270-55.62)\,{}_5p_{68}v^5]/{}_9E_{68} = 1146.579,$$

因为 $d\ddot{a}_{68:\overline{9}|} + A_{68:\overline{9}|} = d\ddot{a}_{68:\overline{9}|} + A^1_{68:\overline{9}|} + {}_9E_{68} = 1,$

所以 $1000A^1_{68:\overline{9}|}/{}_9E_{68} = 546.967,$

因此 ${}_9V = 1146.579 - 546.967 = 599.612.$

2. **解** 由
$${}_2V_x = 1 - \frac{\ddot{a}_{x+2}}{\ddot{a}_x} = 0.5$$
$$\ddot{a}_{x+2} = 1.1$$
$$\Longrightarrow \ddot{a}_x = 2.2,$$

又由 $\ddot{a}_x = \frac{1}{P_x + d}, P_x = \frac{4}{11}$，求得 $d = \frac{1}{11}$，即 $i = 0.1.$

3. **解** 因为 ${}_{10}V_{25} = 1 - \frac{\ddot{a}_{35}}{\ddot{a}_{25}} = 0.1$，所以 $\frac{\ddot{a}_{35}}{\ddot{a}_{25}} = 0.9;$

因为 $_{10}V_{35} = 1 - \dfrac{\ddot{a}_{45}}{\ddot{a}_{35}} = 0.2$，所以 $\dfrac{\ddot{a}_{45}}{\ddot{a}_{35}} = 0.8$。综合前面的两个结果，

$$\dfrac{\ddot{a}_{45}}{\ddot{a}_{25}} = 0.8 \times 0.9 = 0.72,$$

所以 $\qquad\qquad\qquad _{20}V_{25} = 1 - \dfrac{\ddot{a}_{45}}{\ddot{a}_{25}} = 0.28.$

4. 解 利用 $\ddot{a}_{40} = \ddot{a}_{40:\overline{5}|} + {}_5E_{40} \cdot \ddot{a}_{45}$ 及 $\ddot{a}_{40:\overline{10}|} = \ddot{a}_{40:\overline{5}|} + {}_5E_{40} \cdot \ddot{a}_{45:\overline{5}|}$，
解得 $_5E_{40} = 0.735297$，从而可得到 $i = 0.06$。所以

$$1000 \, _{20}V_{40} = 1000\left(1 - \dfrac{\ddot{a}_{60}}{\ddot{a}_{40}}\right) = 247.78.$$

因为 $_{10}P_{40} = \dfrac{A_{40}}{\ddot{a}_{40:\overline{10}|}} = \dfrac{1 - d\,\ddot{a}_{40}}{\ddot{a}_{40:\overline{10}|}} = 0.0209603$，所以

$$1000 \, _5^{10}V_{40} = 1000(A_{45} - {}_{10}P_{40}\,\ddot{a}_{45:\overline{5}|})$$
$$= 1000(1 - d\,\ddot{a}_{45} - {}_{10}P_{40}\,\ddot{a}_{45:\overline{5}|}) = 108.37,$$
$$1000 \, _{20}^{10}V_{40} = 1000 A_{60} = 1000(1 - d\,\ddot{a}_{60}) = 369.13.$$

5. 解 第一种方法：记 J 为 (84) 个体的未来整数生存时间。

$J = 0$，$_2L = 1000 - 120 = 880$；$P(J=0) = q_{84} = 0.12.$
$J = 1$，$_2L = 1000 - 120 \times 2 = 760$；$P(J=1) = p_{84} q_{85} = 0.1144.$
$J \geqslant 2$，$_2L = 0 - 120 \times 2 = -240$；$P(J \geqslant 2) = p_{84} p_{85} = 0.7656.$

所以
$E(_2L | K(82) \geqslant 2) = 880 \times 0.12 + 760 \times 0.1144 - 240 \times 0.7656 = 8.8,$
$E(_2L^2 | K(82) \geqslant 2) = 203104,$

所以 $\qquad\qquad\qquad \text{var}(_2L | K(82) \geqslant 2) = 203026.56.$

第二种方法：可利用 Hattendorf 定理来计算。

6. 解 有 $1000 P_{x:\overline{3}|} = 332.51$，所以 $1000 \, _2V_{x:\overline{3}|} = \dfrac{1000}{1.06} - 332.51 = 610.89,$
$1000 \, _1V_{x:\overline{3}|} = 332.51 \times 1.06/0.9 - 1000 \times 0.1/0.9 = 280.51,$
故 $1000(_2V_{x:\overline{3}|} - {}_1V_{x:\overline{3}|}) = 330.38.$

7. B. **8.** E. **9.** A. **10.** C.

习 题 十 二

1. 解 ① 因为 $\overline{A}_{35} = \displaystyle\int_0^{65} e^{-\delta t} {}_t p_{35} \mu_{35}(t) \mathrm{d}t = \int_0^{65} e^{-\delta t} \dfrac{1}{65} \mathrm{d}t = 0.258,$

所以 $\bar{a}_{35} = \dfrac{1 - \overline{A}_{35}}{\delta} = 12.734$，故 $\overline{P}(\overline{A}_{35}) = \overline{A}_{35}/\bar{a}_{35} = 0.02.$

② 因为

$$_t\overline{V}(\overline{A}_{35}) = \overline{A}_{35+t} - \overline{P}(\overline{A}_{35})\overline{a}_{35+t},$$

$$\overline{A}_{35+t} = \int_0^{65-t} e^{-\delta s}{}_s p_{35+t} \mu_{35+t}(s) \mathrm{d}s = \frac{1}{65-t} \frac{1}{\delta}(1-e^{-(65-t)\delta}),$$

$$\overline{a}_{35+t} = (1-\overline{A}_{35+t})/\delta,$$

所以

$$_0\overline{V}(\overline{A}_{35}) = 0,$$

$$_{10}\overline{V}(\overline{A}_{35}) = \frac{1}{55}\frac{1}{\delta}(1-e^{-55\delta}) - 0.02 \times \frac{1-\overline{A}_{45}}{\delta} \approx 0.059,$$

$$_{20}\overline{V}(\overline{A}_{35}) = \overline{A}_{55} - 0.02 \times \frac{1-\overline{A}_{55}}{\delta} \approx 0.132.$$

③ 因为

$$\mathrm{var}({}_tL|T(35)>t) = \frac{{}^2\overline{A}_{35+t} - (\overline{A}_{35+t})^2}{(\delta\overline{a}_{35})^2},$$

$${}^2\overline{A}_{35+t} = \frac{1}{65-t} \cdot \frac{1}{2\delta}(1-e^{-(65-t)2\delta}),$$

所以

$$\mathrm{var}({}_0L|T(35)>0) = \mathrm{var}({}_0L) = \frac{{}^2\overline{A}_{35} - (\overline{A}_{35})^2}{\delta\overline{a}_{35}} \approx 0.1187,$$

$$\mathrm{var}({}_{10}L|T(35)>10) = \frac{{}^2\overline{A}_{45} - (\overline{A}_{45})^2}{(\delta\overline{a}_{35})^2} \approx 0.1201,$$

$$\mathrm{var}({}_{20}L|T(35)>20) = \frac{{}^2\overline{A}_{55} - (\overline{A}_{55})^2}{(\delta\overline{a}_{35})^2} \approx 0.1173.$$

2. 解 因为 ${}_t\kappa_x = \frac{\overline{A}^1_{x:\overline{t}|}}{{}_tE_x}$，所以 $\overline{A}^1_{x:\overline{t}|} = 0.135$，可得

$$\overline{A}_x = \overline{A}^1_{x:\overline{t}|} + {}_tE_x\overline{A}_{x+t} = 0.369.$$

所以

$$_t\overline{V}(\overline{A}_x) = \overline{A}_{x+t} - \overline{P}(\overline{A}_x)\overline{a}_{x+t} = \overline{A}_{x+t} - \frac{\overline{A}_x}{\overline{a}_x}\overline{a}_{x+t}$$

$$= \overline{A}_{x+t} - \frac{\overline{A}_x}{1-\overline{A}_x}(1-\overline{A}_{x+t}) \approx 0.239.$$

3. B.

习 题 十 三

1. 解 (1) 缴纳保费的精算现值为

$$\overline{P}\overline{a}_{x:\overline{2}|} = \overline{P}\int_0^2 e^{-\delta t} \cdot {}_tp_x \mathrm{d}t = \overline{P}\left(\frac{1}{\mu+\delta}(1-e^{-2(\mu+\delta)})\right) \approx 1.81\overline{P}.$$

(2) 第三年末的净准备金为 $\overline{P}\overline{a}_{x:\overline{2}|}/{}_3E_x \approx 2.447\overline{P}.$

(3) 由平衡准则,得
$$1.81\overline{P}=10v^3{}_3p_x+8v^4{}_4p_x+6v^5{}_5p_x+4v^6{}_6p_x+2v^7{}_7p_x,$$
所以有 $\overline{P}\approx 10.828$.

(4) 因为 $E(L)=0$,所以 $\mathrm{var}(L)=E(L^2)$,故

$$\mathrm{var}(L)=\int_0^2 (\overline{P}\bar{a}_{\overline{1}|})^2 {}_tp_x\mu_x(t)\mathrm{d}t+\int_2^3 (\overline{P}\bar{a}_{\overline{2}|})^2 {}_tp_x\cdot\mu_x(t)\mathrm{d}t$$

$$+\int_3^4 (\overline{P}\bar{a}_{\overline{2}|}-10\mathrm{e}^{-3\delta})^2 {}_tp_x\mu_x(t)\mathrm{d}t$$

$$+\int_4^5 (\overline{P}\bar{a}_{\overline{2}|}-10\mathrm{e}^{-3\delta}-8\mathrm{e}^{-4\delta})^2 {}_tp_x\mu_x(t)\mathrm{d}t$$

$$+\int_5^6 (\overline{P}\bar{a}_{\overline{2}|}-10\mathrm{e}^{-3\delta}-8\mathrm{e}^{-4\delta}-6\mathrm{e}^{-5\delta})^2 {}_tp_x\mu_x(t)\mathrm{d}t$$

$$+\int_6^7 (\overline{P}\bar{a}_{\overline{2}|}-10\mathrm{e}^{-3\delta}-8\mathrm{e}^{-4\delta}-6\mathrm{e}^{-5\delta}-4\mathrm{e}^{-6\delta})^2 {}_tp_x\mu_x(t)\mathrm{d}t$$

$$+\int_7^\infty (\overline{P}\bar{a}_{\overline{2}|}-10\mathrm{e}^{-3\delta}-8\mathrm{e}^{-4\delta}-6\mathrm{e}^{-5\delta}-4\mathrm{e}^{-6\delta}-2\mathrm{e}^{-7\delta})^2 {}_tp_x\mu_x(t)\mathrm{d}t.$$

2. **解** 易知 ${}_5V_{35}^{(6)}={}_5V_{35}+\beta(6)P_{35}^{(6)}{}_5V_{35}$.

又因为 $\alpha(6)=\dfrac{id}{i^{(6)}d^{(6)}}\approx 1.00019$,$\beta(6)=\dfrac{i-i^{(6)}}{i^{(6)}d^{(6)}}\approx 0.42467$,所以

$$\ddot{a}_{35}^{(6)}=\alpha(6)\ddot{a}_{35}-\beta(6)\approx 16.989318,$$

从而

$$P_{35}^{(6)}=A_{35}/\ddot{a}_{35}^{(6)}\approx 0.01006,$$

$${}_5V_{35}^{(6)}\approx 0.0449.$$

3. 略.

4. D.　　5. E.　　6. B.

名词索引

按汉语拼音顺序给出常用名词（凡以外文字母开始的词组均归入第一类），并按词组所在的位置给出章节号.

Balducci 假设	1.6
de Moivre 死亡力	1.2
Frank 耦合	2.1, 2.8
Gompertz 死亡力	1.2
Hattendorf 定理	10.1, 10.5
Makeham 死亡力	1.2
n 年确定期生存年金	5.1, 5.3
UDD 假设	1.6
Weibull 死亡力	1.2

B

半连续险种	第三部分, 8.1, 8.6
保单年度	10.2
保费差公式	11.3
保险费用	9.2
保险累计成本	11.3
比例期初生存年金	5.1, 5.6
变额人寿保险	4.8
标准年递减 n 年期寿险	4.8
标准年递增终身寿险	4.8
标准体	3.8

C

常数死亡力假设	1.6

D

定期死亡保险	4.1, 4.3
趸缴净保费	8.3
多元衰减表	3.1, 3.6
多元衰减模型	3.1, 3.2
多元衰减模型的常数死亡力假设	3.4
多元衰减模型的衰减均匀分布假设	3.4
多元衰减群	3.5

F

费用负荷保费	9.1
风险净额	10.3

G

工资比例系数	7.3
共同扰动模型	2.1, 2.9
固定给付计划	7.3
固定缴资计划	7.3

H

后溯公式	11.3

J

继承年金	6.1, 6.2, 6.4
缴清保险公式	11.3
精算现值	第二部分
精算终值	5.2
净保费	8.1
净准备金	10.1, 10.3

名词索引

绝对衰减率	3.3	衰减原因	3.1, 3.2
		死亡保险	4.1
L		死亡力	1.1, 1.2
连续递增终身寿险	4.8	随机生存群	1.4
连续生存年金	5.1, 5.3	随机衰减群	3.5
联合生存状态	2.1, 2.4		
两全保险	4.1, 4.5	**T**	
		投资费用	9.2
N		退保	3.8
年递增 m 次终身寿险	4.8		
年金	5.1	**W**	
年金给付率	5.3	完全离散险种	第三部分, 8.5
年均衡净保费	8.1	完全连续险种	第三部分, 8.4
		完全期末生存年金	5.1, 5.6
P		未来生存时间	1.3
平衡准则	8.1	未来损失量	10.1, 10.2
Q		**X**	
期初生存年金	5.1, 5.4	现金价值	7.4
期末生存年金	5.1, 5.5	选择年龄	1.7
签单损失量	8.1	选择期	1.7
确定年金	5.1	选择生命表(选择表)	1.7
确定生存群	1.4		
确定衰减群	3.5	**Y**	
		延期死亡保险	4.1, 4.6
S		养老金	7.3
生存保险	4.1, 4.2, 5.2	与多元衰减模型相关的一元	3.4
生存分布	1.1, 1.2	衰减模型的衰减均匀分布假设	
生存函数	1.2		
生存年金	5.1	**Z**	
生命表	1.1, 1.5		
生命表指数	1.5	中心衰减率	3.2
生死合险	4.1, 4.5	终极生命表(终极表)	1.7
衰减力	3.2	终身死亡保险(终身寿险)	4.1, 4.4
衰减时间	3.1, 3.2	最后生存者状态	2.1, 2.5

符 号 索 引

这里给出了若干常用的寿险精算学符号,并按照先后次序给出了本书的通用符号、相应含义,以及所在节号,以方便阅读查阅. 书中有特殊说明者除外.

第一章

符号	含义	节号
$\mu(t)$	新生儿的死亡力函数	1.2
$s(t)$	生存分布	1.2
$K(0)$	新生儿未来生存的整年数	1.2
$S(0)$	新生儿未来生存的分数时间	1.2
$\mathring{e}_0$	新生儿的未来生存时间的期望	1.2
e_0	新生儿的未来生存整年数的期望	1.2
$T(x)$	x 岁个体的未来生存时间	1.3
$K(x)$	x 岁个体的未来生存的整年数	1.3
$S(x)$	x 岁个体的未来分数生存时间	1.3
$\mathring{e}_x$	x 岁个体的未来生存时间的期望	1.3
e_x	x 岁个体的未来生存整年数的期望	1.3
$\mu_x(t)$	x 岁个体的死亡力函数	1.3
$_tp_x$	x 岁的个体活过 $x+t$ 岁的概率	1.3
$_tq_x$	x 岁的个体死于 $x+t$ 岁前的概率	1.3
$_{u|t}q_x$	x 岁的个体在 $x+t$ 岁至 $x+t+u$ 岁之间死亡的概率	1.3
p_x	$p_x = {_1p_x}$	1.3
q_x	$q_x = {_1q_x}$	1.3
$_{u|}q_x$	$_{u|}q_x = {_{u|1}q_x}$	1.3
$\mathscr{L}(x)$	随机生存群中活到 x 岁的个体数	1.4
$_t\mathscr{D}_x$	随机生存群中在 x 到 $x+t$ 岁之间死亡的个体数	1.4
l_x	生存群中活到 x 岁的个体数的期望	1.4
$_td_x$	生存群中在 x 到 $x+t$ 岁之间死亡的个体数的期望	1.4
d_x	$d_x = {_1d_x}$	1.4
$_nm_x$	中心死亡率	1.5
m_x	$m_x = {_1m_x}$	1.5

$_tL_x$	生存群中年龄为 x 岁的个体在年龄区间 $[x, x+t]$ 内总的生存时间的期望	1.5
L_x	$L_x = {}_1L_x$	1.5
$a(x)$	在年龄区间 $[x, x+1]$ 死亡的个体,在这一年区间内生存时间的期望	1.5
T_x	生存群中年龄为 x 岁的个体总的未来生存时间的期望	1.5
Y_x	$Y_x = \int_0^\infty T_{x+s} ds$	1.5
$q_{[x]+i}$	选择年龄为 x 岁的个体在年龄段 $[x+i, x+i+1)$ 死亡的概率	1.7

第二章

(xy)	由个体 (x) 和 (y) 组成的联合生存状态	2.1
$(\overline{xy})$	由个体 (x) 和 (y) 组成的最后生存者状态	2.1
$T(xy)$	(xy) 的未来生存时间	2.1
$T(\overline{xy})$	$(\overline{xy})$ 的未来生存时间	2.1
$\overset{\circ}{e}_{xy}$	(xy) 的未来生存时间的期望	2.2
e_{xy}	(xy) 的未来生存整年数的期望	2.2
$\overset{\circ}{e}_{\overline{xy}}$	$\overline{xy}$ 的未来生存时间的期望	2.2
$e_{\overline{xy}}$	$\overline{xy}$ 的未来生存整年数的期望	2.2
$_tp_{xy}$	(xy) 至少再活 t 年的概率	2.2
$_tq_{xy}$	(xy) 在 t 年内死亡的概率	2.2
$_tp_{\overline{xy}}$	$(\overline{xy})$ 至少再活 t 年的概率	2.2
$_tq_{\overline{xy}}$	$(\overline{xy})$ 在 t 年内死亡的概率	2.2
p_{xy}	$p_{xy} = {}_1p_{xy}$	2.2
q_{xy}	$q_{xy} = {}_1q_{xy}$	2.2
$p_{\overline{xy}}$	$p_{\overline{xy}} = {}_1p_{\overline{xy}}$	2.2
$q_{\overline{xy}}$	$q_{\overline{xy}} = {}_1q_{\overline{xy}}$	2.2
$(x+k : y+k)$	由个体 $(x+k)$ 和 $(y+k)$ 组成的联合生存状态	2.2
$T(x+k : y+k)$	$(x+k : y+k)$ 的未来生存时间	2.2
$K(xy)$	(xy) 的未来生存的整年数	2.4
$_nq_{xy}^1$ 或 $_nq_{yx}^1$	个体 (x) 先于个体 (y) 死亡,并且 (x) 在 n 年内死亡的概率	2.6
$_nq_{xy}^2$ 或 $_nq_{yx}^2$	个体 (x) 后于个体 (y) 死亡,并且 (x) 在 n 年内死亡的概率	2.6

第 三 章

$_tq_x^{(j)}$	在 $x+t$ 岁之前由于原因 j 而衰减的概率	3.2
$_tq_x^{(\tau)}$	在 $x+t$ 岁之前衰减的概率	3.2
$_tp_x^{(\tau)}$	在 $x+t$ 岁之前未衰减的概率	3.2
$q_x^{(j)}$	$q_x^{(j)} = {}_1q_x^{(j)}$	3.2
$q_x^{(\tau)}$	$q_x^{(\tau)} = {}_1q_x^{(\tau)}$	3.2
$p_x^{(\tau)}$	$p_x^{(\tau)} = {}_1p_x^{(\tau)}$	3.2
$\mu_x^{(j)}(t)$	多元衰减模型基于原因 j 的衰减力	3.2
$\mu_x^{(\tau)}(t)$	总体衰减力	3.2
$m_x^{(\tau)}(t)$	总体衰减率	3.2
$m_x^{(j)}$	基于原因 j 的中心衰减率	3.2
$_tq_x'^{(j)}$	衰减原因 j 的绝对衰减率	3.3
$_tp_x'^{(j)}$	衰减原因 j 的生存概率	3.3
$q_x'^{(j)}$	$q_x'^{(j)} = {}_1q_x'^{(j)}$	3.3
$p_x'^{(j)}$	$p_x'^{(j)} = {}_1p_x'^{(j)}$	3.3
$m_x'^{(j)}$	单独考虑衰减原因 j 的一元衰减模型的中心衰减率	3.3
$_n\mathscr{D}_x^{(j)}$	随机生存群中在 x 岁到 $x+t$ 岁之间因原因 j 而衰减的人数	3.5
$_n\mathscr{D}_x^{(\tau)}$	随机生存群中在 x 岁到 $x+t$ 岁之间衰减的人数	3.5
$\mathscr{L}^{(j)}(x)$	随机生存群中 x 岁的个体未来因原因 j 而衰减的人数	3.5
$\mathscr{L}^{(\tau)}(x)$	随机生存群中 x 岁的个体数	3.5
$_nd_x^{(j)}$	随机生存群中在 x 岁到 $x+t$ 岁之间因原因 j 而衰减的人数的期望	3.5
$_nd_x^{(\tau)}$	随机生存群中在 x 岁到 $x+t$ 岁之间衰减的人数的期望	3.5
$l_x^{(j)}$	随机生存群中 x 岁的个体未来因原因 j 衰减的人数的期望	3.5
$l_x^{(\tau)}$	随机生存群中年龄为 x 岁的个体的人数的期望	3.5
$d_x^{(j)}$	$d_x^{(j)} = {}_1d_x^{(j)}$	3.5
$d_x^{(\tau)}$	$d_x^{(\tau)} = {}_1d_x^{(\tau)}$	3.5

注：上面的符号所描述的对象皆是针对个体 (x)。

第四章

符号	说明	节
$_nE_x$ 或 $A_{x:\overline{n}|}^{1}$	单位保额的 n 年期生存保险保险人给付额的精算现值	4.2
$\overline{A}_{x:\overline{n}|}^{1}$	单位保额的 n 年期死亡保险保险人给付额的精算现值，保额在个体死亡后立即给付	4.3
$A_{x:\overline{n}|}^{1}$	单位保额的 n 年期死亡保险保险人给付额的精算现值，保额在个体死亡的保单年度末给付	4.3
$\overline{A}_x$	单位保额的终身寿险保险人给付额的精算现值，保额在个体死亡后立即给付	4.4
A_x	单位保额的终身寿险保险人给付额的精算现值，保额在个体死亡的保单年度末给付	4.4
$\overline{A}_{x:\overline{n}|}$	单位保额的 n 年期生死合险保险人给付额的精算现值，死亡保额在个体死亡后立即给付	4.5
$A_{x:\overline{n}|}$	单位保额的 n 年期生死合险保险人给付额的精算现值，死亡保额在个体死亡的保单年度末给付	4.5
$_{m|}\overline{A}_x$	单位保额的延期 m 年的终身寿险保险人给付额的精算现值，保额在个体死亡后立即给付	4.6
$_{m|}A_x$	单位保额的延期 m 年的终身寿险保险人给付额的精算现值，保额在个体死亡的保单年度末给付	4.6
$A_x^{(m)}$	单位保额的终身寿险保险人给付额的精算现值，每年划分为 m 个区间，保额在个体死亡的区间末给付	4.7
$(I\overline{A})_x$	标准年递增终身寿险保险人给付额的精算现值，保额在个体死亡后立即给付	4.8
$(IA)_x$	标准年递增终身寿险保险人给付额的精算现值，保额在个体死亡的保单年度末给付	4.8
$(D\overline{A})_{x:\overline{n}|}^{1}$	标准年递减 n 年期寿险保险人给付额的精算现值，保额在个体死亡后立即给付	4.8
$(DA)_{x:\overline{n}|}^{1}$	标准年递减 n 年期寿险保险人给付额的精算现值，保额在个体死亡的保单年度末给付	4.8
$(\overline{I}\,\overline{A})_x$	连续递增终身寿险保险人给付额的精算现值	4.8
$(I^{(m)}\overline{A})_x$	年递增 m 次终身寿险保险人给付额的精算现值，保额在个体死亡后立即给付	4.8

注：对上述符号的描述都是在签单年龄为 x 岁的情况下进行的。

第五章

符号	说明	节
$\bar{a}_{x:\overline{n}|}$	给付率为1的 n 年期连续生存年金的精算现值	5.3
$\bar{s}_{x:\overline{n}|}$	给付率为1的 n 年期连续生存年金的精算终值	5.3
$\bar{a}_x$	给付率为1的连续终身生存年金的精算现值	5.3
$_n|\bar{a}_x$	给付率为1的延期 n 年的连续终身生存年金的精算现值	5.3
$\bar{a}_{\overline{x:\overline{n}|}}$	给付率为1的 n 年确定期终身生存年金的精算现值	5.3
$\ddot{a}_{x:\overline{n}|}$	每年年初给付一个单位的 n 年期生存年金的精算现值	5.4
$\ddot{s}_{x:\overline{n}|}$	每年年初给付一个单位的 n 年期生存年金的精算终值	5.4
$\ddot{a}_x$	每年年初给付一个单位的终身生存年金的精算现值	5.4
$_n|\ddot{a}_x$	每年年初给付一个单位的延期 n 年的终身生存年金的精算现值	5.4
$\ddot{a}_{\overline{x:\overline{n}|}}$	每年年初给付一个单位的 n 年确定期终身生存年金的精算现值	5.4
$a_{x:\overline{n}|}$	每年年末给付一个单位的 n 年期生存年金的精算现值	5.5
a_x	每年年末给付一个单位的终身生存年金的精算现值	5.5
$_n|a_x$	每年年末给付一个单位的延期 n 年的终身生存年金的精算现值	5.5
$a_{\overline{x:\overline{n}|}}$	每年年末给付一个单位的 n 年确定期终身生存年金的精算现值	5.5
$\ddot{a}_{x:\overline{n}|}^{(m)}$	每年给付总额为一个单位,分 m 次给付的 n 年期生存年金的精算现值,年金在每个区间的区间初给付	5.6
$a_{x:\overline{n}|}^{(m)}$	每年给付总额为一个单位,分 m 次给付的 n 年期生存年金的精算现值,年金在每个区间的区间末给付	5.6
$\ddot{a}_x^{(m)}$	每年给付总额为一个单位,分 m 次给付的终身生存年金的精算现值,年金在每个区间的区间初给付	5.6
$u_x^{(m)}$	每年给付总额为一个单位,分 m 次给付的终身生存年金的精算现值,年金在每个区间的区间末给付	5.6
$\ddot{a}_x^{\{m\}}$	比例期初终身生存年金的精算现值	5.6
$a_x^{(m)}$	完全期末终身生存年金的精算现值	5.6
$\ddot{a}_{x:\overline{n}|}^{\{m\}}$	比例期初 n 年期生存年金的精算现值	5.6
$\overset{\circ}{a}_{x:\overline{n}|}^{(m)}$	完全期末 n 年期生存年金的精算现值	5.6

注：上述年金的启动时刻始于个体 x 岁时。

第六章

$\overline{A}_{xy}$	个体(xy)的单位保额终身寿险保险人给付额的精算现值	6.2
$\overline{A}_{\overline{xy}}$	个体$(\overline{xy})$的单位保额终身寿险保险人给付额的精算现值	6.2
$\overline{A}^1_{xy}$ 或 $\overline{A}^1_{yx}$	在考虑死亡次序的情况下保险人给付额的精算现值（详见书中解释）	6.2
$\overline{A}^2_{xy}$ 或 $\overline{A}^2_{yx}$	在考虑死亡次序的情况下保险人给付额的精算现值（详见书中解释）	6.2
$\overline{A}^1_{xy:\overline{n}|}$ 或 $\overline{A}^1_{yx:\overline{n}|}$	在考虑死亡次序的情况下保险人给付额的精算现值（详见书中论述）	6.2
$\overline{A}^2_{xy:\overline{n}|}$ 或 $\overline{A}^2_{yx:\overline{n}|}$	在考虑死亡次序的情况下保险人给付额的精算现值（详见书中论述）	6.2
$\overline{A}^{\;1}_{xy:\overline{n}|}$	个体(xy)的单位保额个n年期寿险的保险人给付额的精算现值	6.2
$\overline{a}_{xy}$	给付率为1的(xy)的连续终身生存年金的精算现值	6.2
$\ddot{a}_{xy}$	每年年初给付一个单位的(xy)的终身生存年金的精算现值	6.2
a_{xy}	每年年末给付一个单位的(xy)的终身生存年金的精算现值	6.2
$\overline{a}_{\overline{xy}}$	给付率为1的$(\overline{xy})$的连续终身生存年金的精算现值	6.2
$\ddot{a}_{\overline{xy}}$	每年年初给付一个单位的$(\overline{xy})$的终身生存年金的精算现值	6.2
$a_{\overline{xy}}$	每年年末给付一个单位的$(\overline{xy})$的终身生存年金的精算现值	6.2
$\overline{a}_{x|y}$	继承年金的精算现值（详见书中的解释）	6.2
$\overline{a}_{x:\overline{n}|\,|y}$	继承年金的精算现值（详见书中的解释）	6.2
$\overline{a}_{x|y:\overline{n}|}$	继承年金的精算现值（详见书中的解释）	6.2

第七章

$R(x,h,t)$	x岁时加入养老金计划，现在年龄为$x+h$岁的个体在年龄$x+h+t$岁退休时的年退休金	7.3

$(AS)_{x+h}$	个体在 $x+h$ 岁的实际年工资额	7.3
$(ES)_{x+h+t}$	个体在未来 $x+h+t$ 岁时的预计年工资额	7.3
S_y	个体在 y 岁时的工资比例系数	7.3
$_5Z_{x+h+k}$	在 $x+h+k$ 岁退休的个体退休前最后 5 年的工资比例系数的平均	7.3

第八章

$\overline{P}(\overline{A}^1_{x:\overline{n}|})$	单位保额的完全连续 n 年期寿险的年均衡净保费	8.4
$\overline{P}(\overline{A}_x)$	单位保额的完全连续终身寿险的年均衡净保费	8.4
$\overline{P}(\overline{A}_{x:\overline{n}|})$	单位保额的完全连续 n 年期生死合险的年均衡净保费	8.4
$_h\overline{P}(\overline{A}^1_{x:\overline{n}|})$	单位保额的完全连续 n 年期寿险的年均衡净保费,保费缴纳期为 h 年	8.4
$_h\overline{P}(\overline{A}_x)$	单位保额的完全连续终身寿险的年均衡净保费,保费缴纳期为 h 年	8.4
$\overline{P}(_{n|}\overline{a}_x)$	给付率为 1 的延期 n 年的连续生存年金的年均衡净保费,保费连续缴纳 n 年	8.4
$P^1_{x:\overline{n}|}$	单位保额的完全离散 n 年期寿险的年均衡净保费	8.5
$P_{x:\overline{n}|}^{\ 1}$	单位保额的完全离散 n 年期生存保险的年均衡净保费	8.5
P_x	单位保额的完全离散终身寿险的年均衡净保费	8.5
$P_{x:\overline{n}|}$	单位保额的完全离散 n 年期生死合险的年均衡净保费	8.5
$_hP^1_{x:\overline{n}|}$	单位保额的完全离散 n 年期寿险的年均衡净保费,保费缴纳期为 h 年	8.5
$_hP_x$	单位保额的完全离散终身寿险的年均衡净保费,保费缴纳期为 h 年	8.5
$P(_{n|}\ddot{a}_x)$	每年年初给付一个单位的延期 n 年的期初生存年金的年均衡净保费,保费每年缴纳一次,至 n 年末	8.5
$P(\overline{A}^1_{x:\overline{n}|})$	单位保额的半连续 n 年期寿险的年均衡净保费	8.6
$P(\overline{A}_x)$	单位保额的半连续终身寿险的年均衡净保费	8.6
$P(\overline{A}_{x:\overline{n}|})$	单位保额的半连续 n 年期生死合险的年均衡净保费	8.6
$_hP(\overline{A}^1_{x:\overline{n}|})$	单位保额的半连续 n 年期寿险的年均衡净保费,保费缴纳期为 h 年	8.6
$_hP(\overline{A}_x)$	单位保额的半连续终身寿险的年均衡净保费,保费缴纳期为 h 年	8.6

$P(_{n\|}\bar{a}_x)$	给付率为1的延期 n 年的连续生存年金的年均衡净保费,保费每年缴纳一次,至 n 年末	8.6
$P_x^{(m)}$	单位保额的终身寿险的年均衡净保费,每年缴费 m 次,死亡给付在死亡的保单年度末进行	8.7
$_hP_{x:\overline{n}\|}^{(m)}$	单位保额的两全保险的年均衡净保费,每年缴费 m 次,死亡给付在死亡的保单年度末进行	8.7
$P^{(m)}(\overline{A}_x)$	单位保额的终身寿险的年均衡净保费,每年缴费 m 次,死亡给付在死亡后立即进行	8.7
$P^{(m)}(\overline{A}_{x:\overline{n}\|}^{1})$	单位保额的死亡保险的年均衡净保费,每年缴费 m 次,死亡给付在死亡后立即进行	8.10

注:上述符号所描述的对象均是针对在 x 岁签单的个体.

第十章

C_h	保险人在第 $h+1$ 个保单年度的资金损失的现值	10.2
$_hV$	保险人在第 $h+1$ 个保单年度末的净准备金	10.3
Λ_h	在考虑净准备金变化情况下,保险人在第 $h+1$ 个保单年度的资金损失的现值	10.4
$_{h+s}V^{(2)}$	每年缴费两次的险种在年龄 $h+s$ 岁时的净准备金,死亡保额在死亡的保单年度末给付	10.6

第十一章

$_kV_x$	单位保额的完全离散终身寿险的净准备金	11.2
$_kV_{x:\overline{n}\|}^{1}$	单位保额的完全离散 n 年期寿险的净准备金	11.2
$_k^hV_x$	单位保额的完全离散终身寿险的净准备金,保费缴纳期为 h 年	11.2
$_kV_{x:\overline{n}\|}^{\ 1}$	单位保额的完全离散 n 年期生存保险的净准备金	11.2
$_kV(_{n\|}\ddot{a}_x)$	每年年初给付一个单位,延期 n 年的期初生存年金的净准备金	11.2
$_kV_{x:\overline{n}\|}$	单位保额的完全离散 n 年期生死合险的净准备金	11.2
$_k\kappa_x$	精算累计成本	11.3

注:上述符号所描述的对象均是在 x 岁签单的个体(x),净准备金均指在第 k 个保单年度末的净准备金.

第十二章

$_tV$	完全连续险种在 t 时刻的净准备金	12.2
$_tV(\overline{A}_x)$	在 x 岁签单的完全连续终身寿险在 t 时刻的净准备金	12.3

第十三章

$_k^hV(\overline{A}^1_{x:\overline{n}|})$	单位保额的半连续 n 年期寿险的净准备金,保费缴费期为 h 年	13.2
$_k^hV(\overline{A}_x)$	单位保额的半连续终身寿险的净准备金,保费缴纳期为 h 年	13.2
$_k^hV^{(m)}_{x:\overline{n}|}$	单位保额的完全离散 n 年期生死合险的净准备金,每年缴费 m 次,保费缴纳期为 h 年	13.3
$_k^hV^{(m)}(\overline{A}_{x:\overline{n}|})$	单位保额的 n 年期生死合险的净准备金,保费缴纳期为 h 年,每年缴纳 m 次,死亡保额在死亡后立即给付	13.3
$_k^hV^{(m)}_x$	单位保额的终身寿险的净准备金,保费缴纳期为 h 年,每年缴纳 m 次,死亡保额在死亡的保单年度末给付	13.3

注:上述符号所描述的对象均是在 x 岁签单的个体 (x),净准备金均指在第 k 个保单年度末的净准备金。

参 考 书 目

[1] Black, K., Skipper, H. D., *Life Insurance*, twelfth ed., Prentice Hall, 1994.
[2] Bowers, N.L, Gerber H. U., Hickman, J.C., Jones D. A. and Nesbitt C. J., *Actuarial Mathematics*, Second ed., The Society of Actuares, Schaumburg, Illinois,1997.
[3] Gerber, H.U., *Life Insurance Mathematics*, Springer-Verlag, 1997.
[4] Gauger, M.A., *ACTEX STUDY MANUL for the COURSE 3 Examination of Society of Actuaries*, Second ed., Actex Publications, Inc., 2000.
[5] Kellision, S.G., *The Theory of Interest*, Second ed., Richard D. Irwin, Inc., 1991.
[6] Panjer H. H. and Willmot G. E., *Insurance Risk Models*, The Society of Actuaries, 1992.
[7] 胡炳志著,《保险数学——保险经营中的计算》,中国金融出版社,1991.
[8] 卓志编著,《寿险精算的理论与操作》,西南财经大学出版社,1992
[9] 王晓军,红星,刘文卿编著,《保险精算学》,中国人民大学出版社,1995.
[10] 余跃年,郑韫瑜译,《精算数学》,上海科学技术出版社,1996.
[11] 雷宇编著,《寿险精算学》,北京大学出版社,1998.
[12] 陈典发,石俊志,方辉,《现代精算数学基础》,中国金融出版社,1998.
[13] 伍超标编著,《保险精算学基础》,中国统计出版社,1999.
[14] 吴金文,周俊,杨全成,徐沈新编著,《精算理论与实务》,海潮出版社,1999.
[15] 李晓林主编,《寿险精算原理》,中国财政经济出版社,1999.
[16] 范克新编著,《保险精算学教程》,南京大学出版社,2000.
[17] 李秀芳,曾庆五主编,《保险精算》,中国金融出版社,2001.
[18] 孙祁祥编著,《保险学》,北京大学出版社,1996.
[19] 吴岚,黄海编著,《金融数学引论》,北京大学出版社,2004.
[20] 汪仁官,《概率论引论》,北京大学出版社,1994.

[21] 严士健,王隽骧,刘秀芳著,《概率论基础》,科学技术出版社,1997.
[22] 程士宏主编,《高等概率论》,北京大学出版社,1996.
[23] 《财产保险》编写组,《财产保险》,西南财经大学,1994.
[24] 陈秉正,王珺,周伏平译,《风险管理与保险》,清华大学出版社,2001.
[25] 谢志刚,朱仁栋编,《英汉精算学词汇》,上海科学技术出版社,2000.

后 记

1993年,概率统计系系主任陈家鼎先生和戴中维教授倡议,为了使概率统计这门传统学科的学术研究更为贴近现实生活的需要,年轻教师应多探索一些与概率统计相关的应用学科。大概是在同年时间,北大校友、加拿大 Waterloo 大学统计与精算学系王树勋博士来我系顺访,他系统地介绍了精算学这一门学科的全貌,并提供给我们两本宝贵的参考用书《Actuarial Mathematics》和《Insurance Risk Models》。精算学是以概率统计、金融学、计算机技术为基础的边缘学科,精算学独特的魅力深深地吸引着我,于是我做了新的尝试,1993年底开始接触精算这一新的领域。

早在1994年,我和吴岚副教授一起,首次在概率统计系开设了精算方向的课程,当时的课名为"保险统计"。1996年秋,我开始为概率统计系本科生开设"寿险精算"这门课程。最初,课程的讲解主要是根据《Actuarial Mathematics》这本书来完成。在讲授的过程中,迫切感到需要有一本适合精算学特点的中文教材。于是,我开始了这方面的准备工作。

精算学是理论和实际相结合的一门学科,而我当时所掌握的精算知识,大部分是通过阅读书籍和文献所得到的。由于不了解精算实务,在课程的讲授及精算方向的科研方面,总觉得自己的经验欠缺太多。值得庆幸的是,1999年秋,当时的美国友邦保险有限公司高级副总裁、总精算师李达安先生,为我提供了在友邦保险公司半年时间的实习机会,李达安先生科学地安排了这半年时间的工作。在这宝贵的半年时间里,其中包括在友邦总部精算部的四个月,在友邦保险公司香港分公司精算部的一个月及在营运部(包括核保,保单服务,理赔,问讯等)一个月的实习经历,使我对精算实务与保险实务有了初步的了解,对精算实务与精算理论之间的关系有了深层次的认识。

本书中的有些内容,如:利用 EXCEL 计算保费与准备金等,就是根据自己当时的实习经验来编写的。在这里感谢友邦的朋友们。

从 1997 年开始,我参加了北美精算协会的精算师考试,现已通过了前四门课程。这段考试的经历,使我更深刻地了解了国外对精算学科的具体要求。本书有些内容,便是基于这方面的经验来编写的。

1997 年秋,北京大学数学学院金融数学系成立,我有幸成为其中的一员。并有幸承担开设"寿险精算"这门课程的任务。本书大部分内容,是在 1996 年对概率统计系的本科生,及 1997～2001 年金融数学系的本科生所讲授过的讲稿的基础上完成的。由于涉足精算领域的时间较短,对于这本书的编写总感觉有所欠缺,并相信自己应该可以做得更好。遗憾之中,会鞭策自己,在这个新进入的领域,还需要努力。

在此,对于过去帮助我的师长及朋友们,说声谢谢。你们的帮助,是我前进的动力。

感谢我的硕士和博士导师程士宏教授,感谢陈家鼎先生,感谢戴中维教授,感谢北京大学数学学院王铎教授、胡德焜教授和苏州大学的汪仁官教授。感谢美国友邦保险公司的李达安先生。

感谢我的同事吴岚副教授,在百忙中审阅了全稿,并提出了许多宝贵的意见。

感谢金融数学系的博士后刘立新,硕士研究生曾辉、汪涛、金雪峰、吴芹、李佳慧、黄洋、王证、张会娜及经济学院的江艳同学,感谢 94 级概率统计系及 95～99 级金融数学系的本科生在本课程讲授中提出的宝贵建议。

感谢美国友邦保险有限公司。感谢瑞士再保险公司,他们提供了我参加北美精算师考试的费用。

感谢云南省省院省校教育合作项目在本书写作过程中提供的部分资助。

感谢北京大学数学教学系列丛书编审委员会同意出版我的教材,并提供了许多的帮助。

感谢北大出版社的编辑刘勇先生,他为本书的出版付出了辛勤的劳动。

由于水平所限，书中难免存在错误或不妥之处，希望诸同仁及读者不吝指正。

杨 静 平

2002 年 3 月 30 日

于北京大学畅春园

北京大学出版社数学重点教材书目

1. 北京大学数学教学系列丛书

书　名	编著者	定价（元）
高等代数简明教程(上、下)(北京市精品立项教材)(教育部"十五"国家级规划教材)	蓝以中	32.00
实变函数与泛函分析(北京市精品立项教材)	郭懋正	20.00
复分析导引(北京市精品立项教材)	李　忠	15.00
黎曼几何引论(上册)	陈维桓	24.00
黎曼几何引论(下册)	陈维桓	15.00
金融数学引论	吴　岚	18.00
寿险精算基础	杨静平	17.00
二阶抛物型偏微分方程	陈亚浙	16.00
普通统计学(北京市精品立项教材)	谢衷洁	18.00
数字信号处理(北京市精品立项教材)	程乾生	18.00
抽样调查(北京市精品立项教材)	孙山泽	13.50
测度论与概率论基础(北京市精品立项教材)	程士宏	15.00
应用时间序列分析(北京市精品立项教材)	何书元	16.00

2. 大学生基础课教材

书　名	编著者	定价（元）
数学的美与理(教育部"十五"国家级规划教材)(高等学校大学生素质教育通选课教材)	张顺燕	26.00
数学分析新讲(第一册)(第二册)(第三册)	张筑生	44.50
数学分析解题指南	林源渠　方企勤	20.00
高等数学(上下册)(教育部"十五"国家级规划教材)	李　忠等	52.00
高等数学(物理类)(修订版)(全三册)	文　丽等	54.00
高等数学(生化医农类)上册(修订版)	周建莹等	13.50

书　　名	编著者	定价(元)
高等数学(生化医农类)下册(修订版)	张锦炎等	13.50
高等数学解题指南	周建莹　李正元	25.00
高等数学解题指导：概念、方法与技巧(工科类上、下册)	李　静主编	38.00
大学文科基础数学(第一册)	姚孟臣	16.50
大学文科基础数学(第二册)	姚孟臣	11.00
数学的思想、方法和应用(修订版)(北京市精品教材)(教育部"九五"重点教材)	张顺燕	24.00
线性代数引论(第二版)	蓝以中等	16.50
简明线性代数(理工、师范、财经类)	丘维声	16.00
线性代数解题指南(理工、师范、财经类)	丘维声	15.00
解析几何(第二版)	丘维声	15.00
微分几何初步(95教育部优秀教材一等奖)	陈维桓	12.00
基础拓扑学	M. A. Armstrong	11.00
基础拓扑学讲义	尤承业	13.50
初等数论(第二版)(95教育部优秀教材二等奖)	潘承洞　潘承彪	25.00
简明数论	潘承洞　潘承彪	14.50
模形式导引	潘承洞　潘承彪	18.00
模曲线导引	黎景辉　赵春来	17.00
实变函数论(教育部"九五"重点教材)	周民强	16.00
复变函数教程	方企勤	13.50
简明复分析	龚　昇	10.00
常微分方程几何理论与分支问题(第三版)	张锦炎等	19.50
调和分析讲义(实变方法)	周民强	13.00
傅里叶分析及其应用	潘文杰	13.00
泛函分析讲义(上册)(91国优教材)	张恭庆等	11.00
泛函分析讲义(下册)(91国优教材)	张恭庆等	12.00
有限群和紧群的表示论	丘维声	15.50
微分拓扑新讲(教育部99科技进步教材二等奖)	张筑生	18.00

书　　名	编著者	定价(元)
数值线性代数(教育部2002优秀教材二等奖)	徐树方等	13.00
现代数值计算方法	肖筱南等	15.00
数值计算方法与上机实习指导	肖筱南等	15.00
数学模型讲义(教育部"九五"重点教材,获二等奖)	雷功炎	15.00
概率论引论	汪仁官	11.50
新编概率论与数理统计	肖筱南等	19.00
高等统计学	郑忠国	15.00
随机过程论(第二版)	钱敏平等	20.00
应用随机过程	钱敏平等	20.00
随机微分方程引论(第二版)	龚光鲁	25.00
非参数统计讲义(教育部2002优秀教材二等奖)	孙山泽	12.50
实用统计方法与SAS系统	高惠璇	18.00
统计计算	高惠璇	15.00

3. 高职高专、学历文凭考试和自考教材

书　　名	编著者	定价(元)
微积分(高职高专)(经济类适用)	刘书田	13.50
微积分学习辅导(高职高专)(经济类适用)	刘书田	13.50
高等数学(上、下册)(高职高专)	刘书田	27.50
高等数学学习辅导(上、下册)(高职高专)	刘书田	24.00
线性代数(高职高专)	胡显佑	9.00
线性代数学习辅导(高职高专)	胡显佑	9.00
概率统计(高职高专)	高旅端	12.00
概率统计学习辅导(高职高专)	高旅端	10.00
高等数学(学历文凭考试)	姚孟臣	10.50
高等数学(学习指导书)(学历文凭考试)	姚孟臣等	9.50
高等数学(同步练习册)(学历文凭考试)	姚孟臣等	12.00
高等数学(一)考试指导与模拟试题(自考)(财经类、经济管理类专科段用书)	姚孟臣	18.00

书　　名	编著者	定价（元）
高等数学(二)考试指导与模拟试题(自考)（财经类、经济管理类专升本用书）	姚孟臣	20.00
组合数学(自考)	屈婉玲	11.00
概率统计(第二版)(自考)	耿素云等	16.00
概率统计题解(自考)	耿素云等	16.00

4. 研究生基础课教材

书　　名	编著者	定价（元）
微分几何讲义(北京大学数学丛书)(第二版)	陈省身等	21.00
黎曼几何初步(北京大学数学丛书)	伍鸿熙等	13.50
黎曼几何选讲(北京大学数学丛书)	伍鸿熙等	8.50
代数学(上下)(北京大学数学丛书)	莫宗坚等	28.80
微分动力系统导引(北京大学数学丛书)	张锦炎等	10.50
李群讲义(北京大学数学丛书)	项武义等	12.50
矩阵计算的理论与方法(北京大学数学丛书)	徐树方	19.30
位势论(北京大学数学丛书)	张鸣镛	16.50
数论及其应用(北京大学数学丛书)	李文卿	20.00
模形式与迹公式(北京大学数学丛书)	叶扬波	15.00
复半单李代数引论(天元研究生数学丛书)	孟道骥	18.00
群表示论(天元研究生数学丛书)	曹锡华等	12.50
模形式讲义(天元研究生数学丛书)	陆洪文等	20.00
高等概率论(天元研究生数学丛书)	程士宏	20.00
近代分析引论(天元研究生数学丛书)	苏维宜	15.50

邮购说明 读者如购买北京大学出版社出版的数学重点教材,请将书款（另加15％的邮挂费）汇至：北京大学出版社北大书店邢丽华同志收,邮政编码：100871,联系电话：(010)62752015。款到立即用挂号邮书。

北京大学出版社展示厅
2003年7月